小嶋一浩の手がかり

Kazuhiro Kojima 1958-2016

目次

氷室アパートメント …… 012
HOUSE TM …… 026
千葉市立打瀬小学校 …… 032
吉備高原小学校 …… 054
ビッグハート出雲 …… 064
スペースブロック上新庄 …… 078
宮城県迫桜高等学校 …… 092
クリニックハウスN …… 110
ヒムロハウス …… 114
スペースブロックハノイモデル …… 126
東京大学先端科学技術センター3号館 …… 138
北京建外SOHO／SOHO別荘 …… 148
ツダ・ジュウイカ …… 150
リベラル・アーツ&サイエンス・カレッジ …… 154
Ota House Museum …… 166
ぐんま国際アカデミー …… 174

背景／建築家になるまで　小嶋一浩×二川由夫 …… 006
ベクトル場の思考とモダニズムの形　原広司 …… 016
宿命に立ち向かえる建築家　妹島和世 …… 022
生きたモダニズム精神のパワー　西沢立衛 …… 046
小泉雅生が語る吉備、出雲 …… 050
日色真帆が語るスペースブロック …… 074
三瓶満真が語る迫桜 …… 086
多様さへの関心と思考力　工藤和美 …… 106
KEYWORD　小嶋建築を解説する一〇の基本用語 …… 122
KEYWORD　小嶋建築を解説する三つの基本用語 …… 172

千葉市立美浜打瀬小学校　190
箕面市立止々呂美小学校・中学校　206
幕張インターナショナルスクール　216
MOOM　224
宇土市立宇土小学校　230
流山市立おおたかの森小・中学校、こども図書館、センター　248
立川市立第一小学校・柴崎図書館／学童保育所／学習館　270
アストラムライン新白島駅　298
釜石市立鵜住居小学校、釜石東中学校、鵜住居児童館、鵜住居幼稚園　304
恵比寿SAビル　332
京都外国語大学新4号館　346
渋谷ストリーム　358
山元町役場　366
作品リスト　388

赤松佳珠子が語る打瀬、美浜打瀬、流山　186
伊東豊雄が語る宇土　226
プロセスを開き
いかに個人の主体性を見つけるか　山本理顕　240
KEYWORD　小嶋建築を解説する七つの基本用語　266
小嶋一浩と風　高間三郎　284
学校建築の展開　上野淳　287
後世に伝えるべき建築家の足跡　米田明　290
同時代の建築家や巨匠たちとの対等な勝負　中山英之　328
MEMORIES　六人の友人・知人によるコメント　342
MEMORIES　十二人の友人・知人によるコメント　380
小嶋賞がしようとしていること　西沢立衛　384

背景／建築家になるまで

小嶋一浩×二川由夫

大阪・京都・東京のこと

二川由夫　ふたがわ・よしお
1962年東京都生まれ。早稲田大学理工学部卒業。プリンストン大学建築学部修士課程修了。現在、エーディーエー・エディタ・トーキョー代表。

「生まれ」は関西、「育ち」は東京

——以前、『GA JAPAN 39』の「建築家登場」で小嶋さんを紹介させていただいているんですが、あのときは個人的なバックグラウンドはあまり出てきてないんです。だから今回は、一度、小さい頃の話から伺おうと思いまして。

小嶋　あのときは、二川幸夫さんに、シーラカンスの分離問題について突っ込んでいいかと事前に聞かれたんです。別にいいですってて応えたので、自ずとそういう内容になっちゃったんですね。それがダメなら聞くに値しない、という感じだったんでしょうね。

——彼は、分離以前、公言してましたから、「シーラカンスギライ」って(笑)。

小嶋　はい、そうです(笑)。

——だから、自分の興味として重要なテーマだったんでしょう。「手打ち」のプロセスとしても(笑)。あの日、ぼくが覚えているのは、帰ってきて開口一番「あいつ、やっぱり大阪のヤツだ」って言ってました。オオサカという点で接点を持とうとしたんだろうなと、ぼくは東京の人間として思いました(笑)。どうですか、大阪出身という意識はありますか?

小嶋　あの場は確かにそんな雰囲気がありましたね。安藤忠雄さんとのアナロジーが成立している感じ。「上新庄(の集合住宅)は住吉の長屋以来だ」という言い方をしていただいて、それはどう思って聞けばいいのかなと、複雑なものがありました(笑)。多分、建築の形式ではなくて、大阪というごちゃごちゃした町のなかで「勝手に俺はこうだ」と言って建てている辺りを、建築だけじゃなくてキャラクターの問題も一緒にして言われているのかなと、ぼくは思いました。

——その通りでしょうね。

小嶋　ただ安藤さんがすごい剛速球を投げてバンバン決めていると したら、「上新庄」は迂回に迂回を重ねて、実現するまでに延々シミュレーションをしてやっと一つでき上がったものなんです。その意味では、全然違うアプローチの建築とも思うんですけどね。でも山ほどアン・リアル、ヴァーチャルなスタディを繰り返しているから、そのなかで出てきた形式には自信があったので、廻りを気にすることもなく、これはこうだってパッと置けたんですね。

——大阪人と話すときは大阪弁ですか? かなり矯正されているようにも見える。大阪出身で東京に居る人って二種類いると思うんです。大阪のアイデンティティを維持している人と、完全にぬぐい去って標準語を話す人。小嶋さんはどちらかというと、後者のような気がするんですが。

小嶋　確かにそうですね。ぼくは、大阪弁まるだしというのは、ちょっと違和感がある。でも標準語になるまでずいぶん時間が掛かりました。建築の話でいうと、安藤さんが大阪の代表選手だとすると、安藤さんはそこに立つんだと覚悟を決めることで道を拓いていると思うんです。アイデンティティを最初から大阪に持とうとしている。ぼくにとって建築の上では、それは東京なんです。

大学院で東京に来たのですが、京都の建築にすごくフラストレーションが溜まっていました。とにかく出たいと思ってた。関西はいつでも山が見える世界で、ぼくはそのなかでも山村部の盆地で育ったんです。家の裏は山の斜面。そういう場所から関東平野に来て、そこでは何を手がかりにしていいのかまったく分からない。東京の街もそういう印象だった。繁華街もいっぱいあり過ぎる。関西は、北か南か河原町かに出て行って一晩遊んでいると、だいたい知り合いに会う。だけど、こっちは知り合いはそもそも居ないし、やっとできた知り合いと街で偶然会うなんて皆無に等しい。全体にすごく希薄だなあと。それは気持ちがいいというより、そこでどうしていいか分からない感じでした。

片方で、東京では原広司さんの研究室に入って、グラーツの芸術祭の仕事で現地に三ヶ月ほど滞在したことがあったんです。京都では、ハイデッガーやフッサールなどの実存主義が話題で、それとどう建築を結びつけるか、と言っている先生たちが多かった。四年間いただけだから雰囲気で染まっているだけで自分で読解しているわけじゃない。その辺を、東京に来て原研に入ったとき助手だった門内輝行さんに徹底的に突かれて、知的ないじめに遭いました(笑)。変に臭いだけを身に付けていたんでしょう。これは困ったぞと、そこで初めて哲学書を真面目に読んでみたんです。グラーツに行ってみて、その本に書かれていたようなある種の

理想的な世界が実現されているような気がしたんです。

　アーティストとして芸術祭に参加して、アパートを借りて生活していると、どんどん知り合いは増えていく。自分から周囲、世界へと広がっていくすべての事象、あるいは自分の将来までに脈絡があり、予定調和して閉じている感じがあった。それこそハイデッガーの「世界内存在」です。芸術祭ですから、パンクな人は居ましたし演劇にしてもアナーキーなんですが、アナーキーなものまでが最初から存在する枠組みを与えられているような感じ。それはすごく大変なことだなと思ったんです。アルプスの中の小さな街だから風景もパーフェクトと言っていいし、新しいものと古いものの調和をすごく考えている。そういう場所で、ギュンター・ドメニクやシスコヴィッツ・コワルスキー、クラウス・カダといった人たちが過激なことをやっているんだけど、それも受け入れられている。何をやっても世界は変わらない、という感じかな。そういう場所に滞在した後に、パリやロンドンに行っても同じように退屈なんです。一度構図が見えてしまうと、綺麗で秩序があることは、自分が何かを変えられる可能性が少ないこととセットに見えてしまうような気がしたんです。

　一方東京は、八四年当時、まだ景気はそれほど良くないけど工事現場はたくさんあるし街中破綻していて、その意味では同時多発的でまったく予想できない感じがした。風景もそうだった。自分の廻りにいる人が一〇年後も同じようにいる、という感じがまったくしない。そっちの方が楽しいなと思ったんです。

――京都を出たのもそういうことが理由だったんですか。

小嶋　京都に居たときには、何だか窮屈だぞ、というのと、京都には建築をバリバリつくっている先生がいなかったんです。先輩たちの名簿を見ても高松伸さんが出始めぐらいで、その頃は『新建築』を検索しても、京都大学出身の建築家は浦辺鎮太郎さんぐらいなんです。渡辺真理さんも竹山聖さんもまだ学生でした。

　川崎清さんは、ぼくのいた時は阪大の先生でしたし、そもそも増田友也さんが辞めた年に入ったので、残り香は強いんだけどボスはいないという時代。上田篤さんも辞めた年で、それまで京大のカラーをつくってきた先生が一斉に辞めたところに入っちゃったわけです。だからここにいても建築家にはなれそうもないなと。

バイク&バンドを経て建築へ

――京都大学にいたのはいつ頃ですか。

小嶋　七八年入学の八二年卒業です。

――そもそも京大に行かれたのは何故なんですか。関西圏で大学に行こうと考えられたわけですよね。

小嶋　そうではなくて、当時調べると、東大はI類に入った後、建築学科に行くのが難しかったんです。ぼくは、受験はごまかせたとしても数学や物理の能力は基本的に無いから、入学しても建築に行けるわけないと思いました。文系の科目は良かったんですが理数系が全然ダメだった。高校時代、微分、積分という概念がよく解らなかったんです。だから受験は、問題集を丸暗記したんです。すらすら答えはでるけど、何でそうなってるんだと言われると、全然解らない(笑)。

――意外ですが、典型的な受験

小嶋一浩氏(左)と二川由夫(右)

世代ですね。塾通いもしてたんですか。

小嶋　高校まで公立ですし、田舎だったからそういう雰囲気でもなかった。ただ、浪人して予備校は通いました。高校時代はバイクに乗って遊んでいたので。

――その辺のことも聞かないと。小嶋さんと話していると思うんですが、実に分析力があって話が理路整然としている。理屈っぽい子供だったんですか？（笑）

小嶋　最近のことから徐々に遡っていくと、大学では、一年のときはＸＴＣなんかのコピーバンドをやってました。

――時代ですねえ。

小嶋　今、リバイバルしてますよね。でも一年やってこれはダメだと思ったのと、設計製図が始まったらすごく面白くて、こっちの方がいいやって何となく辞めちゃったんです。それまでは自主ライブやったり学園祭に出たりしてました。

――パートは何だったんですか。

小嶋　キーボードです。ＸＴＣバンドを抜けた後、堕落してオールマン・ブラザースみたいなのが気楽でいいと、コピーバンドをつくって1回だけコンサートしたことがある。音楽に関してはエンターテイメントだと思っていたので、全然コンセプチュアルじゃなかったです。でもそれもすぐ辞めちゃいました。京大の軽音楽部には、西部講堂というお寺のお堂みたいな場所があって、当時一種の解放区みたいになっていました。軽音楽部からプロのミュージシャンになった人も結構います。

――音楽活動は、高校のときからやってたんですよね。

小嶋　高校のときは、キーボードじゃなくて、テナーサックスをやってたんです。

――え？（笑）

小嶋　テナーサックスってカッコいいと思ったんです、高校生の頃は。全然似合わないんだけど。高校時代は、進学校というものに違和感があって、ひたすらバイク乗り回してました。

――どちらなんですか。

小嶋　四条畷高校です。公立でしたが、バイクに乗って学校に来る奴もバイク乗り回している奴もいなかった。それでみんなにちょっと距離を置かれているところがあったんです。こちらがとんがってたわけじゃないんですが。

――不良系ではないわけですよね（笑）。

小嶋　多分違うと思います。だけど、そんなのが、高校二年になってブラスバンド部にテナーをやりたいって入ったんです。そもそも中学校のときに流行っていたのがシカゴやチェイスで、ブラス・ロックというジャンルがあったんです。その影響もあったのかな。でも、テナーの練習は一人で音を鳴らすのが圧倒的に多くて孤独な世界なんですよ。高校のときは一応やってたんですけど、大学ではもういいって思ったんですね。

――そこでキーボード、ということは、子供の頃に習っていたんですね？

小嶋　ちょっとピアノを習わされたことがあるくらい。あまり練習しないで、すぐ辞めちゃった。だから役には立ってないです。キーボードを覚えるの大変でした。高校生の頃からプログレッシブ・ロックというジャンルがあって、例えば、エマーソン・レイク&パーマーというバンドが神様だったんです。タンジェリン・ドリームとか。それが七拍子で複雑なんですが、スコアを買ってひたすら音を聞いてコピーしてました。だから上手ではなかったです。バンドをあっさり辞めた理由でもあるんですが、キーボードというポジションをやれる女の子はいっぱいいるんです。ぼくが必死になって覚えていっても、ピアノをちゃんとやっていた女の子はスコアを見ただけで弾けちゃう。バンドは女の子がいた方がいい。やっている連中にとっても客にとっても。だから辞めようかなって言ったときに誰も止めなかった（笑）。

――そういう活動の前から建築をやりたいと思っていたんですよね。

小嶋　そうですね。でも高校生のときは、こういうのが建築なんじゃないか、建築家はこういうことができるんじゃないかって勝手に思い込んでいただけです。住宅関係の雑誌がたまに家にあるぐらいで、そのなかから何人かの建築家が面白いと思っていたというレベル。そんなにすごいことを考えていたわけじゃないです。

――どう思ってたんですか。

小嶋　絶対面白いだろうって。

――それはデザインするとか形をつくるという意味でですか。

小嶋　その時は住宅をつくりたいという固定観念は持ってなかったんですが、見て面白いと思ったのは住宅でした。今でも覚えてるのは、清家清さんの自邸と吉村順三さんの軽井沢の山荘と東孝光さんの川辺邸。住宅とはこんなもんだと思っているのとは、全然違う組み合わせで家がつくられていて、建築家は発明みたいなことができるんだなと思いました。美学的に綺麗だというような憧れ方じゃないです。清家さんのワンルームが面白いと思ったし、川辺邸のジャイアント・ファニチャーがレールで動くというのが面白いと思ったわけです。今で言うならコールハースのような人の情報が流れてくる環境にはいなくて、限られた情報のなかで、勝手に思い込んでたわけです。

——建築に興味を持つきっかけは何だったんでしょう？

小嶋　よくある話ですが、小学校六年生ぐらいのときに、現存している今の実家（結局、セキスイハイムになったんですが）を建てようという話になったんです。それで親が買ってきた雑誌を見ていたのがきっかけと言えばきっかけですね。そういう意味ではセキスイハイムも影響あるかもしれません。六年生の終わりに、大阪万博と一緒にやってきたのがセキスイハイム関西第一号でした。瓦屋根しかないような集落にいきなりあれが建ったわけです。

——ご両親は何をされているんですか。

小嶋　ごく普通のサラリーマンです。竹山さんに、サラリーマンの息子で建築家やってるのは、小嶋と誰かぐらいだって言われました（笑）。母親は小学校の先生で、親父は一九七〇年から最近まで、ずっと単身赴任をしていました。六年生の、ちょうど家が建ったときに新幹線のプラットフォームに見送りに行った覚えがあります。

——ご兄弟がいらっしゃるんですよね。

小嶋　妹が二人。六歳と十二歳離れています。そういうところで、神話的なことが全然ないのがすごく寂しい（笑）。親父は呑んだくれて全然仕事してなかったと言えるといいんですけど、至極まともです。

——ということは小さい頃は、お父さんが全然家に居なかったんですね。

小嶋　二週間に一回帰ってくる程度ですね。

——お父さん代わりだったわけだ。

小嶋　それはありました。高校生のとき、下の妹の父兄参観はぼくが行ってました。当時、妹はうちに来る友だちたちにボールのようにポンポンとかまわれてました。農家風の家があって十五㍍ほど離れてセキスイハイムを建てたので、バイク仲間のアジトになってたわけです。またバイクを止める場所もあったので、同じ学校でも何でもない奴がどんどん増えていきました。

——バイク乗り回して、タバコ吸って酒飲んでというと、そこには本気の不良系の友達もいたわけですよね。

小嶋　北河内というのはガラが悪くて、結構恐いところなんです。だからあっちへ行くのか行かないかの線引きはすごくはっきりしてました。中学の同級生にはホントに体張ってるのが分かるような連中もいましたから。うちに集まってるのは、自分たちが暴走族とかやくざの使いっ走りみたいなことはやってないって、その辺はプライドを持ってました。

——暴走族じゃないんですね（笑）。

小嶋　違います。改造車には乗ってなかった。デカイバイクは乗ってましたけど。

——弁護士になろうとも思っていたとか。

小嶋　親は医者になってくれたらいいとか、理科系の方がつぶしが効いていいとかごく当たり前のことを言うんです。でも見ていると何が楽しくて単身赴任なんかしてるんだと思ってた。だからサラリーマンだけにはなりたくないと感じてました。

　バイクを乗り回している一方で、中学校ぐらいから大江健三郎なんかを読むのは好きで、高校になると、経済の本をたくさん読んでいたんです。レーニンからケインズ系まで、大学生が読むような専門書を読み漁ってました。すると原理が解るんです。例えば、お金はフィクションだってことが解る。それは小説を読むのと似たような面白さでした。大学に入るとバンド仲間で法律をやっているのがいたので、休憩しているときに、今度の司法試験は……という話題が出るんですね。ぼくは法律は勉強していなかったんですが、先輩たちが話しているのが何となく解った。つまりお金とは何かということが経済であるのと同じように、法律とは何をプライオリティにしているかを掴むと、大体解るわけです。

　それで法律も面白そうだと思って、一時少し勉強したんです。結局試験は受けなかったんですが。それは高校時代に経済の本をフィクションだと思って読んで、すごく面白かったということがきっかけだったかもしれない。さっき、分析力の話をされましたけど関係あるかもしれませんね。でも、実際はその後、原研という数学的ロジックを使っている場所に入るんですが……。

　それはすごく大変でした。ぼくには全然解らなかった。今でも覚えているのは、竹内外史さんという数学者が書いた、『層・圏・トポス』という本。これは八〇年代初期に出て一世を風靡したのですが、原さんがすごいというので買ったんです。一頁目で挫折しました（笑）。そこで解らないから次に行けない。

——得意なものと苦手がはっきりしてるんですね。

小嶋　そうですね。その辺は関西ぽいのかなと自分でも思いますけど、数学をクリアしないと京大には受からないとなったときに、考えてもクリアできないから違うやり方でやってみようと思って、問題集三〇〇問とにかく丸暗記するんだとなる。だいたい国立大学の試験だと、当時は難しい問題が六問出て半分解ければ落ちないわけです。だからもう決め打ちですね。

　自分でルールを設定したら、何も考えずにひたすらそれをやる。そうすると偏差値なんて跳ね上がるわけです。だから、何でみんなこれを理解しようとしてるんだろう、覚えちゃえばいいのにと思っていた。そういうクリアの仕方をするので、大学の数学なんて真面目にやったって解るわけがないと初めから思ってました。ぼくは、原さんが数学が好きだなんて何も知らずに、集落に行けると思って試験を受けたんですから、避けてても来ちゃうんだなってしみじみ思いました。

とにかくやってみた氷室アパートの頃

小嶋　実施設計の図面の描き方は、事務所に行かないと分からないと思ってましたから、そういうことをいかに早く習得しなくちゃいけないか、プレッシャーはすごくありました。でも人間、正しいからってそれができるわけじゃない。例えばディテールにしても、知らないと実際にモノが建たないから、知識としては覚えたいんだけど、建築をつくる上では全然考えてなかったんです。

　空間の組み立て方とか生活の仕方、空間のなかに今までとは全然違う場面をつくるということに興味があった。そうはいっても詳細図が要らないわけじゃない。だから最低限何とかしてそれを覚えようと必死でした。それには山本理顕さんにたぶらかされました。「そんなものは、一つ現場に張り付いていれば誰でも覚えられる」って。

——理顕さん、最初の建物に断熱材入れなかったって言われてました。納まりとか全然知らなかったって。

小嶋　そう言われて、氷室アパートは本当に半年間張り付いてました。後から理顕さんに「小嶋、よくやるよな」と言われましたが。そのときは、『GA』の合本のハードカバーのセットを机に置いて、毎日そればかり見てました。

——自分で買われたんですか?

小嶋　母親が小学校の教員をやっていた関係で、全集本などを買う予算があったんです。たまたま家に居たとき本屋さんが持ってきたんですね。それで買って貰いました。何しろ、氷室アパートを建てているときは、ずっと見てました。

　氷室アパートのときは、とにかく何も知らなかったので施工図まで全部自分で描いたんです。定例会議というものも知らなかった。現場には毎日張り付いているもんだと思ってました。次の仕事のとき、構造の今川憲英さんと話していて「定例会議って知らないの?」「何ですか?」「週に一回関係者が集まって打ち合わせをして進んで行くから、毎日現場に居る必要はないんだよ」「ホントですか?」というノリでした。

——その辺は叩き上げですね。

小嶋　まったく叩き上げ。氷室アパートの現場では、コンクリート打放しでパネル割りをやりたかったら、それは建築家が描くもんだと何となく思ってました。パネル割りの原理を教わって、セパレーターを平面詳細に落としていくとどうなるかを考えて合理的にパネル割りをする、なんてこともしてました。現場の監督さんは、「いえ、それはうちの仕事です」なんて一言も言わなかったし。新しい職人が現場に来ると必ず付いて廻って、変な設備が勝手に付くんじゃないかとずっと見てました。それで昼間は現場にいるから図面描けないので、夜、図面を描いて、疲れるとあの本を見るという生活でした。

——氷室アパートは一人でやったんですか。

小嶋　ほとんど一人です。大学院で設計してましたから、人にコメントは貰ってました。原さんはつまんない案だと見て見ぬふりなんです。最終案に近いものになってから、やって来てはどうだと言い始める。こちらとしてはその時点で知りたいのは、デザインのことよりもパイプシャフトの中はどうなっているのかということなんです。それで、原さんに、「浴槽の配管をつなぐとしたらコンクリートのスラブをどう打ち変えたらいいんですか?」と聞くと、原さんは、「風呂に跨いで入るのだけは俺は嫌なんだ」って言われるんです。「じゃあ、スラブを下げればいいんですね」といって図面を描いていると、フェイズの宇野求さんが当時ドクター論文を書いていて研究室に居て、「原さんの言ってること、あんまり信じない方がいいよ」と言って去って行く……。一生懸命やってたら、ある日「採光斜線て知ってるか?」と言われて調べてみると、すごく細い狭い敷地なのでそれを考慮すると案が崩壊するんです。やっとできたと思ってはデザイン以前の理由で崩壊して、という感じでした。

——氷室アパートはご両親が施主ですよね。

小嶋　グラーツに行っている間に、珍しく親から手紙が来たんです。近くに短大ができるらしく、設計事務所の人が「こういうマンションを建てると事業になりますよ」と言ってきているがどう思うかと。それなら建築家になりたいと言ってる息子にやらせろって言って、展覧会が終わると大阪に帰ったんですね。

　賃貸マンションのプログラムを勉強するところから始めて、借り入れ計画やら何から全部自分で考えました。いろんな不動産屋に、あるときは設計者のふりをして、あるときは借り主のふりをして聞きに行きました。図面ができたら、まず不動産屋に持って行って、借り手がつきそうか聞く。とにかく現場で聞くのが一番早いと思ったんです。だから、そのあともアパートは失敗したことないです。バブルの最中につくった高額物件も空き室はなかったし。自分の経験値で分からないことには、ジャンプしない。

　とにかくそういう形で、偶然仕事ができて、理顕さんにそそのかされて、やればできるって励まされて始めたんです。建築家になるって思い込んでいただけで、それまで建築らしい図面を描いたこともなかった。通り芯も知らなかった(笑)。まあ、早く建築家になりたいと思って、つんのめりで何でもやってたんでしょうね。

――効率がいいんですよ、やっぱり。

小嶋　でも計算づくでやっているんじゃないっていうのは、分かるでしょ？

――そうですね。経済を勉強してマトリックスをつくる一方で、体育会的に図面を持って不動産屋を廻る。普通どっちかになりそうだけど、その両面を備えている。大阪的なのかな(笑)。

小嶋　田舎としては、普通より高い建築費を掛けていたので、そのままでは採算が取れそうになかったんです。親にはこう言いました。「建築家なんて食えるかどうか分からないけど、ぼくはなると決めているから、老後の面倒とか言われてもどうしようもない。このアパートが空き室だらけにならないで上手く埋まって二〇年ローンを返し終わったら、それ以降の収入の総量が、私があなたたちにできるすべてである」。二部屋までの空き室は赤字にならないけど、三室目になると赤字になってローンが返せなくなるので、そこからはぼくが払うということが、最初にプログラムされていたんです。建設費をあまり抑えたくなかったし、コンクリートでつくりたかったので、空き室が出ないということは死活問題だったわけです。

　東京なら知り合いだけでも埋まるだろうと思ったんですが、田舎で、地方から出てくる女子短大生が親と一緒に部屋探しをするような場所で、支持されるかは心配でした。不動産屋が大丈夫だと言ったら安心だというより、不動産屋がどんなことに文句を言うのか聞きたくて廻ってたんです。潰せるバグは全部潰しておこうと。その頃です、やっていて本当に分からなかったとき、安藤忠雄さんのところに行っていたのは。デザインの話じゃなくて実質的なことを聞きに行ってました。

――安藤さんとはどういうお付き合いなんですか。

小嶋　竹山さんとか山家さんが安藤さんと知り合いで、修士の頃お正月で帰ると、「安藤さんのところに行くけど一緒に行く?」って誘われて遊びに行ってたんです。九条の町屋ができた頃でした。安藤事務所にいた先輩を頼って現場に連れて行ってもらったり。三〇歳までは何聞いてもいいんだって勝手に決めてたんですね。すごく自己中心的なんですけど。

――その頃いくつだったんですか。

小嶋　氷室アパートやっていたのは二七、八歳のときです。

　正直なところ、ドクターにいるんだけれども技術的なことは全然覚えてないし、なおかつ研究者になるつもりはなかったので、何かを身につけないと本当に行き止まりになっちゃう、と思って焦ってました。何か自分にはこれがある、というものを掴みたかったんだと思います。そうやってやってみたら、何とかなるんだなという実感が持てた。

　氷室アパートをつくっていく過程で、雑誌に文章を書くとき「原研究室大学院生」としていたのを「建築家」と書いてもいいかなと思えたんです。それは自分としては嬉しいことでした。

小嶋一浩氏

このインタヴューは『PLOT 02　小嶋一浩』(初出)の一部を抜粋し改稿したものです。

氷室アパートメント

大阪府枚方市，1987年

川沿い、西より見る

小嶋のデビュー作。大阪郊外の特徴のない空間の，国道と河川に挟まれた57坪，33m×3.5～8mの楔型の細長い敷地に建つ，延床110坪ほどの小さな18戸の単身者用賃貸アパートメント。

ここでは，茫洋とした周囲の雰囲気に単体の建築で向かい合うために，建築をできるだけ分節し，建築そのものを都市の断片の集積のように，あるいは町並み，集落のように取り扱っている。

18戸という規模は，かつては十分集落を形成する数であっただろう。一つの集落が実際にもっていたような，多様な仕掛け，複雑さ，デザインの密度を導入し，不整形な形態のつじつまを無理に合わせず，数多くの場面を脈絡なく配置することで，できるだけ「開かれた」ものになるようにしている。そのためのKEYになる平面の基準線は，スケールが非連続に変化するように注意深く設定した。必要から壁が置かれてゆくのではなく，先に存在していた壁の狭間に，それぞれの部屋の場所を発見してゆくように設計した。

建築が，「ひと」から離れて存在して欲しいという意識がある。

TYPE-B室内、南面する開口。
河川側境界に対して45度の角度を持つ南北軸の導入が現れている

東側の階段室

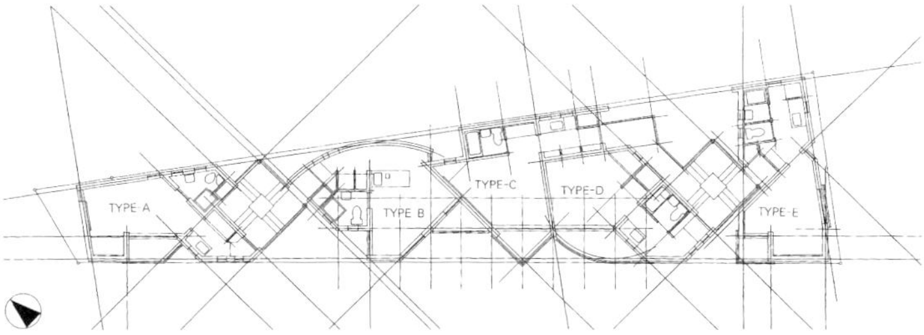

2,3階平面 S=1:400

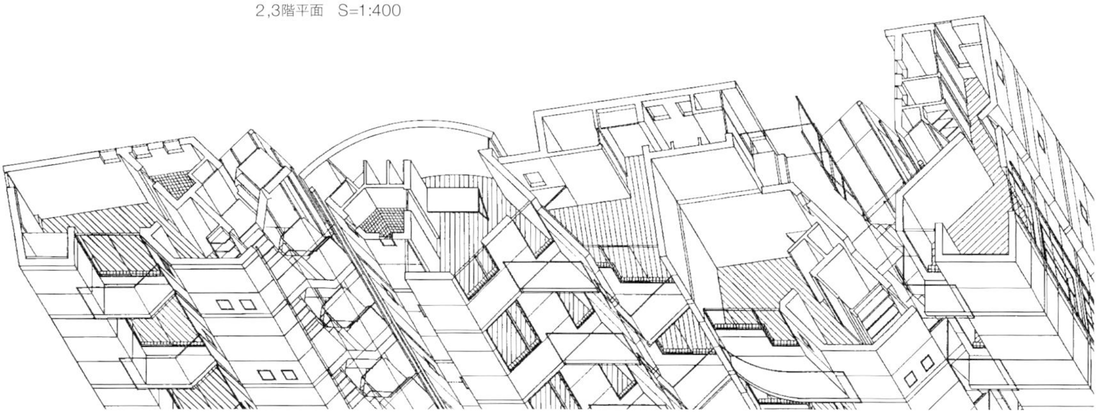

アクソノメトリック

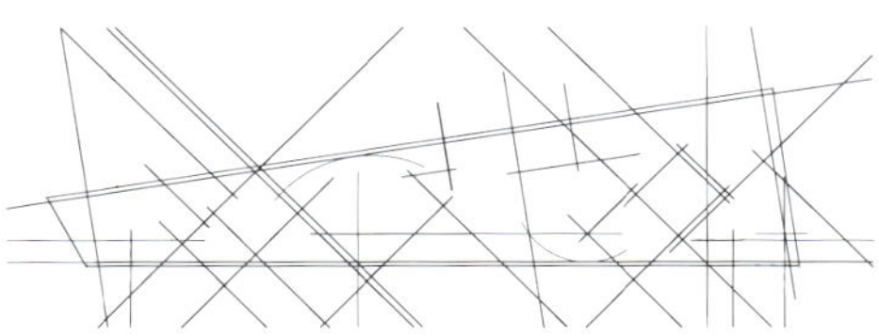

Stage 2

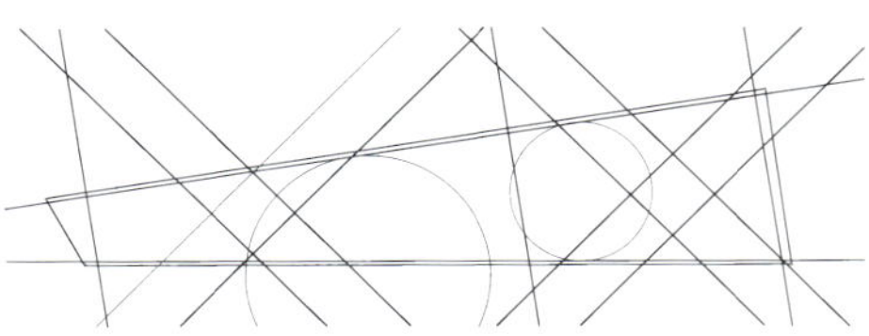

Stage 1

芯線図。国道と河川の異なる角度の二つの基準線と，河川と45度に交差する南北軸線から，幾何学を定位する

氷室アパートメントのスタディ模型

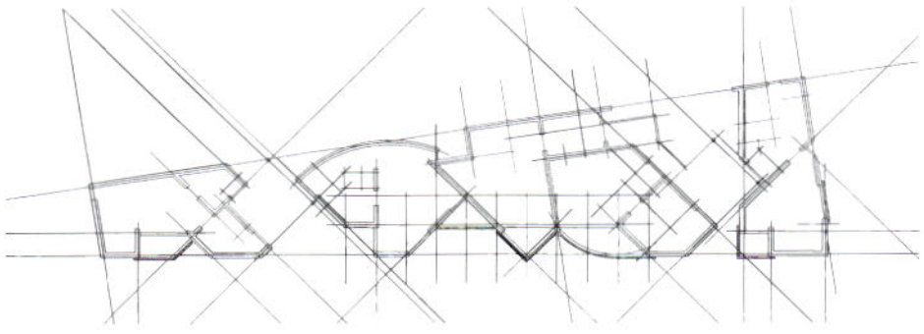

Stage 4

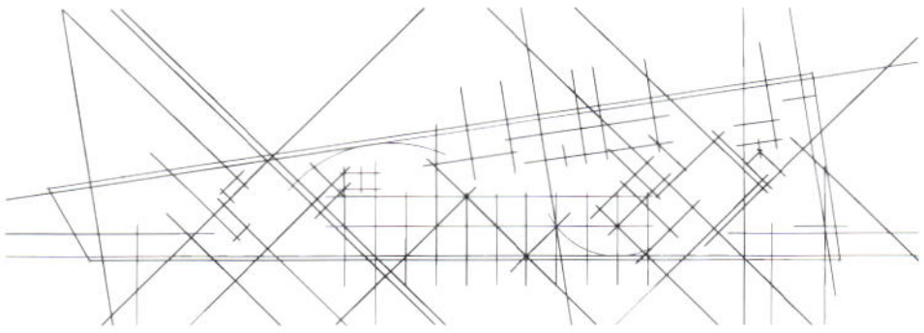

Stage 3

ベクトル場の思考とモダニズムの形

原広司

deviceとformの関係

写真提供＝*CAt*：*pp.18-19*，*p.21*
図版提供＝原広司＋アトリエ・ファイ建築研究所，*CAt*：*p.20*
聞き手＝山口真

原広司　はら・ひろし
1936年神奈川県生まれ。東京大学工学部建築学科卒業，同大学大学院修了。70年よりアトリエ・ファイ建築研究所と協同で設計活動開始。現在，東京大学名誉教授。

モダニズムを信じる

──小嶋さんは現代では珍しく骨太な問題設定をされていたと思います。扱う変数の多い計画、都市性の読み込み、教育。原さんは以前、シーラカンスについて「可能態としての建築」と言われていたのですが、あらためて小嶋さんについてどのように捉えられますか。

原　東大の話から始めさせてもらいますが、ぼくの研究室にいた山本理顕、隈研吾、竹山聖といった人たちは、集落を調査した世代でした。最後に行ったのが、隈の世代。そして、その後の最初の世代が小嶋たちでした。そこで、方法というか、体験や基盤となるものがかなり切れているのです。端的に言うと、その前の人間はモダニズムを端から信じていない。怪しいと思っている。そこで、ぼくは集落に向かったし、磯崎新さんであれば古典建築に向かった。それに対して、小嶋はモダニズムを信じていたんです。

──研究室の中では異端児だったのでしょうか。

原　でも、大学で建築をやるということから言えば、モダニストである方が普通ですよね。むしろ正統とも言える。例えば、丹下健三さんは伝統について言っているけどモダニストだし、小嶋が学生の頃で言えば、槇文彦さんも代表的なモダニストです。

小嶋が修士論文で研究したのは、東京の町の中の公共的な部分を抽出したんだけど、それが皇居や神宮といった町の中の非常に異質な部分で形成されていることでした。つまり、juxtaposition、異質なものの同時存在です。モダニズム自体を展開していくと、どういうことになるのかについては、異質なものの同時存在、ぼくが混成系というような流れについて考える必要があると考えたと思う。モダニズムの正統を継承して、ちゃんと問題に取り組まなくてはいけないというところが彼にはあったんです。

その研究を槇さんが見て、非常に感心されて、「小嶋を貸して欲しい」という感じで槇研究室の助手をすることになりました。槇さんは、普段は異質なものの同時存在にあまり関心を示さないようなストレートなモダニストだけど、小嶋が近代建築の系譜の中にあることを言っていると直感的に見抜いて、評価したのだと思います。

原広司氏

誠実さと知的さ

原　小嶋の良いところは、大きく二つあって、一番良いところは誠実さです。それは建築に表れているし、あらゆるところに出てきていると思う。真面目ということもあるけれど、人間的なスタンスとして本人から醸し出される部分もある。

建築における誠実さについては後でもう少し話しますが、もう一つは知的な態度です。彼はデザインでも何でもいろいろやっていく時に知的でないとダメだと考えていた。その点は、我々の研究室として共通している部分だと思います。我々の方法は、いい加減に見えるかもしれないけれど、非常に知的にやっているつもりなんです（笑）。

その中で非常に大きなところは、ぼくの態度がそうだということもあるけど、建築家がやるべきこととしてdevice givingという考え方を持っていることだと思う。近代建築は、本来は違うと思いますが、プランニングと並行するデザインの基本としてform givingという概念をつくってきました。小嶋はモダニズムを信じていたけれど、form giverではないんじゃないか。必ずしもformを与えることに対してはこだわらない。機械もその一つだけど、「建築が与える、ファンクションとして機能するものは一体何なのか」を考えていると思います。

——小嶋さんは、deviceをどのように捉えていたと考えられますか？

原　ぼくは、deviceとは様相を変える装置だと捉えています。小嶋は「小さい矢印」と言いますね。それはベクトル場のことですが、例えばアクティビティの場として捉えられている。非常に単純に言えば、ある領域があるとすると、そこに設定されるほぼ全ての点にあるベクトルが対応している。例えば、風で言うと、方向と速度が各点に与えられており、都市で言うと自動車を点と速度、方向で示した場。そういうものがベクトル場で、ただ対応しているものです。小嶋の関心から言えば、大勢の人がいるところで、人を点と捉えて、その動きをスピードと方向で対応させる。

我々の研究室で言うと、小嶋の時代に「渋谷のスクランブル交差点での人々の挙動」といった研究をしていました。小嶋も人の動きをベクトル場として捉えられると考え、その動きを誘起する仕掛け＝deviceとしての建築、あるいは都市を打ち出そう、あるいはつくってみたいと考えたと思います。

最も明快な成果は、「黒と白」の領域でしょう。そういうものとして、学校なり様々なものを整理してつくり上げると、動きのベクトル場のdeviceとしての建築ができると彼は考えた。非常にモダニスト的だと思うけど、こういう一つの方法が建築固有の力になり得ることを確信していたところが彼の誠実さなんです。また同時に、建築にはパッと消えてしまうものもあるけれど、彼の建築をそう簡単には消えていかないものにしていると思うのです。

ベクトル場の捉え方

——小嶋さんは、人間の動きや風や光を捉えるために様々な方法を考えましたが、それは原さんの言われた「様相」を受け止めて展開させたのでしょうか。

原　小嶋の話をする難しさでもあるけれど、不思議なことに彼自身がベクトル場をよく理解しているかというと、そうではないんです。ベクトル場は流れの話ですが、ぼくが空間におけるよぎり方について考えていて、二種類の流れがあることがわかってきた。

流体でベクトル場を考えると、水が出てくる蛇口や湧き出し口をソースsourceと言う。それから、洗いや風呂の排出口、流出口をシンクsinkと言います。流動を考える時、どこがソースでどこがシンクかを考えるとわかりやすい。ベクトル場の基本的な把握です。例えば、朝、空間に人が集まってくると入り口がソースになり、夕方には逆にシンクになる。このように、ベクトル場は特異点で捉えた方がわかりやすい。

このような流動を、□（スクエア）―トラヴァーシングと呼ぶことにしました。非常に線形な動きです。それに対し、ぼくがアトラクターという時、ベクトルが集中しそうな特異点として考えた上で、そこにdeviceを配置し流れを動かすことで、非線形の動きに対応させようと考えたわけです。ところが、彼がそういうことを考えているのか確認してみたのですが、言っていないんです。

——もう一つの流れはどういうものなのですか。

原　彼が見ているのは、非線形の場のあまり特異点がない流れ。昔から「浮遊」という概念で言っていたけれど、対比的な動きとして意識されてきたのは後になってから。それを◇（ダイアモンド）―トラヴァーシングと呼んでいます。彼にはそういうことを書いたので、それを踏襲していろいろ言ってくれたみたいです。

彼は、入り口とか昇降口とかあまり言わない。彼はベクトル場全体を思い描き、それをいきなり動

影のロボット

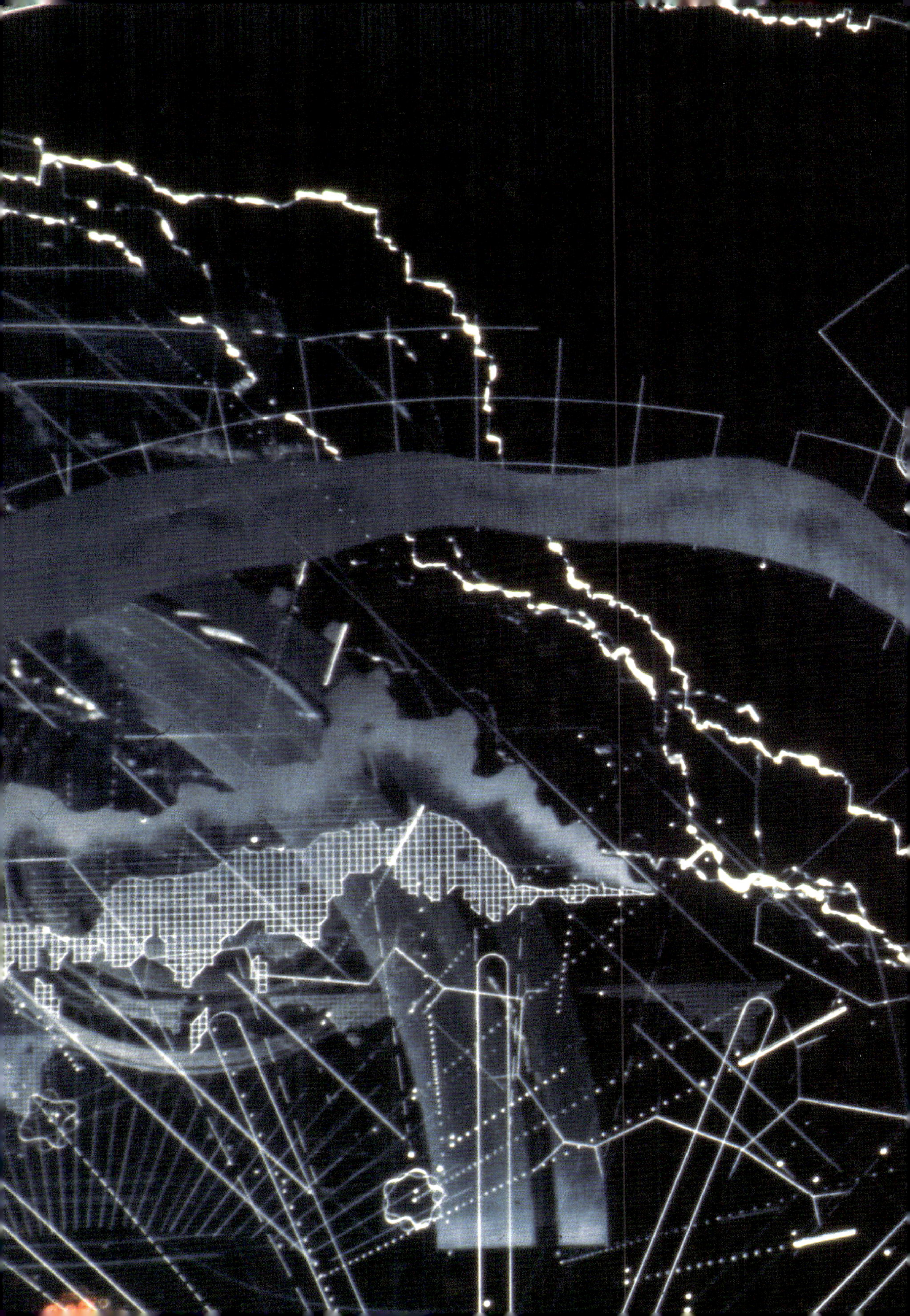

かすんです。もちろん、出入り口などはあるから、□（スクエア）—トラヴァーシングについても考えている。だけど、その二つが同時に誘起されている建築の全域をdeviceとしてつくろうとしたのではないか。その確信があったと感じる。そういう様相を示した図を、数学では相図（ポートレイト）と言います。

与えなくてはいけない形

——それでは、小嶋さんにとってformの問題はどういうものだったのでしょうか。

原　面白いところですが、彼が実際に形をつくると、モダニズムの形なんです。deviceとして新しいものを組み立てるんだということは近代を一歩前進させるような考えで、本当は近代の建築家もそのことを考えていたのですが、ちゃんとformでなくdeviceだと考えていたところが違っている。

ただし、「私はdevice giverだ」と言っても、人間は道具として形をつくらなくてはいけない。その形は一体どういうものか。それが次に問われるわけです。いくらdevice giverでなくてはいけないと覚悟しても形は伴ってしまう。そのことにどう対処するのか。その時に小嶋はモダニストのヴォキャブラリーであって、隈研吾が同じようなことを考えていたとしても、形は違うということが起こる。device givingで話してきたこととは、また違う課題があります。

近代建築を考えると、「機械は美しい」と言ってきた中に、device givingの要素があったはずです。同時に、機械が組み合わさる、deviceをつくる時に、「機械のように」と言う。それは形を与えなくてはいけないという避けられない運命のことです。その意味で小嶋は、モダニストの系譜、つまり近代の流れを正統に受け止めて、槇さんたちが示す誠実なモダニズムのところに、deviceを与える人として登場する。

——device givingを中心に考えながら、form givingもきっちり同居させる。いわゆるモダニズムの単なるフォロワーは、form givingだけに陥るということですね。

原　同居なんてそれほど上手くできないから簡単に言えません。例えば、レム・コールハースは同時にできる人でしょう。deviceをちゃんと組み立てながら、新しい形も与えている。しかし、建築に対してform givingを強調しすぎるのは誤りだと思うのです。ぼくが疑っていたモダニズムとはform givingとも言える。

form givingが得意な人もいるし、素晴らしいものがあることは確かです。ただしform givingが上手い人なんて数人しかいない。たいてい、ヘタなわけ。だから、建築家はdivice givingで行かないといけないのだけど、考えきれないから形を与えるだけになってしまう。そこは小嶋の優れたところで、近代の基本的な考え方の上にいる。言ってみれば、バウハウスみたいな形を使うわけです。

日色真帆とやっていたスペース・ブロックなんて非常に近代的ですよね。立体によって空間を埋め尽くす。まるで近代建築の教科書のように正確で誠実です。形を与える時に、もうちょっと違う形をつくらないのかという気もするけれど（笑）。そこにベクトル場を重ねていく時に、もう少しやっていったら彼独自の形を出してきたんじゃないかと思う。ともかく、構えとしては近代的で、彼の性質の中のそういうところを槇さんは見抜いていたと思います。

手の人

原　ぼくは小嶋がある時代をきっとつくると思っていました。先ほどベクトル場の話をしましたが、彼はそういうことを上手く言葉では言えない。

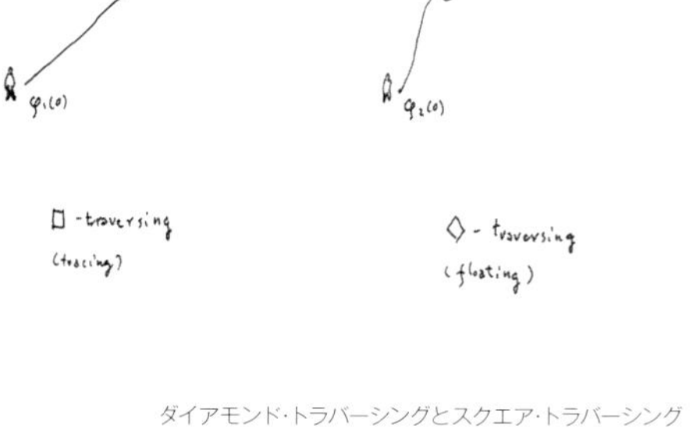

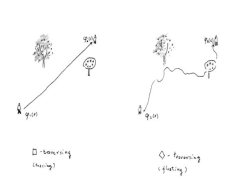

ダイアモンド・トラバーシングとスクエア・トラバーシング

新しい言い方は得意ではないのです。彼は口の人でなく、手の人だったと思います。昔の言葉で言うと工作者。言葉や概念でなく、道具で表すという性質の人なんです。

ぼくの研究室には、いろいろな優秀な人がいました。その中でも際だって頭が良いのは隈でしょう。人それぞれに特性があるのですが、手を動かしてちゃんとできる人は小嶋だけだと思う。だから、建築家として大物になるんじゃないかとずっと思っていたんです。

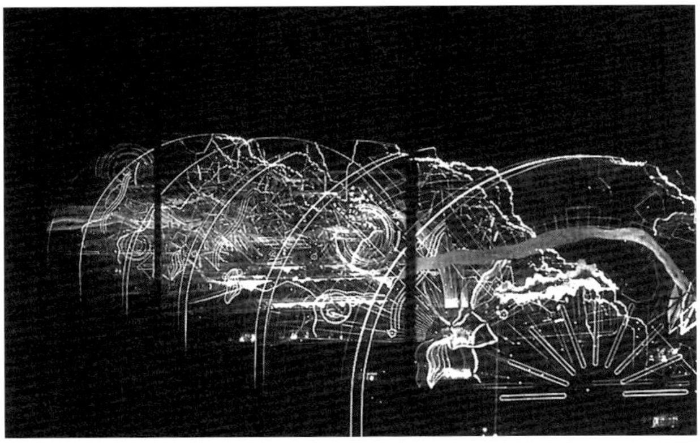

影のロボット

——それはdeviceとformの関係につながりそうです。

原　そうです。彼にはベクトル場の思考と、モダニズムの形があると言いました。それは、振動/波動論と原子論の組み合わせで世界は構築されるだろうという、量子力学の感覚に近いように思います。もっと一般的に言うと、光は粒子であり、波動である。そういう感覚が小嶋にはあると思います。これはモダニズムの展開として到達するところなんです。流動的なものを知的に組み立てることができるという確信があった。それは工作者としての誠実さですよね。

——そうすると、小嶋さんのform givingをどう評価されていますか。

原　彼のつくるものは本当に良いんです。それは最初に出会ったころからでした。当時、「影のロボット」という図像生成装置を製作しました。アクリル板を割るようにしてつくったのですが、小嶋が断然上手いんです。他の人ではできない。それで彼以外触らないように言って、全部やらせたんです。

——小嶋さんは模型づくりが下手だったという話も聞きますが……。

原　いや、ヘタなんだけど、あそこで表現したいことが現れているというか、凄い良い。つまり、ヘタウマなんです。それはまさに工作者、職人です。

彼がつくった建築で言うと、「スペースブロックハノイモデル」(二〇〇三年)を数年前に見ました。扱いは粗末にされていたけど、device として働いているし、それがformに現れている。誠実だし、知的につくられている。凄く良いと思いました。

つくる態度、生産を考えると、建築は知的生産であると思います。今、またデザインが見直されていますよね。資源＝ものを持つことが豊かだと思われてきたけれど、変わってきた。すると、デザイン＝form givingが重要になってくる。しかし、それは単なるform givingではないと思うのです。知的につくる、つまり単純化して言うと、formは避けられないが、その前提にdeviceとしてのとらえ方があってつくることではないか。

formを与えるだけならアートと同じ、形を避けてdeviceを考えるなら普通の機械の設計者と同じです。建築家は、その両方を同時に与える必要があるわけです。そういう意味で、小嶋は良い先生なのかもしれません。彼は、近代建築の流れを継承して、form givingの宿命を考えている。彼の活動がもう少し続いていれば良かったと思うけれど、今、世界中で研究されている非線形なものを複雑化してつくり上げていく世界は、既に充分に示し得たんじゃないか。それは、多くの人に示唆を与える、将来に対する教えになると思います。

宿命に立ち向かえる建築家
妹島和世

時代の変化に応える建築のあり方を
開放的につくっていく

聞き手＝山口真

妹島和世　せじま・かずよ
1956年茨城県生まれ。日本女子大学家政学部住居学科卒業，同大学大学院修了。伊東豊雄建築設計事務所を経て，87年妹島和世建築設計事務所設立。95年より西沢立衛と協同設計(SANAA)。現在，横浜国立大学大学院 Y-GSA教授。

城戸崎和佐さんを介して

妹島　小嶋さんを認識したのは、小嶋さんのSDレビューでの、「氷室アパートメント」(一九八七年)のプレゼンテーションを見た時です(一九八五年)。当時、それほど原広司研究室の人たちとは面識がなかったので、小嶋さんのことも知らなくて、会場で模型を見て、「新しい人が出てきたんだなぁ」という強い印象を受けました。

――東京国立近代美術館で開催された「日本の家一九四五年以降の建築と暮らし」展でフィーチャーされている伊東豊雄さんや篠原一男さんらの潮流が、当時の建築界に色濃く根差していたと思いますが、小嶋さんの出方はそれとは違うものだったのでしょうか?

妹島　そう思います。作風から感覚的に原さんとの連関は伺えましたが、「新しい人が出てきた」印象が強かったです。私にとっては、それまでのSDレビューで一番インパクトがありました。

出会いはその少し後、伊東事務所で自分が担当した「花小金井の家」(一九八三年)を見学に来てもらった時です。伊東さんがあまり気に入られない感じだったのですが(笑)、私は一生懸命つくったし、両親の家ということもあるので、自分の友だちに見てもらって感想を聞こうとしました。当時、まだ小嶋さんとは知り合いではありませんでしたが、事務所の同僚だった城戸崎和佐さんと一緒に見学に来てくれました。

2007年，「ニューミュージアム」に関する座談会での妹島和世氏と小嶋一浩氏

SELFISH（桜台アパートメント）

——どんな印象でした？

妹島　初対面の人が担当して、住人で、かつそれが伊東さんの建築ですから、何かしら批評を求められて、緊張していたと思いますが、今よりも愛想が悪く、ベラベラ喋るわけでもなく少し身構えているようで、体格が良いせいなのか、得体の知れない塊みたいな印象でしたね（笑）。具体的に何を言ってもらったかは覚えていませんが、割と肯定的な内容を話してくれたと記憶しています。でも、批評内容より、その時の存在感の方が強かったです。

その後、「再春館製薬女子寮」（一九九一年）ができる間際に偶然、再会しました。小嶋さんの自宅は、恵比寿にあった私たちの昔の事務所の近所だったのです。当時、「再春館」の現場スナップを夜中に皆でスライドショーしながら、最後の仕上げについて議論していました。

あれは夜中の十二時前後だったかと思う。缶ジュースを買いに外へ出たら、偶然、小嶋さんが通り過ぎたのです。そこですかさず「ちょっとちょっと！　見てもらいたいものがあるんです」とお願いしました（笑）。

現場のスナップは誰にでも見せているわけでもないし、当時もまだそこまで小嶋さんと親しくもなかったのですが、自分でもつくっているものについて判断ができなくなって、彼に見てもらって何か批評してもらいたかったのだと思います。「勢いがあってすごく良い」と褒めてくれて、ホッとしたことを覚えています。

——西沢さんは、妹島さんと一緒に出張の帰りに諏訪に寄った時が、初めての出会いだったそうです。

妹島　たしかに諏訪でも二、三回会いました。「O MUSEUM」の打ち合わせで長野県に行った帰りに、当時、城戸崎さんが常駐していた「下諏訪町立諏訪湖博物館・赤彦記念館」（一九九〇～九三年）の現場に休憩がてらお邪魔して、現場を見せてもらったり、夕ご飯を一緒に食べたりしていました。そこに時々、小嶋さんが来ていました。結婚する前だったと思います。「伊東さんの建築を見に来たんだ」と言っていたし、こっちも何も気づかず、特に気にせずに一緒にご飯を食べたりしていました。ちなみに、私はその後、お二人の結婚式で司会をやることになります（笑）。ですから、私はずーっと小嶋さんのことを「小嶋くん小嶋くん」と呼んでいましたが、今回は一応小嶋さんという呼び方で話させてもらっています。

自分との違い

妹島　後年、「ニューミュージアム」（二〇〇七年）のオープニングに城戸崎さんと一緒に小嶋さんも来てくれました。友人として招待しているけれど、心のどこかで小嶋さんが私たちの作品をどう見るかも気になっていました。

——逆に妹島さんが小嶋さんの建築を見に行ったことはありましたか？

妹島　初期の作品では、「SELFISH（桜台アパートメント）」（一九九〇年）や「SELFISH（恵比寿プロジェクト）」（一九九〇年）といった集合住宅を見学しました。「桜台」は面白いと思った。どこまでが建築でどこからが道なのか、境界が少し曖昧で自分のつくり方と違うなあと思いました。

Y-GSAでの講評会の様子。後ろに西沢立衛氏と大西麻貴氏

――近年の作品は？

妹島 残念ながら最近の小嶋さんの建築は見学できていません。「宇土市立宇土小学校」（二〇一一年）、「立川市立第一小学校・柴崎図書館／学童保育所／学習館」（二〇一四年）など話はよく聞くけれど、見学の機会を逃してしまって……。

「宮城県迫桜高等学校」（二〇〇一年）は当時、自分が取り組んでいたプロジェクトの勉強のために現場の忙しい中を見学させてもらいました。体育館を中央に配置したプランニングが素晴らしいと思いました。現在、宮戸島で進めている「自然の家」プロジェクトでもどうかと思いましたが、体育館を真ん中に配置したら、クライアントから反対にあってしまい、なかなか難しいものだと実感しました（笑）。

一方で、「迫桜」の廊下は、私の身体感覚からすると、少しスケールが大きいように感じました。「千葉市立打瀬小学校」（一九九五年）におけるスペースも同じように、やや大きい印象でしたね。

――小嶋さんたちが考えた、「迫桜」で言えば「ＦＬＡ（フレキシブルラーニングエリア）」、「打瀬」で言えば「クラスセット」の空間ですね。

妹島 写真や図面を見る限り、「宇土」では、徐々にそんなスペースがコンパクトになっていき、外部と上手くつながった通り路になっているように思います。

——小嶋さんとはドバイの都市計画「Al Ghurair Bawadi Development」で一緒に設計されていますが、その時の印象は？

妹島　「ドバイ」で初めて一緒に設計しました。何もない砂漠の中に確か一キロ四方くらいの街をつくる計画で、初めてのスケールだし初めてのアラブということで、自分たちだけではとても手に余ると思って、一緒にやろうとお願いしました。小嶋さんがいればどんなことになってもなんとかなるという絶対の安心感がありました。計画自体は他にアトリエ・ワン、石上純也さんと、四者で進めましたが、エスキースを進めながら、自分たちとの違いに色々驚きながら、同時に、一緒にまとめていくプロセスは勉強になったし、とても楽しかったです。

宿命に立ち向かえる建築家

妹島　昔、『建築文化』でシーラカンスが特集されていましたよね（建築文化一九八八年十二月号：シーラカンス 透過する都市の風景）。私の独立前後だったと思います。あの雑誌を読み、若い人たちがグループを組んで共同設計していくスタイルに衝撃を受けました。それで、私も誰かとグループを組んで一緒に設計したいと思って、何人かに声をかけたんだけれど、皆に断られてしまいました（笑）。

——当時も建築の設計は一人でやるものだという認識だったのでしょうか？

妹島　やはり強くあったと思います。私たちも最初のうちは、伊東さんに「設計を協働でやるのは違うだろう」と言われていました。

——伊東さんは小嶋さんについて伺ったインタヴューでも同じことを言及されていました。

妹島　そうですか（笑）。たしかにありえないかもしれないけれど、シーラカンスを見て、私は羨ましかったんです。

偏見かもしれないけれど、同じ集団設計と言っても、最近の若い人たちによる共同体制とシーラカンスは違ったように思います。

——「皆で仲良くつくってます」という集団設計に対して、言ってしまえば、シーラカンスはかなり異質な人たちも同居している。たまたまそこに居て、意見を言い合って面白いから協働した。小嶋さんは自分と相容れない価値観まで巻き込んだ上で、一つの建築設計にまとめていこうとしたのだと思います。

妹島　小嶋さんはシーラカンスという集団設計をはじめ、建築家として、教育や実務でも様々な変革を成し遂げてきました。

教鞭を執っていたY-GSAでも、小嶋さんが蒔いた萌芽がいろんな方向に展開していく時期だったように思います。小嶋さんの後の中継ぎとして私が教えることになりましたが、講評していると、学生や先生から「小嶋さんがこう言っていた」という発言がよく出てきます。小嶋さんが残したものが確実にあり、学生や先生たちから「がんばらなきゃ！」という姿勢を感じます。

また、実務でも、大学院時代に「氷室アパートメント」の現場に常駐して施工図まで描いたり、アルバイトで職人さんと一緒に工事して現場監理を身につけたとか、変わったところがあります。興味のあり方と実践が独特だったと思う。決して新しさにだけ振り向くタイプではないけれど、時代の変化に応える新しい建築の在り方を求めて、閉塞的な社会の中でも、開放的にハチャメチャにつくっていく。とてもタフに「とにかくやってみよう」という姿勢が小嶋さんの特別な個性だと思います。

世の中がどう変化しようと、建物として普遍的な価値を持つ素晴らしい建築がある一方、その時代ごとによって求められる建築もあります。プログラムや与条件として、社会からその時代ならではの形や空間が求められ、私たちは建築の新しい在り方を提示し、残していかなくてはいけません。そんな現代、そしてこれからの未来、小嶋さんはその宿命に最も立ち向かっていける建築家だったのではないでしょうか。

HOUSE TM

神奈川県横浜市, 1994年

南西側全景

屋上より見る。傾斜のある住宅地のカーブした道が建築とつながる。トップライトから外部照明で室内を照らす

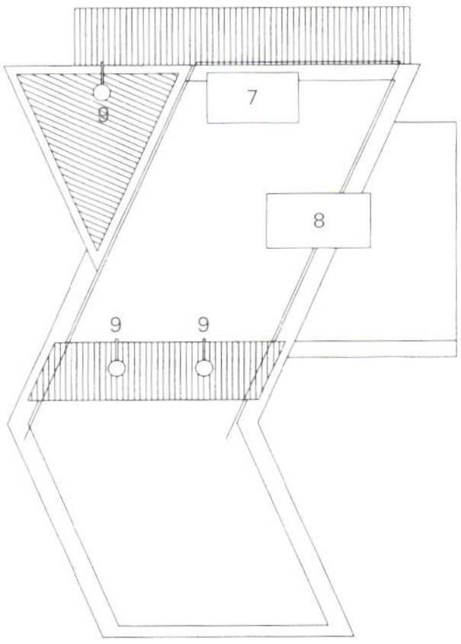

屋根伏

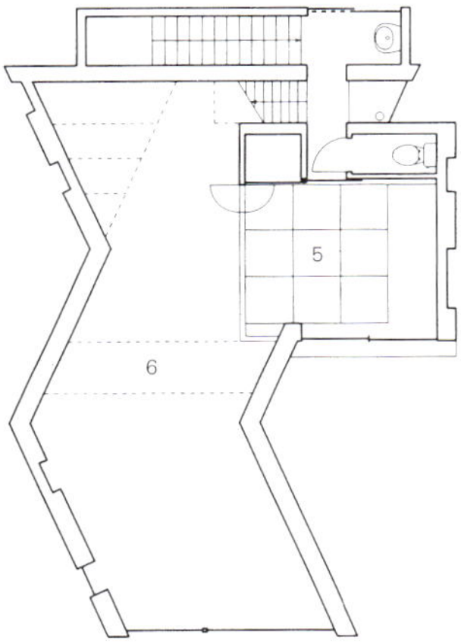

2階平面

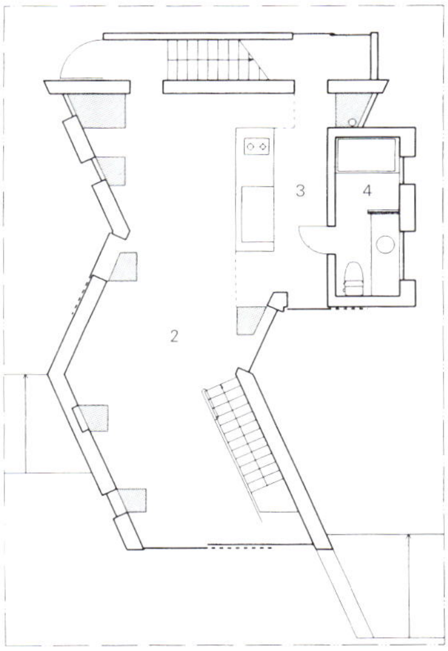

1階平面　S=1:200

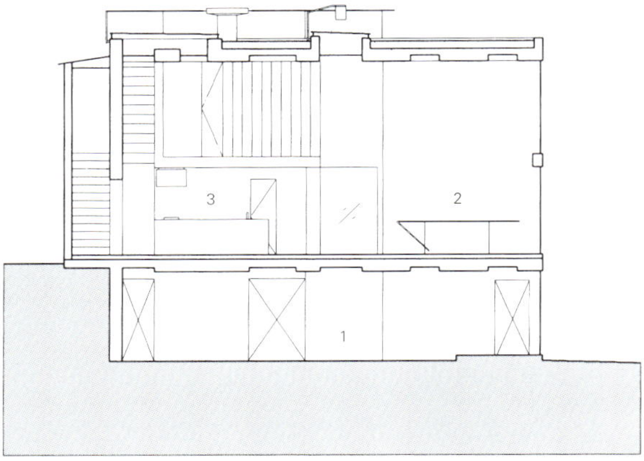

断面

1 地下室
2 主室
3 キッチン
4 浴室
5 和室
6 吹抜
7 ハッチ
8 テーブル
9 照明

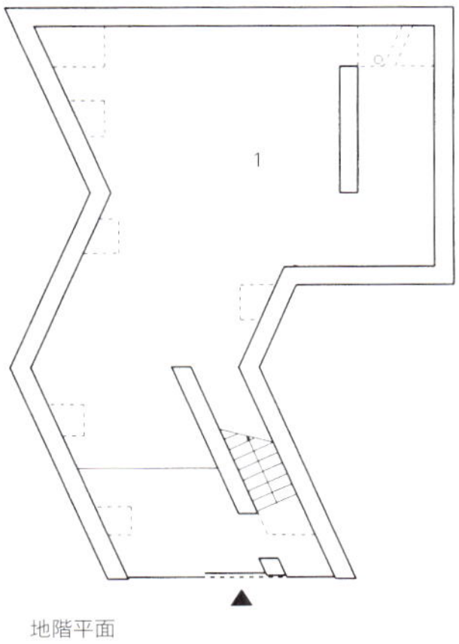

地階平面

主室。北東側を見る

空気の両方のために1階床には孔が幾つもある。1階床に温水を入れて地下と1階の両方に輻射暖房を効かせている。

2階に祖母の部屋を取った以外は当初は個室もなく，地下や吹抜けを子どもの成長にあわせて自由に仕切れるようにした。だから，家のどこにいても他の家族の気配がじゃまにならない程度に感じられる。

屋上は断熱効果も考慮してタマリュウを植えた。コンクリートでテーブルをしつらえてありビールを飲むのに心地よい。

全体に仕上げは最小限として住みながら工夫していけるシェルターとした。

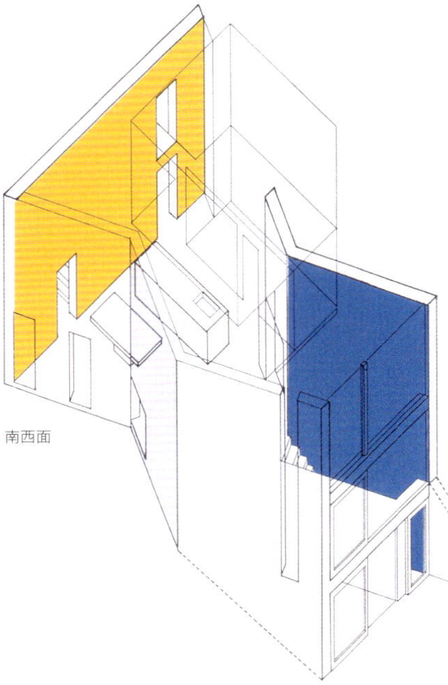

南西面

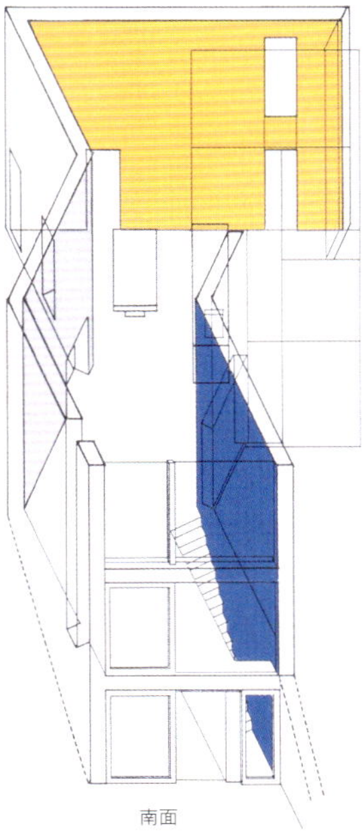

南面

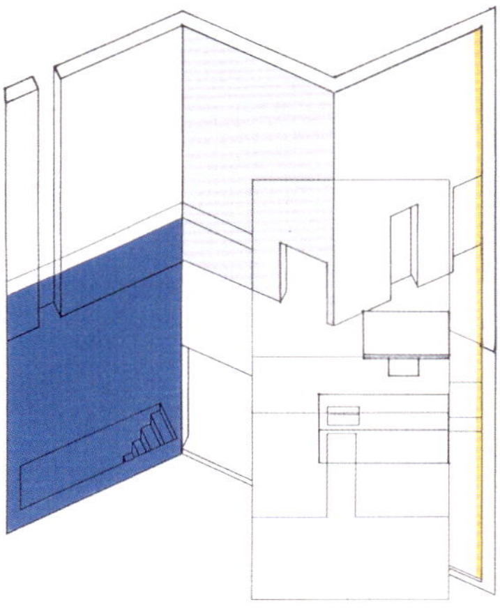

東面

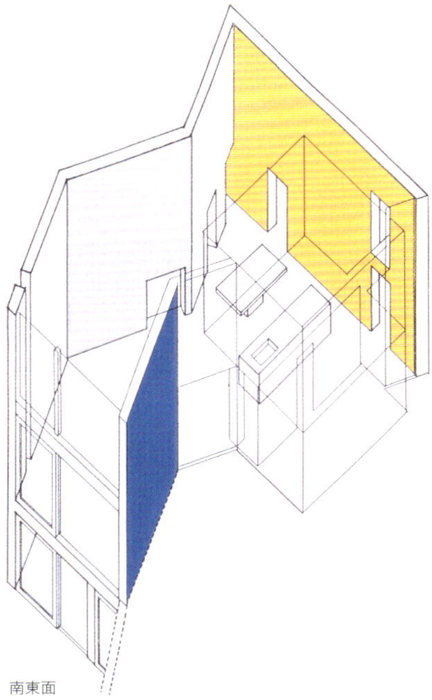

南東面

投影

敷地断面　S=1:1500

横浜郊外に建つ，夫婦と子ども二人とおばあちゃんの5人家族の住宅。限られた敷地と40%という建坪率の中でどのようにお互いがのびのびと過ごせるだけの大きなスペースを確保して敷地の中に置くかがテーマだった。ジグザグの平面は，60%を占める外部を内部の延長として感じられるようにし，空間に死角をつくることで同じスペースで別々のことをしているのが窮屈でないようにしたことで生まれたものである。

10m×4m×4.6mの大きなヴォリュームの光や空気の制御をモデリングした。時間や天候の変化で光の状態が刻々と移ろっていく。またイニシャルとランニングコストを考えて大きなスペースにはエアコンをつけていない。空気の流れを地階や屋根を含めて考えることで，真夏でも涼しさを感じることができる空間が実現できた。光，

2階，和室より南を見る

主室より玄関を見下ろす

主室。南を見る

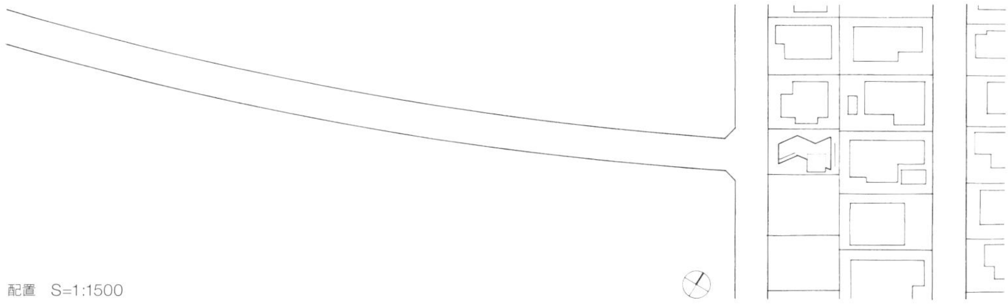

配置　S=1:1500

千葉市立打瀬小学校

千葉県千葉市, 1995年

北東より見る。鳥瞰全景

1 教室
2 ワークスペース
3 図書コーナー
4 工作室
5 調理室
6 特別教室
7 視聴覚室
8 音楽室
9 交流広場
10 体育館
11 保健室
12 理科室
13 多目的室
14 図画室
15 職員室
16 会議スペース
17 冬の庭
18 夏の庭
19 ピロティ

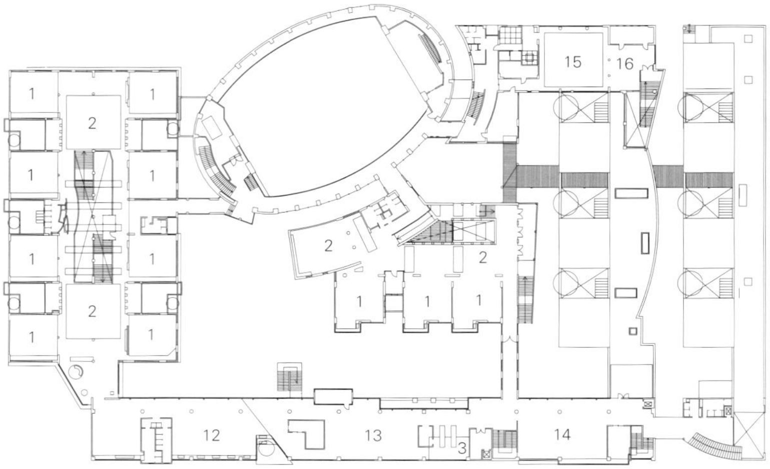

2階平面

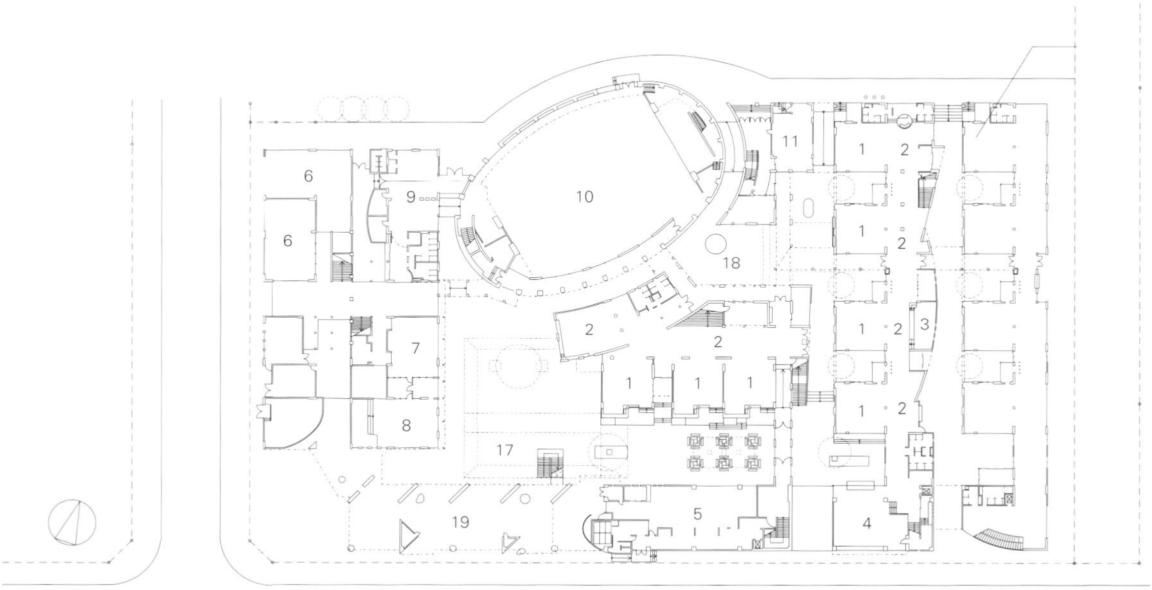

1階平面 S=1:1200

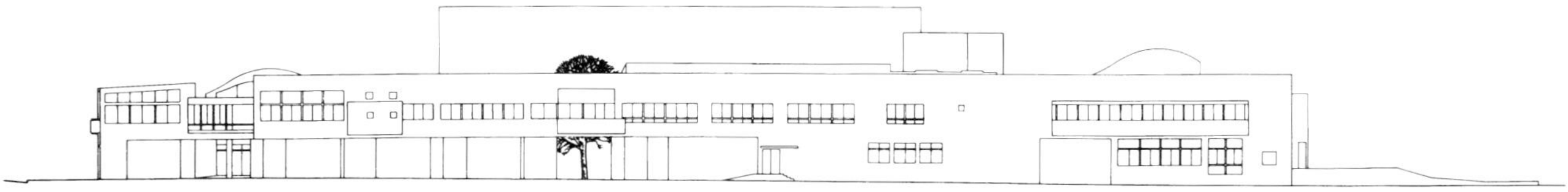

南立面

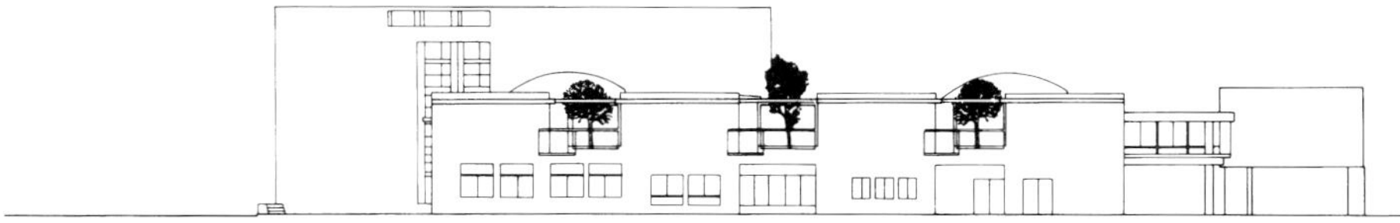

西立面 S=1:800

低学年棟

職員室より見下ろす

冬の庭。体育館方向を見る

高学年棟の吹抜け。2階より見下ろす

高学年北側ワークスペースより, 吹抜け越しに南を見る

高学年棟の吹抜け

中学年棟のワークスペース

か，準備室も含めた各室の構成要素を検討し，オープン，可動化できるものを洗い出した。

〈アクティビティを誘発する空間〉

校舎中央の屋内運動場キャットウォークや，連結した特別教室を主動線とし，校舎全体の動線をループさせた。また，家具，校具を多く用意したほか，床コンセントを多用することで，将来のコンピュータの分散配置を可能としている。

　このような計画を，スカイライトや吹抜け，木造格子シェル（T.I.S. & PARTNERSの協力）により，光に満ちた流動性ある空間として展開している。また，中庭を挟んだ教室配置として，音の干渉を小さくしたり，高天井となる部分には，空気の対流を起こすサーキュレーターを設けることで，通風，採光面でも良好な室内環境としている。この学校は予算や規模の面で，埋立地の地盤改良，ゴミ真空集塵設備等を除けば，従来の小学校と同じフレームで実現された。私たちは，千葉県が進める街づくり構想の中で千葉市と共同で新しい学校のあり方を提案してきた。この小学校が，新しい学校のスタンダードとして子どもたちや，市民の多様な生活が映し出される「街」となることを願っている。

＊クラスセット：教室を核に，「中庭」「アルコーブ」「ワークスペース」「パス（通り抜け可能な外部通路）」でできた単位のこと

低学年棟の教室

高学年棟の教室より光庭を見る

千葉市立打瀬小学校は，幕張新都心住宅地区の新設校である。住宅地区ガイドラインに沿って建築の壁面が歩道に接する街区型の配置で，避難や地震時の埋立地での安全性も配慮して低層型とした。計画段階から現在首都大学東京学長の上野淳氏にアドバイスを受け，プロポーザルコンペで選ばれて以下の四つのテーマで設計を進めた。

〈周辺地域との連続性が高い小学校〉

市民の通り抜けが可能なパス，公園と一体化したグラウンド，交差点に面した広場などをつくり，周辺住民の利便性を高めている。また，街路と連続したピロティを設け，これを通して子どもたちの活動が見えるよう配慮している。一方，屋内運動場やプールを地域に開放するために「交流広場」を設けたほか，生涯学習の場となる可能性の高い教室を街路側１階にまとめている。

〈外部空間へのアクセシビリティが高い教室〉

低層で接地性を強める，昇降口を分散型として教室に近づける，教室に接して多様なスケールの庭を設けるなど，子どもたちの活動が室内に限定されないことを目指した。

〈フレキシビリティの高いオープンスクール〉

様々な単位での活動に対応できる「クラスセット*」を提案。また，目的が限定されて使用時間の少ない特別教室の半数を連結してワンルームとし，そこにアイランド状の準備室を配置することで空間を分節した。また，図書室をなくし，代わりに図書コーナーを分散して設けたほ

中学年棟2階西側のワークスペース。正面の通路は体育館へ導く

中学年棟のクラスセット・ワークスペース

低学年棟のワークスペース

体育館。連絡通路より見る

特別教室棟の図書コーナー

千葉市立打瀬小学校のコンセプト模型

生きたモダニズム精神のパワー

西沢立衛

様相の外に機能をみるのでなく，様相の中心に機能を置く

聞き手＝山口真

西沢立衛　にしざわ・りゅうえ
1966年東京都生まれ。横浜国立大学工学部建設学科卒業，同大学大学院修了。90年妹島和世建築設計事務所入所。95年より妹島和世と協同設計(SANAA)。97年西沢立衛建築設計事務所設立。現在，横浜国立大学大学院 Y-GSA教授。

戦略家で計画家

――小嶋さんが、建築で大勢の人の離合集散や都市性を考えられていたことは、西沢さんや妹島さんと通じるところがあるようにも思います。例えば、前者はプランニングの問題とも言えるでしょうし、後者は環境の問題に関わる。当然、表れ方は随分違うと思うので、その対比も含めて小嶋さんの可能性をどのように考えておられるか伺いたいと思います。小嶋さんの言葉を聞いていると、建築をストレートに表すというよりも、イメージや方向性に対する熱量を感じるのですが。

西沢　ぼくらと近いところもあるし、全く違うところも多いですね。小嶋さんは戦略家ですから、いきなりものをつくるというよりは、作戦を立てる。ぼくらみたいに素朴に建築をつくるというよりは、もう一つメタレベルで考えている。そこは、ぼくらと決定的に違っているかな。計画家、あるいは企画家の目線がありました。ただ、企画と言ってもいわゆるプロデューサーやアート・ディレクターとは全然違っていて、小嶋さんはやはり「もの」として勝負という面があったと思う。建築の強さを愛していて、「すごい建築をつくる」というのがあったと思います。

――小嶋さんの建築のどういうところが気になりますか。

西沢　色々思うことはあるけれど、やはりひとつは、ある種のダイナミズムがあると思います。スタイルを打ち立てることを目指すのではない、つまり、建築スタイルが目標というより、スタイルは何かの副産物の一つみたいなところがあった。特に初期の建築はそんな感じがすごくありました。すごい昔の話ですが、シーラカンスに遊びに行った時に「ビッグハート出雲」(二〇〇〇年)の模型を見て、楽しそうだったな。何かいろんな戦略や実験がわっと起こっていて、小嶋さんがものづくりを凄く楽しんでいるという感じがしました。ぼくらの建築とは全然異なるタイプの開放感がありました。最近の小嶋さんの建築は昔に比べたら多少洗練というか、スタイル的に整ってきたと思うけど、でも小嶋さんの作品は今後も変わっていくだろうとぼくは思っていました。

小嶋さんの学校建築を見ていて思うのは、建築が「使えるかどうか」ということは、小嶋さんにとってすごく大きな、重要な価値観なのではないか、ということです。ただそれは、「音響がちゃんとしているか」とか、「廊下の幅は適切か」とか、そういう各論的な機能性ではなくて、例えば「三〇年くらいしておもろい人材がそこから出てきたかどうか」、そんな感じの機能性を大きく考えていたのではないか。大学で一緒に教えていても、そのような雰囲気をぼくはたまに感じました。

売れる合理性の精神

西沢　ぼくが小嶋さんを最初に認識したのは、八〇年代後半のＳＤレビューでした。当時、ぼんやりと

だけど、妹島さんと小嶋さんは同じ恵比寿にいたせいもあり、両者は「対」というか、この二人は将来ライバルになるのではないかという気がしていました。ぼくにとって、あの時代の建築界はポストモダニズムの成れの果てみたいな時代でした。バブルという時代も、暗さを助長していたと思うんですが、そういう時代の中で出てきた妹島さんと小嶋さんに、ぼくはまるでロケットが発射するような明るさとワイルドさを感じていました。当時のシーラカンスの建築にも多少記号操作的な、当時の時代の雰囲気はもちろんちょっとあったけど、でもそれよりも、アロンアルファで辛うじて形を保っているという感じの雑な模型と若々しい表現で、パワーを感じました。

　小嶋さんにはある種の生きたモダニズム精神というものがあると思うのです。それは建築をつくる創作論だけでなく、そこに向かっていくための組織づくりや設計料の取り方まで含むトータルな合理主義精神のようなものです。そこには、作品主義を超えるパワーがありました。また、売れなきゃ意味がないという、商人魂というか、戦闘的経済主義と言うべきか、そういうのが小嶋さんのモダニズム精神の根幹にあり、東京生まれのぼくにはそれも新鮮だった。グループで活動することも、単に仲が良いから一緒にやるというわけではなく、売れるための作戦だったと小嶋さんは言っていましたが、小嶋さんは非常にホットなところとクールなところをいつも同時に持っていた。「いくさびと」的な熱さと、ものすごい計算力のあるクールさが一緒にあるんですね。

　小嶋さんを思う時に出てくるキーワードの一つに、「したたか」というものがあると思います。強いというのかな、タフな男だった。肉体的には意外に繊細で、よく風邪をひいていましたが、そういうのを超えて、人間としてタフでした。頭がいいというだけでなく、頭が強いというのかな。タフさは、小嶋さんの一番魅力的なイメージの一つだと思うな。

　最初の「氷室アパートメント」（一九八七年）はとても混沌とした印象だったけど、その後徐々に、「スペースブロック」や「黒と白」などのような、ダイアグラム的な、整理されたものが出てきました。実は正直に言えば、「スペースブロック」も「黒と白」も、ぼくは建築理論としてそれほど大きな創造性は感じていなかったのです。しかしそこにすら、ある種のタフさがあった。審美的判断を超える割り切りがありました。

――「黒と白」や「スペースブロック」などの理論が、誰でも使えそうということでヒットする。先ほど、副産物と同時に「もの」としての勝負と言われましたが、建築家・小嶋一浩の実践としてそこはどういうものだったと思いますか。

西沢　小嶋さんは理論的活動を重んじていましたが、しかしそうは言っても、小嶋さんと話していて、理論的なものについての雑談をした記憶はそんなに多くありません。それよりもむしろすごい建築を見たときに、「あれがすごい」という話が一番多かった気がします。やっぱり小嶋さんは、すごい建築に出会って燃える、いわば建築少年的な部分が少なからずあったのではないかなと思います。もちろんぼくもそういう人間ではあるけど、でも小嶋さんは大阪人だから、ものすごいリアリズムと経済感覚があって、芸術としての建築とは相当違っていたと思います。「売れる」というのはつまり、理論の汎用性でもあると思います。小嶋さんの中では「すごい建築」と「売れる」というのは、そんなに矛盾することではなかったのではないかな。

革命と建国

――いろいろな意味での「売れる」ですよね。学生たちが影響を受けることも、実際に仕事がくることも「売れる」。

西沢　そうですね。今の若い人や学生には上昇志向をあまり感じないけれど、小嶋さんにとっては「生きる」イコール「上昇する」だったと思う。学生時代から大海に出ていく意識があったのではないか。大阪や京都にいた頃から、世界を見つつ勝負しようとしていて、当時から世界的な考え方を持っていたのではないかと想像します。大阪的かつグローバルというか、小嶋さんの中では地域主義とグローバリズムが一直線につながっていた。両者は対立するものではなくて、ひとつのことなのです。そういういわば生きたモダニズム精神というものがあったと思います。

　小嶋さんが学生に「建築家は儲かるよ」と言っているのをぼくは目撃しました（笑）。建築家になったらポルシェに乗れるぞ、みたいな（笑）。むしろ現在の建築家のイメージが、社会に相手にされない売れない芸術家みたいな、何かそんな感じのイメージだから、若者が建築家になりたがらないんだと、建築業界もつまらなくなっていくんだと。それはある意味で一理ある。建築家も、いつまでも地味な小さいことばかりじゃなくて、デカイことをやらないとダメだと。気持ちいいくらい単純で明快でした。先生としても素晴らしい先生で、小嶋さんの全身が、行動のすべてが、言葉の一つひとつがそんな調子で、若い学生や若手建築家を鼓舞するのですね。

——小嶋さんは、現代にモダニズムの精神で何かを組み立て上げようとしている。ちゃんと作戦を考えないと、到達できないターゲットを持っていたと思いますか？

西沢　どうなんでしょうか、わかりません。小嶋さんにそれを質問したら、面白い返事が返ってきそうな気もしますね。すごい建築をつくるというのは一つのターゲットだと思いますが、わかりません。

小嶋さんの広範な諸活動は、どこか「建国」とか「国づくり」みたいなところがあったと思うんです。手下を率いて被災地に出ていったり、皆で建築やったり、大学で制度改革とか、国づくりしている「王様」みたいな感じです。集団を率いて何か大きなことをやるということも、好きだったのではないかな。

——一つつくったら、次にまた新しくつくろうとすると言われましたよね。資料集成に出てくるようなダイアグラムでなくて、どんどん書き直していく。

西沢　建築計画の世界は、すごく小嶋さんに合っていると思うんです。物事を定量的に捉えるというのでしょうか。建築は多様で、いろんな質があるけど、それを評価するためにも、多様な質というものを量に置き換えてみる。プランニングなどに転換できる一種のセオリーをつくる。そういう小嶋的唯物論は、建築計画がずっとやってきたことでもあるように思うのです。実際の建築計画はつまらないけど、でも小嶋さんみたいな人間がやると、建築計画ってほんと面白いんだな、ということになると思います。建築計画の歴史の中で小嶋さんは、救世主の一人なのではないかなあと思います。

Y-GSAで一緒に教えていた小嶋氏と西沢氏

原広司を越えて

西沢　小嶋さんの人生を、面白い意味でややこしくしたのは、原広司さんの存在だと思います。原さんのように大きく生きたいと思う一方で、金額や計画が気になる小嶋さんがいる。その葛藤や二重性があったと思う。原さんとの出会いが、小嶋さんの人生をさらにややこしくかつ豊かなものにしたと思うのです。

原さんのシュルレアリスム的な世界に対して、小嶋さんはリアリズムですから、それはもう全然違うわけです。すごいところに弟子入りしたもんだなと感心します。そんな状況だから、小嶋さんの大学院時代は、非常に実りのあるものだったんだろうと想像します。自分の人生で決して出会わなかったようなタイプの師で、しかしその師は大変大きく、魅力があって、この人が好きだと、しかし自分と全然違うと。原さんが提示する世界と自分の価値観とのギャップ、これはどうしたものか？ みたいな葛藤は、小嶋さんにとっては最高に創造的な問題だったのではないかと思う。いつも、すごいものに出会って興奮する小嶋さんですから、原さんと過ごした日々はさぞや幸せだったと思います。

——言われたように、小嶋さんは合理的でちゃんとした建築をつくられますが、同時に「矢印の群れ」や「風の動き」、「雑木林」といったイメージがあって、学校でも建築自体は印象から消えてもいいと言っていました。

西沢　それはどこまで本当に思っていたのかわからないですけどね。それもぼくは、小嶋さんはいずれ展開して、違うことを言い出すだろうなと思っていた部分でもあります。消える建築というよりも、強い建築を目指したような気はします。

ひとつ思うのは、原さんの「様相論」において、「様相」と「機能」は対比されるものでした。原さんは「機能から様相へ」と言ったのです。しかし小嶋さんにとってその二つは、一つのものでした。機能主義を超えるという形で原さんが提示した「様相」が、小嶋さんにとっては、「機能」を得て初めて実現できるものだったのです。それを、「矢印の群れ」とか「雑木林」と呼んだ。それらは要するに「様相」のことなんですが、でも単に建物の雰囲気ということではなく、小嶋さんにとって「矢印の群れ」や「雑木林」は、極めて機能的な状態を言う言葉でした。事物が十分に機能できている状態をそう呼んだ。

小嶋さんの建築においては、「使えるかどうか」が重要です。そういう建築について小嶋さんが「矢印」とか「雑木林」とか言い出すというのはつまり、機能的事物は様相的なものだ、ということです。使える建築は定量化してみると、すごく面白い現れ方をする、ということです。小嶋さんはかつて「機能」を「アクティビティ」と呼び変えましたが、あれも、機能の様相論的側面を言おうとしたのだと思います。様相の外に機能をみるのでなく、様相の中心に機能を置くというのは、とても小嶋さん的だし、ある真実の一つを言ったと思います。

そういう小嶋さんと原さんの関係、原さんの天才性から小嶋さんが学んでいくその流れは、歴史なのだと思います。もちろんそれは完成したものではなくて、あくまでも過程であって、小嶋さんにはその次があったと思う。「矢印」や「雑木林」、「風」には、本当に機能と様相がひとつのことだと言えるような、その次のステップがあったと思うんです。

——「その次」とは、どのようなものだと思われていますか。

西沢　色々思うことはありますが……。それこそ小嶋さんに聞くべきことでしたね。でも、機能イコール様相というような流れは、初期の頃からぼくは感じていました。「氷室」にも「出雲」にも、その後の学校建築でも、機能と様相を一緒に捉えようとする小嶋さんの方向性は、すごく現れていると思います。

小嶋さんは大阪の精神性を受け継ぎながら、原さんと出会い、その出会いが消化されて、新しく小嶋さん的なものになった。小嶋さんは、妹島さんのように鮮やかな図形は描かないけれど、むしろ全く違った形で、機能と様相が統合された建築に向かっていったように思うのです。原さんの我々への影響は計り知れないものですが、小嶋さんはその中でも特に核心的な部分を受け継ぎ、小嶋さんでなければやれないような形で、それを広げようとしたんじゃないかと思います。

小泉雅生が語る 吉備，出雲

聞き手＝杉田義一

小泉雅生　こいずみ・まさお
1963年山口県生まれ。東京大学工学部建築学科卒業，同大学大学院修了。大学院在学中にシーラカンスを共同設立。2005年小泉アトリエ設立。現在，首都大学東京教授。

駅前広場と繋がるランドスケープ

——小泉さんが初めて関わった、シーラカンスのプロジェクトは？

小泉　私だけでなくシーラカンスとしての最初のアクションは、小嶋さんが住んでいたアパートの大家さんへの企画書でした。残念ながら、この企画は実現しませんでしたが……。直ぐに、伊藤恭行さんの知り合いから依頼された、伊豆の別荘「BUOYANT」（一九八七年）をやることになりました。

——その後、「大阪国際平和センター（ピースセンター）」（一九九一年）や「千葉市立打瀬小学校」（一九九五年）など、公共建築のプロジェクトにもパートナーとして関わられていたのは知っています。でも今回の特集では、より主体的に小泉さんが関わっていた二つの公共建築、「吉備高原小学校」（一九九八年）と「ビッグハート出雲」（一九九九年）を中心にお話を伺いたいです。

小泉　実は、設計が先に始まったのは「出雲」でした。

——一九九四年にコンペティションが行われています。そもそも、小嶋さんと小泉さんのペアで設計した理由は？

小泉　最初期のプロジェクトは各自のスタンスで設計していたのですが、初めてコンペに勝利した「ピースセンター」の頃は「合議による設計」というスタンスで進めていました。でも、「すべての案件に対してパートナー全員の意見が一致する」まで、凄く時間が掛かる。これはちょっと無理があるので、「打瀬小」では校舎全体を幾つかのブロックに分けて、各担当の役割をハッキリさせたんです。だけど、「全体の統括」という点では、課題が残りました。

——「シーラカンス＝チーム設計」というイメージが強いですが……。

小泉　当事者としては、「設計の進め方を、苦しみながら模索していた」というのが実感です（笑）。この二つの公共プロジェクトの経験を踏まえて、「出雲」の頃からプロジェクト担当が主導する形にしたんです。ぼくは、一九九六年に「鴻巣市文化センター」（二〇〇〇年）のコンペに勝利したので、「出雲」の現場監理はできませんでしたが。

——「出雲」で小嶋さんと議論したことは沢山あったと思いますが、ストロング・ポイントを幾つか挙げてください。

小泉　まず、鉄道の高架化に伴って再整備された駅前広場の東側に隣接する施設なので、東西軸の繋がりを保つことが大事だと話していました。その結果、駅前広場から連続するランドスケープと一体化したような提案に繋がりました。施設中央を通り抜けていく間に、ギャラリーやホール、スタジオの雰囲気が次々と漏れ出てくる。各施設の間には凹状の小さな中庭が配されているので、採光や通風の確保だけでなく、風景の展開を楽しむことも可能です。

——ランドスケープの特徴であるマウンドは、コンペ時から提案していたのですか？

小泉　はい。段床のあるホールを組み込むと、ホワイエのある主階がGLから上がってしまう。その高低差を吸収しながら外部からのアクセシビリティを改善する方法として、マウンド状のランドスケープというアイディアが出てきました。地下水位が高い場所なので、「敷地内に木を植えるには盛土した方が良い」ということもありました。

ダブルジャロジー

——『PLOT 02 小嶋一浩』（二〇〇二年）に掲載されている小嶋さんのコメントによると、「数字に強い小泉」というレッテルが貼られていたようです。

小泉　数値化というプロセスを経ることで、見えてくることもあると思っているので、彼が言わんとしていることは分かる気もします（笑）。

——そのレッテルが最も端的に現れているのが、施設全体の環境制御を担う「ダブル・ジャロジー」だと思います。

小泉 実は、「出雲」の環境制御のアイディアは、構造システムとも密接に関係しています。

当時、「〈打瀬小〉のクラスセットをベースとしたプランニングは上手くいったけれど、その図式を直接的にRCで立ち上げると躯体が強すぎる」ということを、小嶋さんと議論したことがありました。そこで、構造をお願いした新谷眞人さんに相談したところ、内側に三本一組の櫓柱を立て、外周部は細い二次的なマリオンのみが現れるシステムを提案してくれました。

そうやって外殻を開放できたまでは良かったのですが、単純にガラス張りで収めていいのか？ いくら透明度が高いガラスを使っても、素材自体が持つソリッドさは消せないので、「コンクリートとは違う存在感」が出てしまう不安がありました。検討期間が取れたこともあって、思い切って「呼吸をする外皮」を新たに提案してみようと。

丁度、ガラス、断熱材、ポリカーボネイトシートを駆使して、自然光を透しながらも断熱性能を確保した「プラモデル住宅」(一九九五年)を実現した時期でもありました。

――小嶋さんは、「グレン・マーカットの住宅に使われていたジャロジーにヒントを得た」とコメントしていました。

小泉 単純に「ジャロジーで開閉できれば良い」と思っていたようですが、「シングル・ジャロジーでは断熱性能が足りない」と、設備エンジニアの高間三郎さんに指摘されました。そこで、シングル・アクションで圧密開閉できるダブル・ジャロジーを、不二サッシと共同開発することになったんです。水密性や気密性を担保し、間の空気層で断熱性能も確保する。さらに、メカニズムがシンプルにも拘らず、内外に独特の立体的な表情をつくれることも魅力です。

――この「ダブル・ジャロジー」は、コンピュータ・シミュレーションによる自動制御にもトライしていました。

小泉 「呼吸をする外皮」に強い拘りがあった、新しモノ好きの小嶋さんから提案されたことでした。ただ、ぼくが「鴻巣」で忙しくなった頃に言い出したことだったので……。コンピュータ・シミュレーションによって設定された制御アルゴリズムと、実際の人間の振る舞いのミスマッチに、開館後も悪戦苦闘していたようです。

白のホール

――透明度の高い、「白のホール」については？

小泉 ギャラリーとホール、スタジオが複合した文化施設を提案するコンペでは、簡便な集会場のようなホールを想定していたんです。でも、コンペ勝利後に行ったワークショップなどを通して、新しいホールに対する地元の期待が高いことを体感したので……。劇場計画の本杉省三さんと相談しながら、客席数を増やしスペックも上げていくことになりました。

ただ、ホールの性能を上げていくと、どうしても閉じた箱になっていく。何とかそれを、「視覚的にも物理的にも開いていきたい」と考えたのです。そこで、ホールを白化する必要がありました。

――白化する際、お二人が最も重視したことは？

小泉 ホワイエと客席が連続す

ビッグハート出雲：内側に三本一組の櫓柱を立て、外周部は細い二次的なマリオンで構成された構造システムが採用された

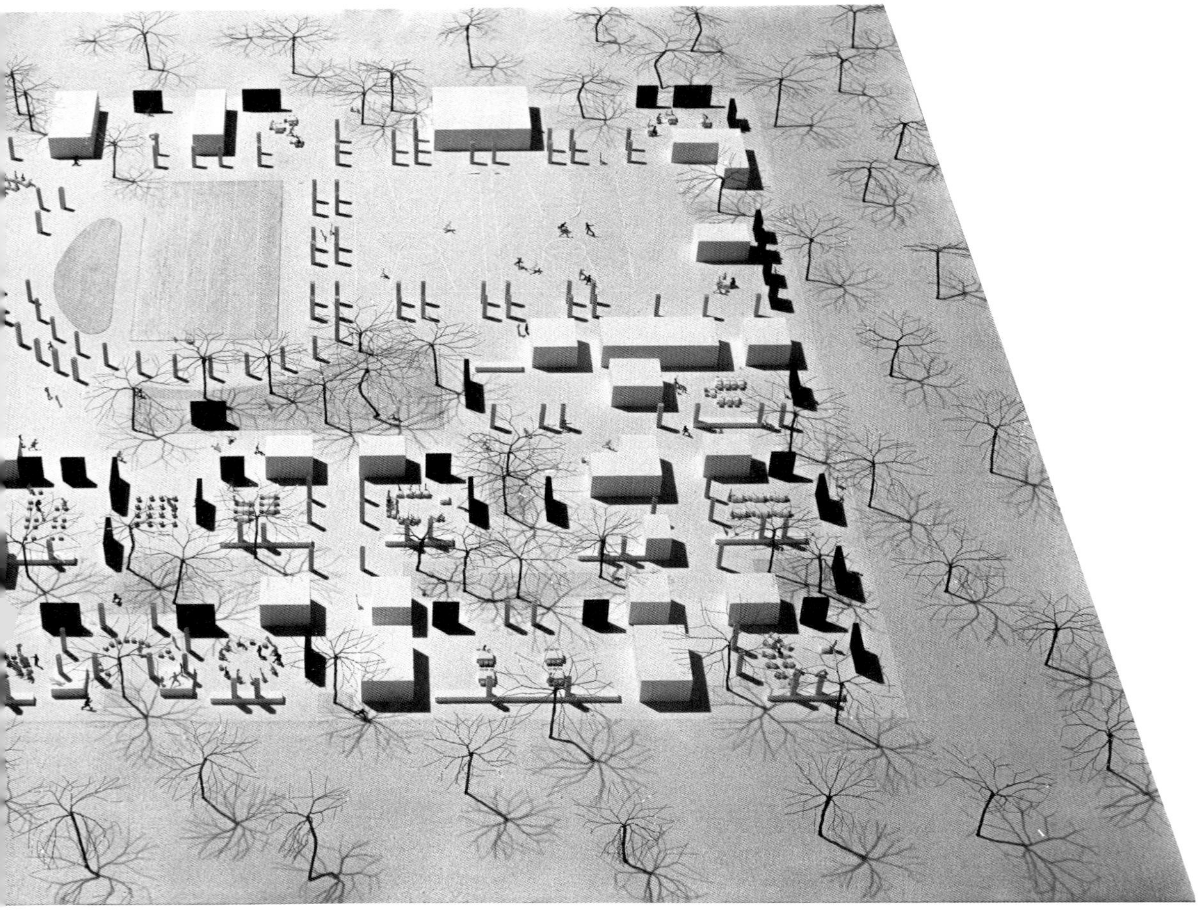

吉備高原小学校

る、客席内ホワイエのような空間です。厳密に区切らないことで、観劇に飽きた子供が自由に行き来できるくらいの「ルーズなホールのあり方」を実現したいと話し合っていました。

　もちろん、ガラス張りのホールを提案するとなれば、クリアすべき問題もたくさんありました。遮光や反射音のテクニカルな対策は避けられないし、左右に配されたテラス席の透明度を上げるのも計画的に難しかった。各座席から舞台へのサイトラインの確保などホールとしての「お約束」を守りつつ、前者はロールスクリーンやテラス席の腰壁で対処し、後者は設備配管の取り回しなどを工夫することで解決しました。

木造の屋根

——小嶋＋小泉チームは、同時期に「吉備小」の仕事にも携わっていたんですよね。

小泉　当時、「クリエイティブタウン岡山」のコミッショナーだった岡田新一さんからシーラカンスが指名されて、一九九六年九月から設計を開始しました。

——一九九八年に竣工していますから、かなりタイトなスケジュールです。

小泉　岡田さんから声を掛けられて、小嶋さんと二人で話を聞きに行ったんじゃなかったかな……。お引き受けした後は、目まぐるしいスピードで設計を進めていった記憶が残っています(笑)。

——現在では「公共建築物等における木材の利用の促進に関する法律」によって、木造新校舎を前提としたプロジェクトも増えてきましたが……。当時は、木造屋根の校舎を提案すること自体、チャレンジングなことだったんじゃないですか?

小泉　はい。まず、約一九〇〇〇平米の敷地に「一学年一クラス」という規模設定がされていたので、「平屋で十分、解答できる」のではないかと。小嶋さんが良く言っていた「アクティビティをデザインする」という意味では、平面移動の選択肢が増える平屋は是非、トライしてみたかった。

　でも、「平面を覆う屋根を、アクティビティを損なわずにどう架けるか?」という問題は解決する必要がある。構造をお願いした中田捷夫さんに相談したところ、「水平力

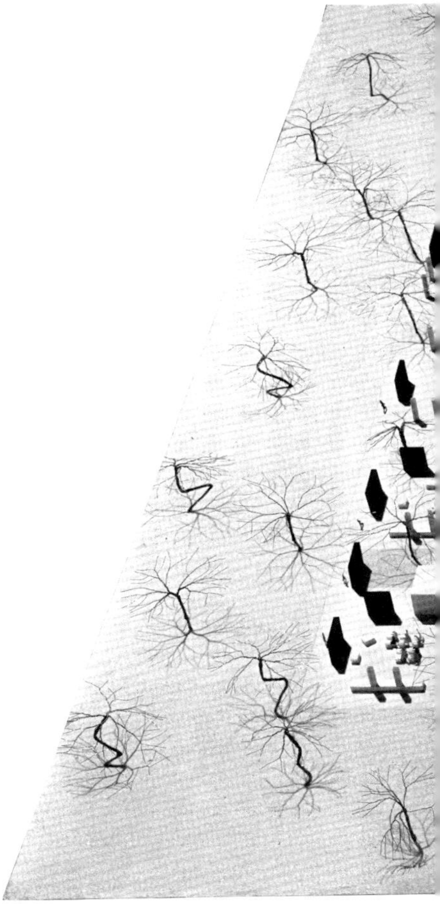

を離散的に配したRC壁で負担させて、校舎全体は軽量な木造のフラットルーフで覆うのが合理的」とアドバイスしてくれたんです。集成材による木の格子梁であれば、それが実現できると思えました。

欄間と黒板壁

——敢えて、欄間を介してRC壁と接続していることも「吉備小」の特徴です。

小泉　力学的合理性だけを突き詰めるのであれば、欄間は無い方が良いのですが……。「打瀬小」で感じていたような「RC壁の重さ」を、なるべく軽減したかったんです。だから、RC壁に黒板塗料を施して「黒板壁」という位置付けを与えました。構造というより、「教室をつくるデバイス」と感じられる存在にすることが大事だったんです。恐らく、主梁までRC壁を立ち上げてしまうと、幾ら黒板塗料を施していても「黒板」と認識されなかったと思います。

貫のような木の中間梁を通して束立ちさせ、剛性が必要な所はスティール・ブレースを適宜組み込む。「BVDハンガー」という金物で軸組部材同士を接合しているので、フラット・ルーフの剛性は十分、担保されています。

——屋根の上を歩いているような感覚を得られる、「上の道」を設定した理由は？

小泉　丁度、「平面的な移動だけの単調さ」の解消方法を模索していた時に、発注サイドから落ち葉対策をリクエストされました。それならば、人も歩けるような「幅広の樋」を設けたら良いのではないかと考えたんです。

木造の屋根として防火上求められる区画も、RCの「幅広の樋」で解決できるので、「高低差を伴った動線」が生まれたことは瓢箪から駒のような感じでした(笑)。

「出雲」や「吉備」の教訓

——今、二つのプロジェクトを改めて振り返ると、どんな評価になりますか？

小泉　シーラカンスの初期のプロジェクトを振り返ると、一貫して「人の動きをどう見せるか」を模索していたと思います。その意識は、「出雲」の設計プロセスでも色濃く反映されていたんです。ランドスケープにはアンデュレーションをつけるし、地面を掘り込んだ所にギャラリーを配置したり……。つまり、人の動きを立体的に見せようと、目線が常に床の操作に向いていたので、屋根の操作は殆どタッチしていませんでした。

もちろん、床をいじることによる「設計の複雑化」は避けられません。建具の納まり一つとっても、床を傾けただけでディテールの難易度が格段に上がります。その問題を解決するためにヘトヘトだった頃、ほぼ同時期にできた伊東豊雄さん設計の「大社文化プレイス」(一九九九年)を見学する機会を得ました。

——「大社」の印象は？

小泉　「出雲」と同じような複合文化施設にも拘らず、対照的な設計が為されている。あくまでもフラットな床で施設全体を構成し、天井の変化で空間に濃淡を生み出している建築ですからね。ぼくたちが苦労していた所をあっさり飛ばして、別の部分で勝負している建築を見て、強い衝撃を受けました。

——「吉備小」に関しては？

小泉　計画、構造、空間の質など、学校建築における様々なレイヤーを精度高く重ねることができたので、完成度は高いと思います。ただ、その完成度の高さ故に、「リゾートホテルの様な予定調和の心地よさ」を感じたことも否めません。

——引き戸の框でさえ教室内から見えない様に、徹底的にディテールを詰めていました。

小泉　そんな細かい部分まで短期間で詰められるだけの技術力や組織力が、シーラカンスについていた証でもあるけれど……。余りにも期待通りであることへの物足りなさも、感じていました。

ぼくは「理を前提にした説明可能性」を大事にしようとしてきたけれど、小嶋さんは「理」を易々と超えて判断する。もちろん、合理性が削がれることもあるのに、みんなが共感できる部分をしっかり残していく。そんな「多くの人が、より共感できる形」を示せる小嶋さんの才能を、もっと色々な場面に拡げて欲しかったと思います。

吉備高原小学校

岡山県御津郡, 1998年

東側，グラウンドより見る

西より見る

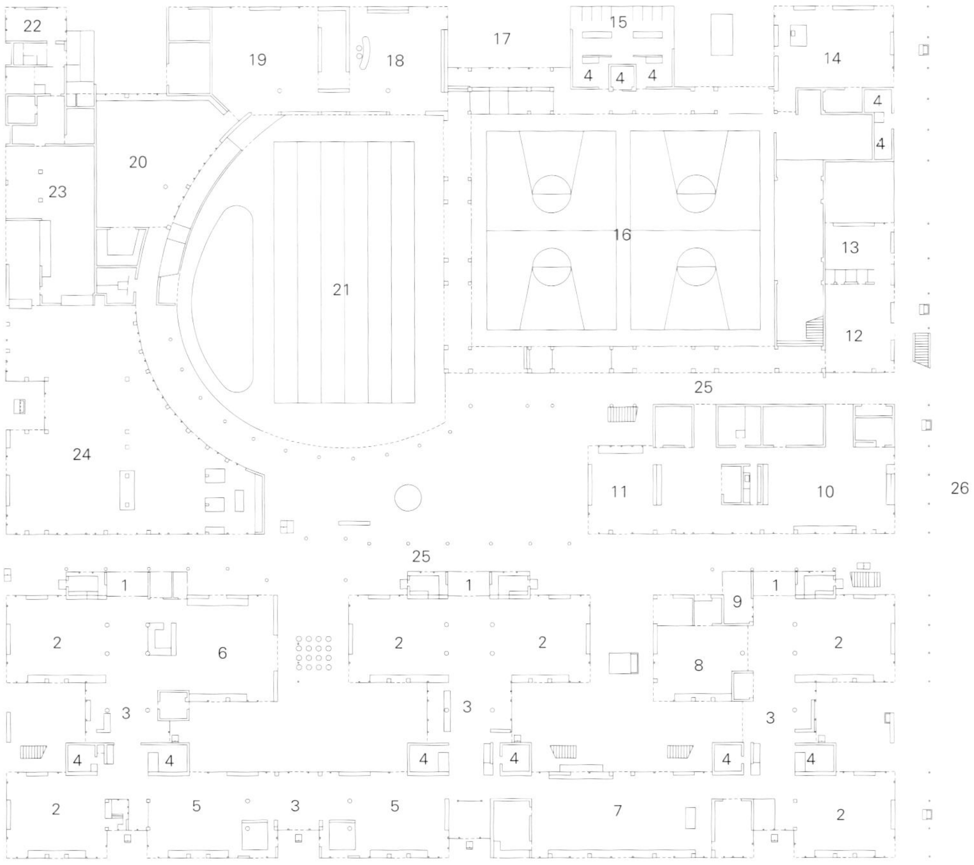

1階平面　S=1:700

1 昇降口
2 教室
3 ワークスペース
4 WC
5 ワークルーム
6 図画工作室
7 理科兼家庭科教室
8 特殊教室
9 放送室
10 職員室
11 校長室
12 保健室
13 教育相談室
14 クラブハウス
15 シャワー
16 アリーナ
17 一般開放用玄関
18 図書室
19 視聴覚/コンピュータ室
20 音楽室
21 プール
22 給食事務室
23 給食調理室
24 食堂
25 パス
26 グラウンド

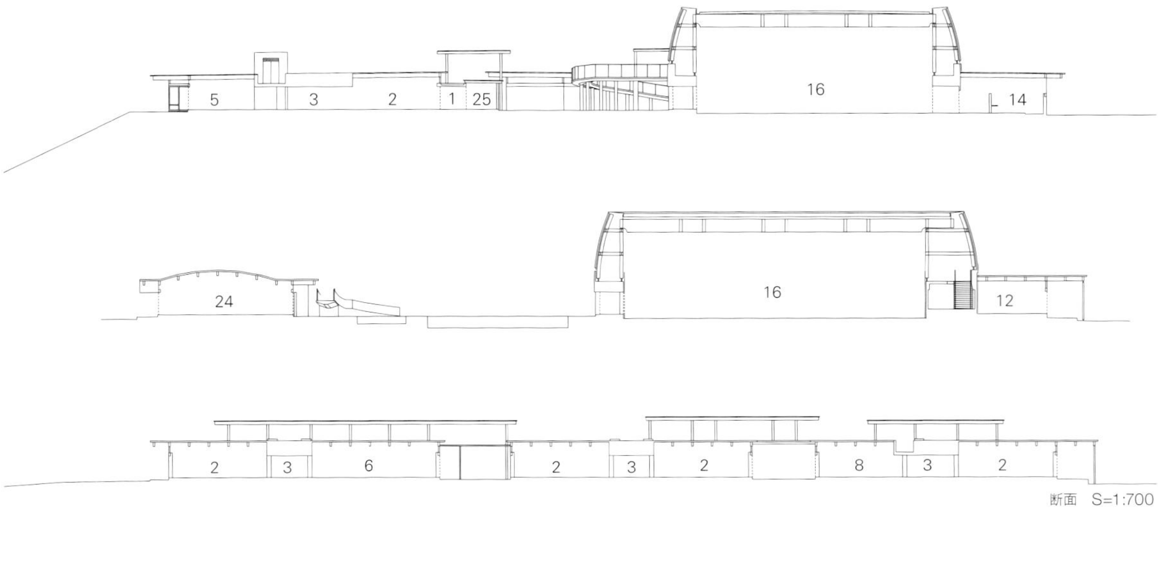

断面　S=1:700

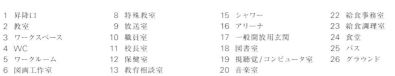

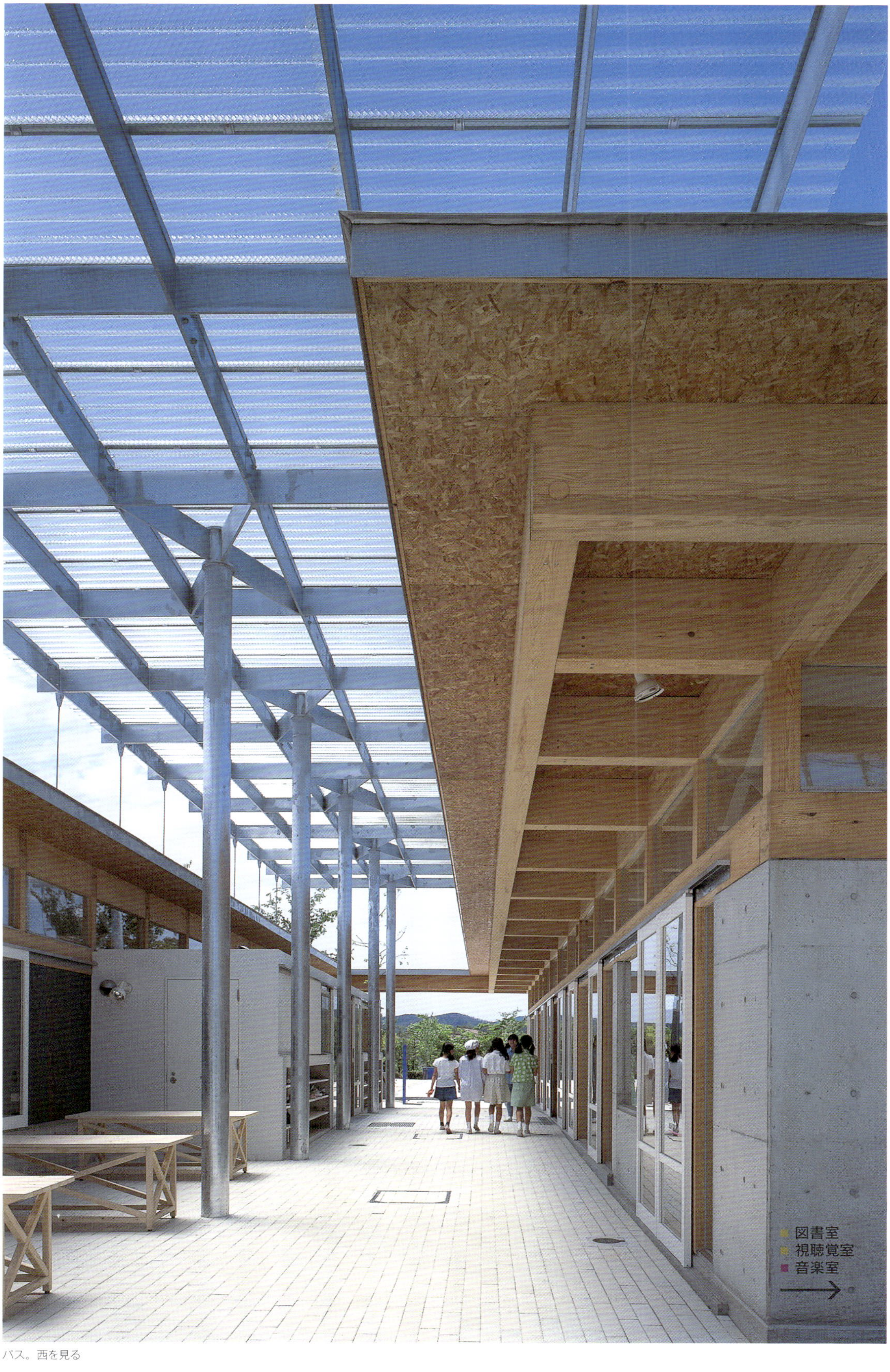

パス。西を見る

昇降口前の中庭。様々な高さの屋根

図画工作室（右）と教室の間のパス

中庭よりアリーナ棟を見る。右は校長室

ワークルーム入り口より見る。奥は理科兼家庭科教室と普通教室

教室

ガーを用いた。ガラスは躯体に直納めとし，コーナーの建具を引き分けて開放し，カマチが室内から見えないようにするなどディテールまで気を配った。すべて相互に離れたアクティビティを引き寄せて見せるためだ。開校後のスペースは活気に満ちていて，アクテイビティが空間や場所の気配をつくり出す。「千葉市立打瀬小学校」(1995年)は空間配列のコンセプトをストレートに表現したものだったが，ここでは空間の現れ方を考え，事物がノイズにならないように注意した。結果として，今までに私たちのつくってきたものとは違って見えるかもしれない。

平屋であることでAB2点が物理的な距離そのもので知覚されるから，屋根レベルを歩く「上の道」で2点間にショートカット(ジャンプ)を発生させて距離空間を複雑化した。この「上の道」は落ち葉のメンテナンスの役割も持つ。床，歩く屋根，高い屋根，樹木の四つのレベルの層の重なりが，空間の流動性や透過性をさらに高め，外部の気候や風景，樹木が街とは異なる時間や変化を映し出す。育っていく樹木がいずれは屋根となるだろう。子どもたちはこのスペースで「元気」になる。思わぬ所から出てきては，消えていく。

ワークルーム

穏やかな中国山地を切り開いた敷地で子どもたちの過ごす環境として，外と中との境界が消失していくような流動的な空間を考えた。公園の中にいるように学ぶ場所，気候が許せば外も教室に変わるような空間である。80m角の平屋とし，部屋と廊下でできた平面を放棄した。かわりに多くの「にわ」がポーラスに入り込む。平屋であることで，2階建て以上とは内外のつながりや歩き回った時の体験に質的な差異がある。80m角に孔を開け樹木を配置していくことでプランができあがる。「黒板壁」が離散的に自立し，それを手がかりに軽いフラットな屋根が覆っていく。自然を囲い込んで坪庭化するのではなく，竣工当初の建築と樹木の関係が時間とともに反転するように考えた。

　都市とこうした自然に近い地域の違いは人の密度であり時間の経過のしかたである。少人数でも人がいきいきと動くことで建築全体が活気に満ちた，寂しくない空間をつくり出すことがテーマになった。だから，ここでは建築の諸要素の現れ方を注意深く扱っている。正方形の輪郭の中で距離やモノとしての建築さえもが消失するような空間をつくるために，架構を軽快にし，床のレベル差を小さくし，開口部も透過性の高いものにする。水平力を受けるRCの柱や壁を中間梁レベルで止め，屋根架構には集成材とBVDハン

ワークスペースをはさんで両側に教室

図書室

アリーナ外周部の通路

アリーナ内部

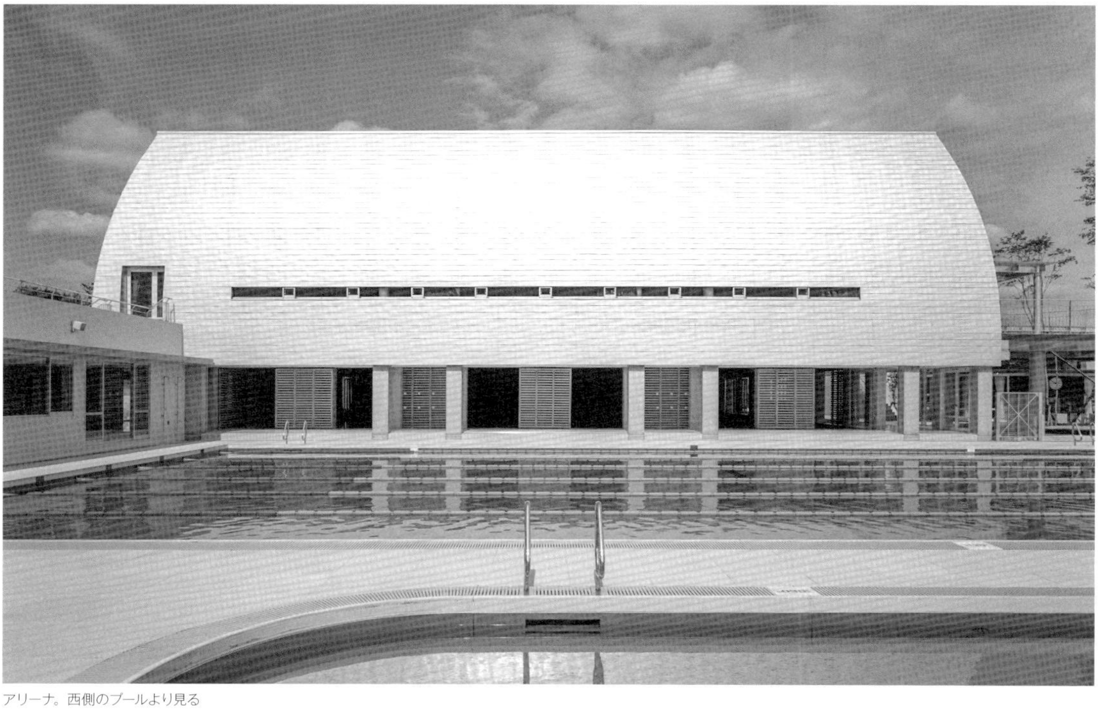

アリーナ。西側のプールより見る

ビッグハート出雲

島根県出雲市, 1999年

西より見る全景

東側の駐車場より見る

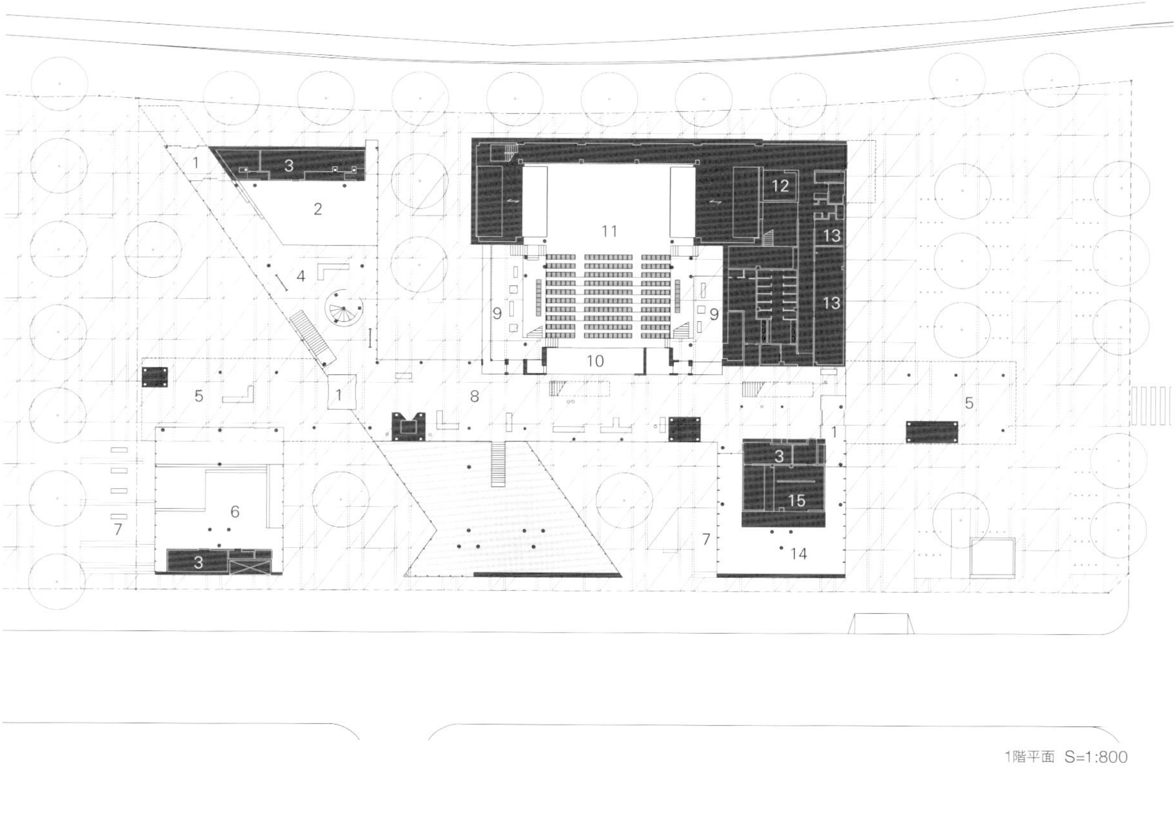

1階平面 S=1:800

文化サロン（左）とアートギャラリー（右）に囲われた庭

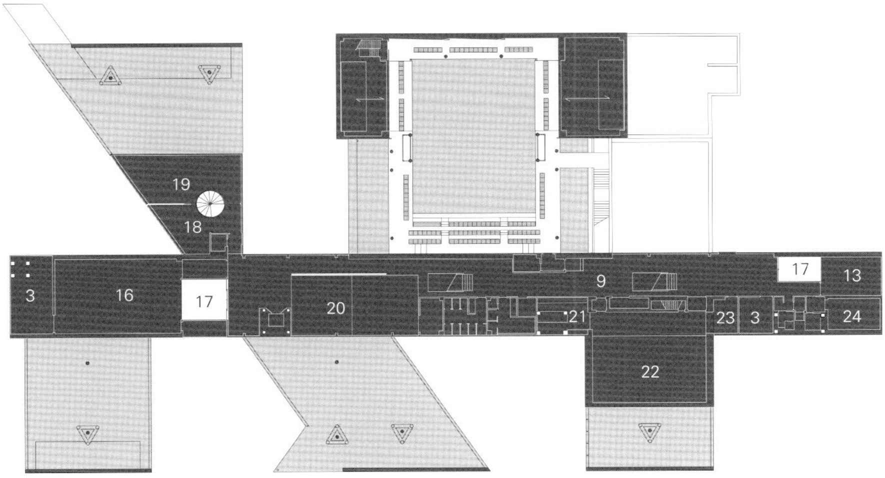

2階平面

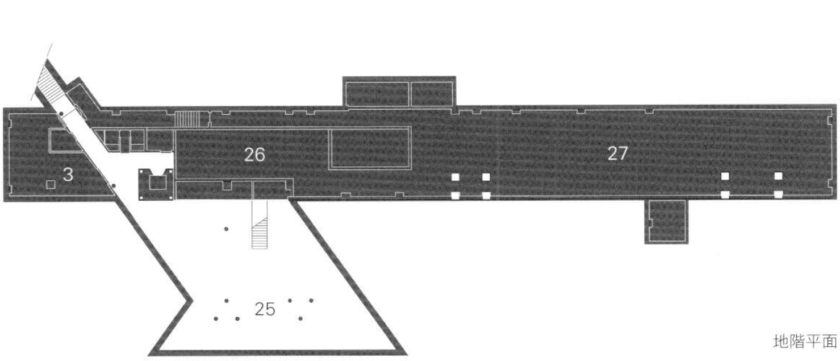

地階平面

1 風除室
2 事務スペース
3 倉庫
4 ビジターセンター
5 ピロティ
6 文化サロン
7 テラス
8 アトリウム
9 ホワイエ
10 照明音響調整室
11 白のホール
12 ピアノ庫
13 控え室
14 レストラン
15 厨房
16 茶のスタジオ
17 光庭
18 応接室
19 会議室
20 レセプション
21 器具庫
22 黒のホール
23 調整室
24 練習室
25 アートギャラリー
26 電気室
27 空調機械室

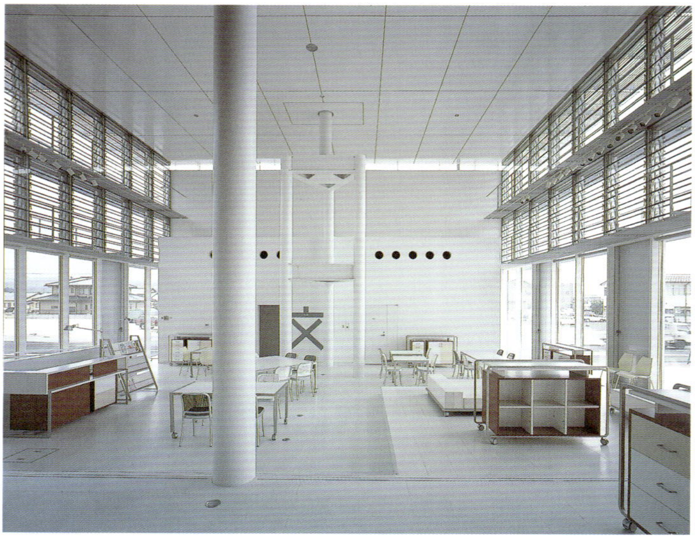

文化サロン

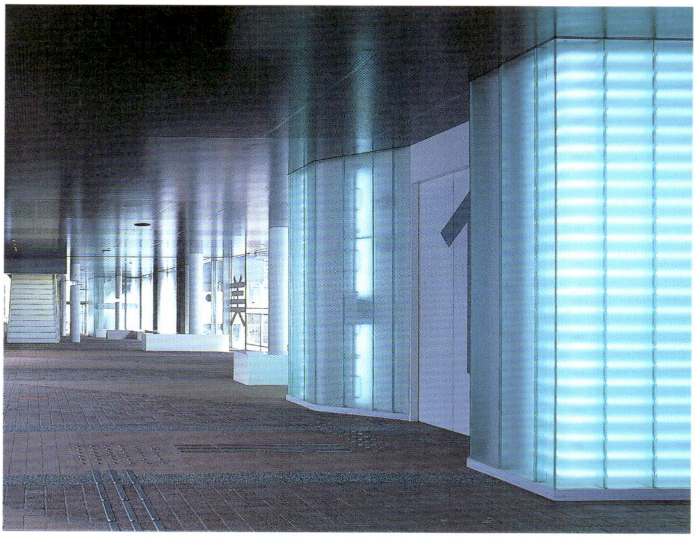

アトリウム

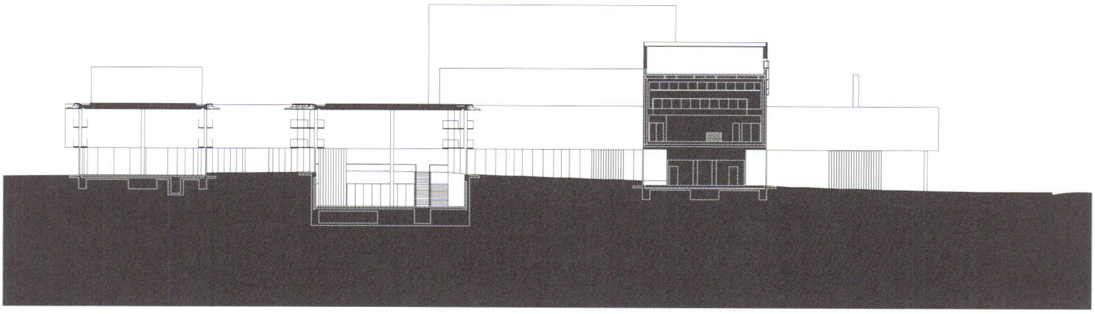

断面（文化サロン—アートギャラリー—黒のスタジオ） S=1:800

アートギャラリー

出雲地方は日本の神話の発祥の地であり，『Architecture Without Architects』(1964年)に取り上げられた築地松の防風林が点在する散村の風景でも有名なところである。ここにも現代化の波は押し寄せている。この建築はそうした街の新しい駅周辺の整備にあわせて駅前広場とともに計画された。劇場，ギャラリー，スタジオ，レストランなどの主に市民が利用する文化活動のための複合施設である。建築そのものではなく，市民のアクティビティの気配がこの場所をつくると考えた。建築は，アクティビティを増幅してみせる万華鏡である。

広場から続く1階の床面はハイポイントで周囲より1.7m高い緩やかなマウンドになっている。これは，フラットな地形に変化を与えると同時に，ガラス張りの建築を寂しく見せない仕掛けでもある。各機能をガラス張りのウイングに対応させて，その間に庭を挟み込んだラジエータ型の配置をとる。雑木林か公園の中でコンサートを楽しみアートに触れるような空間ができることを目指している。

ガラス張りの劇場はホワイエ，ホール一体型で舞台上に可動客席を持つ前例のない可変型劇場である。道路からでも施設内の活動が伺える。建築を街路の延長として考えている。大きなガラス面は，コンピュータ制御されて気象(マイクロクライメイト)に応答し，2,000枚以上のガラスがばらばらに呼吸するように動くエアタイトなダブルガラスルーバー窓でできている。外部気象条件がよいときにはこの窓が全開し，内部と外部が公園の空気で満たされる。この窓は，夏に高温多湿で冬は冷えるこの地方に合わせて，高気密高断熱だけではない方法で柔らかく環境と共存することを目指して開発した。

白のホール。桟敷席より見る

2階ホワイエ

茶のスタジオ

客席と一体化しているホワイエ

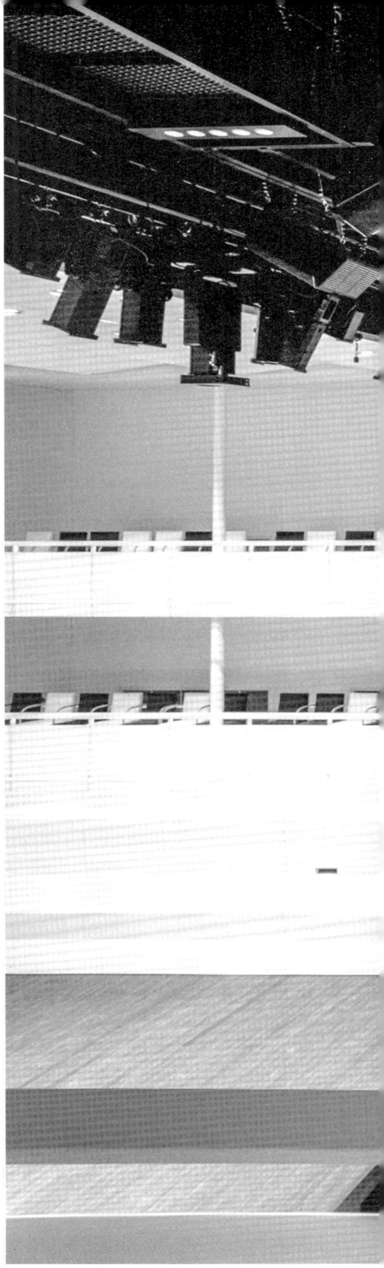

ビックハート出雲の模型

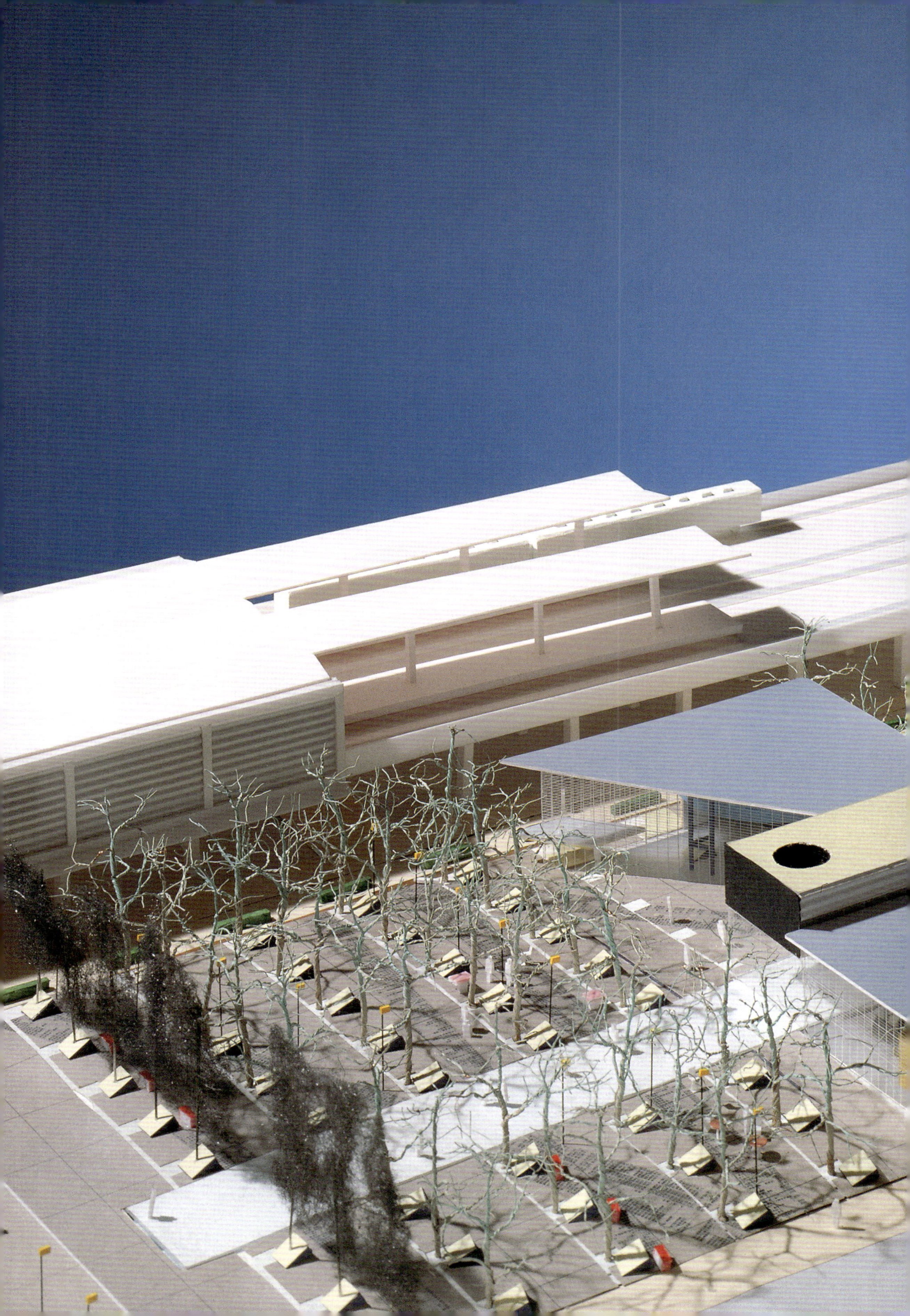

日色真帆が語る スペースブロック

写真提供＝日色真帆：p.74下，CAt：p.76，p.77
図版提供＝CAt：p.75
聞き手＝山口真

スペースブロック・ワールド

日色真帆　ひいろ・まほ
1961年千葉県生まれ。東京大学工学部建築学科卒業，同大学大学院博士課程修了。1986-98年シーラカンス共同主宰。1998年タラオ・ヒイロ・アーキテクツ設立。神戸芸術工科大学助手，愛知淑徳大学教授を経て，現在，東洋大学理工学部建築学科教授。

スペースブロック

日色　私がシーラカンスに参加していたのは、組織が変わる一九九八年までです。その頃は愛知淑徳大学の教員をしていたので、名古屋のCAnがやった愛知淑徳大の校舎のプロジェクトに関わりましたが、CAtの仕事は外から見る立場になっていました。

——日色さんは、スペースブロックを考案した中心人物です。シーラカンスにとってスペースブロックとはどういうものであったか。また、それを実際の設計に用いた「スペースブロック上新庄」をどう捉えているか伺いたいと思います。

日色　一九九三年度に「ハウジングアンドコミュニティ財団」の助成を受けて、デザインサーベイを行ないました。テーマは「立体的に複雑な住空間の研究」。シーラカンスのメンバーのほとんどは原広司さんの研究室出身で、既に成果の資料がまとまっていた集落調査に興味があったし、大学院では東京を対象にした複雑な都市空間の調査をしていました。当時、仕事として集合住宅に関わることも多く、都市が示す「複雑さ」や「集積する」イメージを肯定的に捉えて設計していました。だから、かねてより興味を持っていた北アフリカのイスラム都市やリスボンのアルファマ地区、返還前の香港、斜面に広がる重慶の街、モスクワのガレリア空間(グム百貨店)など、さらにバイカーやロッテルダムのスパンゲンなどの近代建築の集合住宅も含め、世界中の高密度な住空間を、原さんの言う「通過する者の眼」で見てみたいと思ったわけです。調査旅行は、全部で三回行いました。当時のシーラカンスの建築からも、その関心を感じられると思います。『集合』という本にも取り上げています。

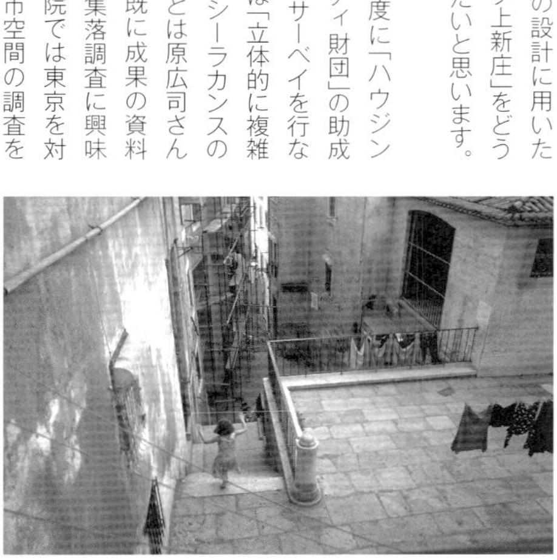

アルファマの立体化した小さな空間のつながり

——その研究からスペースブロックが見出されたわけですね。

日色　きっかけは素朴なものです。調査はみんな仕事をしながらなので、申請して資料づくりをした私以外は、毎回行けるわけじゃない。少なくとも一人一回は行こうと言っていたのに、なぜか運悪

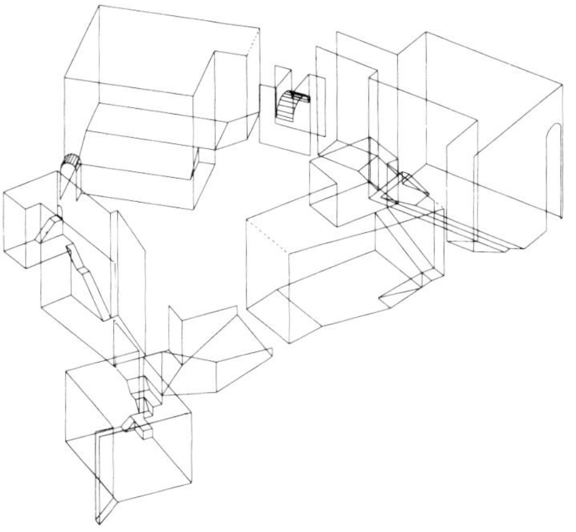
ループのある配置1

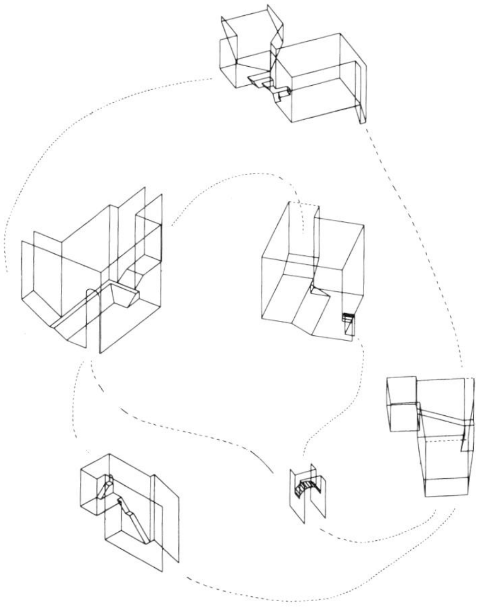
離散配置
記憶に残るスペースブロックの間は，記憶に残らない経路によって結ばれている。旅の思い出のような構造

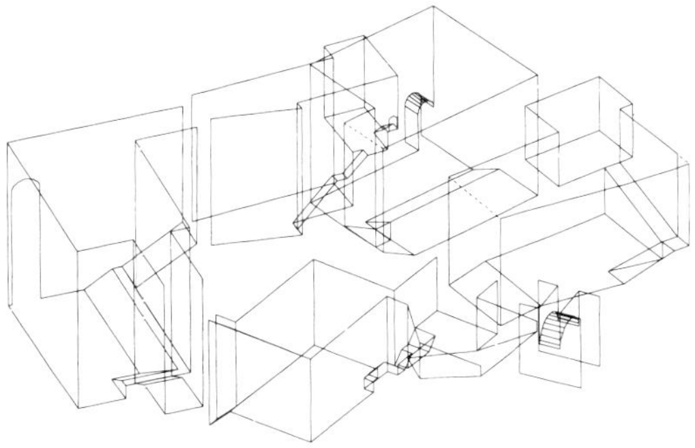
ループのある配置2

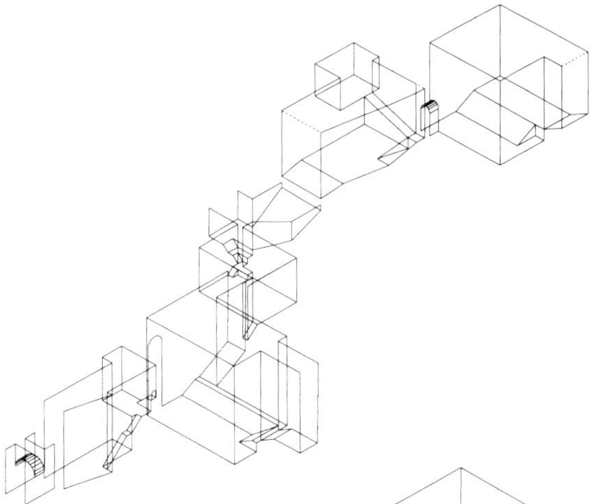
線形の配置

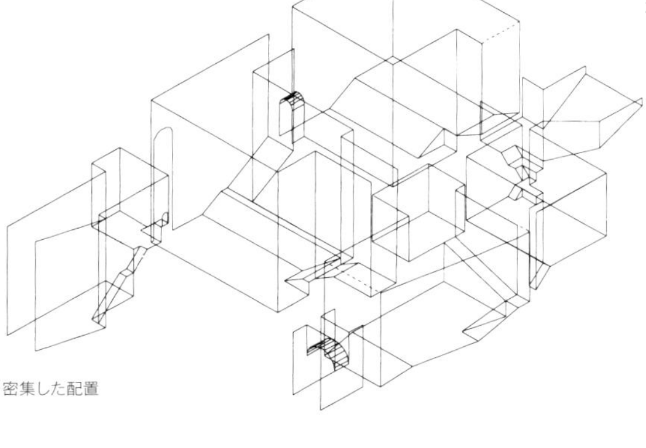
密集した配置

く小嶋さんだけ参加できなかったんです。凄く悔しがっていました（笑）。ともかく、見られなかったメンバーにその場所の面白さを伝える必要がある。

例えば、アルファマはリスボンの中でも古い特別な地域で、小さい広場が立体化して連続している面白い場所で、歌にも詠われています。しかし、複雑に立体化した小さい空間はとても表現しにくい。平面図や配置図だけではわからないし、引きがないので広角レンズで写真を撮るとスケール感が変わって伝わりにくい。そこで、二つの方法を考えたのです。

一つは組み写真で、ある場所について何枚かの写真を視点をずらしながら撮り、位相的な位置関係をある程度合わせて見せること。そしてもう一つが、立体的なモデルとしてそのままサンプリングする「スペースブロック」です。最初は建築の外部空間から始まっているので、ネガポジを反転させたよう

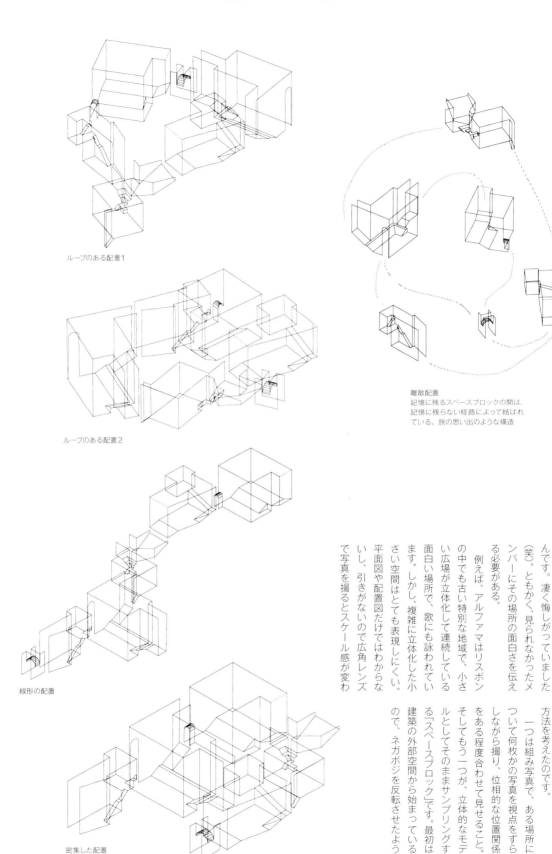

な透明なブロックとして取り出す発想でした。

手法と現実化

——そこから、「上新庄」まではどのような意識で展開されたのでしょうか。

日色　特に「上新庄」の設計があったから考えたことではありませんでした。原研の助手には設計方法を研究していた門内輝行さんがおられたこともあり、私たちも方法に対する意識があったと思います。グループで話をしている以上、厳密なものでなくてもベースになる手法が必要ではないか。

「ブロック」という言葉でわかるように、サンプリングしたものを積み木のように積んで空間を構想するイメージがありました。透明な積み木を具体化するためにシリコンやプラ板の模型を試作しました。それを展開して、GAギャラリーで「スペースブロック・ワールド」を展示したわけですが……。取り出したブロックのつながりは面白いのですが、その周りがデッドスペースだらけになるんです。ヴェンチューリならポシェなんだから良いというかもしれないけど（笑）。そこでジャンプがあって、直交系を採用して、キューブを三～五個つなぐベーシック・スペースブロックが生まれたんです。設計手法とする時に、直角にするのは一つのイデオロギーですが、やはり建築らしく見える。また、内部と外部、公と私など、対になる空間をイメージして、透明と不透明の二種類を用意して組み合わせた時に把握しやすくしました。キューブは、日本の高密度な集合住宅を想定して、二・五㍍角です。ちょうど、私も小嶋さんも教育に携わるようになったので、立体的に空間を捉える教育ツールとしても考えていました。

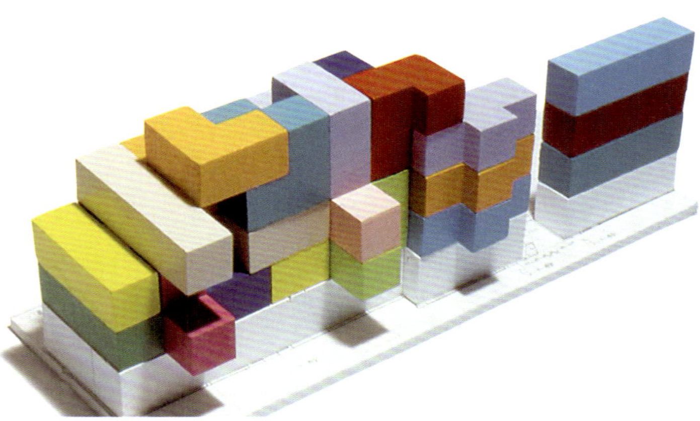

スペースブロック上新庄　上：一つひとつの住戸を色別にして、一層ずつ積んでいく
下：完成形をスペースブロックとして表現したもの

——「上新庄」については、手法の開発者としてどう思われましたか？　あらためて気づきがあったとか。

日色　私は「上新庄」の設計自体には全然関わっていませんが、完成した時に小嶋さんに言われて「スペースブロックとは何か」について解説文を書きました。

小嶋さんって、明らかに大量に集合させたり積み上げることが好きなんです。私は量よりブロック自体やつながりの意味を詳しく見たいのですが、彼は「とにかく組み上げてみよう、そこから何かが生まれるかもしれない」という志向があった。その違いが感じられて面白かったです。また、いわゆるワンルーム・マンションなので、少し複雑な構成になっただけで、相当な迷路感が生まれることに気付きました。四～五階程度で、若い人が住む賃貸住宅であれば、面白い展開ができそうだけれど、あまりパターンを増やすと危険だと思った。

外部が充分に取れない敷地だったので、基本的に内部空間の展開に終始したと思います。外観はその構成がそのまま現れる。また、モデルでは壁や床の厚みが無視されているので、それを現実の建築にしていくのに四苦八苦して、その工夫が面白いと思いました（笑）。半階ズレた例外もあって、いっそう噛み合う面白さがわかりました。その意味では、ピュアにキュービックな形を表現することが素晴らしいわけではなく、あくまできっかけをつくるツールであって、乱用しない方がよいとも思いました。それはシーラカンスのみんなも同じで、どこでも使える手法とは思ってなかったと思います。

スタンスとしての手法

――現状を考えると、建築家が自らの設計手法を語り、それを元に設計を展開することは少ないと思います。小嶋さんは一貫して設計手法やプロトタイプについてプレゼンテーションされていたと思いますが、シーラカンスで何かしらの設計手法が必要であることが共有されていて、スペースブロックもその一つだったとすれば、どのようなことが背景にあったと思いますか。

日色　多様で複雑なものに価値を置き、それを生み出すためにグループでやることが効果があるとも思っていました。でも、明確なルールがあったわけではありません。

当時、いろいろな活動をしているキャラの濃い先輩たちが視野に入ってくるんです(笑)。少し上にアモルフの人たちがいたし、原さん自身が、構法や産業と関わる内田祥哉先生に学び、工法や合理化を追求した池辺陽先生の後任として、特殊なカラーを打ち出していた。そういう人たちを見ながら、「それでは自分たちは何なのか?」という意識があったと思います。その一つが、スペースブロックの元になったデザインサーベイであり、また幕張ベイタウンの都市計画への参画といった、建築設計とは少し違う視点だったと思う。

そうは言っても、若い私たちに強い方針があったわけではありません。先行する人たちとは違うスタイルで設計したい気持ちはありました。また、それを言葉や手法として抽象化して出して展開するものだという美学もありました。割りと仕事のあった時代だったので、次々と訪れる様々なテーマに対して、その都度新しいアイディアを出していたのが実際ではなかったかと思います。

――その時に、先ほど言われた厳密すぎない設計手法が効果的だった。

日色　原さんの強烈な個性の下に集まったメンバーとグループを始めたけれど、それぞれかなり好みが違うとは常に思っていました。すると、誰かの個性が抜きん出てしまう方法でなく、程良い抽象度で概念を出す方が、それぞれに展開しやすい効果があったと思います。極端に言えば、何とでも解釈して展開できる(笑)。それはいろいろな仕事を通して思っていたことだと思う。厳密化すると、格好良くてシャープなものはできるかもしれないけれど、誰かだけのものになって面白くないだろうと。

私自身も、自分が取り組んでいた都市空間での経路探索とか迷いの研究から設計の中で展開可能なアイディアを出すことを意識していました。イメージを喚起するアイディアでなければ、他のメンバーは関心を失って見向きもしないことはわかっていた。小嶋さんも、いつも「オレに刺激があるようなものを出せよ」という感じでしたからね(笑)。

――日色さんが独立されてからのCAtの仕事を外からどう見ておられましたか。

日色　最近の学校のプログラムが異様に大きい床面積であることが背景にあると思いますが……。学校建築のプロジェクトでは、少し生き生きした感じがなくて、小嶋さんはこのままでいいとは考えないだろうと思っていました。色で言うとグレーのイメージで、繰り返しの単調さが出てきてしまっていると感じたんです。

そこには、設計というより計画の問題がありますね。公立と私立では事情が異なりますが、特に公立の場合は、教育委員会やコンサル事務所、計画学者といった人たちだけでプログラムが決まることに問題があると思います。ちょうど最近、私は関東大震災後の復興小学校について調べたんです。オープンスクールからは否定されるようなものですが、自然採光や換気最優先の薄いつくりで、窓が多くて外との接触が多い建物なんです。エコで避難しやすいし、今から見ると、けっこう良くできている。しかも、かなり標準化して一気につくっているけれど、教師がかなり参加してプログラムをつくり、外観デザインも学校ごとに考えていて、表情が豊かなんです。そういうことを考えると、今の学校は課題がまだあるし、もっといろいろなプログラムのつくり方があると思う。だからこそ、小嶋さんが次にどう考えるか興味を持っていました。

スペースブロックによる九龍城の再構成パターン。
スペースブロックという小さい単位を使って，巨大なスケールの構造物を再構成する研究。
他に霞が関ビルなどが再構成された

スペースブロック上新庄

大阪府大阪市，1998年

実際の計画にあたって，ワンルームであることと細長い敷地形状から，1辺2.4mの立方体という日本でも極めて小さい単位を基準モデュールとした。一つの住戸が一つのBSBでできている。BSBの集合が建築となる。部分を集積した結果がそのまま外観となって現れる。外観は周囲の雑多な都市の風景に浸透していく。

構造壁以外の界壁はコンクリートブロックを積んでおり，将来的にはこの壁を壊して，隣地をも取り込んで拡張するという空間の再生産の可能性をも含んでいる。

東側全景

敷地は大阪の中心にほど近く，スナックや飲み屋，文化住宅などが密集している，大阪市内で最もワンルーム賃貸の多い所にある。日本では床面積20m²程度の，こうしたアパートに若者の多くが住んでいる。変形した敷地の短辺両側が接道しており，敷地内を通り抜けできることがこの建物に特徴を与えている。長辺2面は隣地の建物(飲食店と工場)がギリギリまで迫ってきている。ここにワンルームの賃貸アパートを計画することとなった。

そこで私たちは，一般性を持つ単純なツールで複雑な空間をつくり出すベーシック・スペースブロック(以下BSB)を用いることで，スペースのかたち，ユニークさという付加価値を持つ，新たな都市型集合住宅の空間提案ができないかと考えた。建築の中に小さな吹抜けが多数埋め込まれている。平面ではなくヴォリュームに人が住む。外に向かって開くことが困難な敷地状況の中で，外部空間や隣地との隙間を利用し空間を立体的に積み上げていくことで，光，空気，外部からの視線などをシンプルにコントロールすることが可能となる。

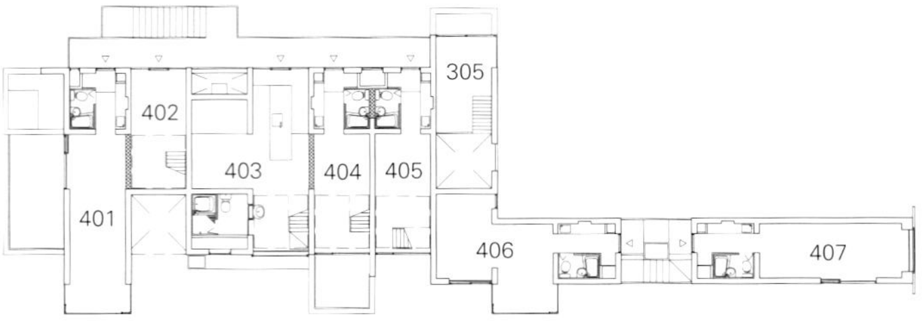

5階平面

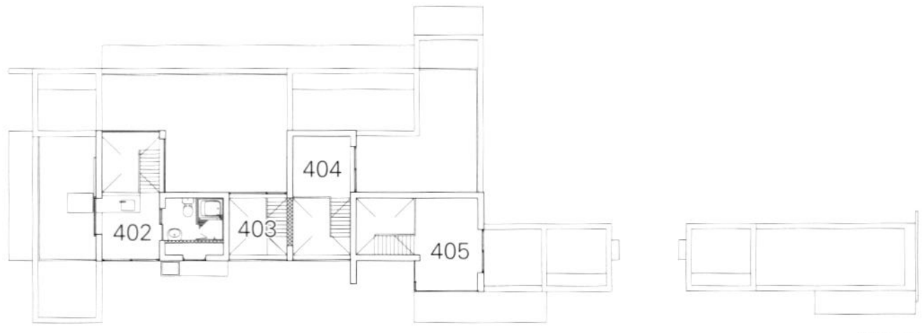

4階平面

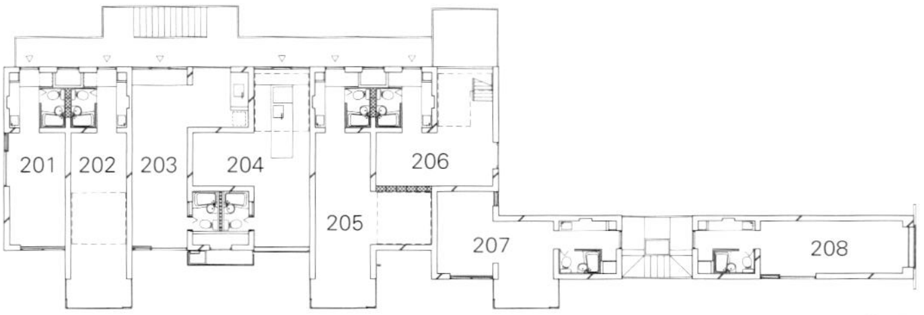

3階平面

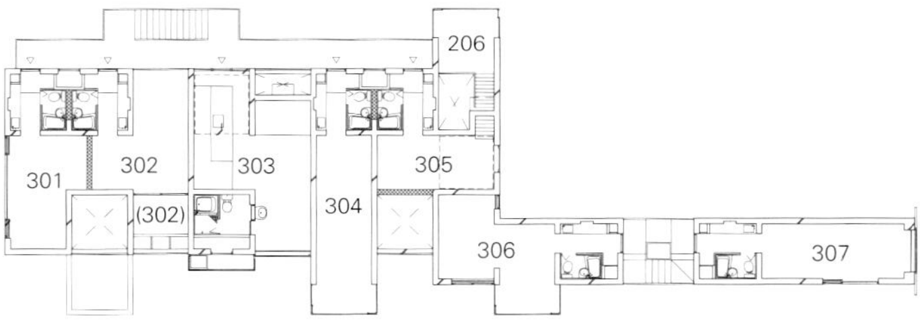

2階平面

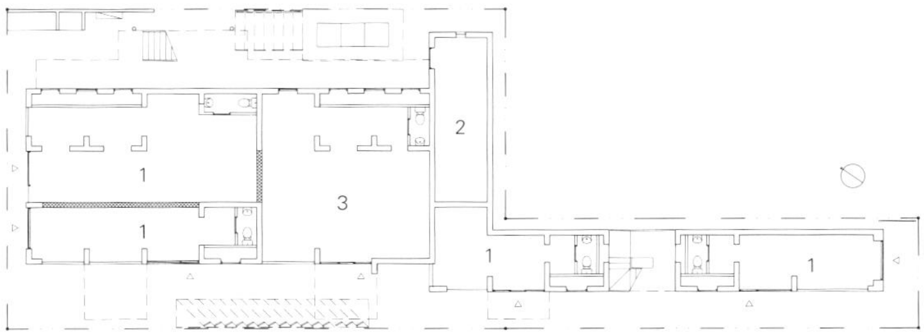

1　ショップ
2　トランクルーム
3　オフィス

1階平面　S=1:400

南東側の立面

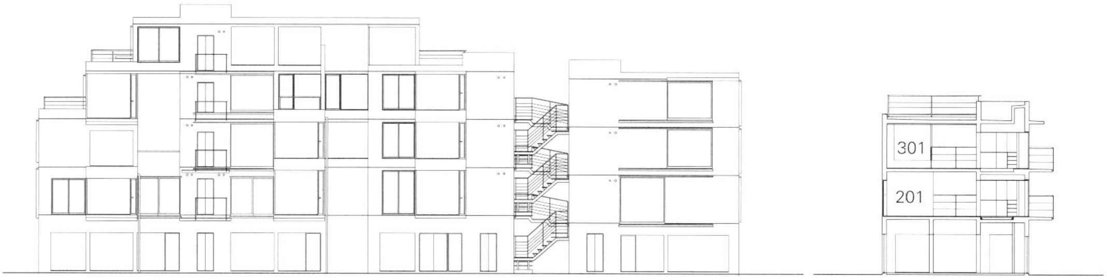

断面 S=1:400

断面

Room 202

Room 404

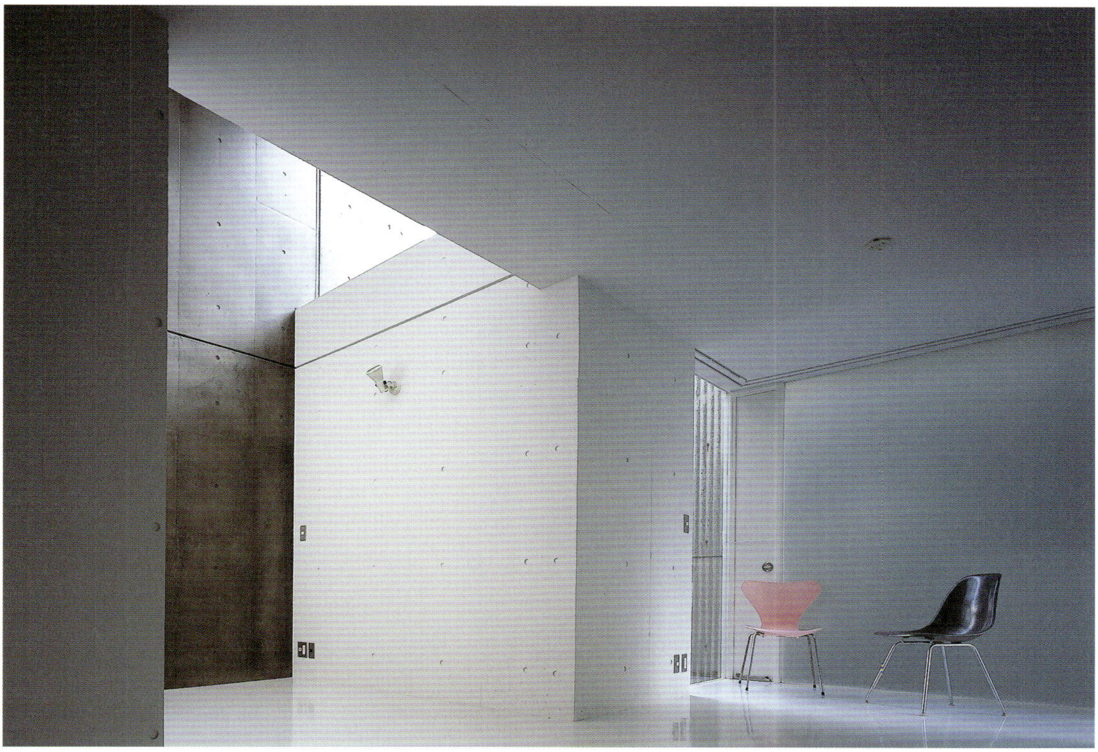

Room 205

Room 303

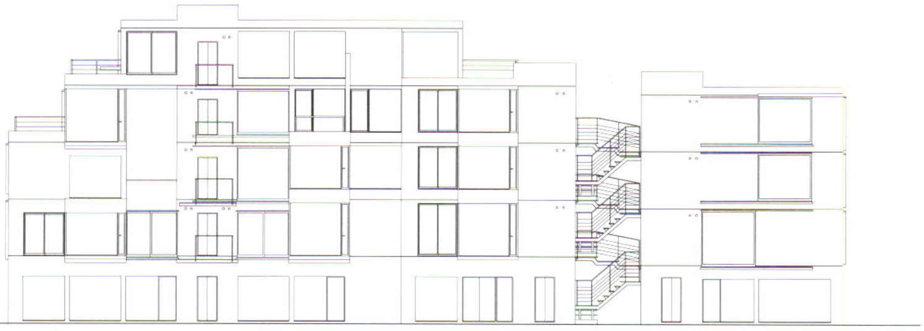

南西立面 S=1:400

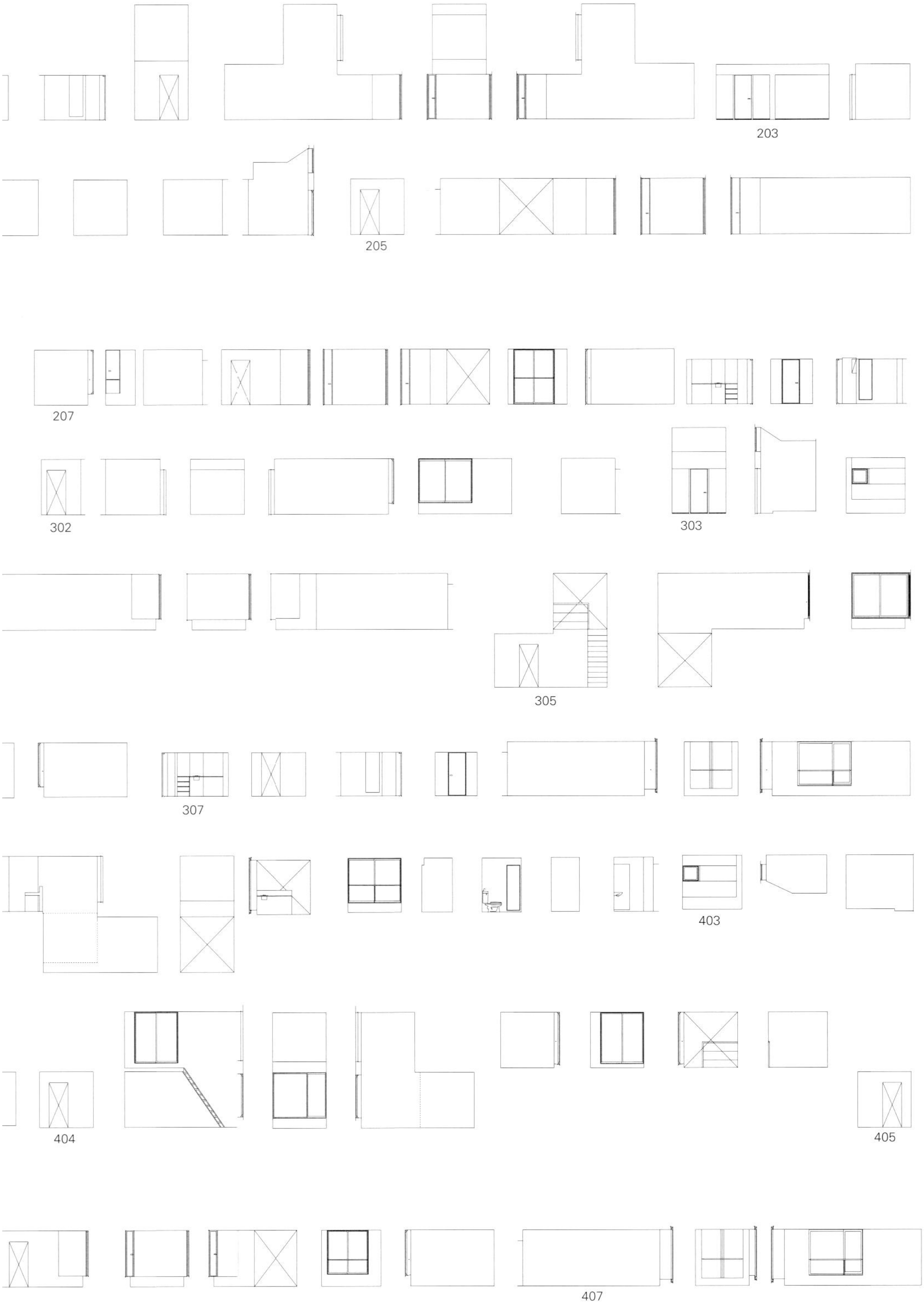
203
205
207
302
303
305
307
403
404
405
407

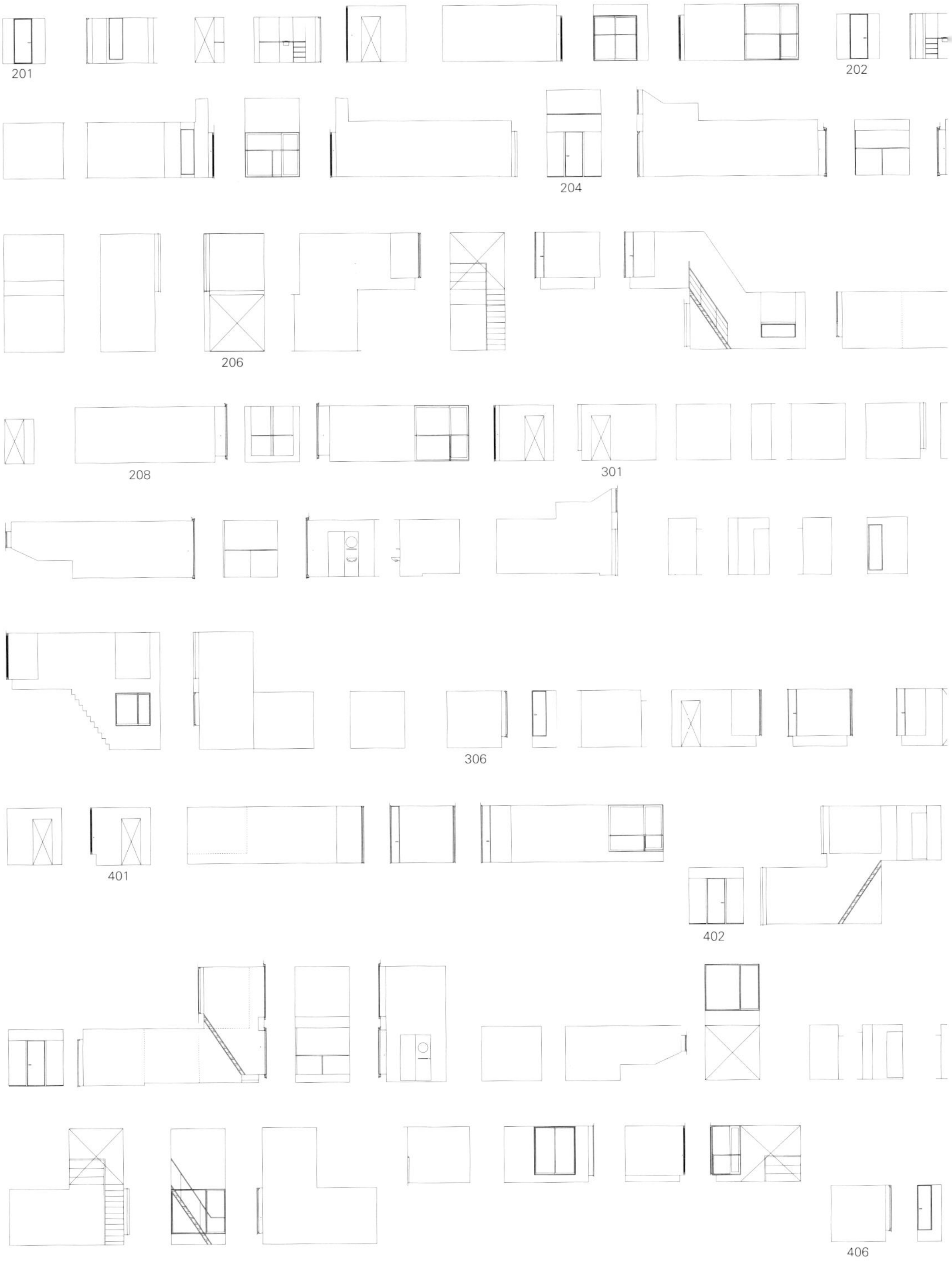

「スペースブロック上新庄」の壁面展開 S=1:300

三瓶満真が語る 迫桜

図版及び写真提供（*p.86*上以外）＝*CAt*
聞き手＝杉田義一

三瓶満真　さんぺい・みつまさ
1964年神奈川県生まれ。明治大学工学部建築学科卒業，同大学大学院修了。シーラカンスのパートナーなどを経て，2001年インフィールド設立。

原研やアトリエΦでのアルバイト

――学生時代、三瓶さんは東大の原広司研究室に顔を出していたそうですね。

三瓶　明治大学の建築学科へ入学した直後、たまたま原研でオーストリアのグラーツで開催される展覧会の準備をしていたんです。その作業を手伝うボランティアの学生を募っていることを人づてに聞いて、夏休み前から参加しました。

――学部の一年生だったんですよね？

三瓶　はい。原先生の名前すら知らないまま「面白そうなイベントに参加できそうだ」という感じで、同級生数人と気軽に研究室を訪ねたんです。すると、原研のスタッフが歓迎してくれただけでなく、「一年生でもできることがあるかもしれないから、良かったら明日も来てください」と言われたので、チョクチョク通うことになりました。

――一年生だと、必須の授業もあったんじゃないですか？

三瓶　そうなんですが……。余り

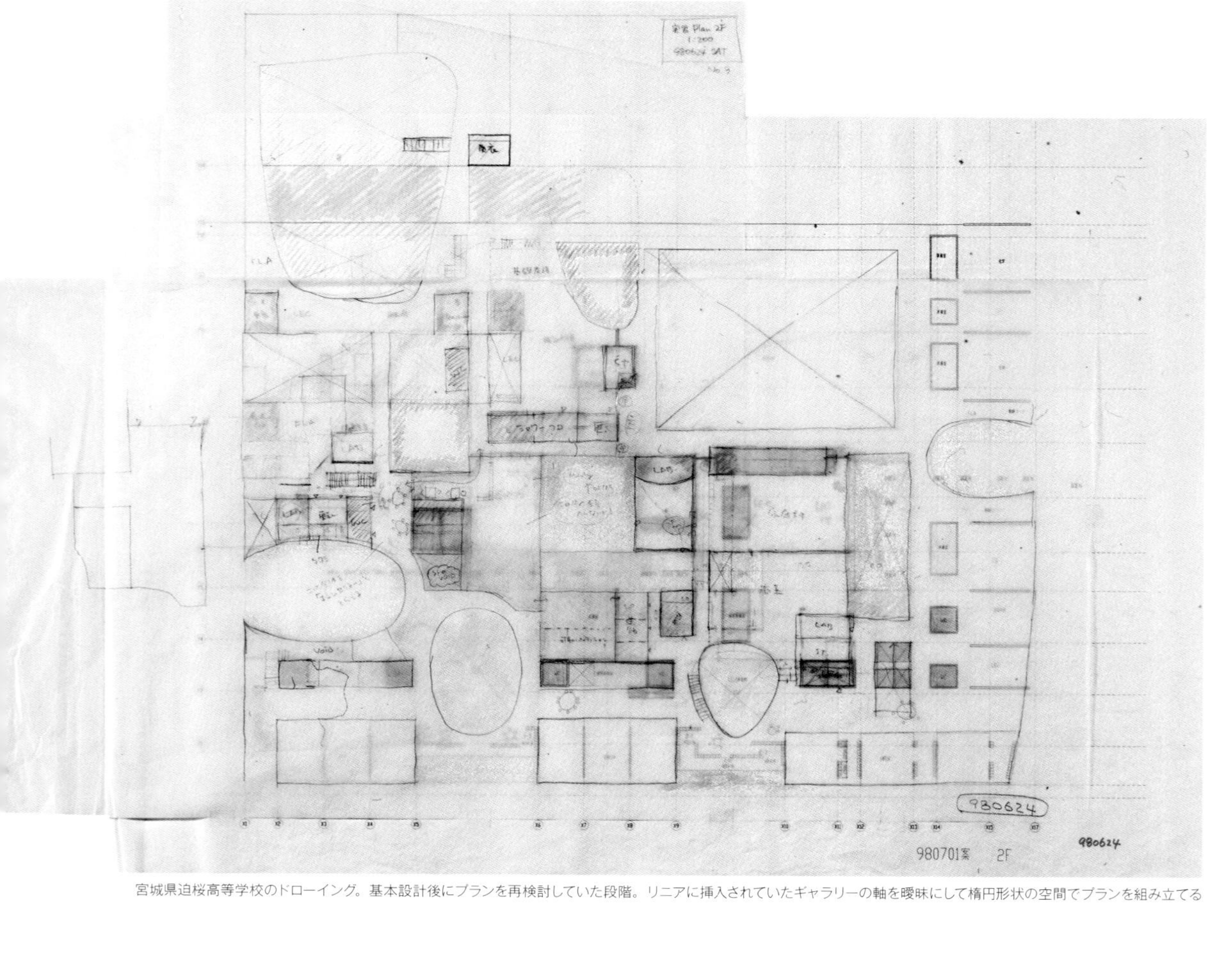

宮城県迫桜高等学校のドローイング。基本設計後にプランを再検討していた段階。リニアに挿入されていたギャラリーの軸を曖昧にして楕円形状の空間でプランを組み立てる

にも原研究室の雰囲気が良かったので、入り浸ってしまいました(笑)。当時、小嶋さんは原研の博士課程に在籍していて、展覧会チームのチーフを務めていました。大学に入学したばかりのぼくには、「近寄りがたい偉い人」という存在だったんです。

――展覧会の準備以外に、どんな仕事を手伝ったのですか?

三瓶　実は展覧会の準備が終わった後、原先生が「君たちは良く働くから、アトリエΦの仕事を手伝ってもらいたい」と言ってくれたんです。その後、大学を卒業するまで、南平台にあるアトリエΦでのアルバイトを不定期に継続していました。

――なぜ、アトリエΦに就職しなかったのですか?

三瓶　所員として生活するのは大変そうだったし、そもそも原さんがぼくを雇ってくれると思えませんでした。何故なら、学生から見てもアトリエΦのスタッフはエリート集団だったから。

何にしろ、六本木の原研からは足が遠のいていたので、学部四年生の頃には小嶋さんたちとの接点も無くなっていたのですが……。ある日、「シーラカンスというチームで設計を始めたから、手伝いに来てみるかい?」という連絡をいただいたことが、小嶋さんとの本格的な関わりの始まりでした。「氷室アパートメント」(一九八七年)の設計は既に終わっていたようで、ぼくは「江古田アパートメント」(一九八九年)を手伝うように言われました。

草創期のシーラカンス

――シーラカンスでのアルバイトは、面白かったですか?

三瓶　はい。大学院に進学後もアルバイトを続けていたのですが……。「桜台アパートメント」(一九九〇年)の仕事が来た時に「一緒にやらないか?」と小嶋さんが誘ってくれたのを契機に、ほぼ毎日、大学へは行かずにシーラカンスへ通う状況になったんです。

――その頃になると、小嶋さんの「近寄り難さ」は解消されていましたか?

三瓶　はい。「桜台」は、小嶋さんと密にコミュニケーションしながら設計を進めていたので、それなりに「人となり」を理解していたと思います(笑)。アトリエΦでアルバイトをしていた頃は、原先生と直にお話する立場ではなかったけれど……。少なくとも小嶋さんは、「ぼくの目線」まで下りて来て話をしてくれるので、とても解り易かった記憶があります。

例えば、スタディ中の指摘も論理的に解説してくれるので、当時のぼくでも納得できることばかりでした。思い込みが強い当時のぼくの性格もすぐに読み取って、「別の選択肢も検討した方がイイよ」と繰り返し言われました。ある意味で、設計作業の基本的なところを、「桜台」を通して丁寧に教えていただけたことは、とても感謝しています。

――当時、シーラカンスで設計されていたプロジェクトを、どのように見ていましたか?

三瓶　もちろん、大学院と掛け持ちで通っていた頃のぼくは、自分なりの建築観があったわけではありませんが……。シーラカンスのメンバーは、「整理し切れていないモノ」や「ガチャガチャしたモノ」を敢えてしたがる人たちだと感じていました。「コレって、何の意味があるの?」という事でも、「取り敢えず、やってみよう!」という雰囲気がある。それを繰り返していく内に、新たな発見があったり、別の方向性の可能性に気付けたりする現場を目の当たりにしたのは、とても新鮮な体験でした。

「日本的な設計作法」を学んだことがない人ばかりが集まっていたので、例えば旅行で訪れた「チュニジアの集落で感じた雰囲気」から直接、アイディアを引き出すなんてことができたのも、今、思えば強みだったんでしょうね。だからこそ、「あの空間を実現するためには、どんな材料を探してくれば良いのか?」という、素朴で根源的なところからスタートできる。

総合学科高校とは何か?

――確か、「宮城県迫桜高等学校」(二〇〇一年)は小嶋さんと三瓶さんの連名で発表されていましたよね。

三瓶　「桜台」と同様に、計画初期の頃から関わっていました。ご承知のように、フットプリントが大きく、そこに収めるべき機能も多い総合学科学校なので、スタディを始めた頃は「どうやって整理し

桜台アパートメント

たらまとまるのか？」という考えが先行しがちでした。

でも、ある段階で「校内で展開する様々な活動を、それをしていない生徒たちも関心を持って眺めたくなる状態を、建築によって促す」というイメージが固まった頃から、一気にスタディが進んだことを覚えています。

――あくまでも、小嶋さんは「空間の雰囲気」からスタートするんですね。

三瓶　少なくとも「迫桜高」は、「総合学科」という新しいプログラムだからこそ、「それに対して、建築がどんな解答を出せるのか？」を真摯に考え続けていたと思います。そして、でき上がった建築を見れば、そこで行われているだろう活動が徐ろに判るような状態を理想とする。

――それまで小嶋さんが手がけた建築と比べると、「迫桜高」は新しい次元に到達した部分が多くあったと思います。共同設計者から見た、具体的なポイントを挙げてくれませんか？

三瓶　まず、環境に対する配慮。寒冷地に計画された学校なので、暖房設備に対する配慮は欠かせません。ただ、一般的な学校だと教室だけ暖房すれば良いけれど、「迫桜高」のメインはあくまでＦＬＡ（Flexible Learning Area）。つまり、教室外の空間に生徒たちをなるべく長く留めておきたいので、冬季でも居心地良い空間であって欲しい。

――もちろん、公立高校で全館空調などあり得ないです。

三瓶　エネルギー・コストを考えただけでも、直ぐに却下されるでしょう（笑）。そうなのであれば、自然エネルギーを活用すれば良いじゃないかと。

「迫桜高」の前から、シーラカンスでは「ビッグハート出雲」（一九九九年）などで環境制御にトライし始めていたけれど……。イベント時だけ空調すれば良かったホール建築と違い、学校建築は生徒たちが毎日のように通ってくるし日中の滞在時間も長い。そのような条件下でも、省エネで環境制御する方法を真面目に考えた結果、建築の形にも結びついたことが大きな飛躍に繋がったと思います。

――具体的には？

三瓶　一二〇メートル角の平べったい建物なので、大きな屋根を使って集熱する。集熱するために傾斜をつけた屋根ひとつ一つが、採光のためのトップライトにもなっているので、それが内部空間にリズムを与えている。特に、教室列に挟まれたＦＬＡでも、上から自然光が注ぐことで開放的な明るい空間にすることができる。

――「ビッグハート」の場合は、機械制御によって環境をコントロールしようとする意識が強かったし、それが建築のデザインにも反映されていました。一方で、「迫桜高」は、機械制御性をなるべく出さないように心掛けているように感じました。

三瓶　確かに、「迫桜高」の集熱システムはパッシブなエネルギーだけで成立させています。太陽熱で温められた空気をファンで床下に送り込んでいるのですが、ファンを回転させている電気も太陽光発電で得ています。

――その結果、空間のギミック化から逃れられている。

三瓶　あくまでも、屋根とトップライトの組み合わせにしか見えないので、殆どの人は「ＦＬＡを支えている暖房施設」とは気付かないでしょう。

「打瀬小」の平面と比べても、小嶋さんが提唱していた「黒と白」という概念で言うところの、「白」の比率が大きくなっている筈です。だから、それなりにキッチリと区画された教室が、でしゃばってこない。所々で壁を斜めにすることや、ブリッジによるショートカット動線などを設けることで、単調になりがちなＦＬＡの移動体験に変化をもたらしていることも、「白」化に貢献していると思います。

ファサードに対する意識

――「迫桜高」のファサードは、とても素っ気無いですよね。どの

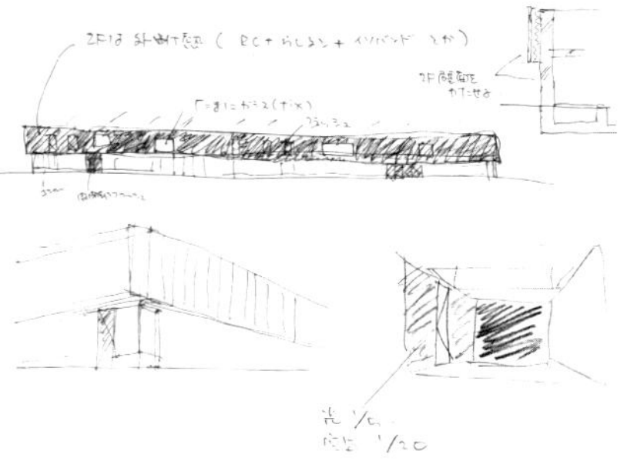

迫桜高校, 外観イメージのスケッチ。設計中盤には実施案と異なり, 1階と2階で差異を付けようとしていた

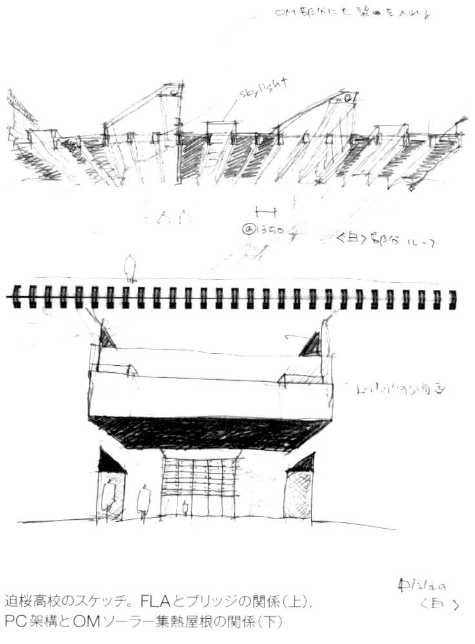

迫桜高校のスケッチ。FLAとブリッジの関係(上), PC架構とOMソーラー集熱屋根の関係(下)

くらい意識的にデザインしたのですか？

三瓶　元々シーラカンスは、都市の中につくる建築を得意としていたので、周辺コンテクストから導き出される建築言語にこだわりがありました。例えば、高田馬場で計画されていた商業ビルのプロジェクト「GYMMICK」（一九八七年）。都市に浮遊する要素を集めて、一つの建築として凝縮したようなデザインをしていたんです。でも、「迫桜高」の周辺コンテクストには、拾い上げたくなる要素がまったくありませんでした。

　それで、もう少し広域に視野を広げて、仙台平野の特徴的な屋敷林「イグネ（居久根）」を引っ張り出してきた。

——確かに、接道に沿って「イグネ」からヒントを得たグリーン・ベルトが設けられていました。

三瓶　ただ、校舎のスケールと比較すると、グリーンベルトの密度や高さは「イグネ」と呼ぶのは憚られます（笑）。しかも、接道から校舎のファサードが殆ど見えないので、設計中も敷地外からの見え掛りはあまり問題視していなかったと思います。あくまでも、一二〇メートル角の校舎内で新しい世界を構築していく。

——唯一、敷地内でファサード全体が視野に入ってくるのは、校庭に面する南面。

GYMMICK

三瓶　まず、校庭と校舎の間に干渉空間を設けています。日よけや雨よけ、デッキ床とそこに置かれるベンチなどをデザインすることで、縁側のような「空間の雰囲気」を醸し出すファサードになっていると思います。

——「吉備高原小学校」（一九八八年）で実現された、「内と外の関係」に通じますね。

三瓶　ぼくも同感です。隣り合う教室の間に凹型の窪みをつくり、そこをFLAにしてデッキ床が回り込んでいるような細い操作もしているんです。今では校舎の周囲に植えた樹木も大きく育っていると思うので、より気持ちの良い空間になっている筈です。

——外壁にFRPグレーチングを使ったのは、「迫桜高」が初めてですか？

三瓶　そうです。側溝の蓋をルーバー・ファサードのように利用したヘルツォーク&ド・ムーロンの「コルマーシャル＆アパートメント・ビル」(一九九三年）や、グレーチング状蔀戸を開けた外観が印象的な、ジャン・ヌヴェルの「ホテル・サン・ジェームス」（一九八九年）などを参考にしていた記憶があります。そして、FRPという材料を用いることで、スティールより軽い印象になるし、素材自体が光を通すので室内から見ても影を感じなくなる。

　校舎内を歩いていると、打放しコンクリートの壁や成の大きなPC梁が支配的に顕れてきます。ただ、寒冷地に計画された学校としては、少し冷たい印象が拭えないので……。その硬質な感じを、FRPグレーチングが上手く和らげてくれるだろうと思っていました。所々に現れる木質の壁や、配線ラックからヒントを得たパンチングメタルの軽やかな天井、黄色い天然リノリウムの床なども、同様の効果を狙っていました。

——独立後もシーラカンスの建築を見ていましたか？

三瓶　見学会のお知らせを頂いていたので、近傍のプロジェクトはなるべく見るようにしていました。その中で印象に残っているのは、「幕張インターナショナルスクール」（二〇〇九年）。空間の流動的な連なりが気持ちの良い建築であったことを、記憶しています。

　それ以外の東京都内のプロジェクトは、学校建築で小嶋さんが追求してきた手法が活かしにくいプログラムのような気がしました。

——三瓶さんがシーラカンスに関わり始めた頃の、「多義的なものを一つの建築に集約するワクワク感」が薄れている？

三瓶　少なくとも「迫桜高」は、与えられた条件からもう一歩踏み込み、「新しいプログラムに応えられる建築とは何か？」を追求しているところがありました。その設計過程では、設計サイドから「プログラム自体に物申す」という時もあったくらい。

　一方、都内に計画された民間デベロッパー主導の集合住宅やオフィスビルは、小嶋さんの真骨頂が発揮しづらかったのかもしれません。少なくとも、「ライフスタイル」や「ワークスタイル」がガラッと変わってしまうようには感じられませんでした。

　だからこそ、小嶋さんが力を注いだ筈の海外や地方のプロジェクトを、実際に体験してみたいですね。今後、C+Aが実現していく建築と共に、その機会を得られることを楽しみにしています。

宮城県迫桜高等学校のコンセプト模型

宮城県迫桜高等学校

宮城県栗原市, 2000年

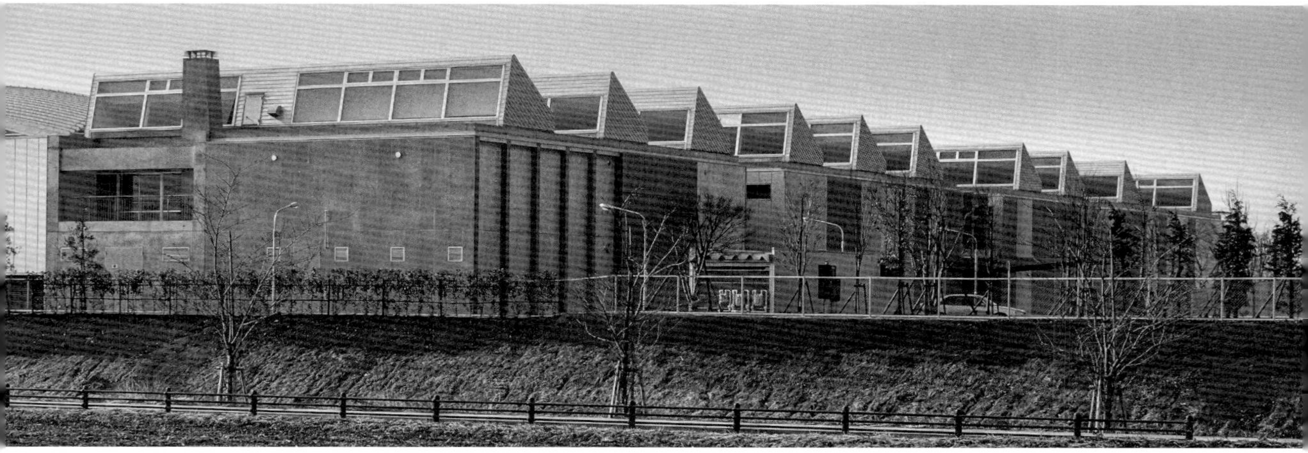

東面

南面

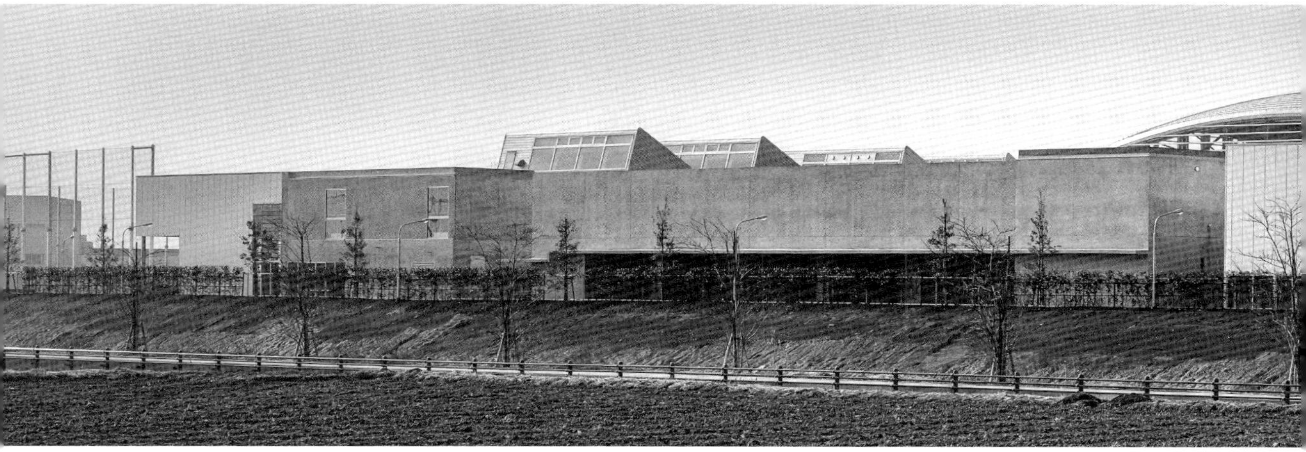

北西面

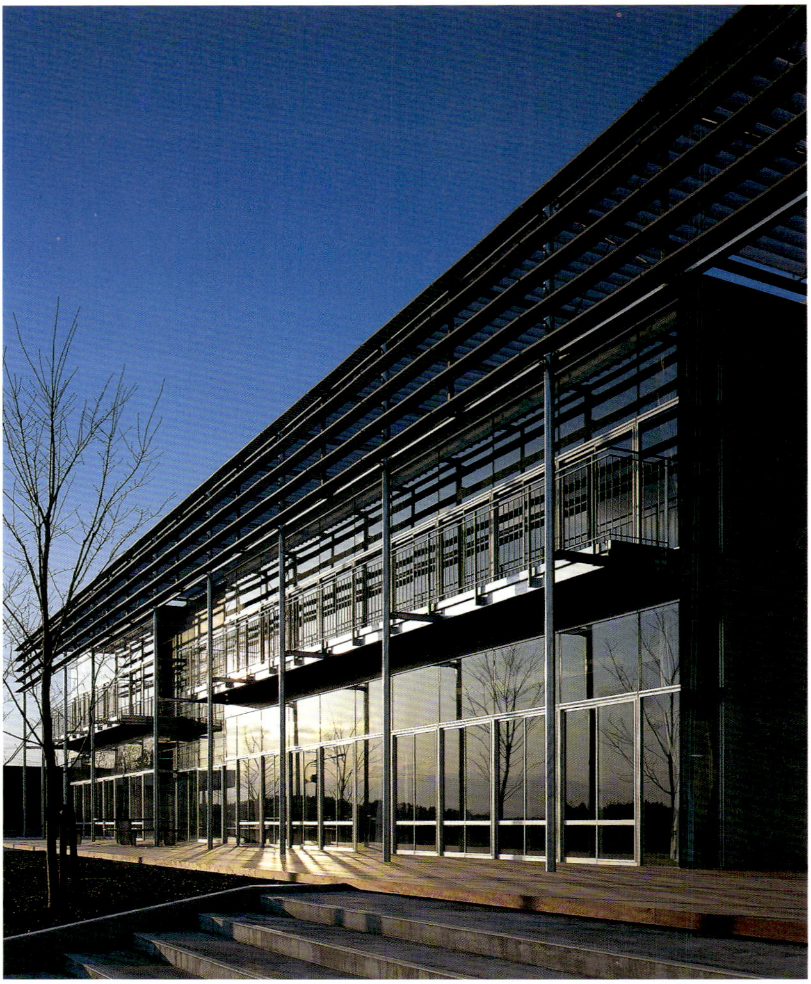

グラウンドに面するデッキのある南面

東側の壁面

外来玄関

東立面

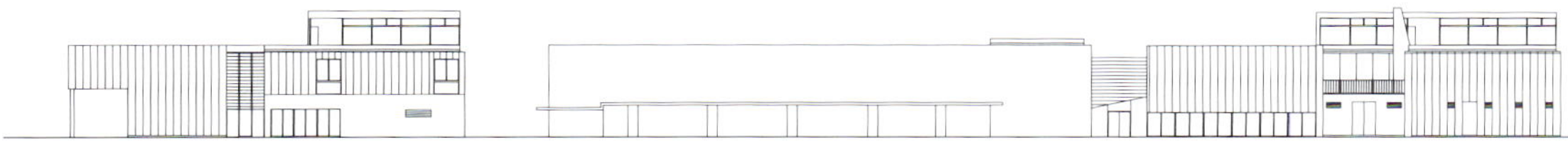

北立面　S=1:800

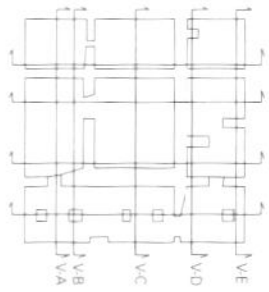

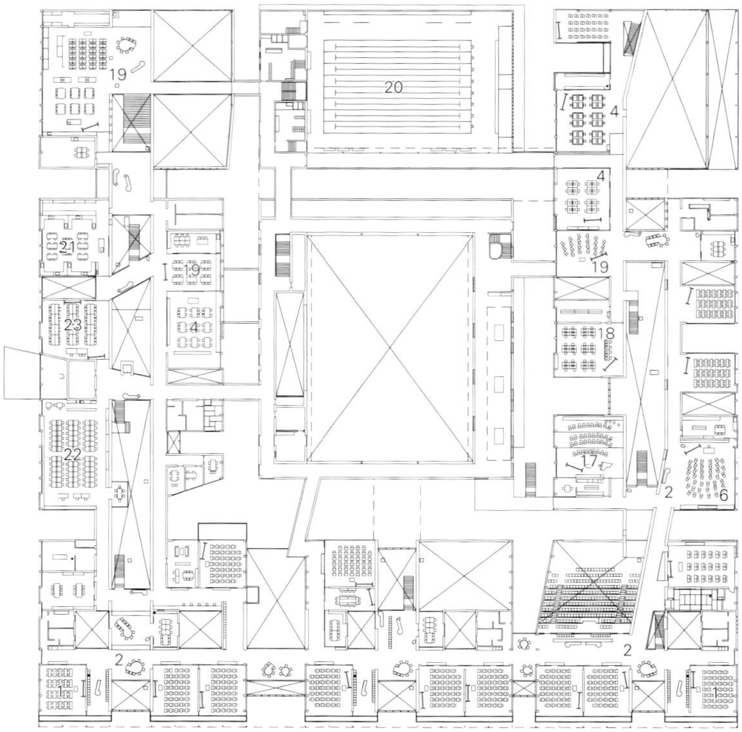

2階平面

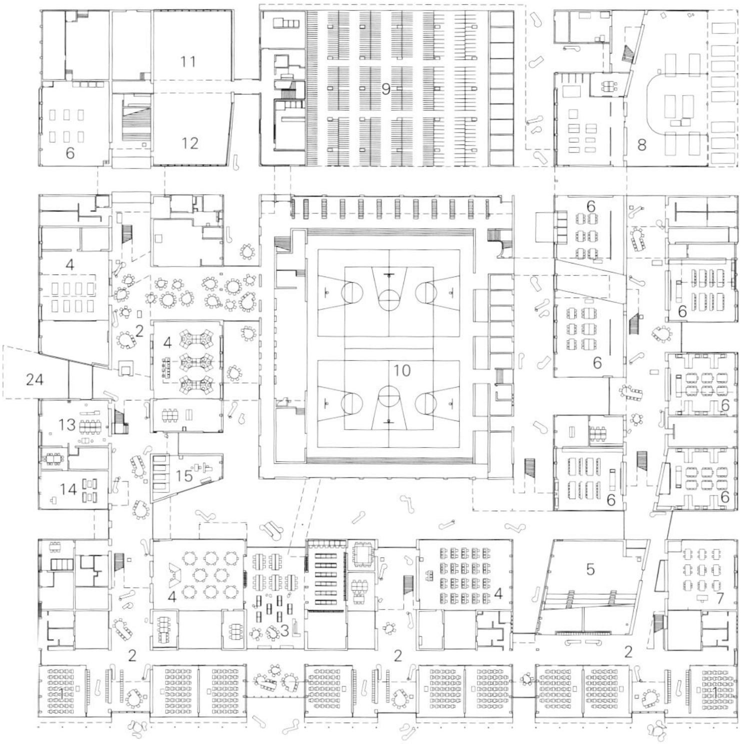

1　教室
2　FLA(FLEXIBLE LEARNING AREA)
3　図書室
4　特別教室
5　合同講義室
6　実験室
7　工芸室
8　工作実験室
9　自転車置場
10　アリーナ
11　柔道場
12　剣道場
13　事務室
14　校長室
15　保健室
16　美術室
17　音楽室
18　コンピュータ室
19　講義スペース
20　プール
21　調理実験室
22　校務センター
23　会議室
24　職員テラス

1階平面　S=1:1200

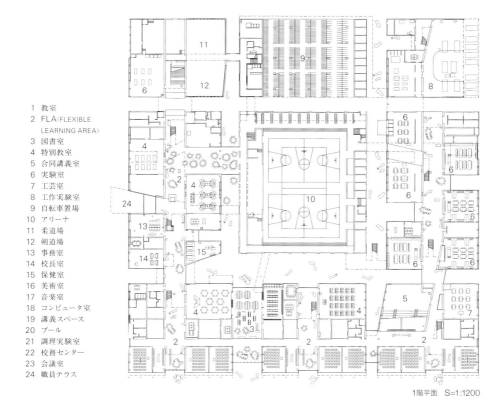

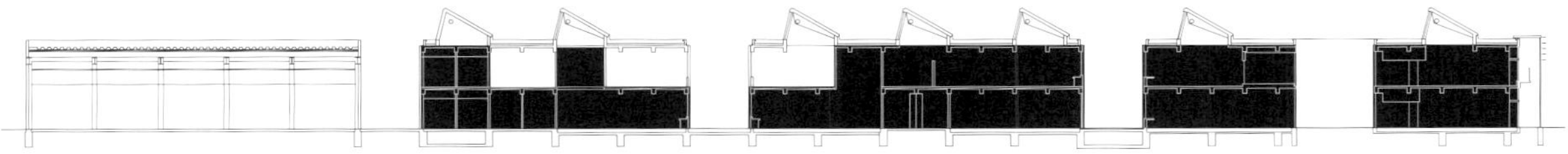

V-E断面

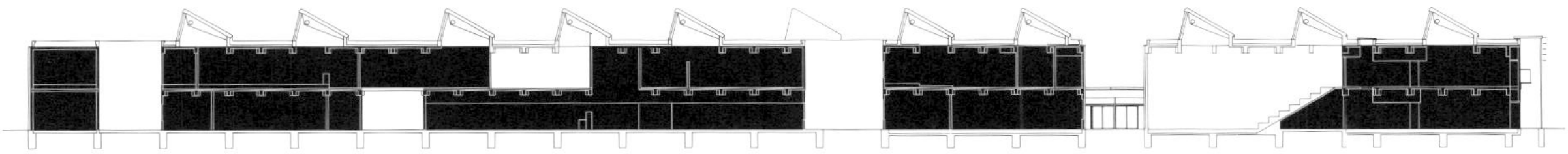

V-D断面

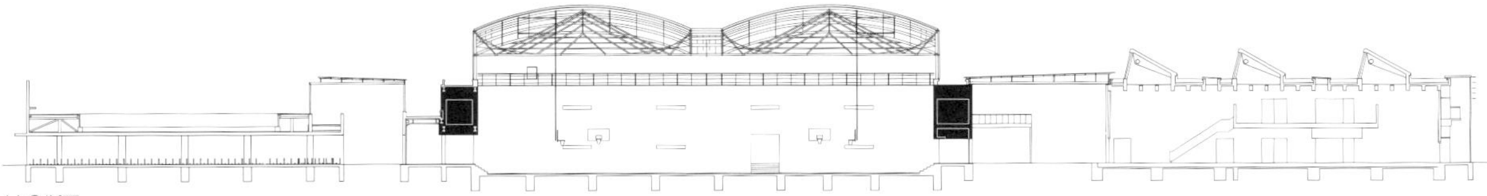

V-C断面

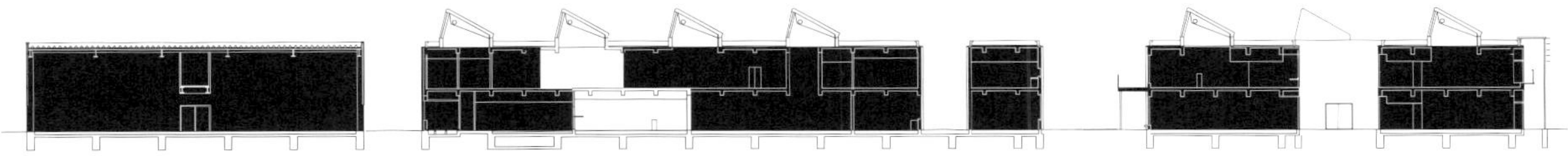

V-B断面

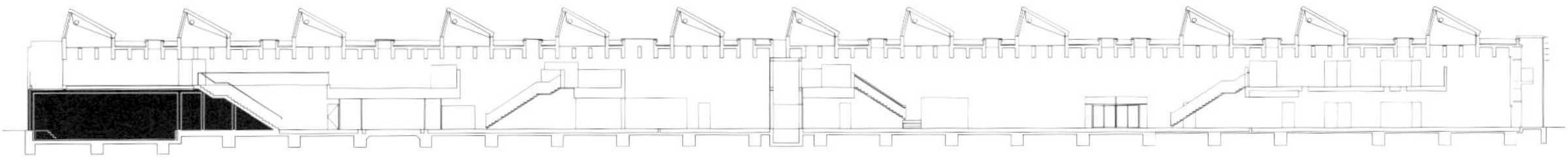

V-A断面

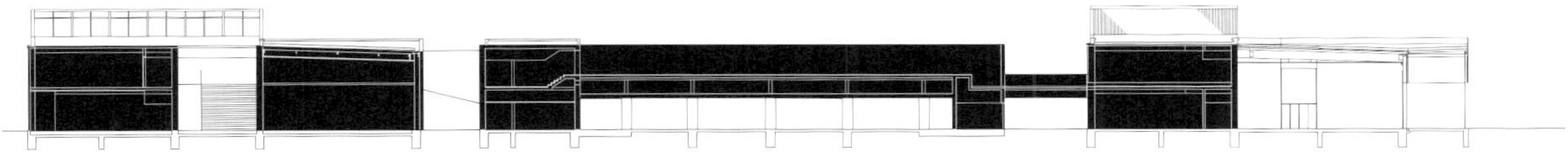

H-D断面

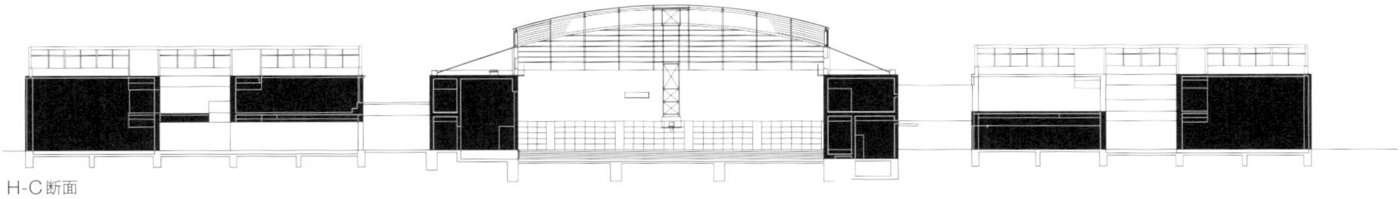

H-C断面

H-B断面

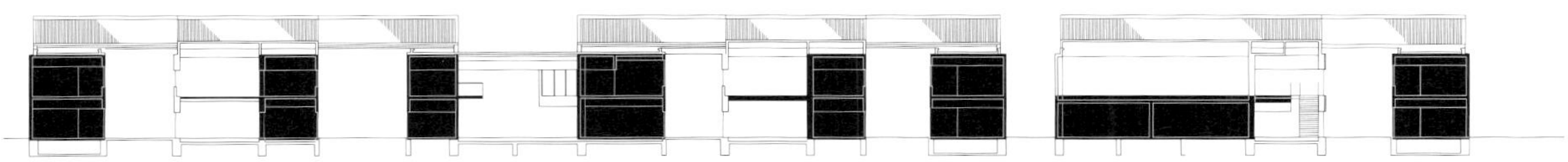

H-A断面　S=1:800

校長室前よりFLAを見る

ともあり，主要構造のうち柱と梁床にPCを採用し，12mスパン（一部 16m），1方向の架構とした。東西方向の壁はすべてドライで収め，将来，着脱可能な仕様になっている。

120m角の平面は，どこまでも歩いていけるような不思議な空間を生み出す。壁の一部を斜めにする，1階が外部通路で2階は室内で繋がる部分をつくる，武道場やアリーナの大空間を横切るブリッジは窓のないトンネル状のスペースにするなど，トポロジカルな捻れを挿入することで，大きくシステマティックであることが単調さにならないよう計画した。

学校としての性能を確保することは当然として，長期的には用途が変わっても成立するように，約800人が活動する場所として計画を考えたのは，今までの小学校と同じである。図書室や情報処理室，合同講義室などは，地域の施設としても運営される予定である。

カフェテリア前のFLA

2階クラスルーム前の廊下

宮城県北部の人口減少地域に，伝統校である農業高校，普通高校が発展的に統合，新設された総合学科高校である。総合学科では，多彩な科目の中から，生徒たちが主体的に選択し，カリキュラムを組み立てる。各科目は，人文国際，自然科学，福祉教養，情報科学，エンジニアリング，アグリビジネスの六つの系にまとめられている。異なる系の科目を同時に選択することもできる。生徒たちは，高校生活を通じて将来の進路を決定していくことになる。実習系が多いのも，この学校の特徴である。

このようなプログラムに対し，120m角の2階建ての校舎と，廊下の面積を集約したFLA（フレキシブルラーニングエリア）を提案した。これらによって，教室移動がスムーズになるのと同時に，生徒たちが学校内を動き回る中で，生徒たちはFLAにあふれ出す様々な活動に自然に接することとなる。

FLAは，単位制の運用によって生まれるであろう空き時間を過ごしたり，少人数のゼミや展示にも活用できる。従来の高校は，廊下と部屋だけでできた空間（機能と一対一対応する空間を「黒」とすると真っ黒）だが，ここでは使われ方によって呼び方が変わっていくような「白」の空間であるFLAにより，学校というプログラムを変換し，新しいソフトに応答する建築を生み出した。また，寒さが厳しい地域なので，120m角の大きな屋根面を活かし，OMソーラーの集熱面＋電源モジュールを全面的に載せることで，維持費をかけずにFLAの暖房を可能にした。

総合学科では，生徒の選択希望などによって開設科目が更新されていくため，ハードである建築には相当なフレキシビリティが求められた。短工期であったこ

1階図書室

1階情報処理実習室

1階化学実験室

1階合同講義室

2階クラスルーム

トレーニングエリア脇の外部ブリッジより外部通路Aを見る

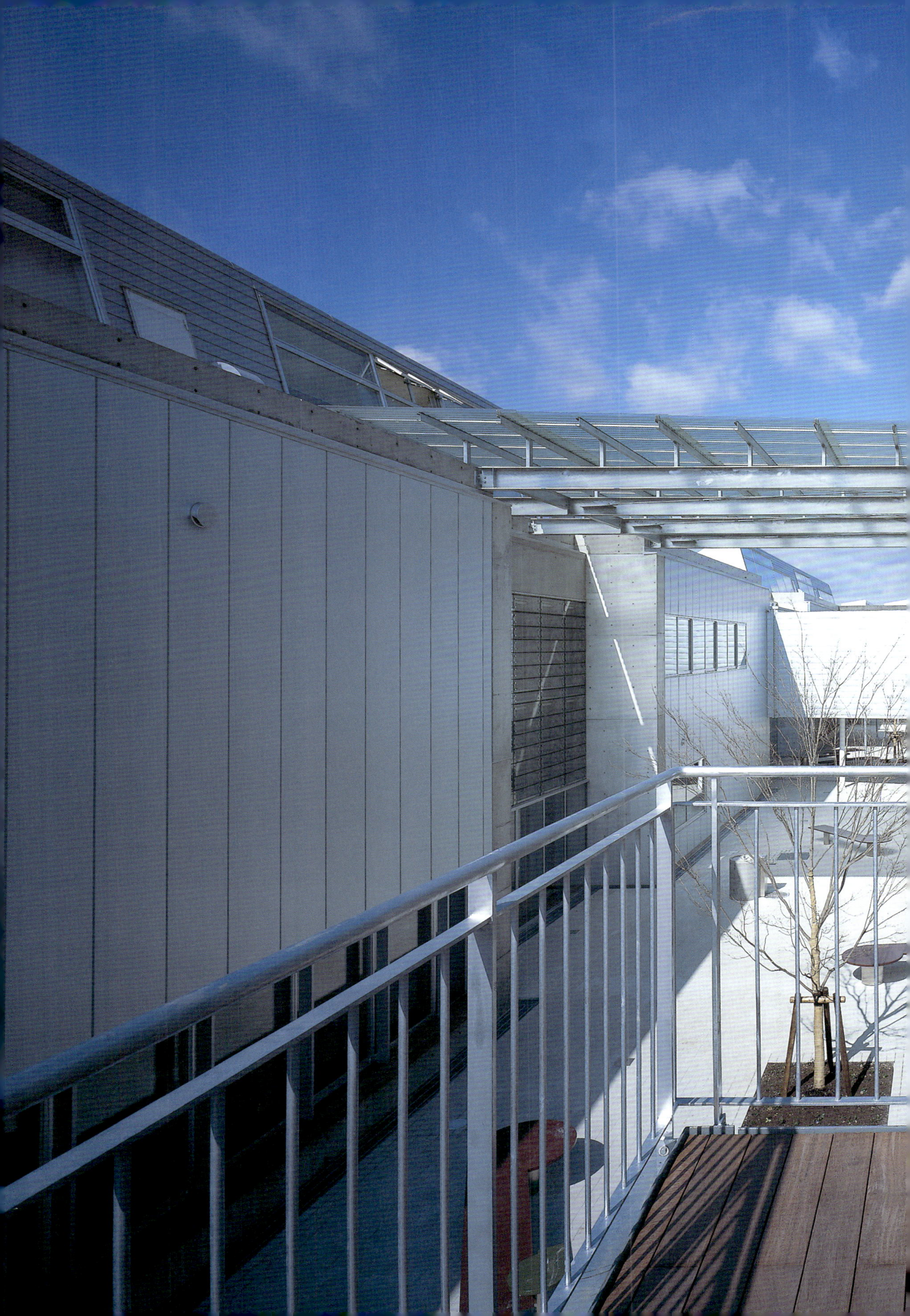

アリーナ

2階課題研究室バルコニーよりアリーナ棟を見る

2階プールサイド

1階柔道場と剣道場

多様さへの関心と思考力

工藤和美

本質をつかみ，変換し，取り込んでまとめていくパワー

写真提供＝シーラカンスK&H：p.107
図版提供＝CAt：pp.108-109
聞き手＝山口真

工藤和美　くどう・かずみ
1960年福岡県生まれ。横浜国立大学工学部建築学科卒業，東京大学大学院博士過程修了。86年シーラカンス共同設立。98年シーラカンスK＆Hに改組，パートナーである堀場弘と活動中。現在、東洋大学教授。

戦略家で計画家

――一九八〇年代に、複雑で多様な都市の魅力に反応してシーラカンスが建築をつくり始めた時、かなりインパクトがあったと思います。その後、チームは幾つかに分かれていきましたが、その辺りはあまり変わらないようにも感じる。工藤さんはシーラカンスが生まれた時のメンバーで、海外で都市計画の実務も経験されていました。あらためて、初期の関心とシーラカンスのスタンスをどう考えておられますか？

工藤　シーラカンスは六人のパートナーで始めましたが、確かに分かれてからも共通性もあると思うし、違いもある。社会的にも何かと比べられたり、メーカーが間違って来たり勘違いされることもあります（笑）。

　元々は、東京大学の原広司研究室の中で、みんな自分の仕事を持っていて設計していました。横にいてお互いのプロジェクトについて意見を言い合ったのが面白かったし、足りない部分を助け合ったりもした。別々にやっているけど、話をしながら設計している空気があって、刺激を受けていました。それを束ねた方がパワーになると思ったし、実務的にも事務所がないと確認申請が出せないわけです。だから、地味に「株式会社をつくるには」みたいな本を読みながら会社をつくったのです。

　もちろん、話題性としても結果としてメディアが新しく出てきた若い人を引っ張り上げようとしてくれるので、上手く注目されることになりました。でも、それは結果から言えることで、戦略的というより必要性もあって、自然に発生したグループだったと思います。

　でも、あの時、あの瞬間に集まった、みんなそれぞれに力があったと思います。その後、もちろんスタッフも増え、パートナーも加わったけれど、最初の六人のメンバーでやっていた時とは、全然意識が違うという思いがあらためてします。

――シーラカンスは共同設計だと思われたかもしれないけれど、実際はある意味でバラバラだった。それは通常、仲の良い数人が一緒にやろうという考えとは違う。

工藤　そう思います。その時、原さんの研究室にいたけれど、それぞれ原さんとやっているプロジェクトも違うし、関わり方も時期も違う。出身大学もバラバラでした。設計というより研究の方にウェイトのあるパートナーもいた。でも、異なる価値観の人間たちがいたから面白かったと思います。実際の設計を考えると、実務を一緒に始めているので、けっこう似たようなことを言っていたり、共有している価値観があったと思うのですが（笑）。

ネガ／ポジ空間への関心

――活動開始からほどなく、「大阪国際平和センター（ピースおおさか）」（一九九一年）や「千葉市立打瀬小学校」（一九九五年）の設計を勝ち取り、いち早く公共建築を手掛けます。その時は、全員で設計されてい

ました。それは、研究室での都市研究を通して、自分たちが魅力を感じる都市空間と同様に建築をつくるには、複数の人間で設計した方が良いという意識があったのでしょうか。

工藤　その意識はありました。まだ駆け出しで未熟だったから、規模の大きさへ対応しなくてはいけないことも大きかった。だから、「ピースおおさか」の時は、全員で設計に取り組み、月に何度も全員で大阪に行き、現場や材料をチェックしていました。「打瀬」の前段階で幕張新都心の都市計画に関わった時も、昔の丸の内のように高さが揃った空間でなく、街区は同じで建物は似ていても、すべて微妙に違うといった「集落の教え」的な発想があった。「打瀬」でも、同じ要素を繰り返さないことを意識していました。当時、単純化し、整理しすぎたものへの違和感は、共通して強く持っていたように思います。

「打瀬」が完成した時、シーラカンスができて一〇年経っていました。それぞれが力を付けてきて、その頃から少しずつ、もうちょっと自由にやりたいという気持ちが出てきたように思います。物理的にも、パートナーが揃ってディスカッションをしたり、設計を進めていくことが難しくなってきていました。

――それぞれが自分の考えで設計を展開しようと思った時に、多様で豊かな空間をつくるために、複数の人間でつくってきた実践から、共有されるベースもあったのではないでしょうか。

工藤　それはあります。若い頃は、それぞれの考えを共有することに抵抗もなかったですからね（笑）。

例えば、仕事を始めてすぐの頃に、日色真帆さんが研究助成を申請して、みんなで世界中の都市を調査して研究しました。それは建築がつくるネガとポジの空間の研究です。つまり、建築があると、その内部の空間と同時に、外側にも街路や広場の空間をつくっている。そんな立面図などでは表記できない面白さへの関心は共有していると思います。

そこから小嶋さんたちは教育のツールとしてスペースブロックをつくるし、私も「那須の別荘」（一九九六年）をやった。さらに小嶋さんはユニットを反復できる集合住宅で、「スペースブロック上新庄」（一九九八年）をつくりますよね。キューブを複雑にはめ込む構成としては一番面白かったんですが、同時に形に閉じこめてしまったので、次にそれを越えていくのはなかなか難しい。みんな、スペースブロックでは、当初感じていた表／裏をひっくり返した同時性、二重性の面白さを上手く言えていない感じがしたと思うんです。建築を考える初級者には良いツール、ルールだけど、実際の都市はそんなことはない。スケールの変化一つとっても、大小様々なものがある。

私たちも今でも、学校のようにユニット化が重要な建築では、初期スタディにブロック状のスペース・キットみたいなものを使います。やはり、平面図ではわからない複雑な空間の組み立てをわかりやすくするには有効です。ただ、今は様々な設計ツールがありますし、その先は建築空間として考えた方が面白いということになっていったと思う。それは共通していたと思うし、ここだけ見れば全体がわかるといった形でなく、迷路性も含めた都市への志向は、方法も含めて同じ根っこがあると感じますね。

深い思考力

――最初に、シーラカンスは異質な人間の集まりだと言われたのですが、小嶋さんの得意なところをどう見ておられましたか？

左から、工藤和美氏、小嶋一浩氏、伊藤恭行氏、堀場弘氏、日色真帆氏、小泉雅生氏

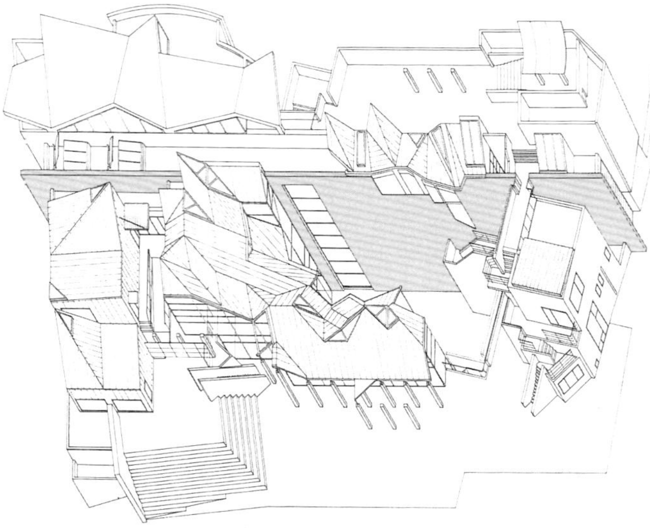

大阪国際平和センター 外観アクソメ

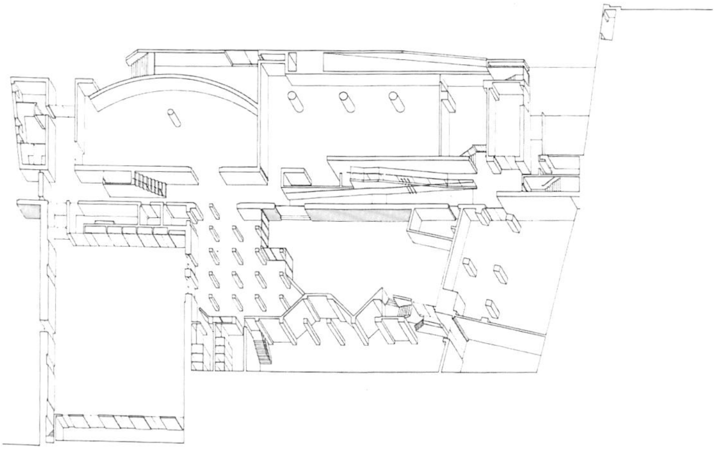

1階アクソメ

工藤　やはり、リーダーというか、自分ですべて生み出すというより、人が言うことを上手くキャッチして、まとめて、「こうでしょ」とアウトプットするのが上手い人だと思います。研究室でいろいろなプロジェクトを動かしている時に、先生やみんなのアイディアを上手く聞き出してまとめる才能のある人だと思って見ていました。

それに、旅行も好きだし、世界中のいろいろなものを見てきて、その場の面白さをつかむ力が凄くある人でした。それをどんどん自分の建築として変換して取り込んでいくパワーがあったと思う。

——一人で好きにつくればいいのではなく、自分の持っていないものを人に求めて、それをまとめて、よりすごいものをつくりたいという気持ちもあったように思います。

工藤　それはあると思います。小嶋さんは、自分でも言われていますが、耳が少し悪かったんです。微妙なことや大事なことを話す時に、少し声のトーンが落ちたりしますよね。大人数の会議などで、どうしてもそういう時に、取り残されることもあったと思います。でも、その分、周りに邪魔されずに自分の思考を深める強さがあったと思います。それが、本質をつかんでまとめていく力の元にあったと思う。

反面、周りのことが心配になったり、気にする面もあったと思います。それが優しさにも、時に攻撃的になることもあったと感じます。人間は誰でも強い面と弱い面がありますが、小嶋さんにも両面があったと思います。

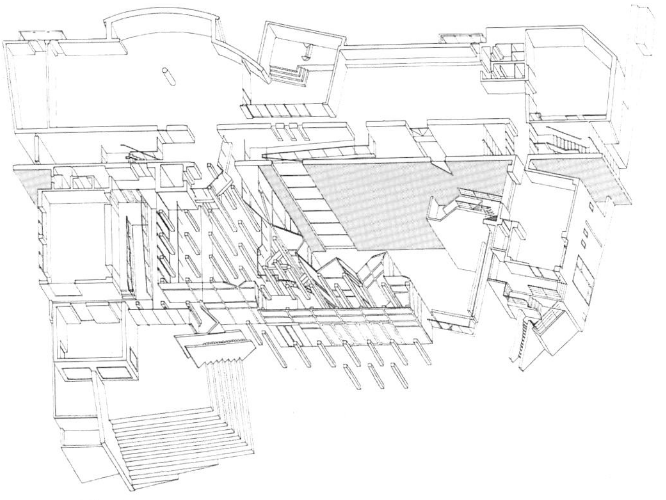

3階アクソメ

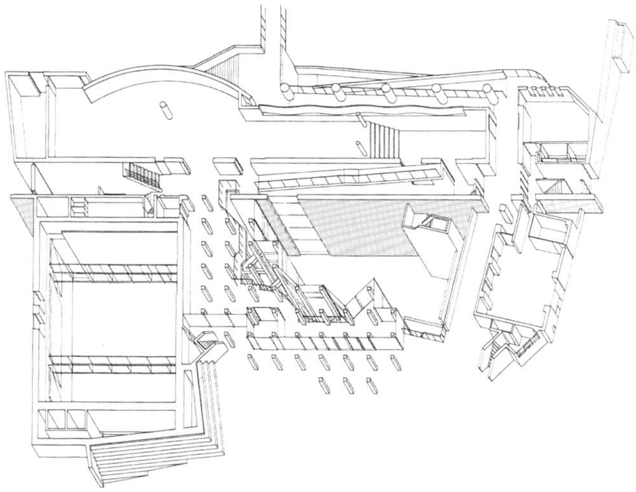

2階アクソメ

建築においても、自分の中で深く考えて、オーソドックスなものを解体して、新しくプログラムを組み立て直した提案をされていたと思います。その洞察は間違っていないことが多いし、良い建築ができていると思いますが……。近作ではより開放的な建築になっていることもあり、使い手などさらに広い人たちに理解され、共有されるには、もう一歩、踏み込むことができるのでは、とも感じていました。そこはとてももったいないところだと思う。「打瀬」の時にも沢山あって、その後対処していった部分なのですが。

——小嶋さんは、風の動きや森のことを考えたり、時間の中で使い続けられることで、建築が成長していくイメージもあったように思います。公立の学校では難しいかもしれませんが、ワークショップなどをして継続的にフォローしていく必要があるのかもしれません。

工藤　その意味では、小嶋さんが設計された学校の幾つかでは、計画学者の上野淳先生の弟子でもある倉斗綾子さんが研究を兼ねて使い方などで関わられているそうです。本当は設計者が継続してつくった建築を訪れるべきだと思いますが、様々な専門家が加わることは良いことだと思います。

　批判を受けることはあっても、深い思考で良い建築を提案していく姿は、今の時代で貴重だったとも思いますね。

クリニックハウスN

千葉県千葉市，2002年

東側，パーキングから見る

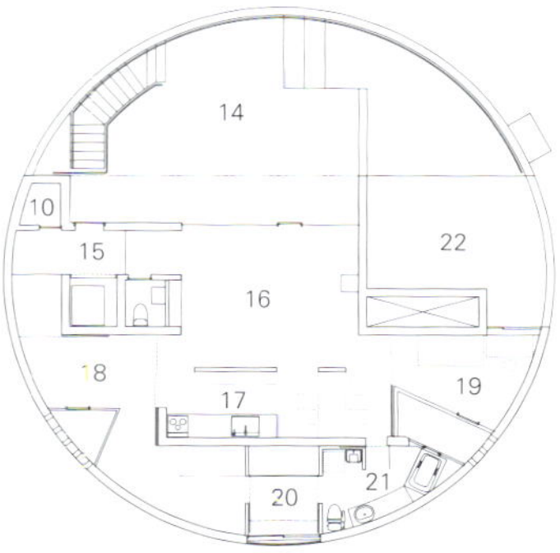

2階平面

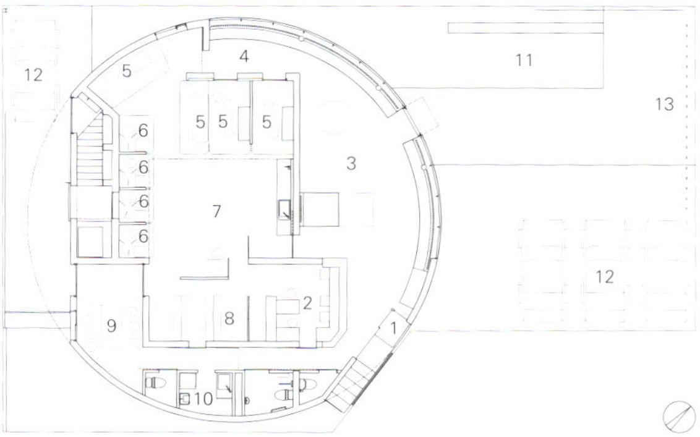

1階平面　S=1:300

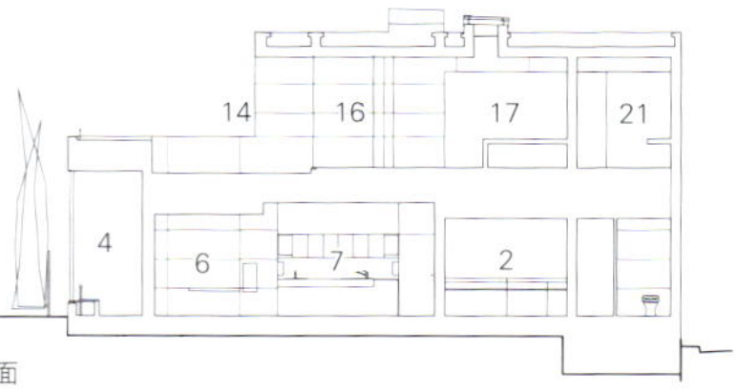

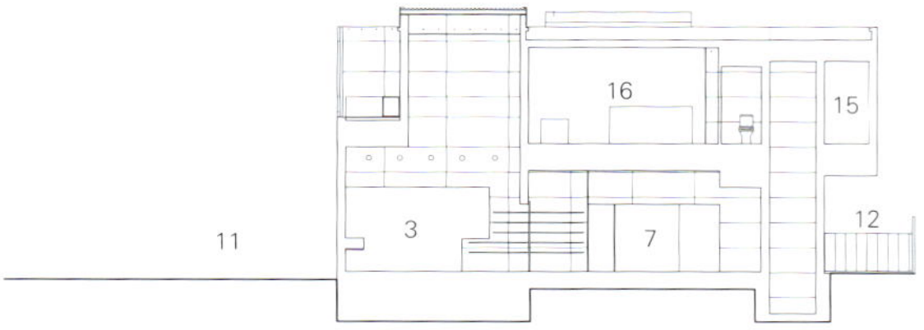

断面

待合テラスより見る

1 風除室
2 受付
3 待合
4 中待合
5 診察スペース
6 治療ブース
7 治療広場
8 カルテ室
9 休憩室
10 倉庫
11 待合テラス
12 パーキング
13 自転車置場
14 にわ
15 エントランス
16 主室
17 キッチン
18 室1
19 室2
20 クローゼット
21 バスルーム
22 屋外機置場

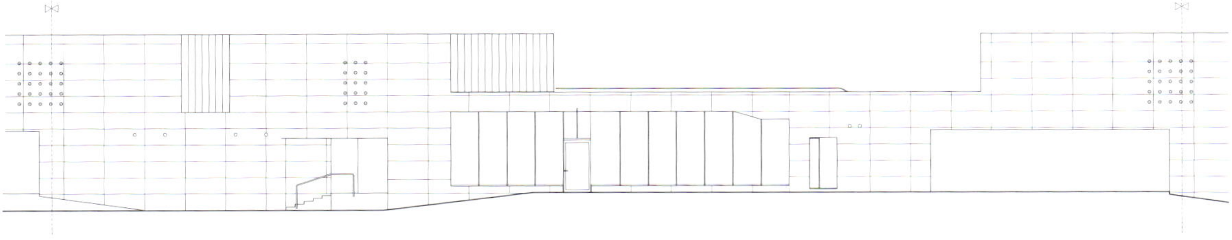

外部展開

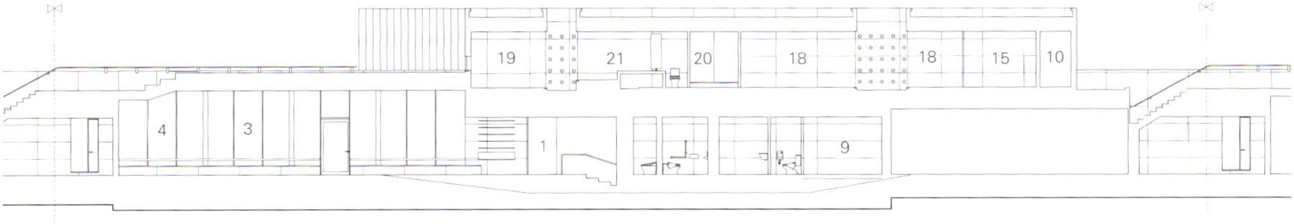

内部展開　S=1:300

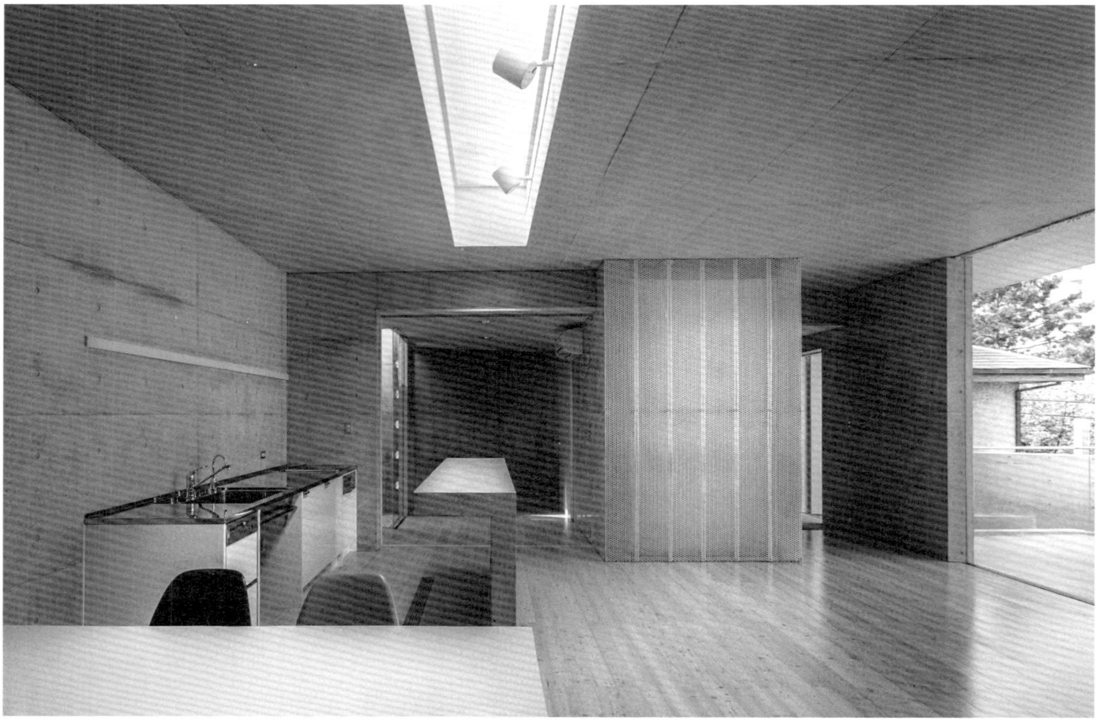

2階主室。南西を見る

治療広場の出口や受付を暗示するポリカーボネイト

治療広場出口

プランに引き戸を数カ所つけただけのワンルームである。大きな引き戸を閉じることで2部屋に分かれる。室1は遠隔地に住む母が上京したときに，室2は診療のあとドクターが休息するスペースとして想定しているが，例えば来客，スタッフとのミーティング，食事会，遠い将来には夫婦だけで棲む等，様々な生活像に対応できるようあえてつくり込むことをしていない。1階と2階とは内部でつなげずに距離をつけている。移動だけで気分がすっかり切り替わることが求められた。

奥へと拡がっていくこと，室内にいてどん詰まりがないこと。円形のプランはかなり制約がある反面，隅がないという形態的特徴は視覚的に連続することで空間にある流れを与える。開口部の切り欠き方，天井の高さ，光の状態，様々なファンクションを重ね合わせることで，その強度を操作し様々な表情をつくり出した。

主室。RCカウンター越しに室2方向を見る

2階室1

1階待合

東京近郊のニュータウンに建つ皮膚科のクリニックと医師のセカンドハウス。特徴的な正円形のプランは，二つの理由から生み出された。一つは，幹線道路から少し入り込み，数件の建物に囲まれた敷地に建つ建築が，窮屈な印象を与えずに周囲からうまく認知されること。もう一つは，診療所特有の患者の動きに関係している。受付を済ませて順番を待つ，中待ちへ進む，診察して治療を受ける，精算をする。ループを描く一筆書きの動きがそのまま円弧となり建築化されるイメージがあった。

常時40人，長い人だと3～4時間も待つ1階の待合を快適なものにしたいということがこの建物のファーストプライオリティである。大きな開口で外部と連続する空間とし，スラブを持ち上げて高い天井を確保した。一方で診療スペースは，最も効率的になるようなものの配置が具体的に要求される。束縛をさけるためにおおきなワンルームに対してカーテン，家具のみで構成されている。待合とは正反対の活発なアクティビティがここでは展開されている。

2階の住宅は，主室の周りを回遊できる

ヒムロハウス

大阪府枚方市, 2002年

南西より見る

1 白
2 白1
3 白2(収納床)
4 白3(収納床)
5 黒
6 黒1
7 黒2
8 黒3(便所)
9 黒4
10 黒5
11 黒6(台所)
12 黒7(和室)
13 黒8
14 黒9
15 黒10
16 黒11(浴室)
17 黒12

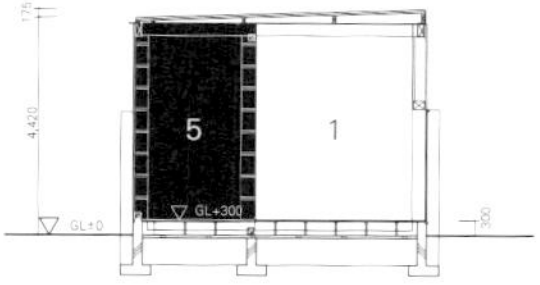

短手断面

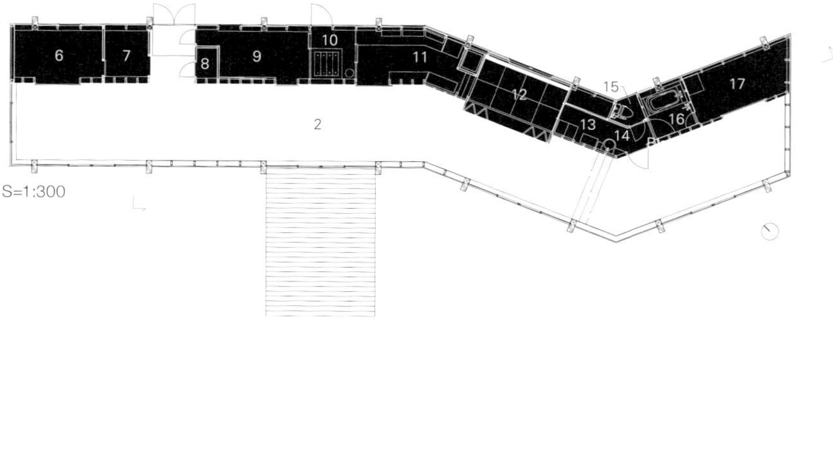

平面 S=1:300

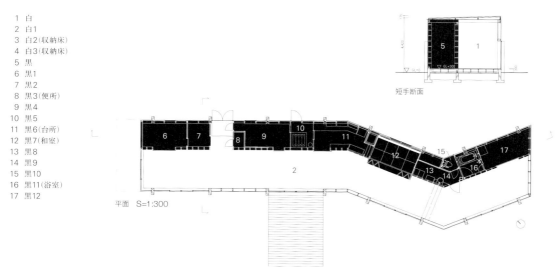

夕景。西より見る

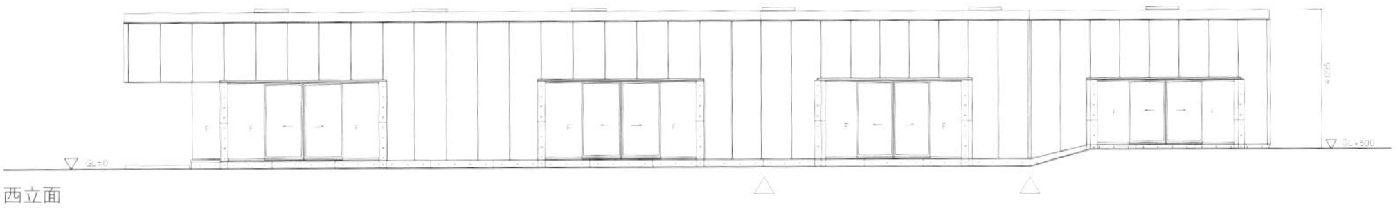

西立面

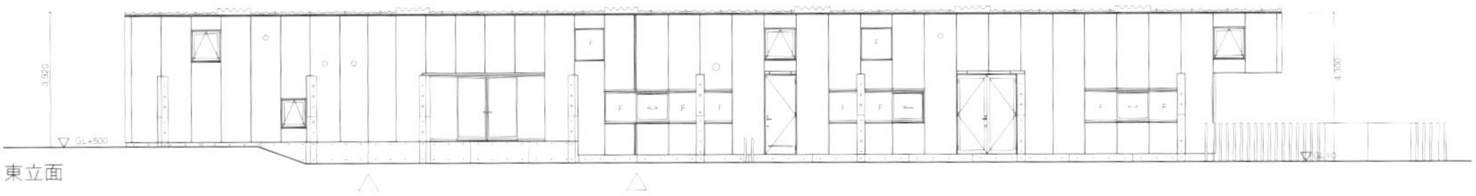

東立面

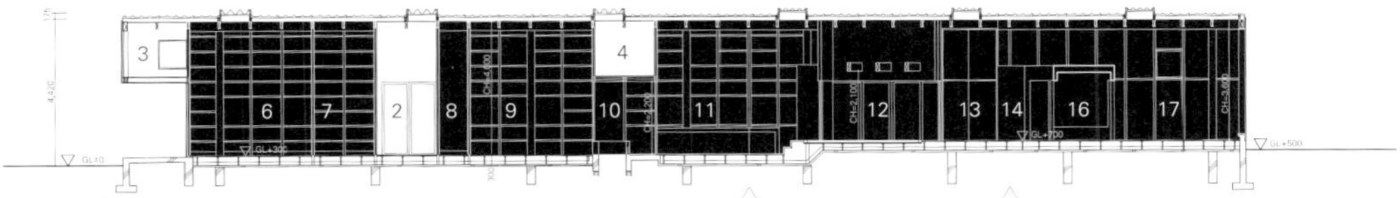

長手断面　S=1:300

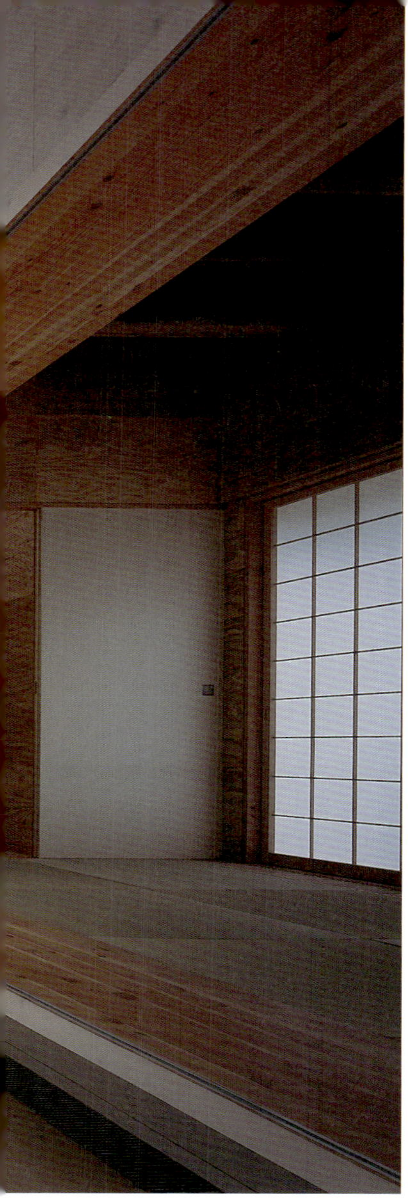

「白」のスペース

の場所の呼び方が変わっていく場所。

通常の建築は，「部屋名」のついた目的的な空間（＝「黒」）とそれをつなぐ動線（これも単一目的の空間だから「黒」）でできており，全体が「まっ黒」である。こうした建築は一見，合理的なように見えて，とても窮屈である。日本の住宅の場合，小さな家の場合でも家族の人数分の個室がまず過不足なく確保される。結果としてリビングと呼ばれる本来，色々なことが起こるであろう場所は，身動きできない小さなものとなってしまう。ここでは最初に半分を「白」（＝色々なことが起こる可能性の場所）として確保した。

この住宅では，何人が住むか定義されていない。ある時間が経過するうちに，「一人になって老後を送っている妻の姉妹」，「嫁いだ娘の家族と嫁ぎ先の老親」といった拡張した住み手が登場する可能性を想定している。一種のグループホームである。「黒」側には，幾つもの入口がある。だから，お互いに監視しあわないで出入りできる。また「黒」だけを通って端から端まで移動できる裏動線が確保され，空間が繋がっている。

建築全体が東側で一度折れ曲がっていて，実際以上の距離感が生まれる。空間の中に「見えそうで見えない」部分があることで，人はその方向にいざなわれる。あるいは，視点の微妙な移動で空間の現れ方が大きく揺らぐ効果もある。折れ曲がりが人の動きやアクティビティを喚起する。

「白」のスペース。右に「黒7（和室）」

大阪と京都と奈良からほぼ等距離の，山間部に建つ住宅である。敷地は伝統的な農村集落のエッジであり，小さな盆地が終わって河川と国道が狭い谷の間を通り抜けるわきにあたる。

当面の住み手は子どもたちが巣立った初老の夫婦である。彼らだけのためなら，この大きな空間は必要ない。しかし，日本が世界ではじめて直面する人口が減っていく社会の中で，血縁家族に限定しないで住み継がれていくような空間を考えた時に，幾つかのはっきりした特徴を持つ住宅が生まれた。

特徴は，「細長いこと」，「空間が黒と白に２分割されていること」，「入口が幾つもあること」，「空間がすべてつながっていること」，「折れ曲がっていること」。これらは，この敷地や住み手の独自性と関連しているだけではなく，より普遍的な「住居」の可能性へ向かうベクトルを持っている。

まず，長さ。この住宅は30m（2nd stageを加えると50 m）と細長い。内部に距離を確保するためである。結果として「道」のような空間が生じる。細長いプランはさらに長手方向に２分割されて平行している。その一方が，１室の「白」のスペース，もう一方が小さい空間が連なった「黒」のスペースである。「黒」と「白」は以下のように定義される。

「黒」のスペース＝使われ方と空間が１対１対応する場所。機能に即した呼び名が部屋名となる。

「白」のスペース＝使われ方によってそ

「白」(右)と「黒」(左)のスペース

「白」(左)と「黒」(右)のスペース

上に「白3(収納床)」のある「黒5」越しに「黒6(台所)」を見る

「黒6(台所)」より「黒7(和室)」を見る

KEYWORD

小嶋一浩の建築を分析するための、最も基本的な用語集である。シーラカンス、C+A、CAtという変遷の中で、小嶋やパートナー、スタッフたちによって生み出された言葉、時には誰かが残した言説に強く共感し、発展させた言葉、これらは「自分たちがやろうとしていることを言語化しないといけない」と考える中で紡ぎ出された、彼らの共同設計《コラボレーション》に必要不可欠な道具である。

小さな矢印の群れ

小嶋は20世紀を，建築の量とスピードが求められた結果，あらゆる複雑な事象を単純化(一本化)することでコントロールしてきた時代と捉え，大きな矢印の時代と定義した。それを踏まえて，現代は，様々な方向に向いた小さな矢印たちを，そのままの状態で複合して建築をつくる時代になりつつあると唱えている。つまり，空気や光，人のアクティビティなど様々な要素の複雑な流れを単純化せず，小さな矢印の群れとして捉え，物事をロジカルに精密に取り扱う時代になったという，Fluid Direction を継承，発展させた思想。

「千葉市立打瀬小学校」(1995年)のアクティビティ・シミュレーションにおける点の動きは小さな矢印そのものであり，その総体は小さな矢印の群れに置き換わる。

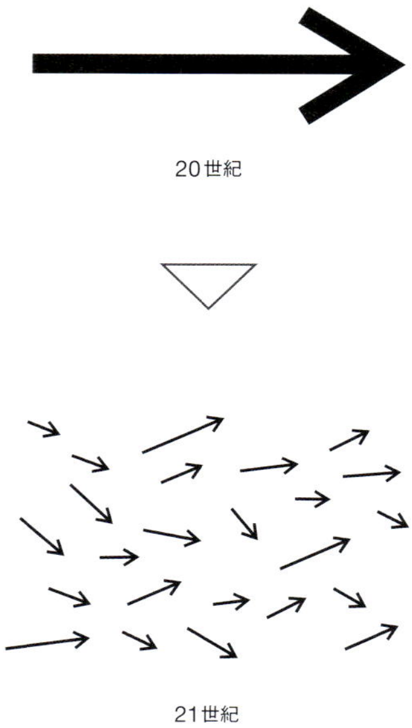

写真：迫桜においてフレキシブル・ラーニングエリアを抽出した模型。オレンジ色の部分は外部で，白い部分が内部。周りの黒い部分（模型化されていない部分）が教室や特定の機能になる。

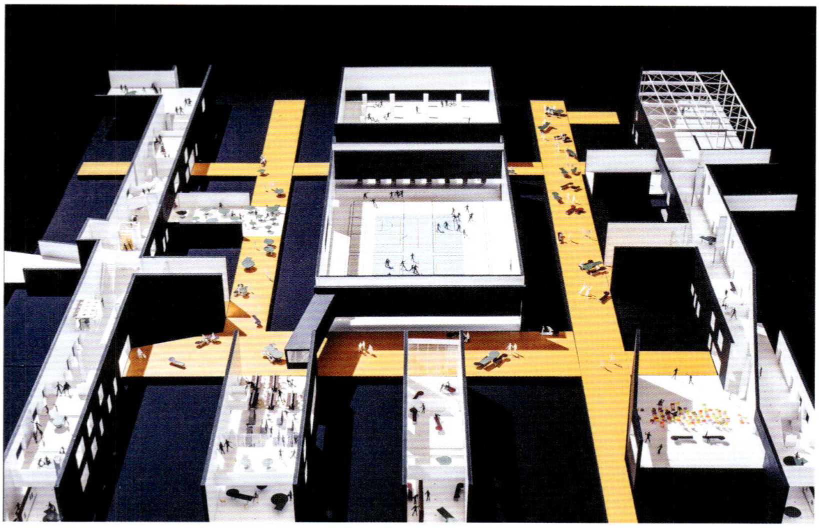

フレキシブル・ラーニング・エリア

アクティビティのきっかけとなり，アクティビティをサポートする場。学校建築における廊下を単なる通路でなく，生徒たちの教室以外の居場所，自発的な学習，コミュニケーションのための滞留場所として捉えたスペース。「宮城県迫桜高等学校」(2001年)の設計に際して，黒のスペースが多い学校建築に如何に白のスペースを入れていくかを考えていく中で提案された。

図：「千葉市立打瀬小学校」の約300人の児童たちの時間毎の動きを様々な色のドットで示したシミュレーション。時間ごとの児童の動き（黒＝授業時，青＝登校時，赤＝給食時，黄＝下校時）を表している。

アクティビティ

建築内における多数の人の同時多発的な活動を指し，そのシミュレーションは小嶋たちの設計に欠かせないプロセスのひとつ。設計のスタートはいつも，その空間における人々のアクティビティを考えることから始まる。小嶋はアクティビティに「個々の人間の行為の集積」というイメージを描いていた。言葉自体は，「幕張新都心住宅地構想」（1990年）に参加した際に知り，シーラカンス内で共有言語となった。

設計概念としては「小松フォークリフト神戸工場」（1991年）から用いられ，「千葉市立打瀬小学校」（1995年）では，当時としては画期的なコンピュータによるアクティビティのシミュレーションを行っている。とはいえ当時の技術では，プログラムを組み込んで自動シミュレーションすることはできず，子供たちの行動分析結果を基に一つひとつの点（子供）の動きを予測し，シーラカンス自ら平面図を下敷きに画面上でマウスを使いながら動かす手動シミュレーションだった。300人分の軌跡を重ね合わせることで，点の動きの総体を学校全体のアクティビティとしてヴィジュアル化し，GA galleryで催されたGA JAPAN LEAGUE 1993（1993年）では，そのシミュレーションのムービーを展示。

アクティビティのシミュレーションの結果，子供の動きは建築的設えにも応答するが，それ以上に人間（先生や友達）に応答して動いていくことがわかったという。ちなみに，アクティビティと似たような意味の言葉として，「大阪国際平和センター」（1991年）の頃はシークエンスを使っていた。

クラスセット

教室，ワークスペース，アルコーブ，中庭，オープンスペース，パスで一つの領域をつくり，ワンセットとした単位。「千葉市立打瀬小学校」（1995年）において，教室を閉じた場所としてではなく，周囲まで含めた領域として捉え，教室周辺の空間を豊かにする考えから生まれた。

当時，シーラカンスのメンバーは「都市のような建築をつくりたい」と発言しており，小嶋自身も「幕張新都心住宅地構想」（1990年）で考えた都市構造を学校建築に折り畳みたいと考えていた。そこで打瀬では，学校を「1000人の子供の家」と捉え，都市的思考を学校建築に置換してダイアグラムに落とし込んだ結果，クラスセットという領域概念が生まれた。

黒と白

建築空間の機能(または使われ方)による二項分類法。黒は，機能(使われ方)と空間が一対一で対応し，「○○室」という部屋名以外の使われ方をしない空間。白は，一つの空間の中で同時的，継時的に多様な活動が起こりうる状態を指し，使われ方によってその場所の呼び方が変わるような，様々なアクティビティを喚起する空間と定義される。

小嶋たちがクライアントから求められた輻輳《ふくそう》したプログラムを読み解く思考のツールであり，建築知識のないクライアントとの対話を助けるコミュニケーション・ツールでもある。『GA JAPAN』では71−78号(2004–06年)に渡って黒と白による建築分析を連載している。分析対象となった建築は自身の作品だけでなく，「せんだいメディアテーク」(2001年，設計：伊東豊雄)，「シアトル中央図書館」(2004年，設計：OMA)，「金沢21世紀美術館」(2004年，設計：SANAA) などどれも現代建築の金字塔となる作品を扱い，小嶋のキレのある分析と図式的な解説図面で好評を博した。

図：黒と白で分類した図面。右は金沢21世紀美術館，左はシアトル中央図書館。

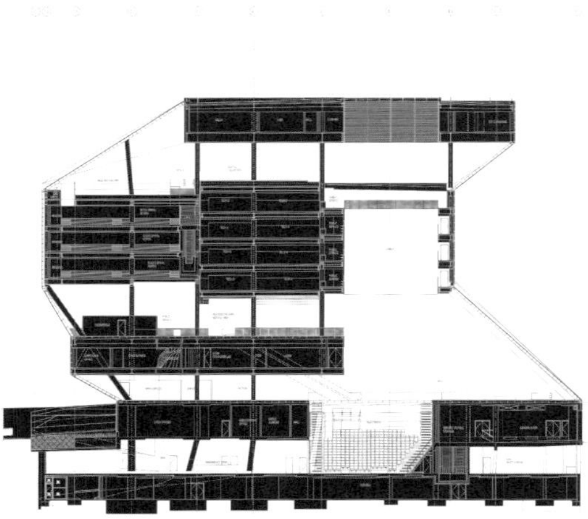

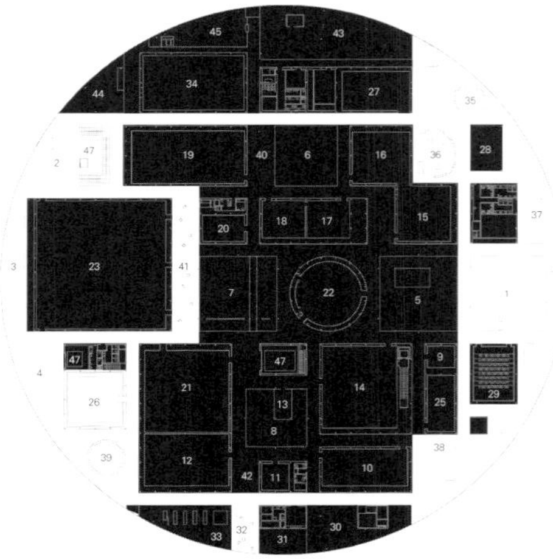

スーパーホワイト

白の一つで，小嶋は代表例として「札幌ドーム」(2001年，設計：原広司)を挙げた。旧来のスタジアム建築はその場所で起きる出来事がそのまま空間化されるため真っ黒だが，札幌はあらゆる催しに対応できる可動式スタジアムである。使用時は黒だが，その時々で異なる使われ方が可能な白といえる。あるスパンの中で様々な顔を持つような一発変換可能な空間をスーパーホワイトと呼ぶ。

ホワイトアウト

空間の黒と白の比率を単純に数字では割りきれない状態。比率が徐々に白方向へ傾いていった時，ある時点に達すると，空間全体が一気に白化して感じられる。目的的でない行為が最大化されることで，自由な雰囲気が空間全体に醸し出されるのだ。例えば，「せんだいメディアテーク」(2001年，設計：伊東豊雄) に訪れた際，本を借りるつもりもなかった人がなぜか図書館内で過ごしてしまう。これは，せんだいが持つ自由で堅苦しくない空間構成によるものといえる。そんな状態をアクティビティ的にホワイト・アウトな状況と呼ぶ。

写真：ヒムロハウス模型。白と黒の空間が明確に分かれる

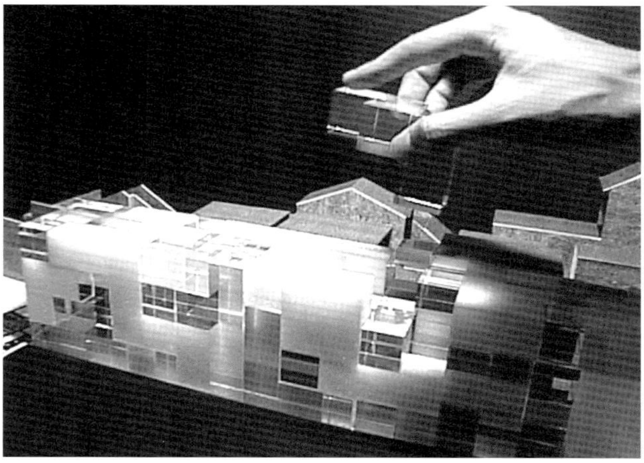

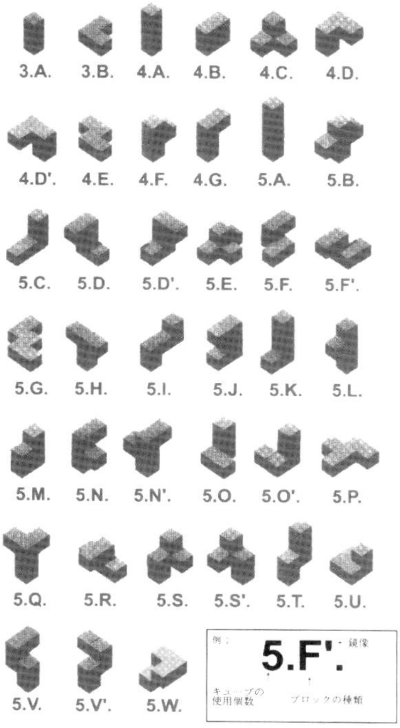

図:左上から，スペースブロック上新庄の模型，スペースブロック・ワールド，キューブ数3～5のベーシックスペースブロックの全バリエーション

スペースブロック

ひとまとまりに捉えられる空間を，ブロックのように取り出す三次元的な表現方法。例えば路地や中庭など，壁に取り囲まれた空気の部分を一つのまとまりとして，ベンチや植物，人も含めて取り出し，ネガポジ反転して実体化(ブロック化)させる。

ハウジングアンドコミュニティ財団のデザイナー研究助成で元パートナー日色真帆を中心に，二次元図面とは異なる立体の記述方法を模索する中で発案された考え方である。「金魚鉢を取り除き，中の水を金魚や水草ごと取り出したイメージ」(日色氏)。リスボン・アルファマ地区の斜面に展開する中庭や，イスラム都市にある建物の一部が上空を覆っているトンネル状のサーバートなど，世界には複雑に立体化した魅力的な空間がある。図面だけでは十分に表現しきれないそんな空間を記述するために発明されたコミュニケーション・ツール。ひとまとまりの捉え方はあえて厳密に定義せず，使用者の感覚次第である。

スペースブロック・ワールド

世界各地にある魅力的な空間をスペースブロックの方法でサンプリングしたブロックを互いの出入口で連結してできあがる空間群。「クライマックスばかりを旅するような世界のモデル」(日色氏)。GA JAPAN LEAGUE 1994(1994年)に出展した同タイトルのプレゼンテーションでは，シーラカンスが設計した各作品から主空間をサンプリングしてブロック化した。

また，小嶋が東京理科大学の教員時代，研究の一環として学生たちが世界各地にある特徴的な空間をサンプリングし，データ化している。そのデータベースは，スペースブロック・データベースとして研究室ホームページで現在も公開している。

ベーシック・スペースブロック

空間記述に用いたスペースブロックを設計ツールとして実用性を与えたもの。スペースブロック・ワールド段階でのブロックの多くは不整形であり，ブロック同士の連結時にデッドスペースが多く，実際の設計には不向きであった。そこで実用化にあたり，直交グリッドに乗った規格化したシリーズが考案される。具体的には，2.5m立方のキューブを3，4，5個つなぎ合わせた，立体的にL型になったブロック(39通り)を最小単位とした。

最小単位をキューブにしなかった理由は，工法的・生産的にも常套手段すぎたことと，発想の始まりはあくまで外部の都市空間でありキューブ状の空間はほとんど存在しないから。また，一つのスペースブロックを仕切らないで扱うというルールがある。仕切ってしまえば，普通のプラン，単なるキューブの連結になってしまうからだ。立体的にL型のブロックを最小単位にすることで，二次元からでは発想できない設計を期待した。実際の設計ではブロックを積んだ後，その中に機能を装填するという手順になる。

「スペースブロック上新庄」(1998年)からはじまり，「スペースブロックハノイモデル」(2003年)，「スペースブロック・ノザワ」(2005年)まで展開していく。また，近年の「立川市立第一小学校・柴崎図書館/学童保育所/学習館」(2014年)における坪庭が立体的に離散した状態は，ブロックの外部化(本来は外部都市空間のサンプリングであるが)と読み取れなくもない。

スペースブロックハノイモデル

ベトナム ハノイ, 2003年

南西より見る

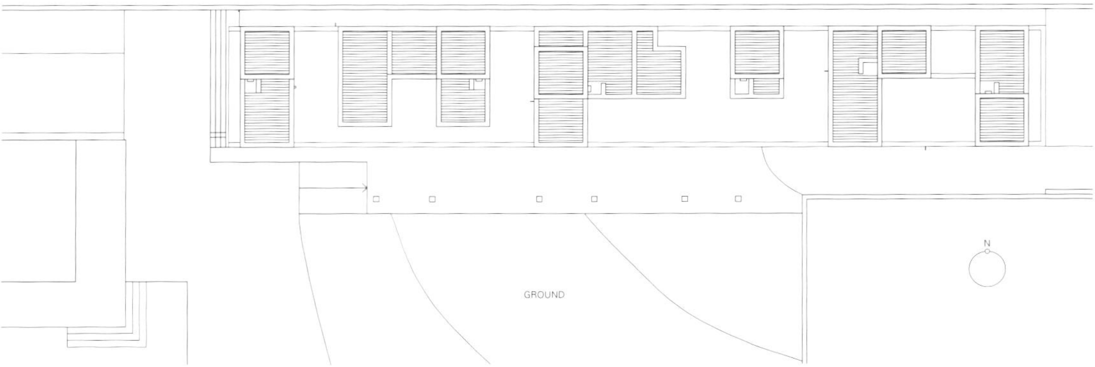

敷地(実現) S=1:400

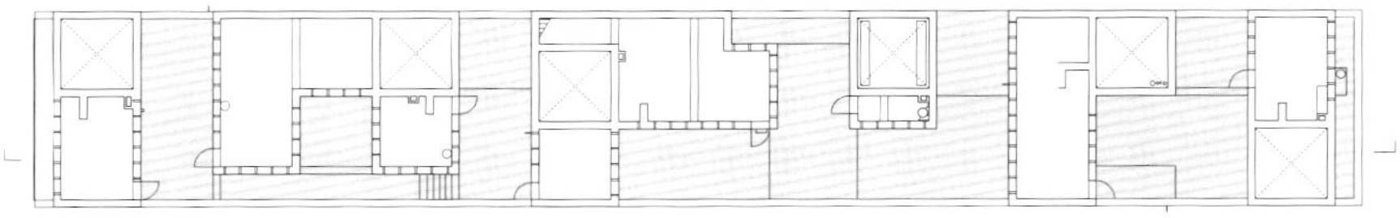

+12.6mレベル

1 テラス
2 シャワー室/トイレ
3 ショップ
4 ショップキッチン
5 ダイニング兼リビング
6 ダイニング
7 リビング
8 水タンク
9 収納
10 洗面所
11 寝室
12 部屋
13 祖父室
14 祖母室
15 子供室
16 娘室
17 両親室
18 学習室

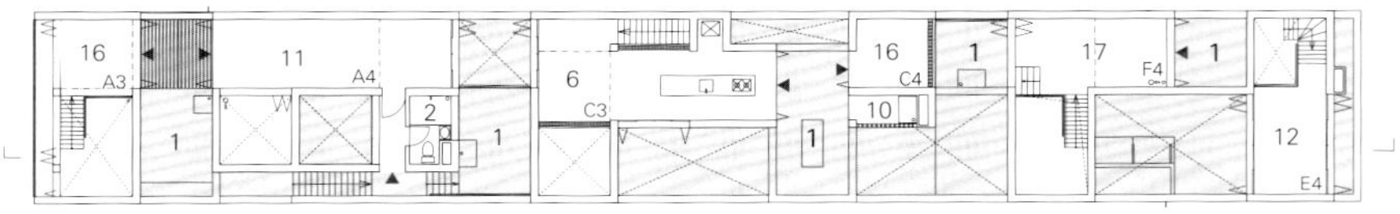

4階平面

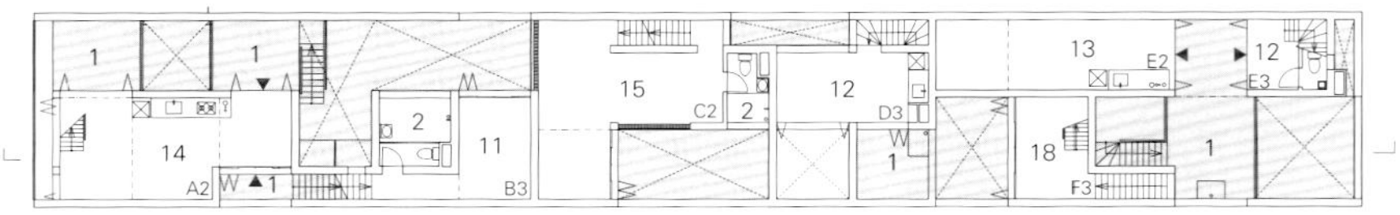

3階平面

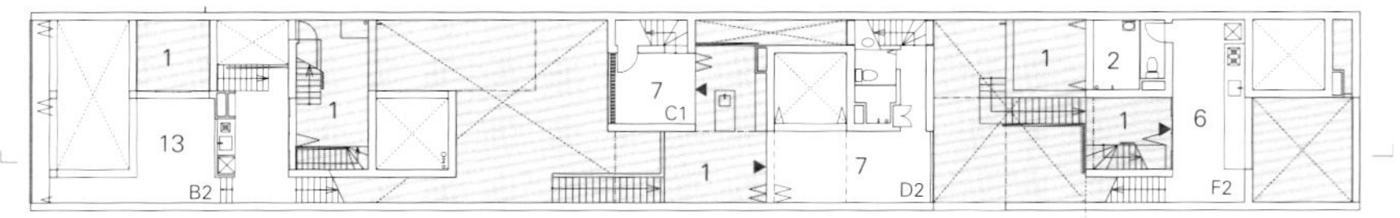

2階平面

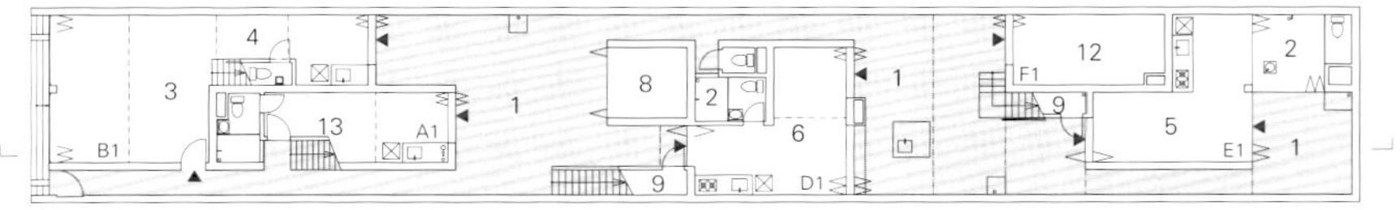

1階平面 S=1:400

敷地(当初計画)

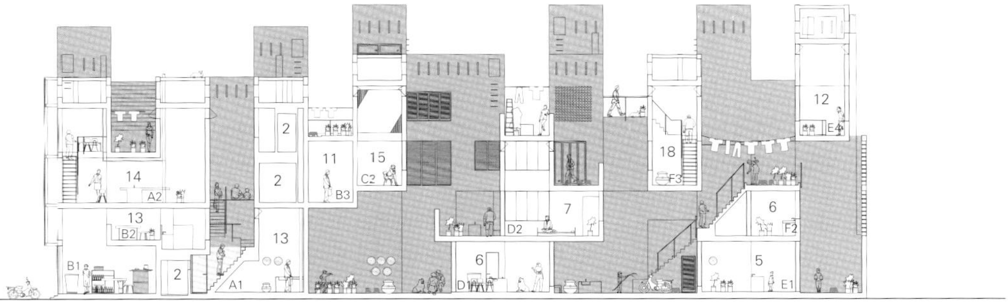

断面

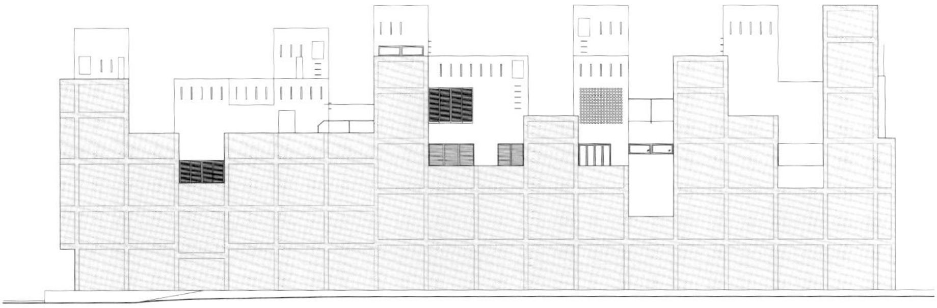

南立面　S=1:400

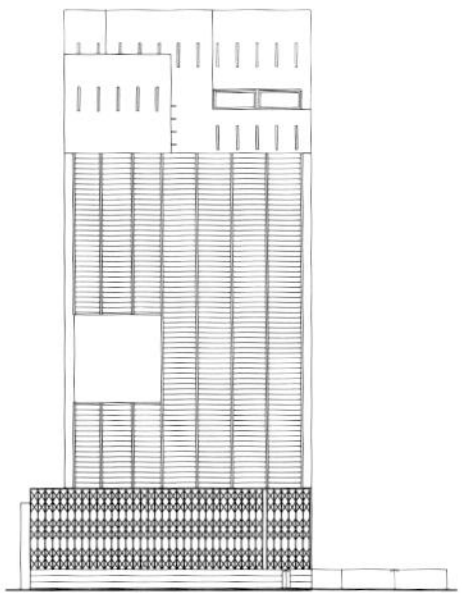

西立面

南面。ハノイ旧市街，稠密な36通り地区の細長い敷地を想定しているため開口部がない

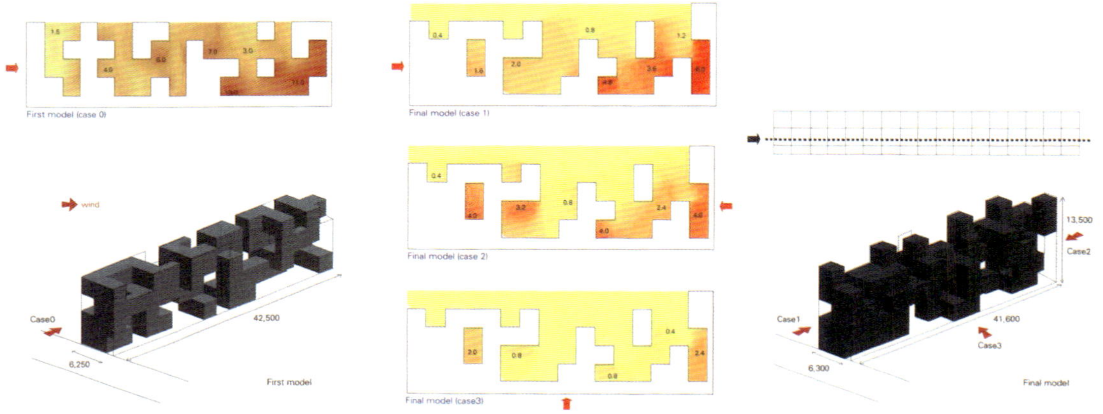

建物周辺の通風性能は周辺空気の空気齢の空間分布により評価される。ここでは建物周辺の通風性状を流れのコンピュターシミュレーションにより解析し，更に空気齢の空間分布を評価することにより通風特性改善を図っている。

空気齢は，建物周辺の空気が建物周辺を通過する時間を表しており，その値が小さいほど，建物周辺に空気が良く流通することを意味している。当初案に比べ，最終案は空気齢が最も大きな値を示すところでその値が半分近くになっており 通風が大幅に改善されていることが示されている。

（東京大学生産技術研究所，加藤信介研究室）

北西より見る

ヴェトナムの首都ハノイに建つ実験集合住宅である。テーマは「高温多湿気候地域（モンスーン・アジア）におけるロー・エミッションな高密度居住区モデルの開発」。具体的には，4 階建ての低層で 1,000 人 /ha の居住密度を通常の空調に依存しないで実現しようという，コンパクト・シティ・モデルの基本的な構成単位となる建築である。

東南アジアにおける人口爆発は，これからの世界にとっての大きな課題である。バンコクなどに代表される 20 世紀型の都市の膨張（アーバン・スプロール）がもたらす生産緑地の減少が，地球に与えるインパクトは 21 世紀には無視できない規模となってしまう。そんな状況へのカウンター・モデルを考える中で，仮想敷地としてターゲットにした「ハノイ市 36 通り地区」と呼ばれる旧市街は，映画「夏至」の舞台となった魅力的な（ただし映画とは異なりたいへんな活力のある）街で，異様に細長い敷地割（間口 2.5 m × 奥行 70 ~ 80 m）と低い道路率のもとに，2 ~ 3 階建てで 1,000 人 /ha の高密度居住を実現している。

中国文化を土台とし，フランス植民地時代，共産主義を経たハノイであるが，現在の居住環境は，増築で中庭がつぶされるなどして，改善，更新される必要があると見なされている。そこに，私たちが開発してきた「スペースブロック」という設計の方法を用いた「ポーラス」な空間で，通風と日陰にウェイトを置き「常時通風冷房」を試行する空間を組み立てた。「ポーラス」率は 50%とした。36 通り地区は，今もハノイ市内で一番地価の高いエリアであり，実際の建設はハノイ建設大学のキャンパス内となった。長手壁面に開口がないのは，想定を 36 通り地区の細長い敷地としているためである。

ここでは 1 階に SOHO，あるいは高齢者の居室を確保した 6 家族 30 人の集合住宅（17m^2/人）を仮想している。ポーラスな部分（立体的な中庭）や開口部の配置の決定には CFD（Computational Fluid Dynamics）のシミュレーションを用いた結果，実現した空間の風通しは非常にいい。生活のアクティビティはこの半外部空間に連続する。屋根は PC ルーバーによるダブルルーフで直射の影響を制御し，スリットで通風を確保している。東南アジアに普及しているジャロジー窓を多く用いたが，その一部は，やはり直射制御のルーバーに転用し二重のサッシュとしている。

このプロジェクトは，東京大学，ハノイ建設大学などの多くの研究者との共同の成果である。

A4. 東を見る。寝室

テラスからショップを見る

A2。テラスから南を見る

2階, B2。下にショップ

B1. ショップ

B2。西を見る

1階テラス。右にD1. 左にF2への階段

2階西側のテラスよりC1. C2方向を見る

2階テラス。左にC1

E1テラス

1階テラス。D1. D2を見る。
昼には太陽光がヴォイドの一番下まで到達する

1階テラス。A1から東を見る

D1からE1を見る

F2よりテラス越しに西側のD2を見る

「小嶋一浩展」, 2002年3月2日〜4月7日, GA gallery

中庭。2階アトリウムとリフレッシュ・テラスの関係

る。これらの間仕切り壁は，片廊下を形成するのではなく，可能な限り相互に対して開かれたしつらえとするため，ガラス面と壁面を組み合わせた壁面システムとしてメニューをつくり，研究者に対してヒアリングを行った。

一方「白」と呼んでいる中央の大きなアトリウム空間は，巨大なOAチャンバーとしての役割を持っている。ドラフトチャンバーを多く持つ実験棟では，外気を直接取り込むことによる結露が大きな問題となる。そのため，アトリウム内で一定の気温となった空気を廊下経由で研究室へ補給することで結露を防いでいる。また同時に，各研究室の関係をゆるやかにつなぐ立体的な“にわ”でもある。大学の研究施設であるこの建物は人口密度が低く，研究室，実験室以外の場所でのアクティビティがほとんど発生しない。そのような中で，立体的な“にわ”をはさんで上下階にいる研究者の気配をわずかに感じられるようにしている。この施設にとって，共用部分を“アクティビティが出会う場”として捉えたところで現実的ではない。そうした押し付けの空間ではなく自然に気配が共存する空間としての提案である。

東京大学先端科学技術研究センター 3号館

東京都目黒区，2003年

駒場Ⅱキャンパス正門より見る。全景

東京大学駒場Ⅱキャンパスに建つ先端研の研究実験棟である。キャンパスのマスタープランと先行する建築群は原広司氏によるもので，非常にはっきりしたコンテクストがある敷地であった。私たちの計画では，配置と建物の輪郭，それに将来ユニバーシティ広場として整備されることになる東側のピロティ空間の断面寸法などはすべて既存の建築の寸法を踏襲している。

建物配置に関しても，北側にある既存樹木を生かすこと，時計台をはさんで対称配置となる生産研との壁面ラインを合わせることの重要性を考えた結果，北側壁面を敷地からセットバックした配置となった。しかし，与えられているプログラムにこれらの条件を重ね合わせると，原氏の建物よりスパンを広げる必要が生じる。また，先端研の研究室は短期間で入れ替わることが一つの大きな特徴である。これらのことを重ね合わせた結果，与件として提示されていたSRCではなく，より空間的自由度の高いPC，PCaのワンウェイ工法を採用した。

私たちが「黒」と呼んでいる部分は，東西の実験室ゾーンと樹木に面する北側の研究室ゾーンとにわかれており，その中でのフレキシビリティを確保するため，内部の壁を非耐力壁とし，移動可能な間仕切り壁としてい

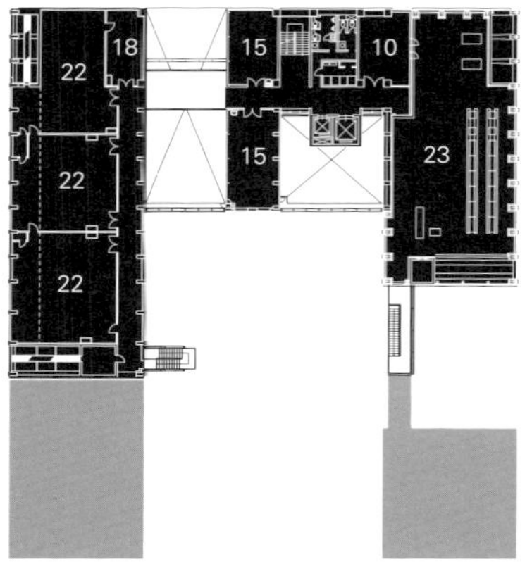

6階平面

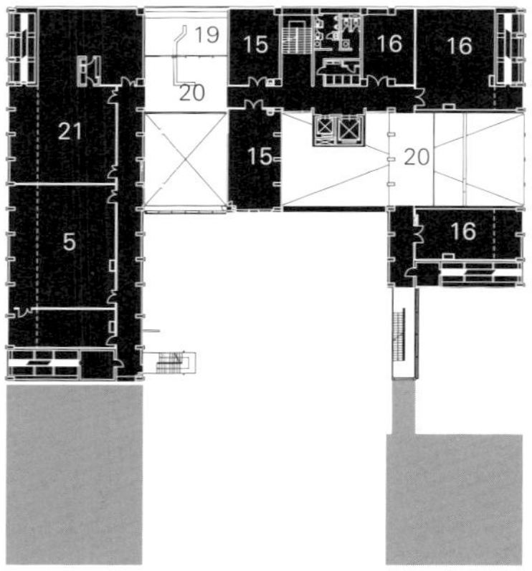

5階平面

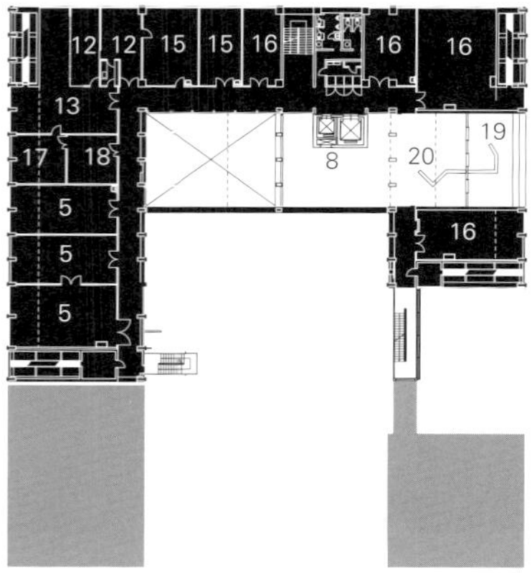

4階平面

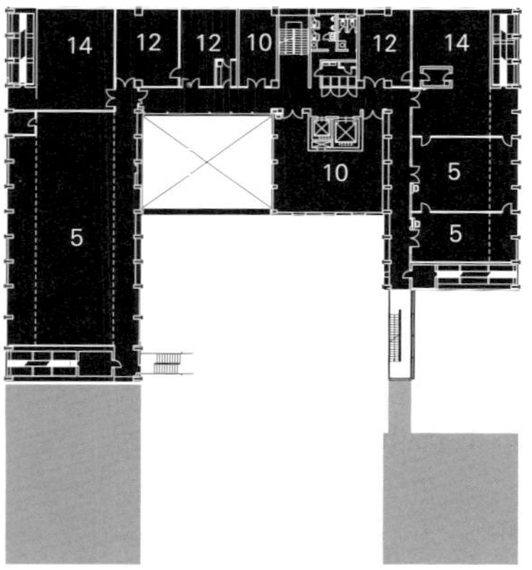

3階平面

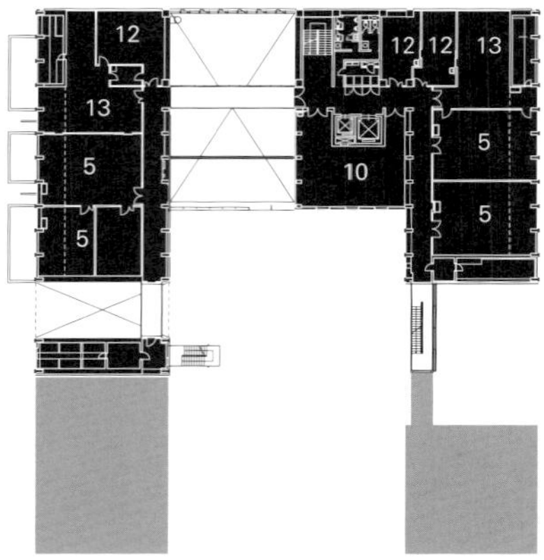

2階平面

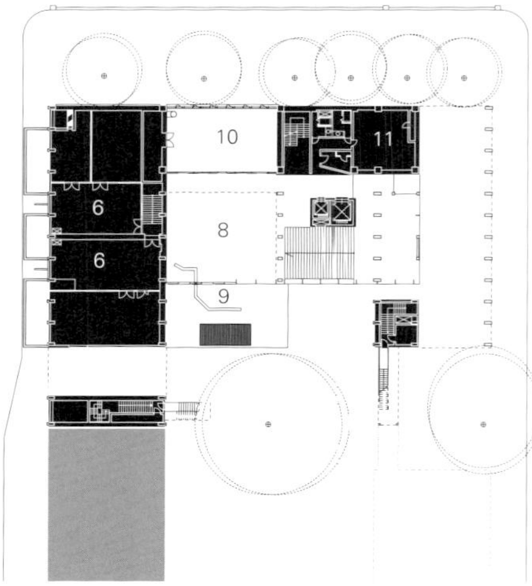

中2階平面

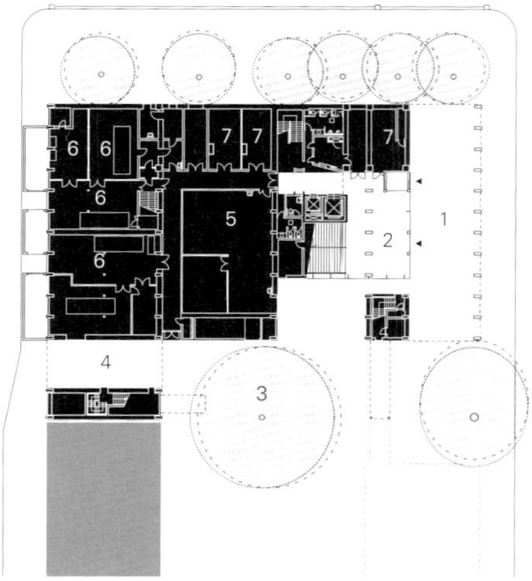

1階平面 S=1:1000

1 ピロティ
2 エントランス
3 中庭
4 西側パス
5 実験室
6 クリームルーム
7 機器室
8 アトリウム
9 リフレッシュテラス
10 セミナー室
11 倉庫
12 教官室
13 学生居室
14 学生居室・ミーティングスペース
15 教授室
16 客員研究室
17 コンピュータ室
18 ミーティングルーム
19 庭
20 リフレッシュコーナー
21 研究室
22 実験室・研究室
23 屋上機械置場

北立面 S=1:1000

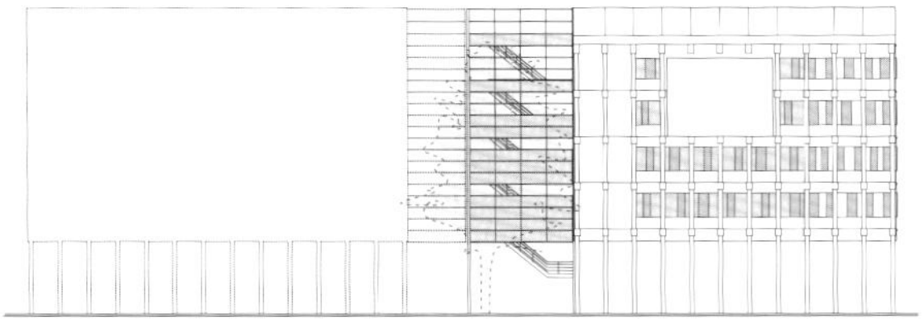

東立面

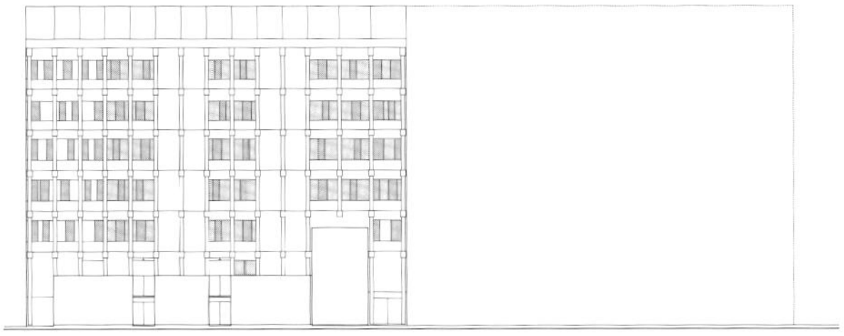

西立面

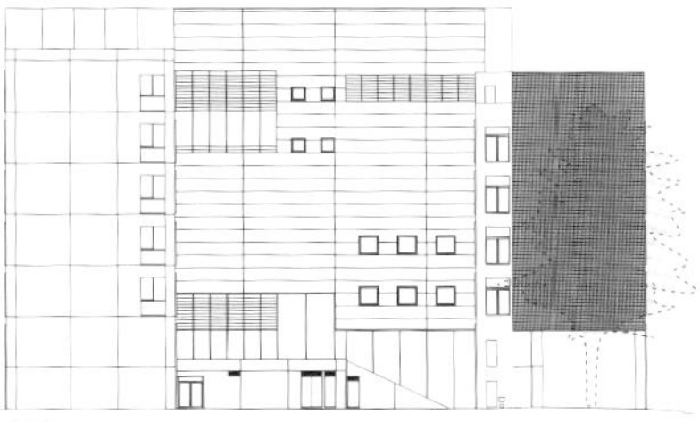

南立面

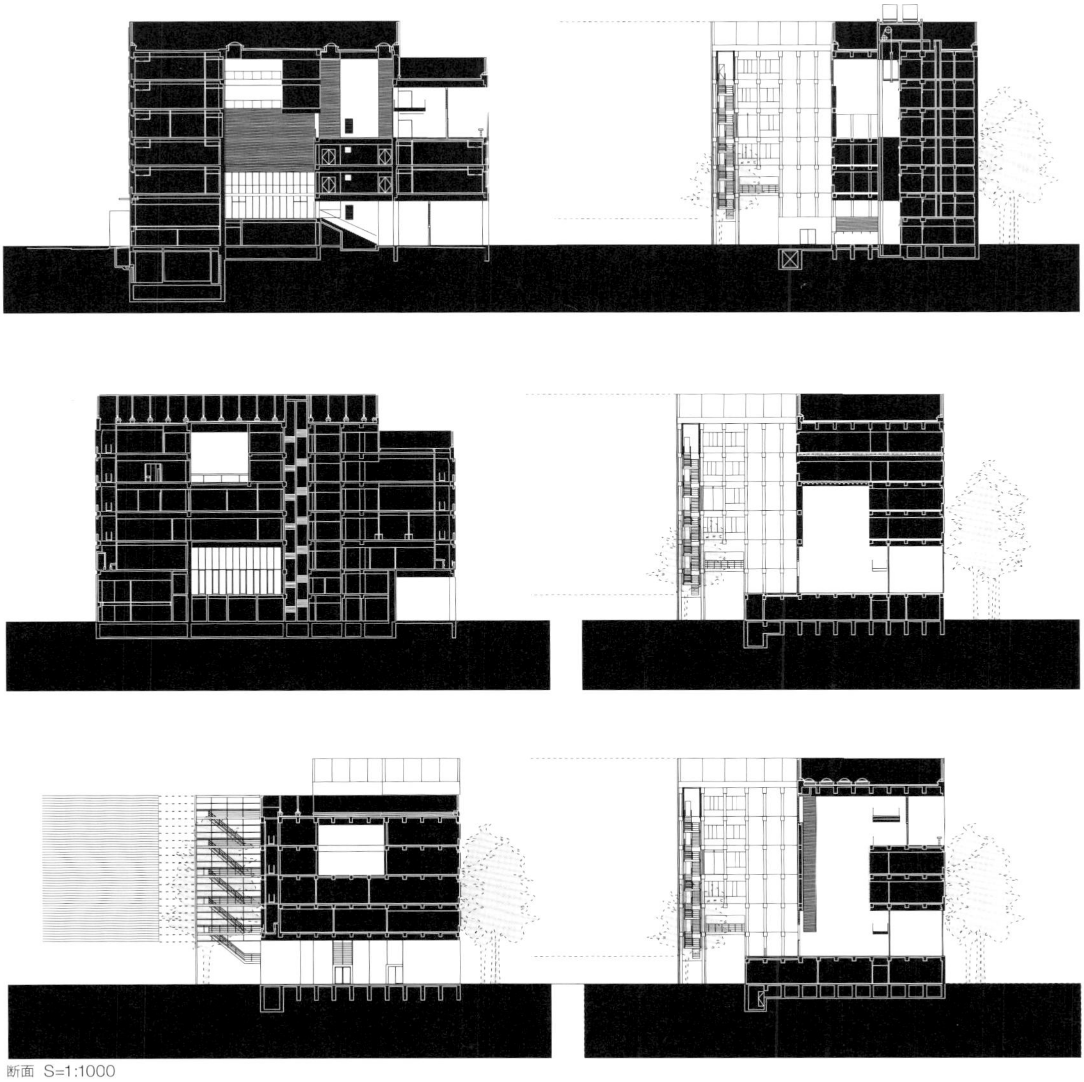

断面 S=1:1000

アトリウムよりエントランスホールを見下ろす

エントランスホールよりアトリウム方向を見る

ピロティよりエントランスホールを見る。夕景

アトリウム

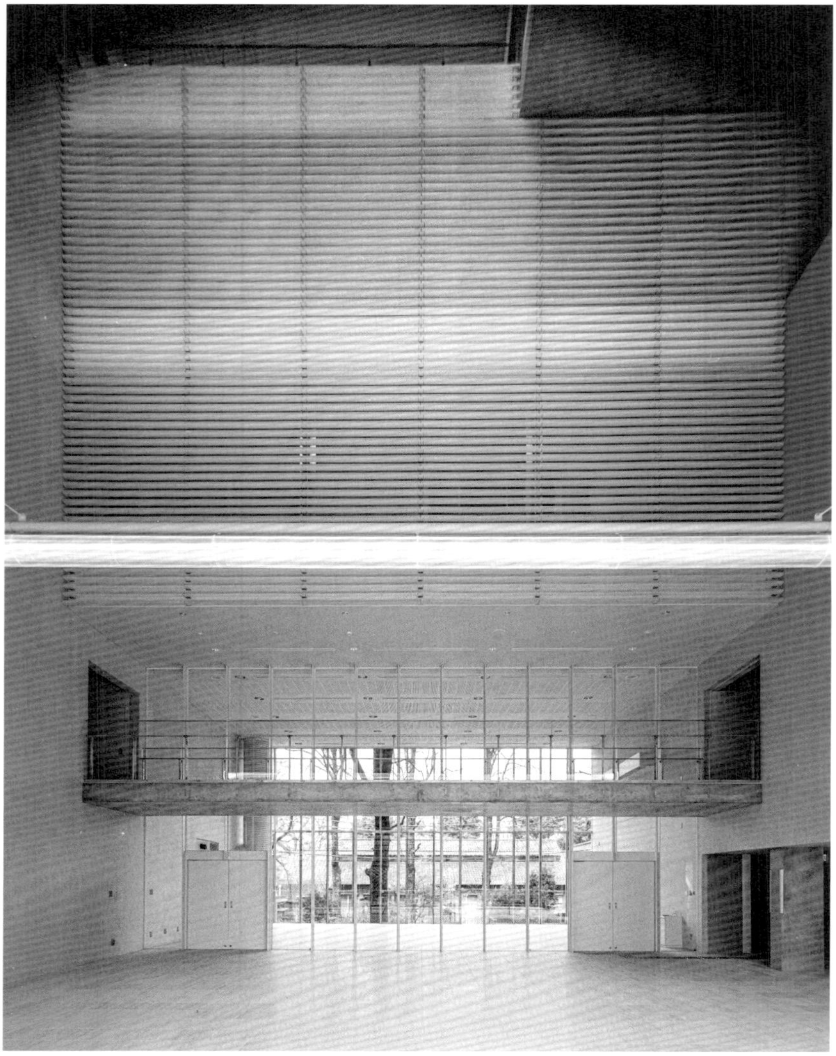

アトリウムよりセミナー室方向を見る

アトリウムとセミナー室の境界に沿って掛かる3階のブリッジ

4階アトリウムよりリフレッシュコーナーを見る

アトリウム見上げ

3階実験室

東京大学先端科学技術センター 3号館のコンセプト模型

北京建外SOHO/SOHO別荘

中国 北京，2003年

8号SOHO別荘を東から見る。田の字型に分割された4戸のトリプレックスからなる

5号SOHO別荘の屋上テラス

私たちが担当した「SOHO別荘」は，全体の配置計画の中で外側の道路に面さない中央部の低層棟である。（中国では「別荘」は戸建てを意味し，4戸1ではあるがすべての住戸が接地していることはこの都心部では強いウリになることから「別荘」と名付けられている）

地下1階〜3階までつながる1住戸床面積が500 m^2という規模は，建外SOHO全体の中でも最も大きく，戸あたり分譲価格が日本円換算で1億2千万円というのは物価の差が4〜5倍であることを考慮すると東京で6〜7億円になる。これを買えるのは北京でもベスト100に入るお金持ちだということで，悲しいかな私たちにはそういうエンドユーザーのライフスタイル（例えばメイドルームの存在）が想像しきれず，発注者も矛盾するような要望（例えば「大きな吹抜けが欲しい」と同時に「吹抜けはもったいない」など）をてんこ盛りにしてくるので基本設計は迷走した。

どんな提案をしても別の可能性に言及されて承認が得られないということが続いた中で，それならばと，「何にでもなる空間の構成」だけに絞り込んで提案したのが最終形となった4枚のスラブを貫通する2重螺旋階段という単純なかたちである。階段が2重になっていることで，この空間構成をカスタマイズする場合のバリエーションが飛躍的に増える。例えば，片方の階段を住居用，もう片方をショップやオフィス用とか，片方がオーナー用でもう一方がテナント用といった具合だ。

このプロジェクトに付き合ってわかってきたのは，今の中国がいかにあらゆることが決定不能な中での可能性に向けて突っ走っているかということだ。わずか数年先のことが誰にもこうだと語れない。「もはや住宅であってもなくてもいい」という空間構成だけに還元された提案は，そんな彼らの状況にフィットした。実際完成してみるとSOHO別荘の廻りの地表は完全に街に対してオープンで商業立地がふさわしく，残念ながら今のところ誰一人ここを住宅としては使っていない（住宅でもあるために網戸のおさまりやプライバシーの確保など様々な苦労があったわけだから）。でも，だから成功というわけだ。

そしてディベロッパーにとって成功した商品であったということ以上に，私たちが普段いかに「住宅」，「ショップ」，「オフィス」といったビルディングタイプに思考を拘束されているかがわかったことに意味がある。東京に「集合住宅」や「オフィス」を設計する場合にも，実はそれらのスタートはたぶんまったく暫定的なものでしかないのだ。

二重螺旋の動線は，層ごとの異なる使い方にも対応する

3階の室内。シリンダーの周りはフレキシブルなスペース

ツダ・ジュウイカ

大阪府枚方市，2003年

東より見る。夕景

6mm厚の鉄板を加工した棚だけで建物ができ上がってしまう。小さな建築とはいえ，ここには柱も梁もない。そうすると今までの設計の思考の順番がひっくり返されることになる。

途中からの思考はほとんど鉄板でできた棚の展開図の上で行われた。図面の表記から何から，今までのルーティンに馴染まない。普通の柱梁でできた建築の「スパン」にあたるものがここでは400mm角のグリッドなのだ。

建物の中身は獣医である。獣医のクリニックはそれが個人のものでも総合病院の中身を包含している。おまけに，薬局からペット用品の販売まで受け持っている。当初の設計条件では小部屋のオンパレードだった。単位は数畳程度の小部屋がほとんどである。獣医の事例をいくつか調査してみるとやたらに収納とか棚が多い。治療に使う薬品や器具から販売用のストックまで物が多いのだ。そこから，空間を「黒」（特定の機能と空間が1対1対応した場所）と「白」（使われ方によって呼び方が変化していくような場所）で整理し，その接触面積が多いほうがいいと判断して「黒」/「白」をかみ合わせた。当初はドクター一人で運営するということもあり，「黒」（バックスペース）－「白」（処置スペース）－「黒」（受付・薬局）とコンパクトに横断できることが重要だった。

ここまで進めた頃に，別のプロジェクトを進めていて事務所で打ち合わせをしていた構造家の佐藤淳氏に「あまりに棚が多いのでそれで建築全部をつくれないか?」と相談してみた。その最初の打ち合わせで大きなストラテジーとメンバーは鉄板6mm厚でよさそうだといった方向が定まった。コストもラフにはじき出された。画期的なつくり方だけれど展開は速かった。佐藤さんの解析したアクソメ状のドローイングで応力の余っている棚を引き算で消していく。結果として400mmメッシュのスケールで応力分布が偏らないように組み上げた構造でほとんど建築の全体が決定されている。だから上棟時に躯体だけでほとんど最終的な建築の姿が見えている。屋根も同じ方法でつくられ，キャンティレバーで成立している。

このプロジェクトは今まで私がつくってきたものと全然違うアウトプットになった。今までのつくり方が古く感じられるほどに，現れた空間が刺激してくれる。「建築」の数多くの「約束事」がすっ飛んだようだ。「黒/白」による単純化と鉄板棚の構造のセットで，獣医じゃなくても，カフェレストランにも小さな図書館にも住宅にもなるような空間が生み出せた。

オペ室よりポリカーボネイト越しに処置室を見る

待合室より診察1を見る

1 エントランス
2 待合室
3 診察1
4 処置室
5 診察2
6 受付
7 X線室
8 オペ室
9 ドクタールーム
10 ケージ
11 スタッフエントランス

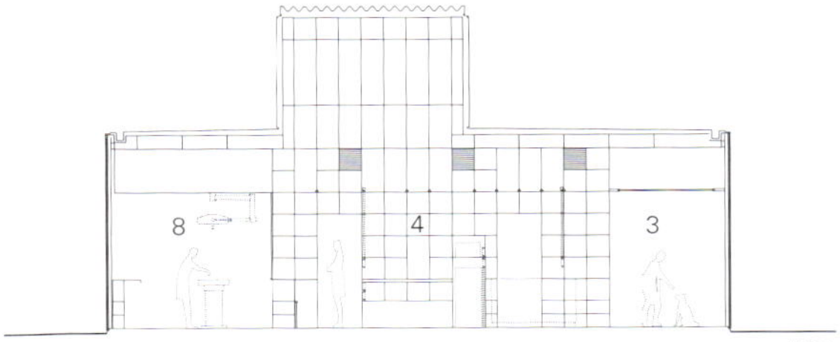

断面

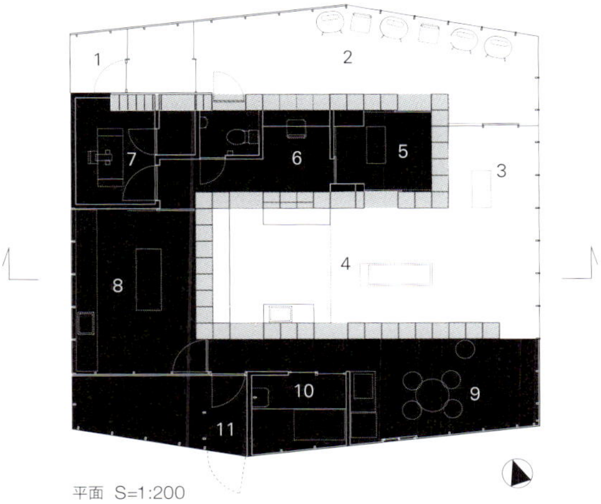

平面 S=1:200

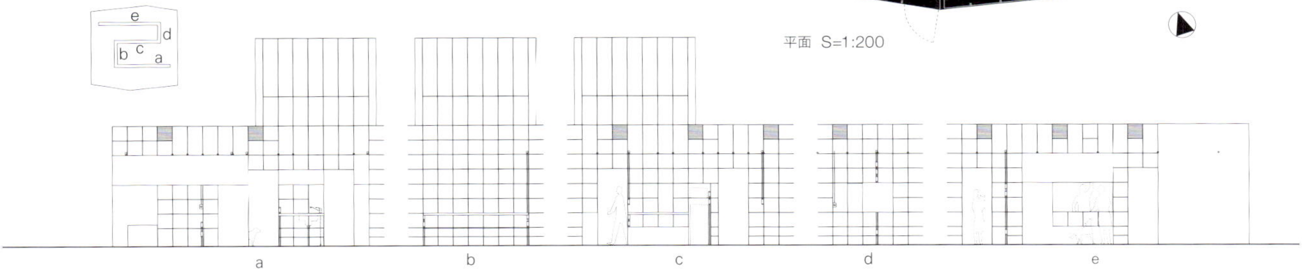

棚展開 S=1:200

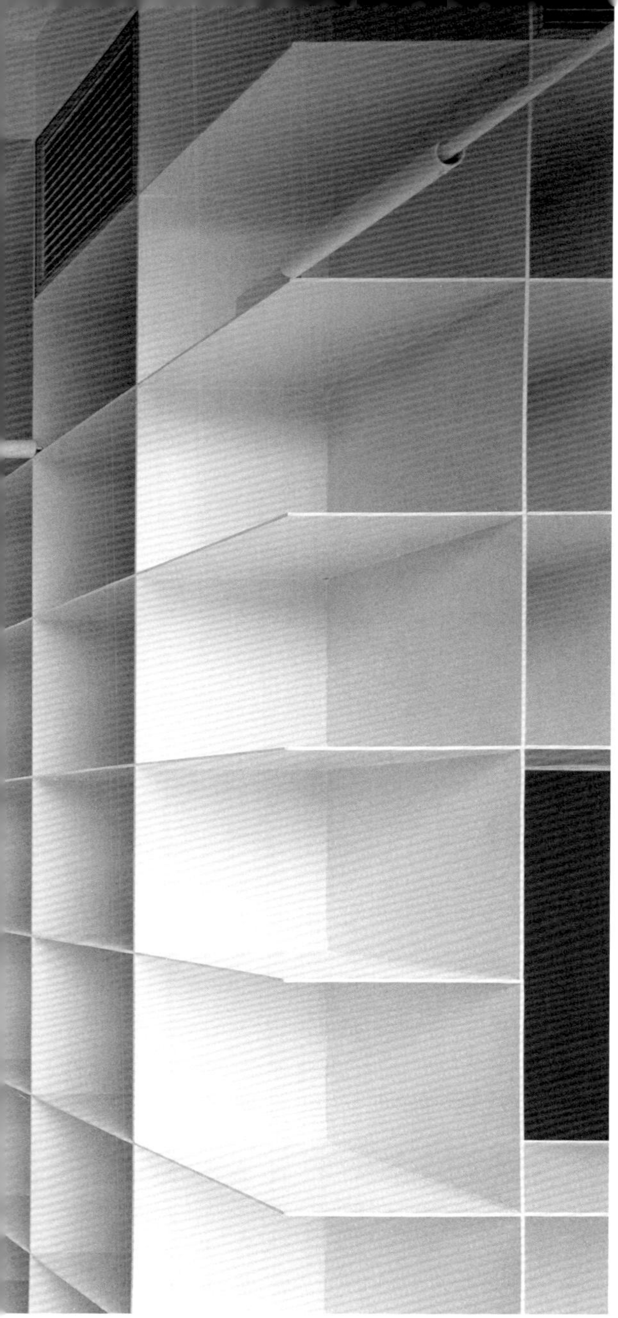

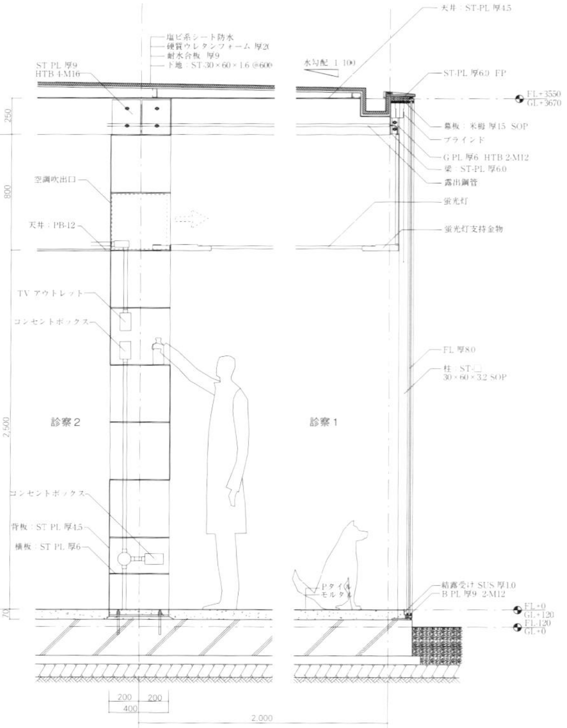

断面詳細 S=1:50

ケージ前の廊下より，処置室，受付方向を見る

処置室。トップライトより自然光が注ぐ

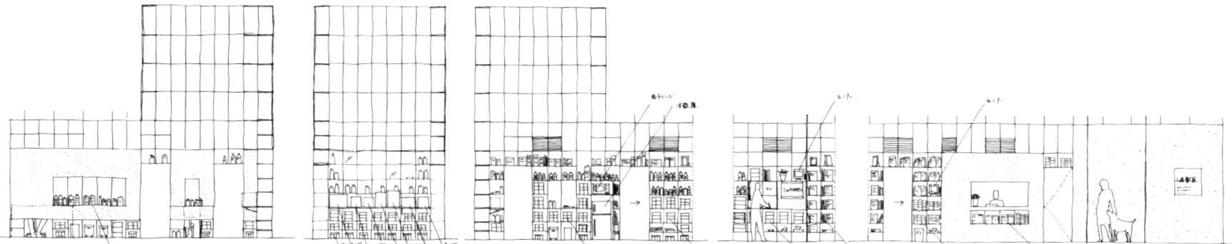

収納物のスタディ

リベラル・アーツ&サイエンス・カレッジ

カタール ドーハ, 2003年

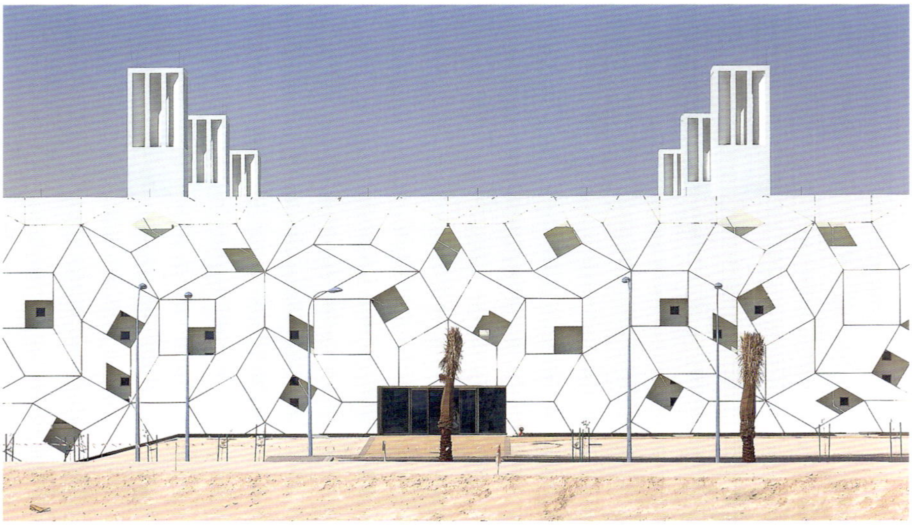

東立面

北西側全景

夜景。GRCの外壁パネル背後の黄色が浮かび上がる

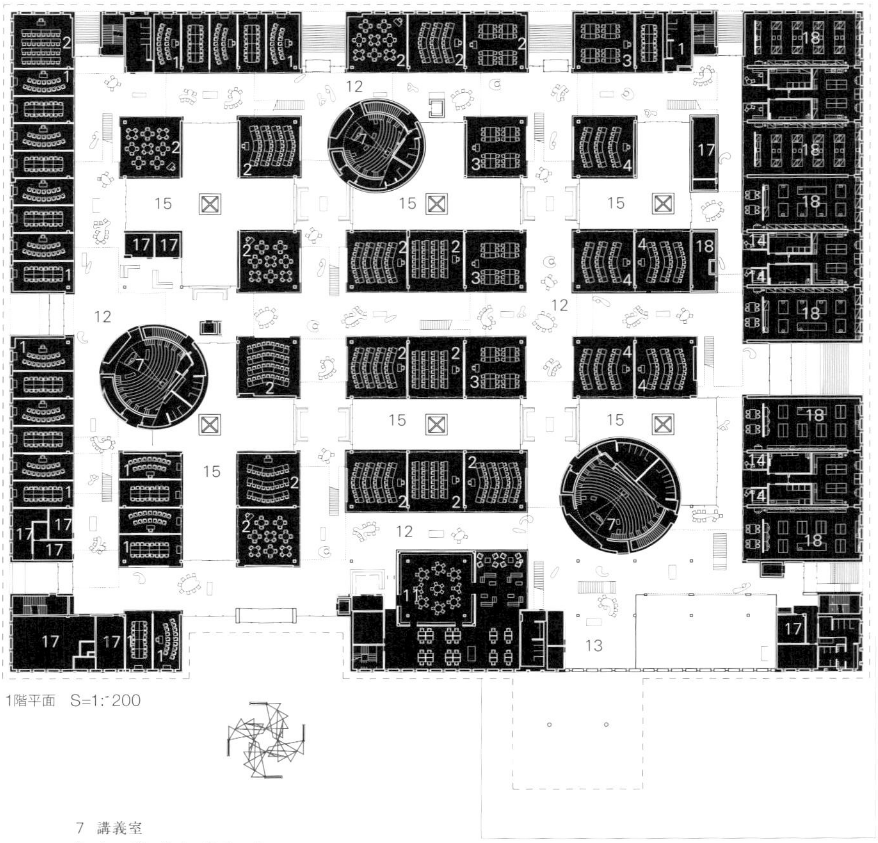

1階平面　S=1:˜200

1　語学教室
2　一般教室
3　コンピュータ室
4　数学室
5　会議室
6　事務室
7　講義室
8　オープン・リソース・ルーム
9　セミナー・ルーム
10　事務長室
11　図書室
12　FLA(FLEXIBLE LEARNING AREA)
13　ショップ
14　教官室
15　外部パティオ
16　ミーティング・コーナー
17　機械室
18　実験室
19　ITスタッフ室
20　テラス
21　カフェテリア
22　キッチン
23　エントランス
24　ウィンド・タワー

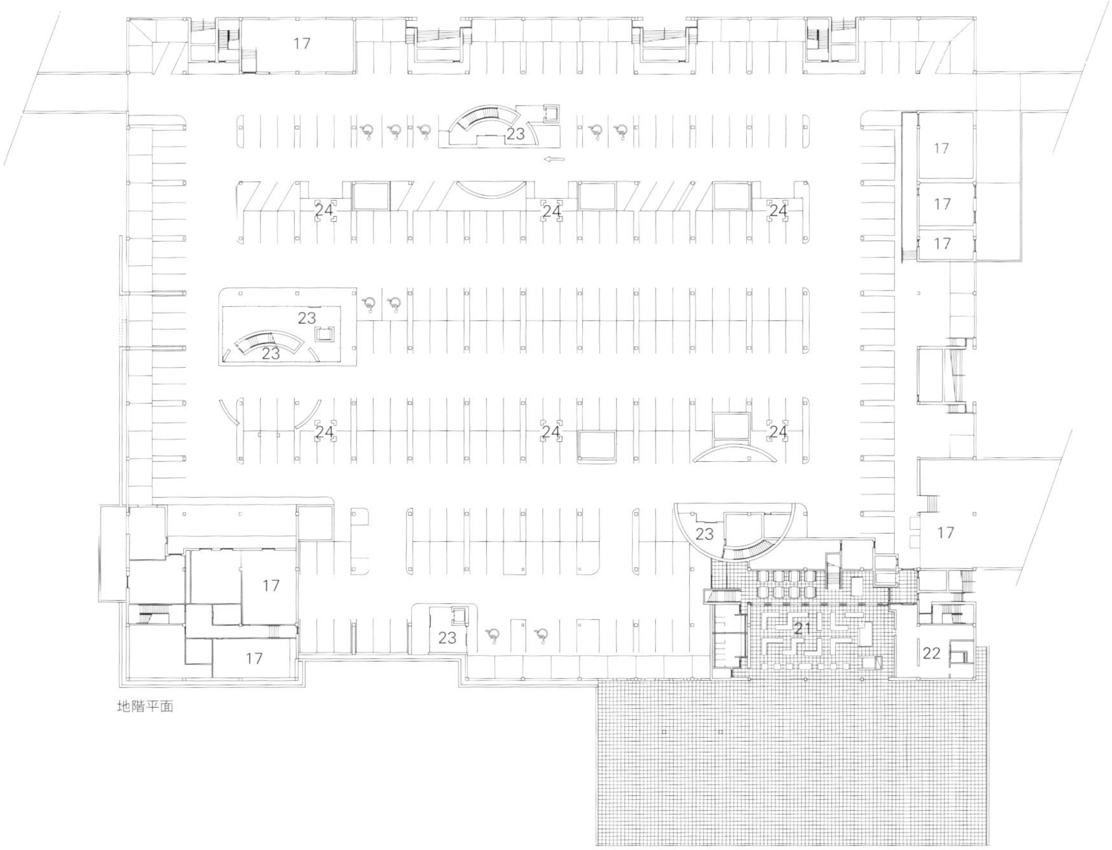

地階平面

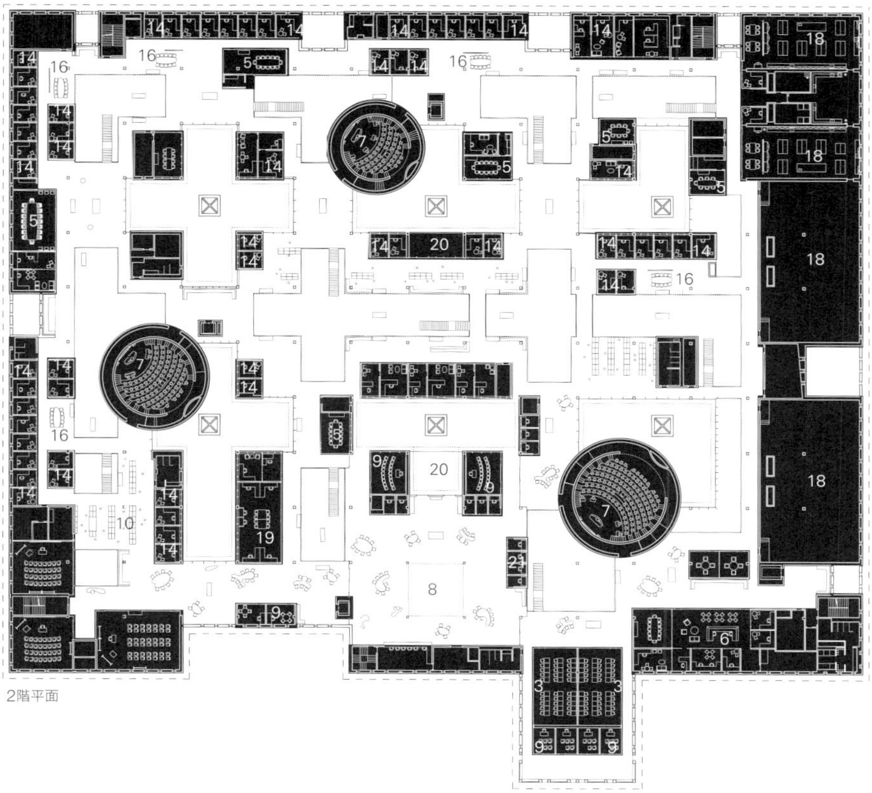

2階平面

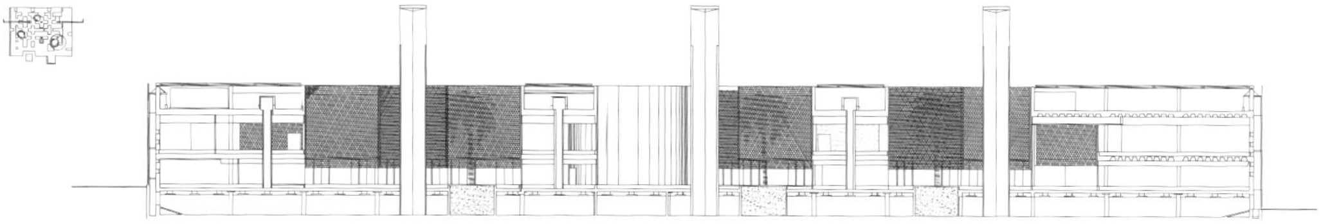

断面

ペルシャ湾岸，カタール・ドーハ近郊のEducation Cityの拡張に伴い新設された英語教育課程（Bridge）と教養学部。コンテクストは，砂漠の強力な光とイスラムのアラベスクの幾何学。ともに抽象度が高い。ダブル・ルーフ，ダブル・スキンで熱負荷をプロテクトする。外壁シェードは本体から1m離して準結晶パターンのGRCパネルを吊している。裏面を黄色に塗装することで，色が反射して建築の表情が変わっていく。内部空間は，リフレクタで反射した自然光で満たされる。この国で初めての男女共学とあって，アルミのシェードでFLA（フレキシブルラーニングエリア）廻りの視線を制御している。結果として，ベールをくぐりながら歩いていくような空間体験が生み出される。ウインド・キャッチャーのタワーは，ペルシャ湾岸に伝統的な方法を踏襲したもので半地下の駐車場の換気・排煙に有効に作用している。

空間は半地下を含む3層であり，断面の構成がこの建築の骨格となっている。1階にはマス・アクティビティが集中する教室群と吹抜けのFLA，2階には教員の個室群とオープン・リソースエリアと呼ぶ学生たちがサポートを受けながら主にコンピュータで自発的に学習するパーソナルな空間が配される。シリンダー状の講義室が上下をつなぐ。選択した講義に応じて学生たちが行き来する様子が，半透明なスクリーンを通して浮かび上がる。

空間構成のロジックには，私たちが開発し，使い続けている「黒/白」の論理を用いた。「黒」は特定の使われ方と空間が1対1対応した空間，「白」は空間が様々なアクティビティを喚起し，使われ方によってその場所の呼び方が変化するような空間である。通常の教育施設は，教室と廊下だけで構成された「まっ黒」の空間である。それに対して，私たちは，「白」の空間の導入を提案した。

教育のための空間のデザインは，平面的に広がりを持ち，空間の中に生起する様々な活動の気配が感じられるようにすることで，自発的なアクティビティを喚起することが大切だと考える。FLAはそのために欠かせない，「白」の空間なのである。提案は，クライアント/エンドユーザーに受け入れられ，建物の面積を当初の計画より大幅に増やすという幸運で贅沢な決定が下され，生み出されたものである。実現した空間は，イスラムの迷路のような都市の気配をも感じられるような，アクティビティに満ちたものとなっている。

1階FLA。「サマーンパティオ」

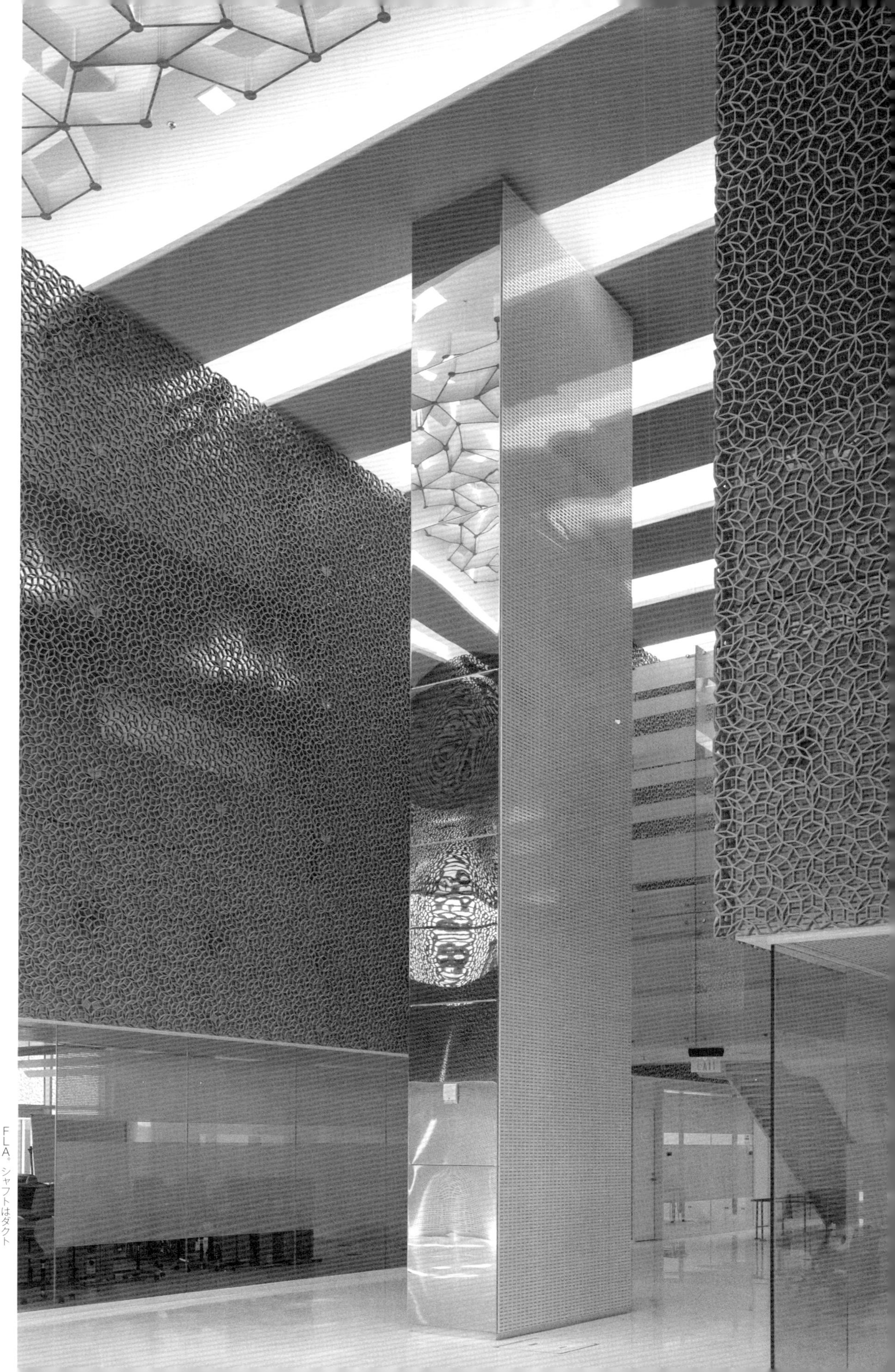

FLA。シャフトはダクト

「風の塔」。中庭中央に建ち，地下駐車場の換気ダクトとして機能する

「ウィンター・パティオ」。冬季に学生の滞在の場となる中庭

「ウィンター・パティオ」を見る

2階図書室

レクチャー・ホール

地階カフェテリア

1階。図書室方向を見る

124 KKS
124 KKS
124 KKS
124 KKS
IZM
IZM
IZM
IZM
IZM
FARMAX
BUILDING A NEW MILLENNIUM

UTK
na

ta House Muse

群馬県太田市, 2004年

北西より見る

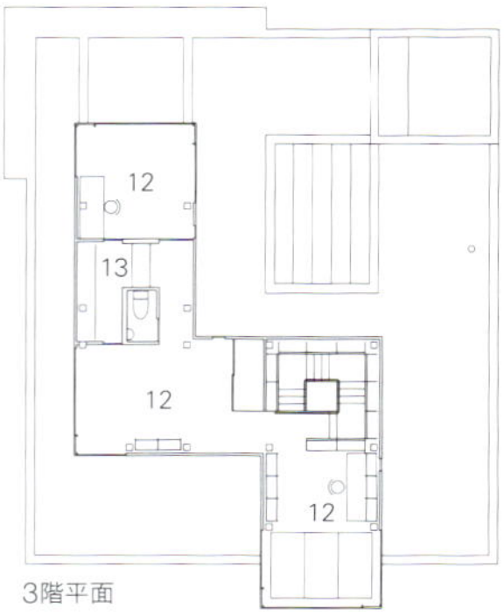

3階平面

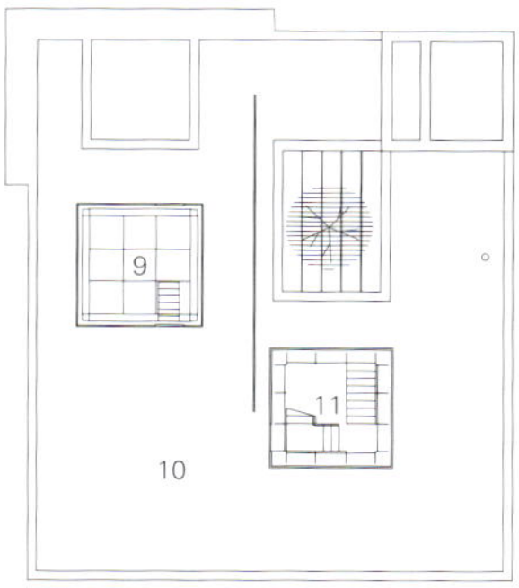

2階平面

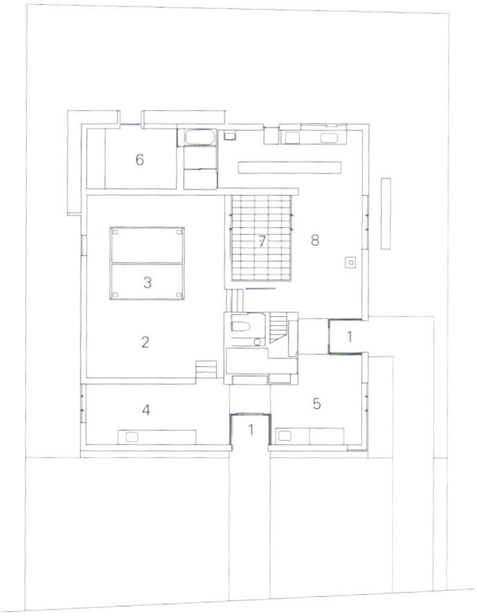

1階平面 S=1:350

1 エントランス
2 ミュージアム
3 倉庫
4 教室
5 アトリエ
6 裏庭
7 パティオ
8 居間 食堂
9 客間
10 屋上テラス
11 書庫
12 寝室
13 クローゼット
14 勝手口

北東より見る

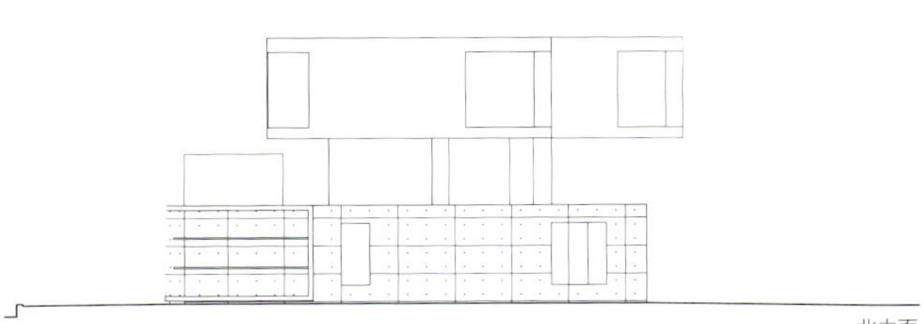

北立面

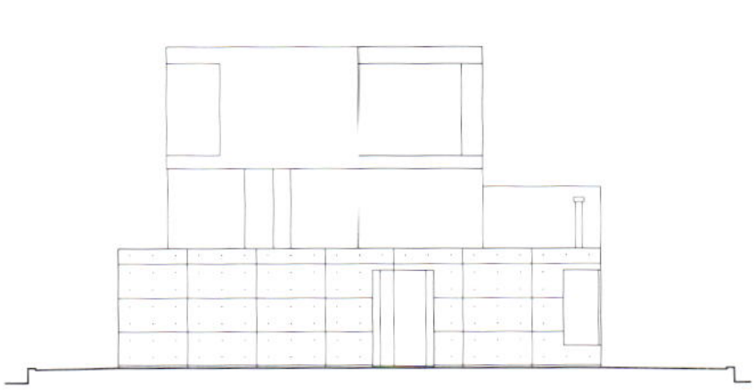

西立面

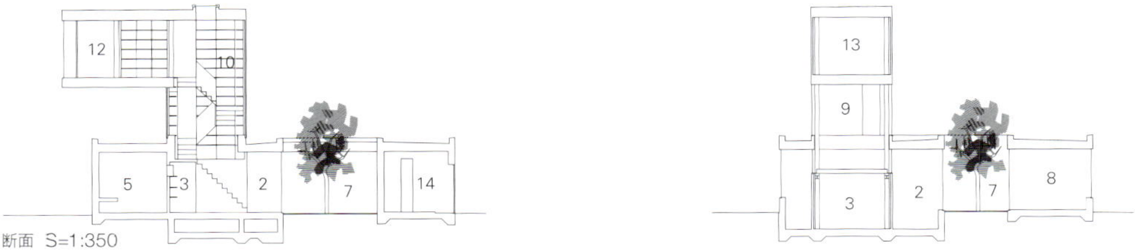

断面 S=1:350

教室からミュージアムを見る

東京から電車で2時間ほどの距離，関東平野に山が迫り始めたエリアに位置する。家並みが途切れて農地が広がり，遠方に四方を囲むように赤城山をはじめとする関東の山々が連なる。周囲に遮るものがなく，数km先をも見通せる。この敷地が数km先から見られるということでもある。

建物は芸術家夫妻のプライベートなミュージアムと自邸である。1階部分はRC造で，茫洋とした周囲の環境に対して防御的な構えとなった。そこへ二つのアプローチが貫入し，中央にパティオが切り取られる。パティオを囲ってアトリエ，教室，リビング，そして一段下がったレベルにミュージアムが配置される。

コンクリートのベースからは2本のコアが立ち上がり，2階をジャンプして3階に伸び，空中で繋がり，風景の中へ張り出ている。各個人の生活スペースがこの空中のヴォリュームに入る。周囲の眺望を得ようとする欲望が，平らな風景の中で小さなランドマークとして立ち現れる。

上部のヴォリュームは鉄骨造で，その表面は室内の1階も含めて，構造用合板の上に透明FRPを塗布した仕上げとした。複雑な形に対する防水性能を担保すると同時に，光の反射や表面の肌理によって建物に表情をあたえる。1階部分の打放しのコンクリートに対峙できる，独特の質感を獲得した。

ミュージアムの中央のコアには，家の中心でありながら屋上からしか到達できない「離れ」がある。ここを介して，ミュージアムに拡散された光が満たされる。

限られた面積の中で，最大限の物理的，心理的な広がりと距離を感じられるように空間同士が関係付けられている。ヴォリュームの構成は境界条件を持った空気のかたまり，スペースブロックの組み合わせとしてスタディされた。その境界の条件を変えることによって空間がねじ曲げられ，重ねられ，貫入する。一つの場所にいながら幾つもの違う場所が見え，またその先の場所を感じることができるようになっている。

ミュージアムから居間/食堂を見る

ミュージアム

居間/食堂よりアトリエを見る

3階の階段室。右は寝室

3階へ導く階段室を覆う本棚

2階屋上テラス

2階客間からパティオを見る

3階寝室の隅部

写真：ホーチミンシティ建築大学

Fluid Direction

加速的に進化しているシミュレーションをはじめとする情報技術を用いて，都市や建築における人のアクティビティ，風や水，光，熱，音といった環境要素，構造力学など，あらゆるFluid（流れるもの＝小さな矢印）を複合的に扱い，新しい空間形成に昇華させていく考え。「スペースブロック・ハノイモデル」（2003年）で，CFD解析を用いて風の流れとプライバシーをパラメータにしたアルゴリズムを組み，空間を規定する物質エレメント（ブロック）の並べ方をシミュレーションした経験が発想のきっかけ。

また，国外プロジェクトで今までの経験値では予測不能な敷地条件で設計する機会が増え，場所による差異も変数として設計に反映していきたい考えもあったという。例えば，「ホーチミンシティ建築大学」（2006年～）は人のアクティビティと風の流れを重ねて解析して形態が決められ，Fluid Directionの考えが端的に出たプロジェクトになった。

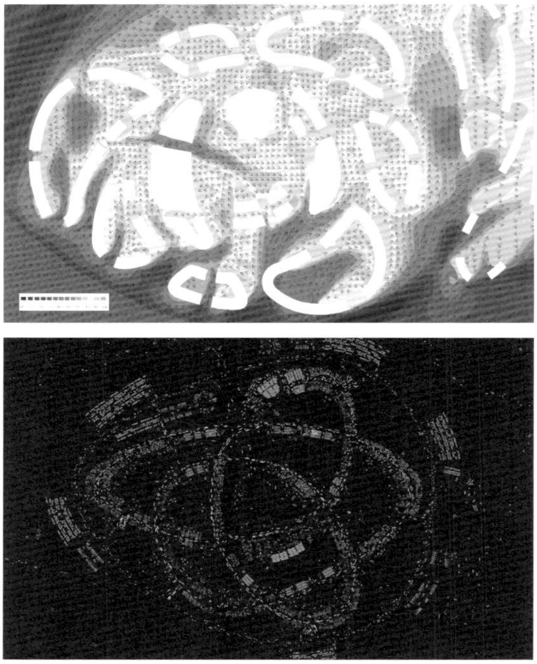

ホーチミンシティ建築大学
上:CFD解析結果。矢印が風向を示し，色は風速を示す。図は青色から赤色になるにつれて，風速が弱くなる表記で描かれている。赤色をできるだけ減らすようにヴォリュームスタディが繰り返し行われた。
下:風と同様に，アクティビティも設計の重要なファクターとして扱われている。人の流れが赤色，白は家具とバイクで，共に行動の起点となる。

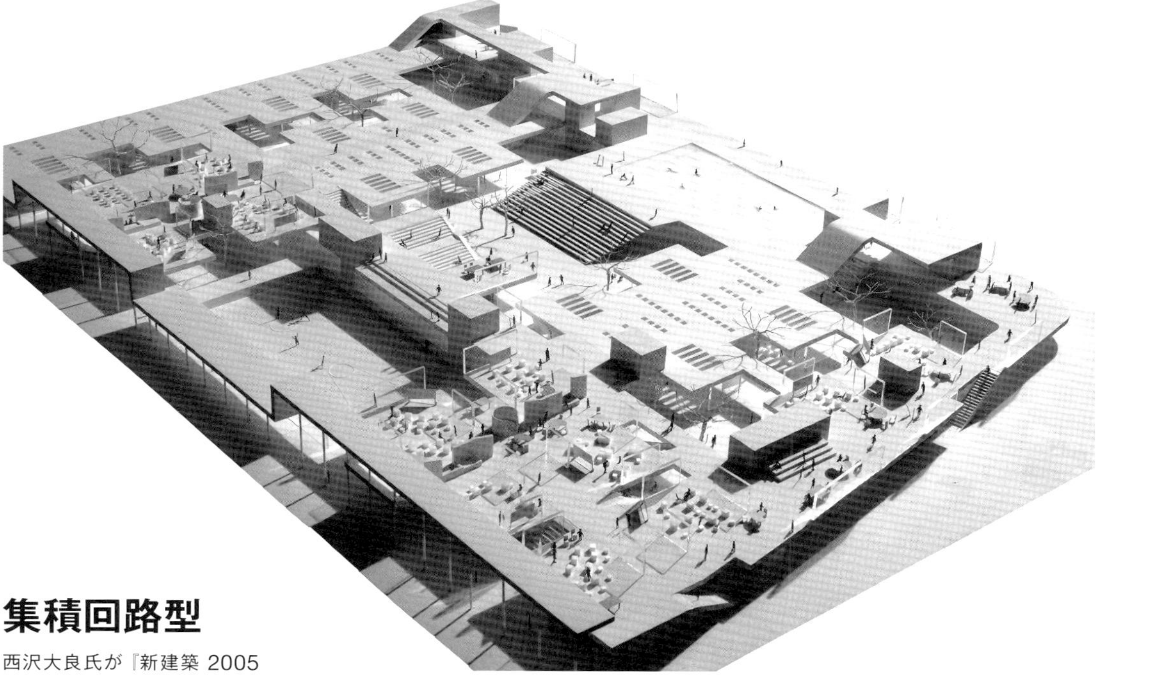

集積回路型

西沢大良氏が『新建築 2005年7月号』で，それまでの小嶋たちによる学校建築の特徴的なプランニング，例えば，80～120m四方の巨大なブロックプラン，1～2層の低層ヴォリューム，屋外スペースや特別機能のブロックプラン内部への取り込み，連続的なオープンスペースなどを評して使った言葉。小嶋自身，この批評に深く納得し，その後，自身の講演会名に同タイトルを採用したこともある。

小さな盤の中でスピーディに電気信号を伝える集積回路のように，コンパクトな平面上でできる限り交差を少なくし，機能やサーキュレーションを整理していくプランニング。ただし，目的的に構築された実際の集積回路と違い，集積回路型では人がフレキシブルかつ発見的に動けることの方が大切であるため，例えば「千葉市立美浜打瀬小学校」（2006年）では二層を繋ぐ大階段を設け，人の離合集散のきっかけを与えた（模型写真参照）。集積回路型のプランニングにはサーキュレーションだけでなく，プログラムやアクティビティに加え，構造や設備など様々なレイヤーが緻密に組み込まれている。その後，小嶋たちの学校建築は「宇土市立宇土小学校」（2011年）を機に集積回路型から脱却することになる。

Cultivate 耕す

単に建物を設計するのではなく，施工精度やロジスティクス，宗教観，湿地帯の地盤など，その地域各々が抱える潜在的問題と向き合い，その場所を開発でなくクライアント/利用者とともに耕すように建築すること。

「中央アジア大学ナリンキャンパス」(2004年～現在進行中)や，「ホーチミンシティ建築大学」(2006年～)，「project MURAYAMA」(2007年～) などヘクタール単位の大規模プロジェクトで設計以前の潜在的問題に対峙し，建物だけでなくソーシャル・カルティベイトを求められていると感じたという。

小嶋はアーキエイド（東日本大震災における建築家による復興支援ネットワーク）の被災地復興支援活動を通して，牡鹿半島の魅力を掘り起こし，生活体験に触れながら地域交流するツーリズムを提案している。CAtの設計だけでなく，小嶋のあらゆる活動で，Cultivateな姿勢が反映されていると言えるだろう。

写真：中央アジア大学ナリンキャンパスの敷地。
4kmの谷に200mの絶壁が立ちはだかる。

いう床座の小さな空間と，オープンとクローズドという遮音性能の異なる教室，理科や美術に対応した水場のあるアート＆サイエンスで構成した開放的な空間である。

これに対して，高学年のハウスはオープン，クローズド，セミクローズドという段階的な遮音性能の教室と，ロッカースペース，これらを結ぶFLA(フレキシブルラーニングエリア)で構成される。また，低，中，高学年共通で，各ハウスに一つ，クワイエットルームと敷地内のストリートに面した昇降口を持つ。

各ネイバーフッドは，三つのハウスをL型に配列して，入り隅に職員コーナーを置くことで，子どもと先生の距離が近い環境をつくり出している。低学年には簡単な運動ができるプレイルーム，中，高学年は特別教室やメディアセンターに隣接させて関連諸室の連携に配慮した。将来的には，3学年ごとの複数学年制への移行や，各ネイバーフッドを独立性の高い小さな学校として再編することも視野に入れた計画である。

また，この学校にはプールがない。周辺の既存施設と連携することを積極的に考えた結果だ。私学でありながら，地域との関係性が深い学校となる。別敷地に計画予定の高校も含めて，一つの場所で完結しない建築が街を再構成していく可能性を感じている。

ぐんま国際アカデミー

群馬県太田市，2005年

構造改革特別区域法の第1号で「英語教育特区」が認定された，群馬県太田市に建つ小中高一貫校(今回は小中のみ)である。この学校の教育プログラムの特徴は，1）少人数学習，2）小中高一貫教育，3）国語，社会以外の科目は英語で授業を行うことである。文科省の設置基準に制約されない学校だった影響も大きいが，国内では前例のない教育プログラムで，従来の計画ではありえない，学校の構成要素や教室の大きさから考えるような前提のない設計をしている。

具体的には，日本語が英語のヒアリングの妨げにならないように学習環境を分けること。少人数学習に対応した複数の小さな教室や，小，中学校で共有できる空間の取捨選択をして，空間の利用効率を高めることを市長や学校法人設立準備委員会の方々と協議を重ねて決めていった。

この学校は，「ハウス」と「ネイバーフッド」という領域の概念で，普通教室群を構成したオープンプラン型の学校である。この概念は，現在千葉大学の柳澤要教授のアドバイスによるもので，ここでは1学年3クラスの集合体を「ハウス」，3学年ごとのまとまりを「ネイバーフッド」と呼ぶことにした(低学年ネイバーフッド＝小学校1～3年生，中学年ネイバーフッド＝小学校4～6年生，高学年ネイバーフッド＝中学校1～3年生)

小，中学校で，ハウスの構成要素は異なる。低，中学年のハウスは，1クラスが日本人と外国人による二人担任制になり，各ハウスごとに6人の先生がいることになる。少人数学習を前提としているため，一つのハウスに六つの空間を用意した。各クラスの拠点ともなるクラスベース(CB)と

南東側接道より見る。全景

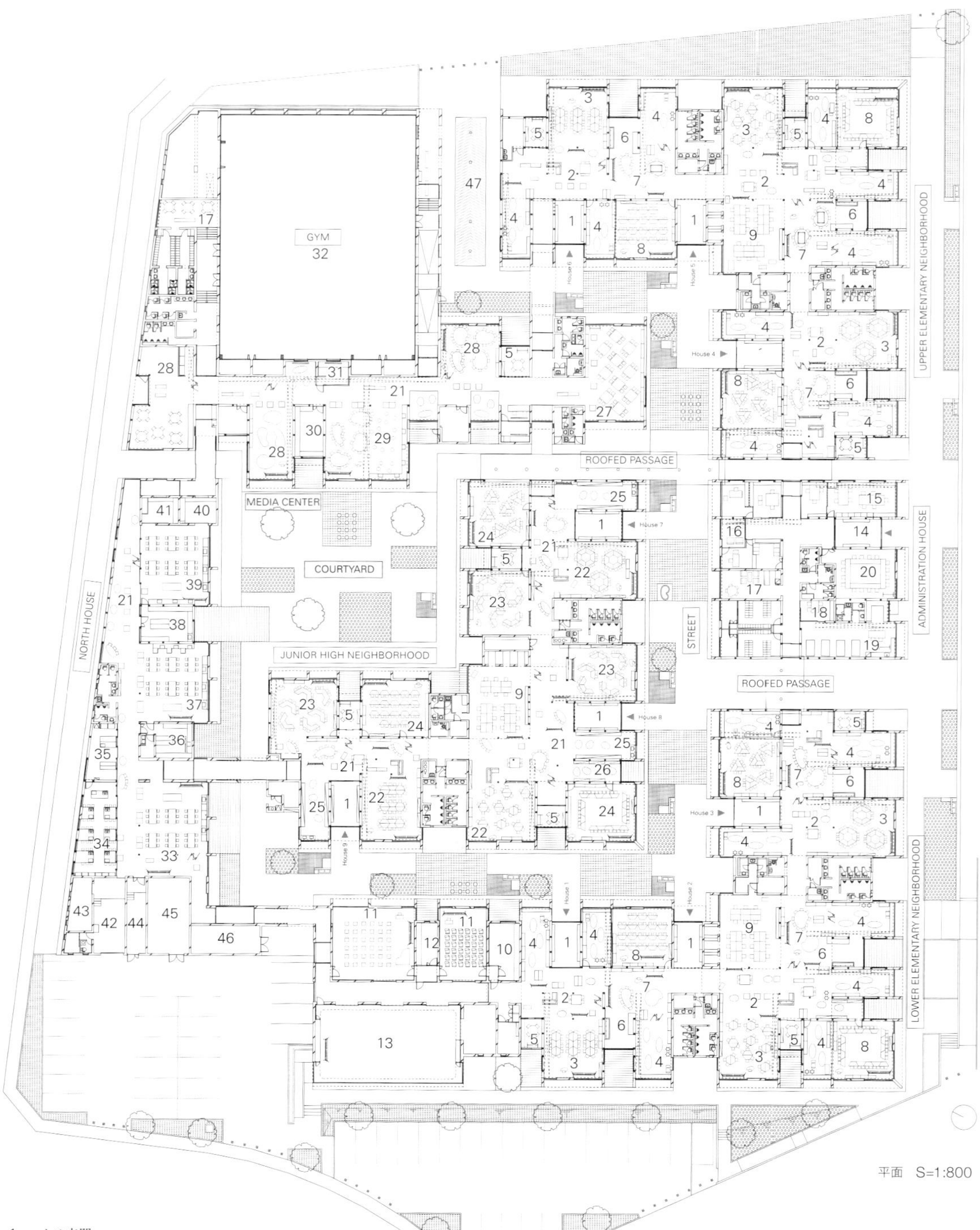

平面　S=1:800

1 ハウス玄関
2 ワークスペース
3 オープンスペース
4 クラススペース
5 クワイエットルーム
6 水場
7 アート＆サイエンス
8 クローズドスペース
9 教員スペース
10 音楽準備室
11 音楽室
12 楽器庫
13 プレイルーム
14 職員･一般用玄関
15 事務室
16 応接室
17 ラウンジ
18 相談室
19 保健室
20 会議室
21 FLA(Flexible Learning Area)
22 オープンクラスルーム
23 セミクローズドクラスルーム
24 クローズドクラスルーム
25 ロッカー室
26 図書コーナー
27 PCスペース
28 閲覧スペース
29 アート室
30 アート準備室
31 放送室
32 アリーナ
33 被服室
34 調理室
35 家庭科準備室
36 理科準備室
37 理科室
38 技術工準備作室
39 技術工作室
40 金工室
41 木工室
42 配膳車庫
43 配膳保管庫
44 コミ庫
45 受水槽置場
46 電気機械室
47 駐輪場

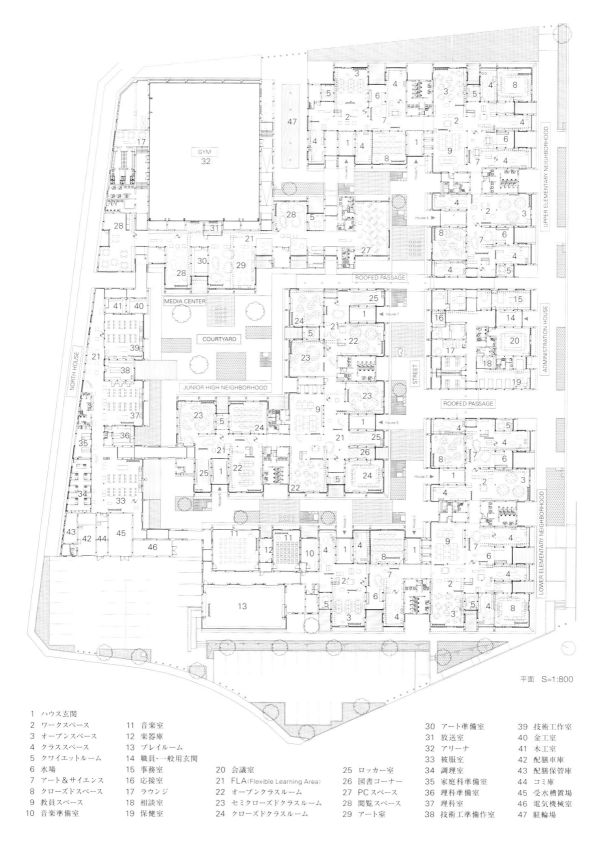

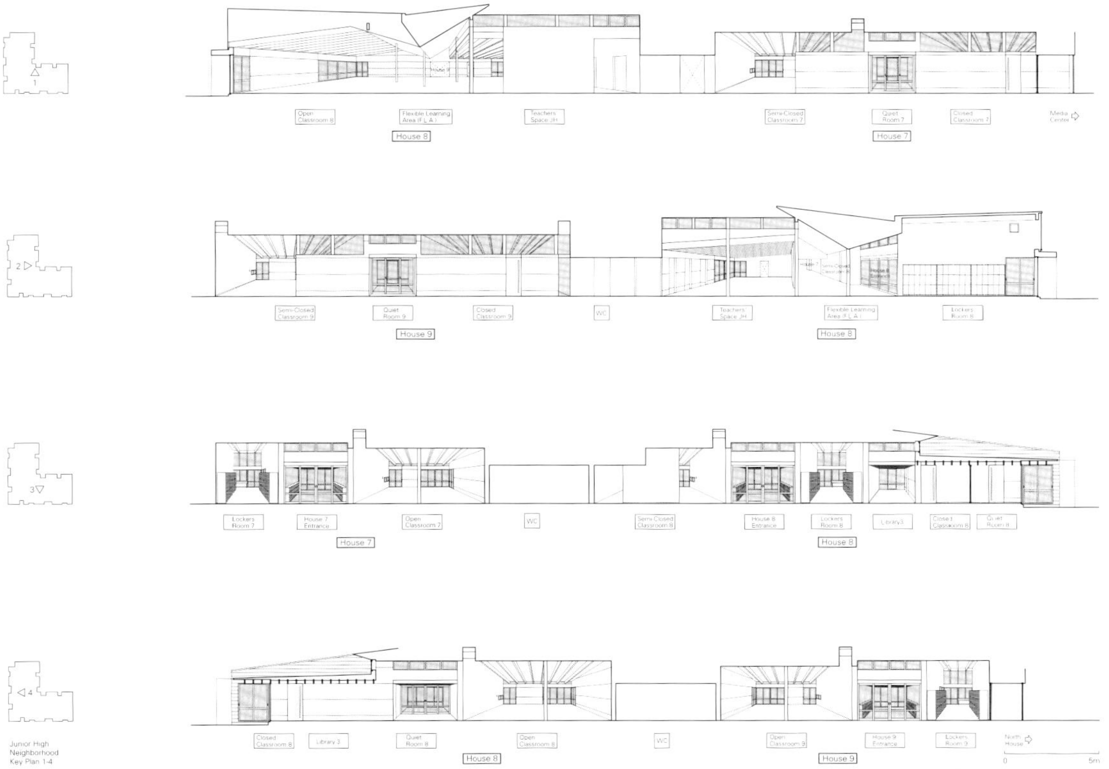

高学年ネイバーフッド: 多焦点展開

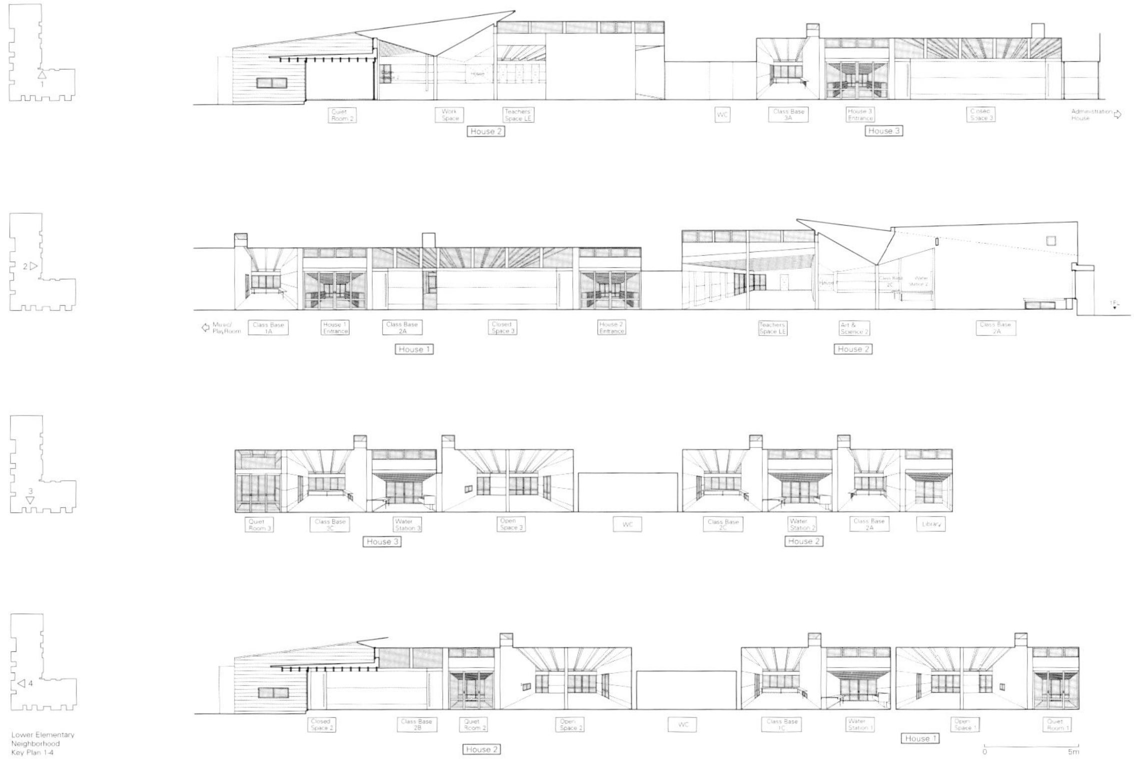

低学年ネイバーフッド: 多焦点展開　S=1:400

高学年ネイバーフッドとノースハウス，メディアセンターに囲まれた中庭を見下ろす

校庭より見る。中学年ネイバーフッドの水場とクラスペースの関係

中庭とストリートをつなぐ屋根付きの通路。南東を見る

中学年と高学年，両ネイバーフッドに挟まれたストリート。すべてのハウス玄関（昇降口）は，このストリートに面する

Borrowed

中学年ネイバーフッド。少人数学習対応のオープンなクラスペースよりオープンスペース方向を見る

低学年ネイバーフッドのワークスペース

高学年ネイバーフッド。オープンクラスルームとクワイエットルーム

メディアセンター棟のFLA ▷

The Phyllis C. Hunter
Classroom
Bumblebees

中学年ネイバーフッド。オープンスペースよりアート&サイエンスを見る

ノースハウス（特別教室棟）の被服室

理科室

技術工作室より中庭を見る

ジム。鉄骨のフィーレンデール・トラスをリズミカルな集成材の斜材が支える

ジムから遠い低学年ネイバーフッドに組み込まれたプレイルーム

ジムの四周を巡るキャットウォーク

赤松佳珠子　あかまつ・かずこ
1968年東京都生まれ。日本女子大学住居学科卒業。90年シーラカンス参加。2002年よりC+Aパートナー。2005年CAt（C+Aトウキョウ）に改組。現在，法政大学教授。

赤松佳珠子が語る
打瀬，美浜打瀬，流山

聞き手＝杉田義一

千葉市立打瀬小学校の模型

テンパっていた「打瀬小」

——シーラカンス建築の特徴の一つは、「多義的な要素を一つの建築にまとめること」です。それを実現する方法を編み出していく過程で、対比的、もしくは継続的思考が読み取れるプロジェクトがあるのではないでしょうか。例えば、前者は「千葉市立打瀬小学校」（一九九五年）と「千葉市立美浜打瀬小学校」（二〇〇六年）、後者は「宇土市立宇土小学校」（二〇一一年）と「流山市立おおたかの森小・中学校」（二〇一五年）。これらのプロジェクトについて小嶋さんがどんな思考を辿っていたのかを語れるのは、すべてに関わった赤松さんしかいないと思いました。

赤松　まず、「打瀬小」を設計していた頃を振り返ってみると……。初めての学校建築だったこともあって、小嶋も含めてスタッフ全員が手探り状態だったんです。

——校舎全体を幾つかのブロックに分け、各パートナーに担当を振り分けて設計していたと伺いました。

赤松　良くご存知ですね。小嶋は主に「中学年棟」の担当でした。その他のブロックは、工藤和美さんや堀場弘さん、小泉雅生さんに割り当てられていました。

——赤松さんの役割は？

赤松　当時、私は単なる新人スタッフだったのですが、「赤松は、低学年棟をお願い！」と言われて呆然としてしまいました。構造事務所へ問い合わせする際も、何をどう描いてFAXすればよいか判らないくらい、テンパっていたことを覚えています（笑）。パートナー以外のスタッフは私の他に安井雅裕さんや三瓶満真さん、今はCAnのパートナーになった宇野享も関わっていましたが、彼らも含めた全員がとにかく必死だったんじゃないですかね。

——図面は、まだ手描きでしたか？

赤松　はい。ただ、シーラカンスで初めてCADを導入したプロジェクトは、「打瀬小」でした。シャープペンシルのペン・プロッターを購入したのは良いのですが、日々検討し変更していく内容を、データに反映、更新していけるほどのスピード感が、当時は無かったんです。だから、基本的な要素（通り芯や壁面線）だけをデータ化して、他の情報は手描きで変更し続ける作業を延々としていました。

とにかく、各ブロックの担当者は自分たちのエリアを成立させることで手一杯だったので、校舎全体の統一性を議論するような余裕は無かったように思います。現場監理の際も、各棟でサッシュの納まりなど詳細レベルがかなり違っていて、結構大変だったことを覚えています（笑）。

——小嶋さんも慌てたでしょうね。

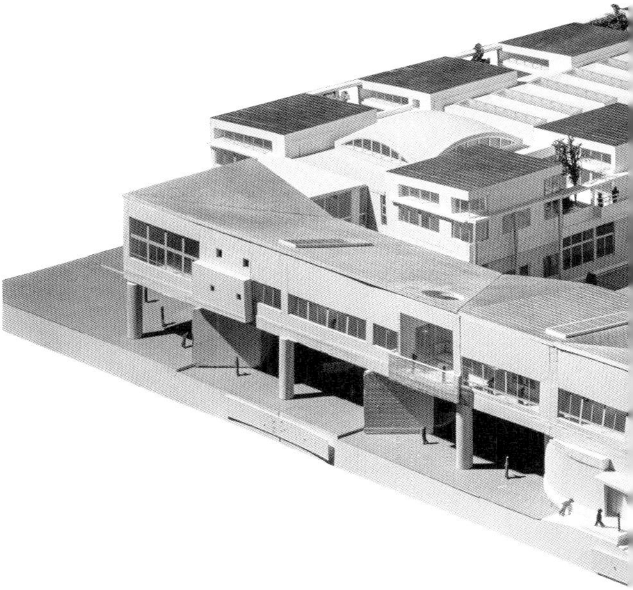

赤松　そういう事件を繰り返していく中で、「校舎全体をキチンとやり切れなかった」という思いが強まっていた筈です。ただ、「教室、ワークスペース、中庭、パス」という組み合わせの「クラスセット」を敷地全体に散りばめ、各場所で最適化させていくことには、手応えを掴んでいたと思います。つまり、「多様な要素を散りばめる際のルールづくり」が重要だと。

「打瀬小増築」と「美浜打瀬小」

——その後、同じ幕張新都心につくられた「美浜打瀬小」は、「建築の全体性」に対する意識が強く現れていると感じます。

赤松　確かに、「打瀬小」のような「違うモノたちの集合体」ではなく、「一体的な全体の中でも、様々な居場所をつくれる筈だ」ということを、小嶋は意識していたと思います。

千葉市立打瀬小学校増築棟

――確か、「打瀬小」の増築棟も手掛けられましたよね?

赤松　約一年前に竣工していた「千葉市立打瀬小学校増築棟」(二〇〇五年)で考えていたことは、「美浜打瀬小」にかなり反映されています。最も大きなポイントは、「打瀬小」の児童数が想定以上に増えてしまったがために、教室の音環境が悪くなってしまったこと。設計時から、低学年棟の西側に増築する絵を描いていましたが……。先述の「クラスセット」を踏襲しつつ、より一体感を伴った状態で残響の問題も解決したいと、小嶋と話していました。

「美浜打瀬小」は、この「打瀬小増築棟」が学校全体に展開していると言っても過言ではありません。

――「美浜打瀬小」を見学した西沢大良さんが「集積回路型」と評したことに、小嶋さんが敏感に反応していたことを覚えています。

赤松　小嶋自身も腑に落ちたようで、その後のレクチャーなどで「美浜打瀬小」などを解説する際に、「集積回路型」という言葉をよく使っていました。つまり、一つの基板上に多様な要素が理路整然と配置されているだけでなく、それらをつなぐ動線の選択可能性もキチンと用意されている。

――一方で、コンピュータの基盤には高い精度が求められます。つまり、「美浜打瀬小」を「集積回路型」に見立てることは、櫛形プランをしたオープンスクールの熟練度が行き着く所まで行ってしまったとも捉えられます。

赤松　それは、小嶋も気にしていた所です。「吉備高原小学校」(一九九八年)や「宮城県迫桜高等学校」(二〇〇一年)も含めて複数の学校建築を経験した結果、その問題点が洗い出されていた時期でもありました。それらをすべて解決しようとしていたのが、「美浜打瀬小」とも言えます。「クラスセット」についても「打瀬小」の頃とは違う余裕があったので、「これ以上、精密に解けない」と思えるほど緻密な設計ができたんです。

恐らく小嶋も、「次に小学校を設計する機会があるとすれば、同じことをやってもブレイクスルーしない」と思い始めていた筈です。そのくらい、音響や空調、構造、法規などの各レイヤーを解き切っていたし、それらを重ねてもピタッと合った完成度の高い建築でした。

――基盤にあたるヴォイド・スラブですら、エキスパンションを取らずに一体化されていました。

赤松　一枚の板だけで、空間の流れを生み出す。それがコンセプト・レベルだけでなく、構造的にも解決できてしまいました。

――もはや、小嶋さんのデヴュー作「氷室アパートメント」(一九八五年)に見られた「荒さ」が、微塵も感じられない。そんなことも、気にしていた記憶があります。

赤松　ひたすらソフィスティケートする方向には、小嶋自身も違和感があったと思います。ただ、「美浜打瀬小」の空間を体験してみると、それほど窮屈さを感じない筈です。実際、先生や児童たちも良い意味で使い倒してくれているので、「工夫のしがいがある懐の深さ」も備わっていたようです。

――「空間の流れ」について小嶋さんが言及し始めたのも、「美浜打瀬小」の頃だったと記憶しています。

赤松　先述の音環境の解析だけでなく、「ホーチミンシティ建築大学」(二〇〇五年〜)などで用いたCFD解析などで、音や空気の流れに対するシミュレーション結果がコンピュータ上で視覚化されてきたのが大きかったと思います。今までブラック・ボックス化されていたことが、自分たちの身体に近いところで実感できる形で解析されてきたので、それを設計に反映できると小嶋も思い始めていました。

L壁の発見と展開

――「宇土小」は、そんな小嶋さんなりの身体感覚が色濃く反映さ

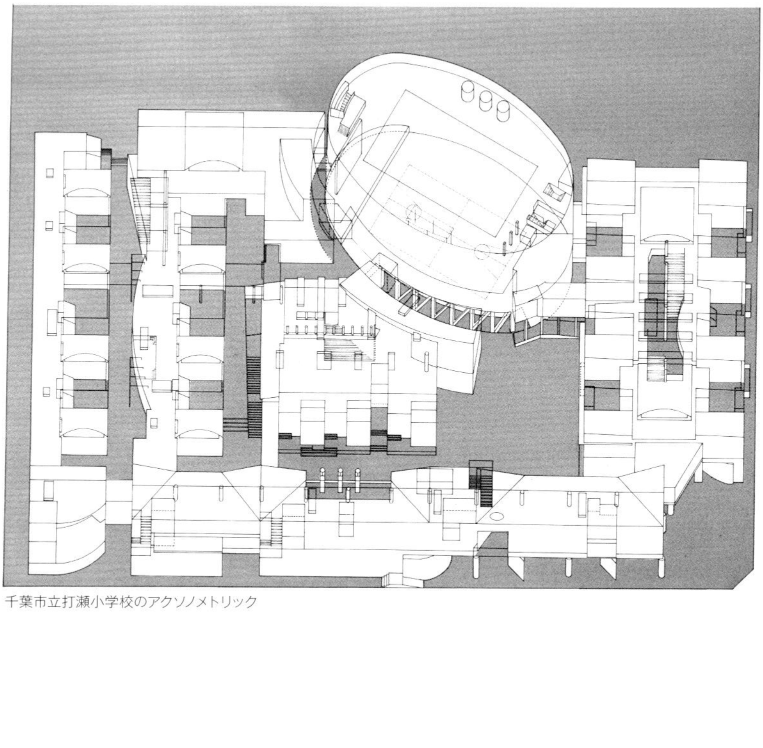

千葉市立打瀬小学校のアクソノメトリック

れた学校建築だと思います。

赤松 オープンスクールが前提だった「美浜打瀬小」は、教室とワークスペース、外部空間を等価に展開しながら校舎全体を設計することができましたが……。そもそも「宇土小」は床面積を十分に確保できない条件だったので、オープンスクールで解くことが不可能な条件でした。片廊下タイプに少しだけ面積を足された状態で、それを崩す方法を悶々と考えていたところ、当時の担当だった新人スタッフがプラン・ヴァリエーションの一環として「L壁」のベースになるスタディをしていました。本人はそれほど自覚的ではなかったと思いますが、小嶋や私はそのスタディを見て「コレならイケるかもしれない！」と直感したんです。

L型の壁が一枚あれば、九〇度側は教室ゾーンのように空間を緩く囲うこともできるし、二七〇度側はワークスペースと言えるほどの広さはないけれど、子供たちの自由な活動の場として開くこともできる。そうやって、「L型の壁を散りばめただけで、その周りに濃淡のある空間が生まれるような校舎」のイメージが徐々に固まって行った経緯があります。必要だと思われていたワークスペースの十分な確保が難しい場合、「境界の輪郭を曖昧にするようなグラデーションの操作で補える」という発見は、小嶋にとってもインパクトがあった筈です。

——小嶋さんは、スタッフから出てくるアイディアを拾い上げるのも上手だったんですね。

赤松 新人も含めて、フラットに判断するよう心掛けていたと思います。そして、気になるアイディアを発見したら、翌朝には小嶋なりにブラッシュアップしたスケッチが提示され、チーム全体が一気に動き出す。「宇土小」は、その典型的なプロジェクトだったと思います。

——「流山」で「L壁」を採用した経緯は？

赤松 ピーク時の子供の数を考慮して教室だけでも五〇個も用意する小・中併設校をつくる前提だったので、できるだけ校舎を低く抑えようとすると平面が大きくなることが想定できました。しかも、関東で計画されている公立の学校なのでエアコンを設置しませんから、風の流れを慎重に設計する必要もある。

——東京郊外の新興住宅地ではありますが、学校名が示す通りオオタカが営巣する森が隣接していることも特徴です。

赤松 「おおたかの森」に隣接していることを最大限に活かしながら自然の風を取り入れるのであれば、「宇土小」の発展系で解くのが素直だという雰囲気が事務所内にあったことは確かです。

ただし、片廊下をベースにした「宇土小」では、それがなるべく顕在化しないように「L壁」を抽象的に扱うことに拘っていました。現場に入ってからも、「L型の白い壁があるだけで成立するんだ」というくらいの意気込みで、各部の最終仕上げを小嶋と指示していました。

——「宇土小」と同じような「L壁」の抽象度は、「流山」では望めない？

赤松 「望めない」と言うよりは、面的に散在するのであれば、自ずと「L壁」の役割も違ってきます。少なくとも、片廊下のような既成の形式に揺らぎを与えることより、「L壁」の群れがつくり出す濃淡のある場自体の意味が問われてくる。

小嶋も言っていたように、それは「林と森の違い」に通じることかもしれません。林であればアンタッチャブルな樹木だけでも成立するけれど、森を構成する樹々は他の生物の営みも背負う必要がある。だから、「流山」の「L壁」には、建具や家具、スイッチプレートなども加えられています。

小嶋的こだわり

——「流山」の外周部を巡っているスラブ端部の曲線を決めたのは小嶋さんですか？

赤松 最後まで拘って、線を引き続けていたのは小嶋です。年間の風向きや方位を前提にすると、敷地境界に対して角度をつけて各教室を配置しなければならなかったので、何もしないと「気持ち悪いギザギザ」がファサードに現れてしまいます。それを避けるために端部をスムージングしたまでは良かったのですが、その曲線を決めるのは難しく小嶋も苦戦していました。

——他に、「流山」で小嶋さんが拘っていたことがありましたか？

赤松 どのプロジェクトでも、構造とのシンクロによって建築の骨格を掴むことを意識していました。そういう意味で、二つの体育館をスタックする際の構造システムについては、自ら断面図を何度も描いて検討していたことを覚えています。そのまま上階の床になるT字型PCスラブや、外周部でのテンションの掛け方などは、小嶋なりに「スッキリと統合したい」という拘りが詰まっている所です。

——今まで伺ってきたような設計プロセスにおいて、小嶋さんのどういう部分を継承していこうとお考えですか？

赤松 なんとか「釜石市立鵜住居小学校、釜石東中学校」（二〇一七年）や「京都外国語大学新4号館」（二〇一七年）などのプロジェクトを竣工させたばかりなので……。今後の事務所運営については、「考え始めたばかり」というのが正直なところです。ただ、今までのような「フラットな状態での議論」は維持したいですし、それを成立させるために「小嶋のいなくなった穴」をどう埋めるかは、残された者の課題だと認識しています。

千葉市立美浜打瀬小学校

千葉県千葉市，2006年

スを形成している。

　スラブという強いスパインの上に環境的にも空間的にもノンヒエラルキーなフィールドがつくられた。流動的でさまざまな領域がつくられることを許容する空間の提案である。

東より見る。全景

幕張新都心住宅地区の街びらきから10年がたち，年々増加する児童のために私たちが設計した，この街で最初の小学校である「千葉市立打瀬小学校」(1996年) からわずか500mほどの敷地に，24教室，児童数960人を想定して計画が進められた。

この町の学校の特色であり，住民や先生方からの要望でもある低層街区型で街に開かれ，接地性の高い学校，開校当初から定員いっぱいの子どもたちがこの校舎で遊ぶことになるため，音干渉でノイジーな空間にならないように音響シュミレーションを行い，平面計画や仕上げに反映させた。

建物全体は，平面的に広がるエキスパンションのない120m×80mの2枚の厚いスラブからなる平面的なスパインから成り立っている。この2枚にスラブの間に6学年の学年ゾーンと特別教室とが配置され，各学年ゾーンは4教室と，児童が隠れることができる丸ベンチや遮音壁を兼ねる島状のベンチを含むワークスペース，教員コーナー，水を使った授業ができるアーツアンドサイエンスコーナー，学年の児童が集まれる階段状のアッセンブリースペースで学年ハウ

1 多目的室
2 音楽室
3 家庭科室
4 図書
　メディアセンター
5 理科室
6 生活科室
7 コンピュータ室
8 ミーティングルーム
9 アリーナ
10 ステージ
11 職員室
12 校長室
13 事務室
14 保健室
15 ワークスペース
16 クラスルーム
17 会議室
18 図画室
19 工作室
20 視聴覚室
21 ギャラリー
22 プール
23 昇降口
24 職員/来客用玄関
25 地域開放玄関
26 街角広場
27 駐車場

a 1年生エリア
b 2年生エリア
c 3年生エリア
d 4年生エリア
e 5年生エリア
f 6年生エリア

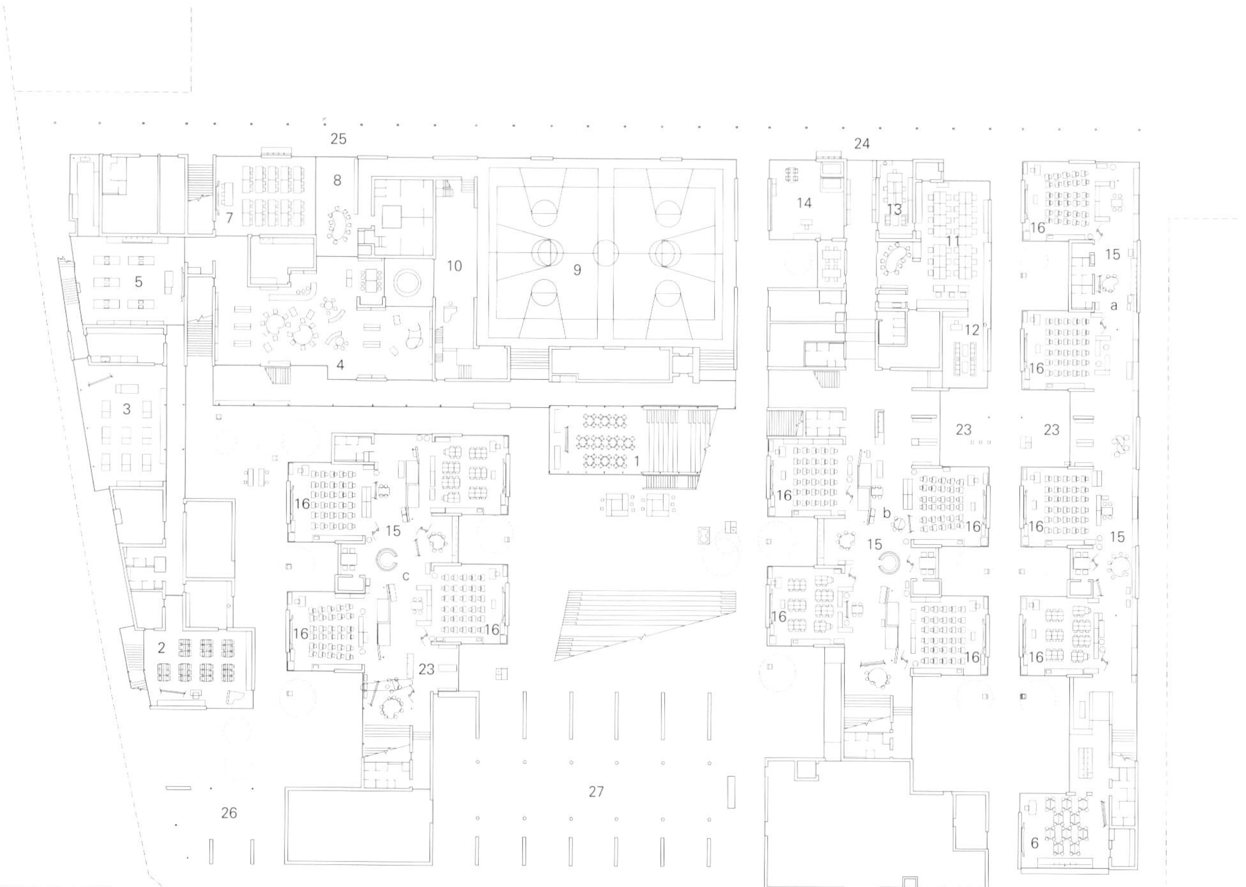

1階平面 S=1:800

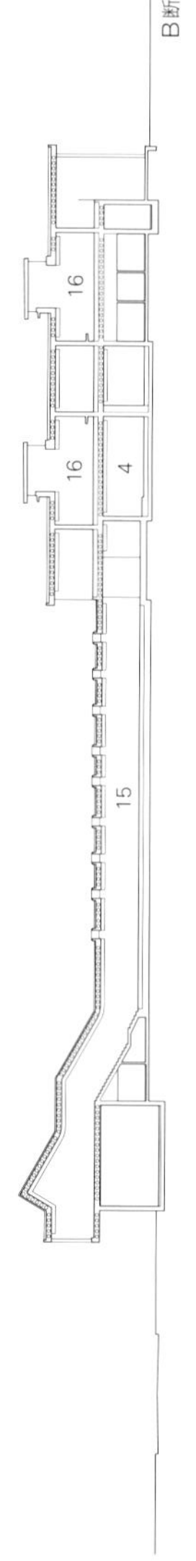

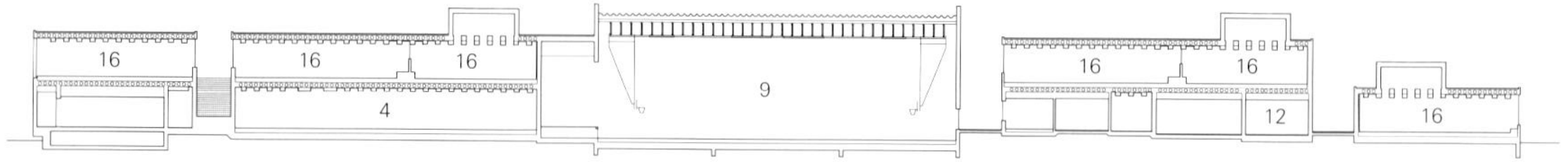

A断面 S=1:800

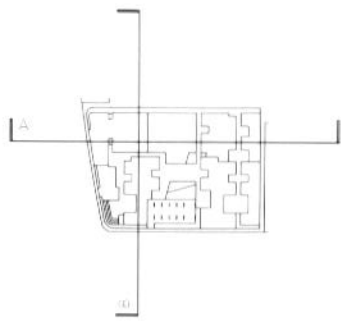

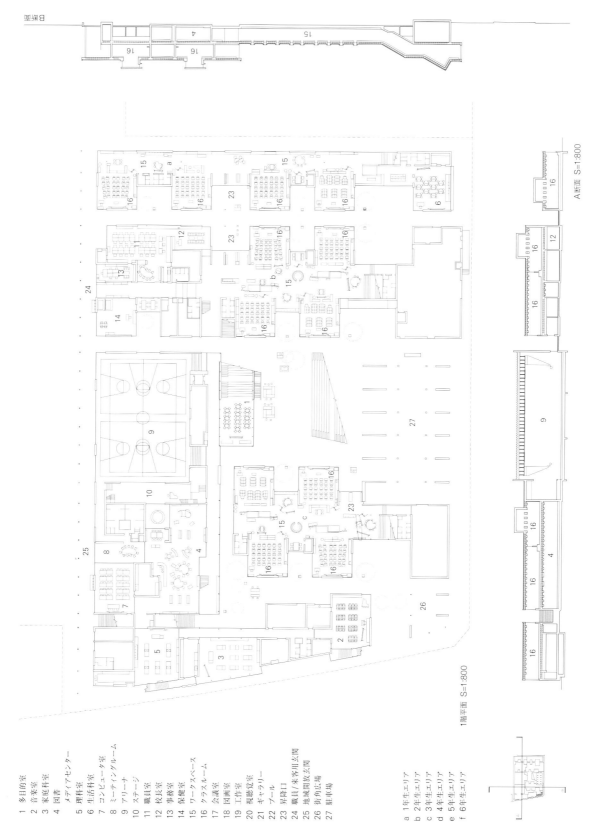

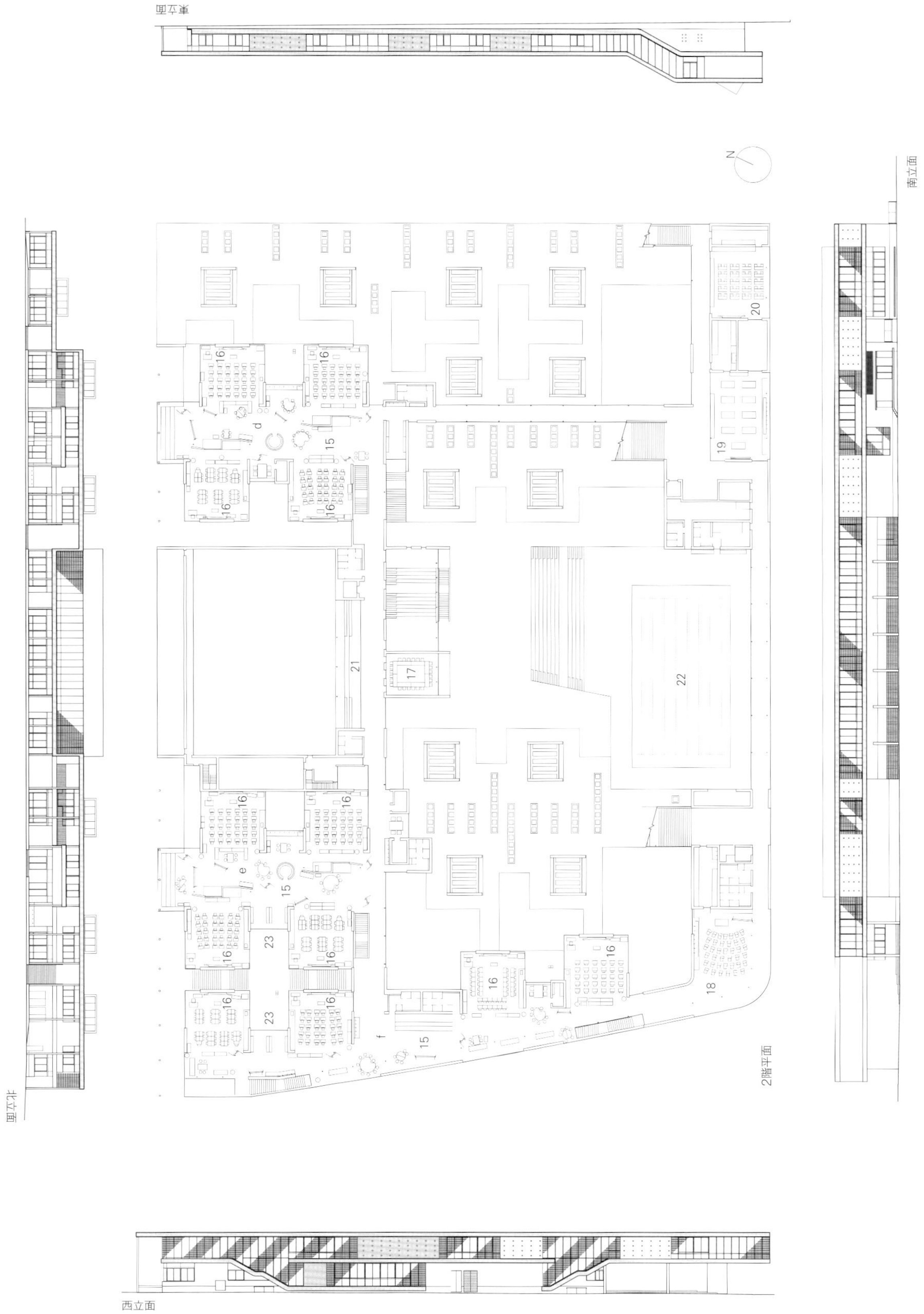
東立面
N
南立面
北立面
16
16
d
15
16
16
20
19
21
17
22
16
16
e
15
16
23
16
16
23
16
f
15
16
16
18
2階平面
西立面

両側メッセ大通りの交差点越しに見る

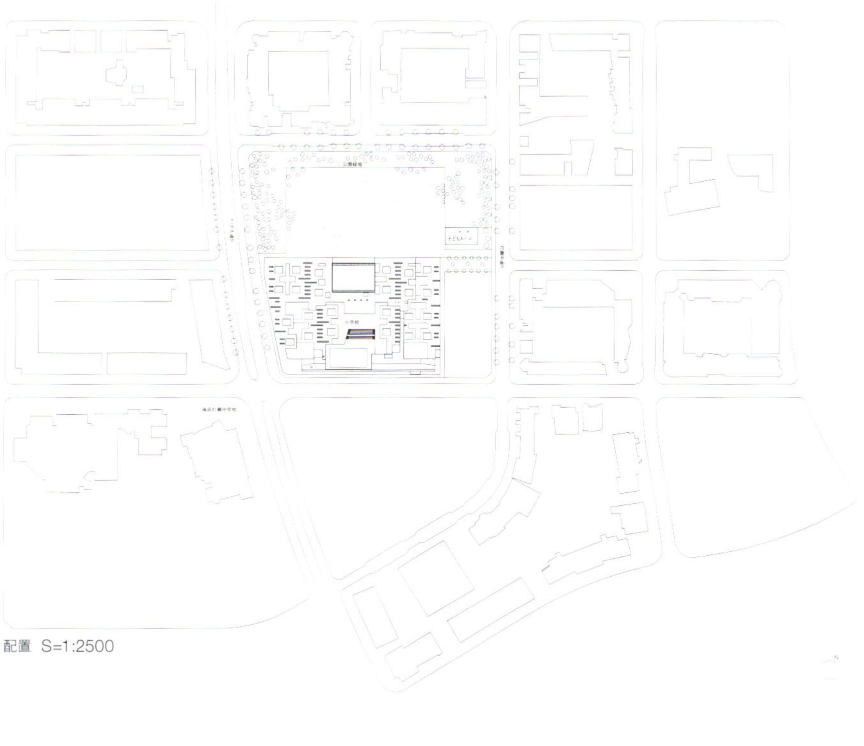

配置 S=1:2500

メッセ大通りより，西及び北側のファサードを見る

校舎中央の中庭を介して，プールより多目的室を見る

2年生クラスルームの屋上より，3年生クラスルーム方向を見る

大階段と屋外プール

2階，4年生クラスルーム

1年生クラスルーム群の北端，生活科室前の溜まり

2階図書室

2階工作室

多目的室

2階工作室より4年生エリアへ導く廊下と，1階2年生エリアのワークスペースへ至る階段の関係

2階の工作室，視聴覚室へ導く大階段

2階。6年生クラスルームのアッセンブリー・スペース

アリーナ

千葉市立美浜打瀬小学校の天井伏CG

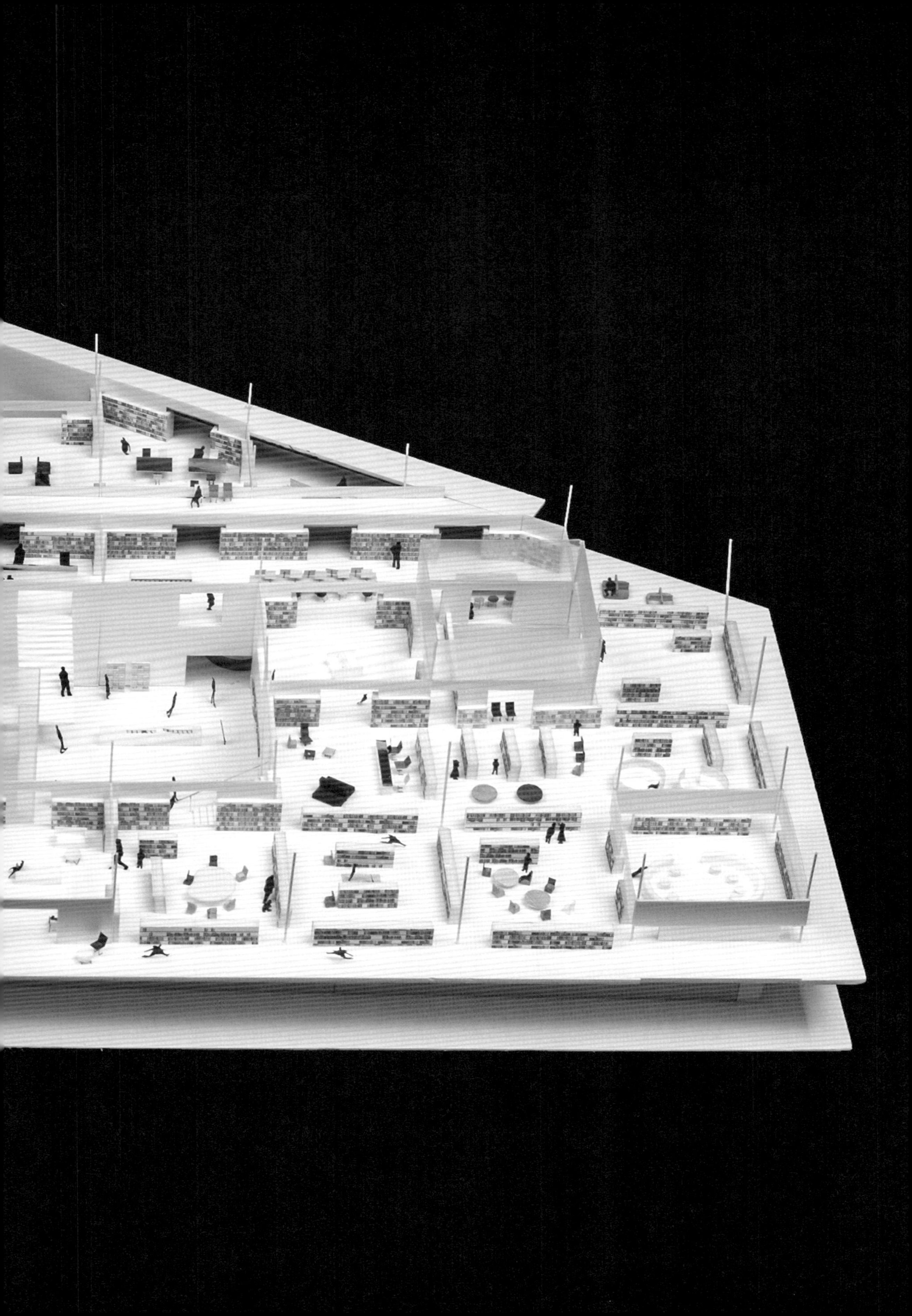

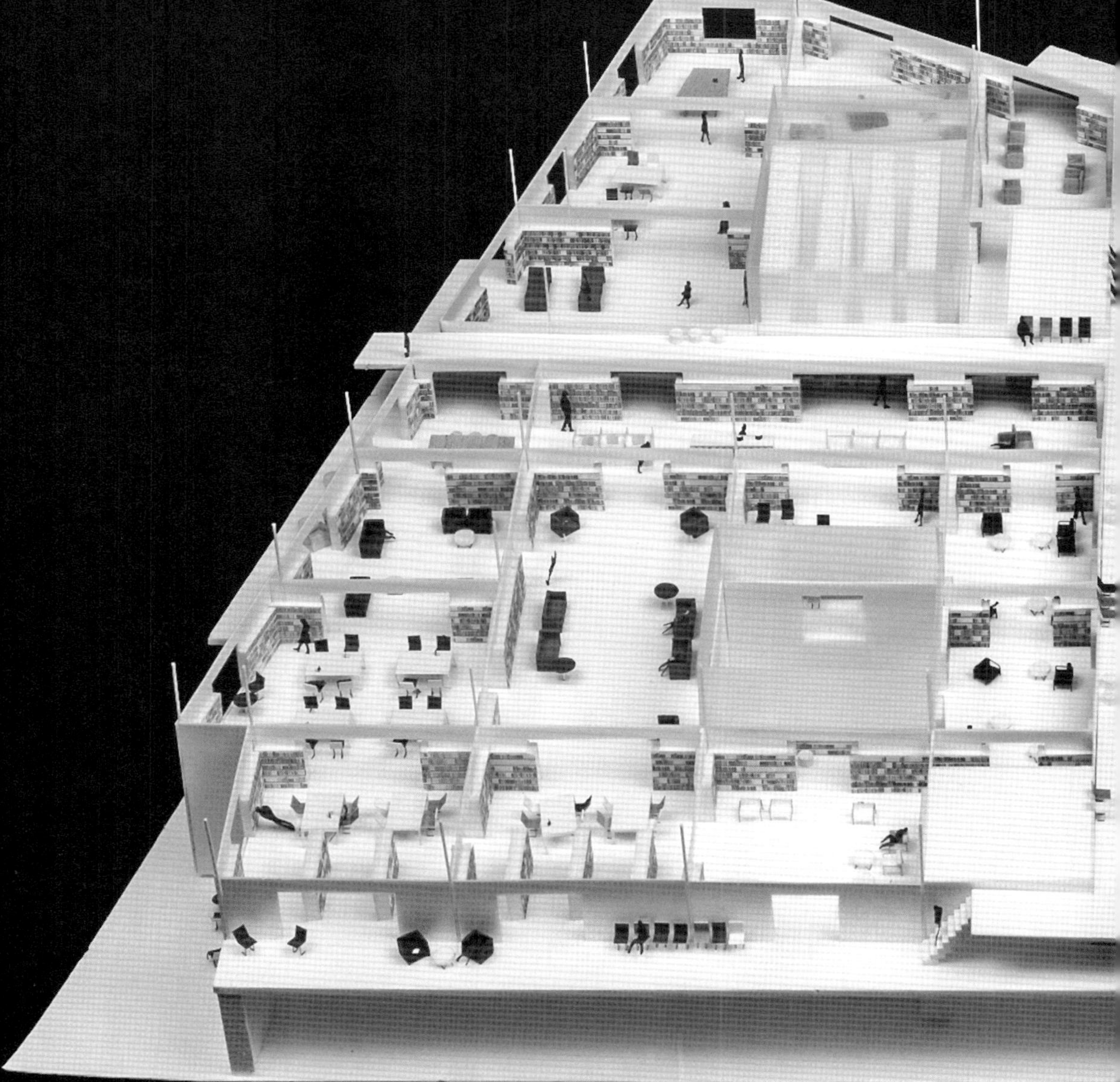

K Libraryの模型

箕面市立止々呂美小学校・中学校

大阪府箕面市，2008年

北東側の箕面森町より見下ろす。左下の谷筋に連なる家屋は，止々呂美の集落

箕面市北部(止々呂美)地区における豊かな自然を生かしたニュータウンで最初の学校である。とはいっても新設校ではなく，このニュータウンに隣接する既存の止々呂美地域に以前からあった小･中学校が新しい校舎に移る計画であり，設計段階から多くの止々呂美地域の人たちや先生方との打ち合わせを経て完成した学校である。

この学校の大きな特徴は，小，中一貫校であると同時に，開校当初は9学年合わせて60人前後と極めて少人数なことである。これまで私たちが手掛けてきた学校の多くでは，体育館やプールを校舎の中に一体的に取り込む計画としてきたが，今回，その両方を含めた約9,500㎡を一体的な建築とすることは，開校時想定の40名足らずの生徒数に対してあまりにも茫洋と広くなりすぎて，アクティビティ面やセキュリティ面などで望ましくないと考えた。

そこで，まず生徒の生活の核となる校舎棟を68m×68mの2階建てとしてコンパクトに作った上で，視覚的･体験的には校舎内部のシークエンスとシームレスにつながるように体育館とプールを配置した。また，小，中の9年間を6，3ではなく，4，3，2の前，中，後期としてとらえる教育プログラムから，9学年全体が緩やかな関係性を持てるよう同じフロアに配置することが重要だと考えた。その為，校舎棟の1階部分は中，後期用特別教室と管理諸室を，2階部分には1年～9年生までのすべての教室(予備教室としてのワークルーム含めて13教室分)と前期用特別教室，生徒用昇降口など，生徒の主要な生活空間を配置している。また，2階の外部床をウッドデッキとすることで，2階にありながらも平屋的な教室廻りの空間となっている。

1 校務センター
2 校長室
3 会議室
4 保健室
5 金工木工彫塑室
6 美術室
7 科学室
8 生物室
9 調理室
10 被服室
11 PC室
12 図書室
13 プレイルーム
14 音楽室
15 FLA
16 ランチルーム

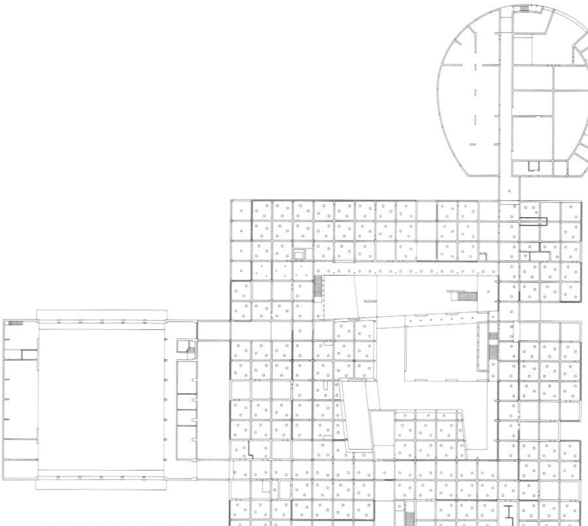

1階天井伏 S=1:1500

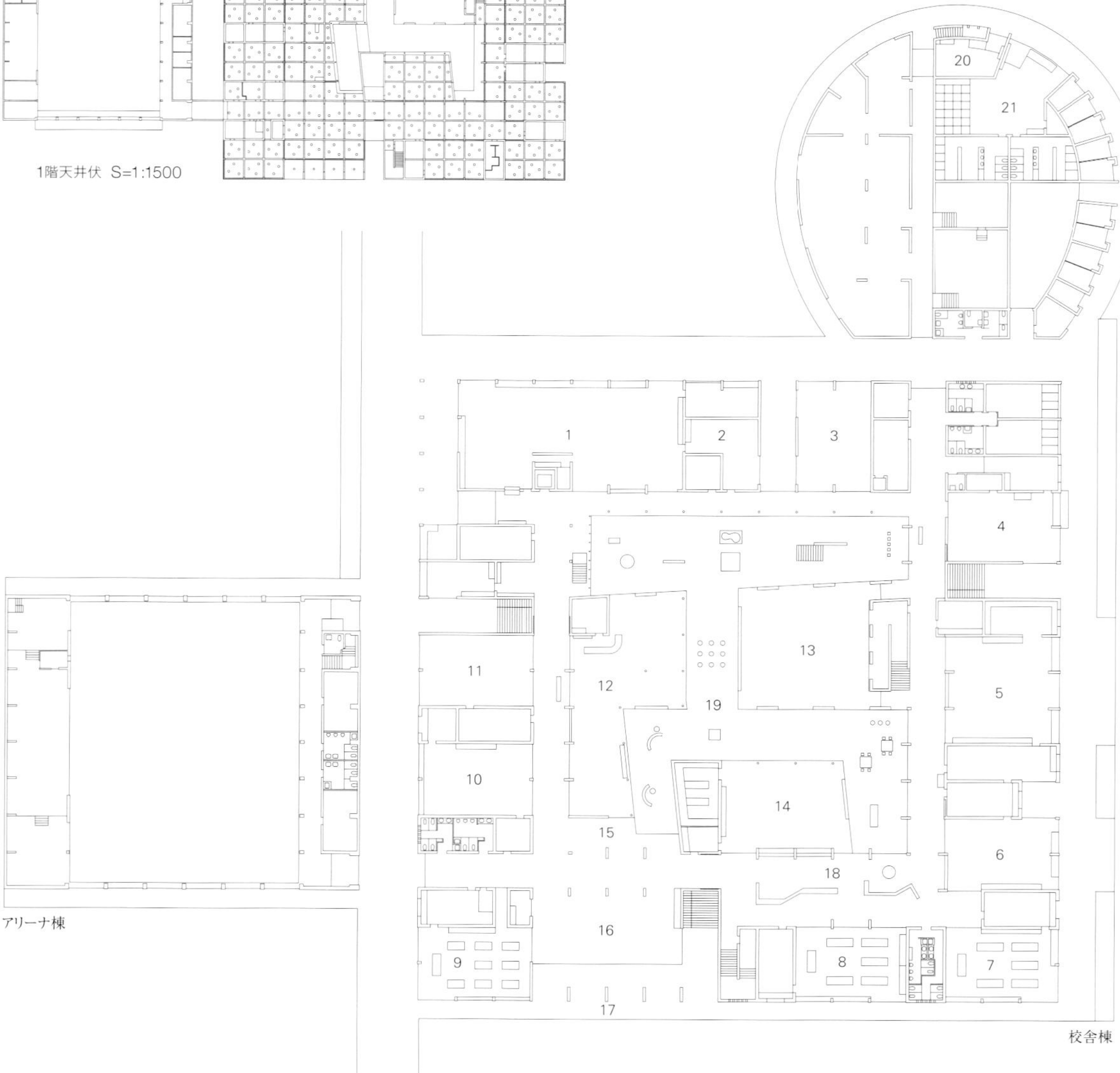

1階平面 S=1:800

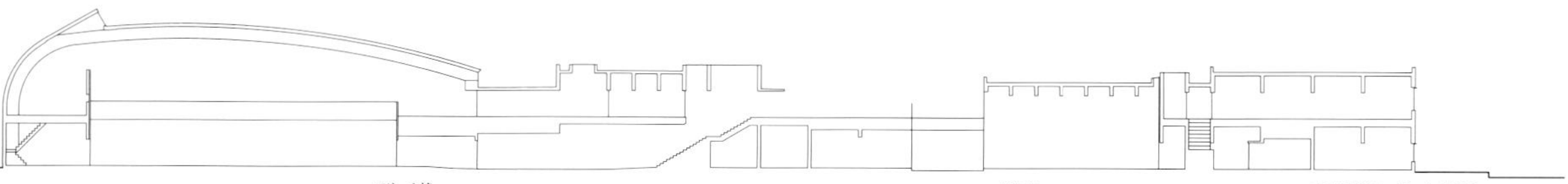

東西断面 S=1:800

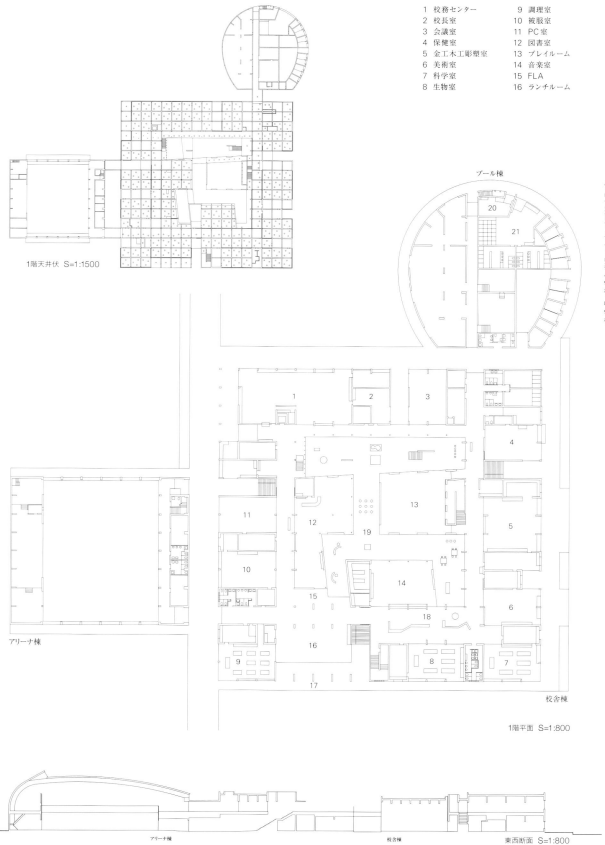

17 ランチテラス
18 アートWS1
19 にわ
20 PTA室
21 地域開放室
22 支援教室
23 図工室
24 理科室
25 英語室
26 ギャラリー
27 WS
28 WR
29 CR
30 LS
31 A&S

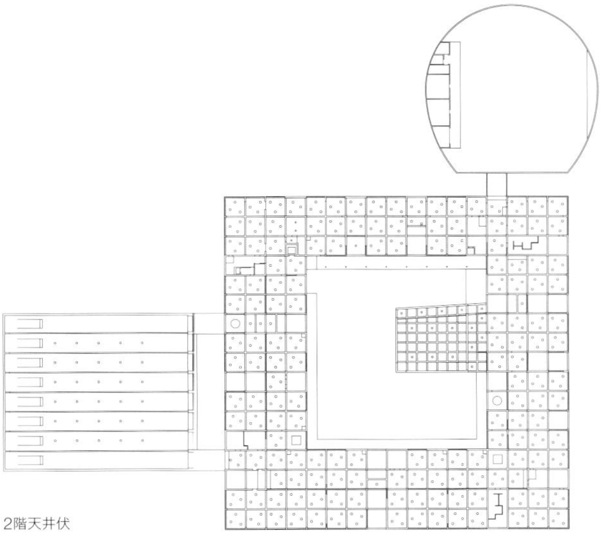

2階天井伏

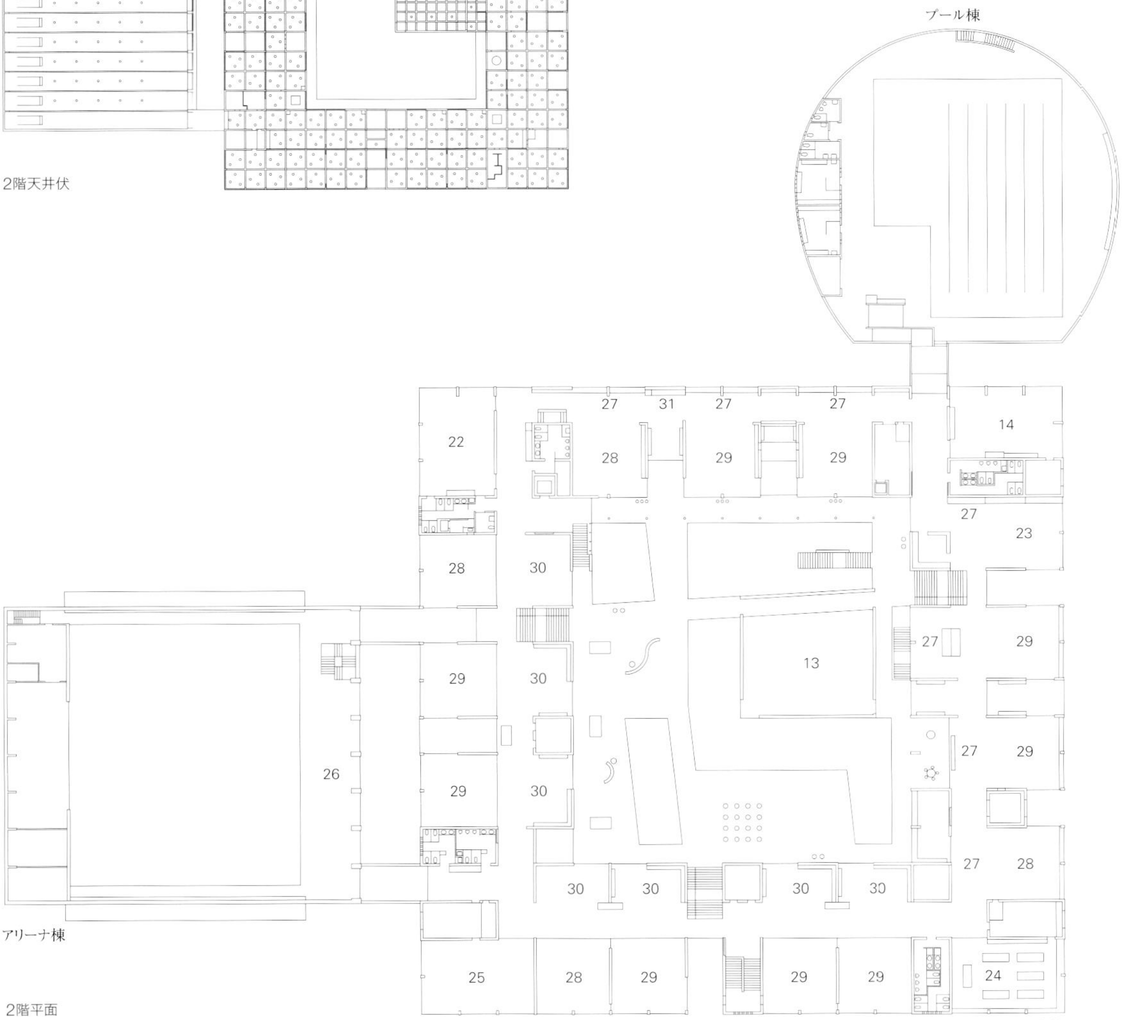

2階平面

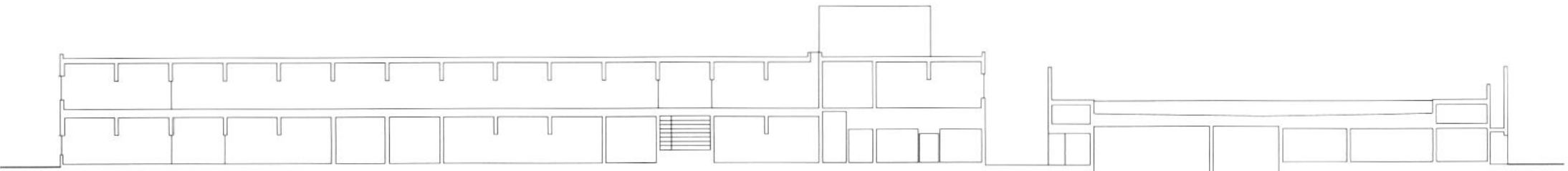

南北断面

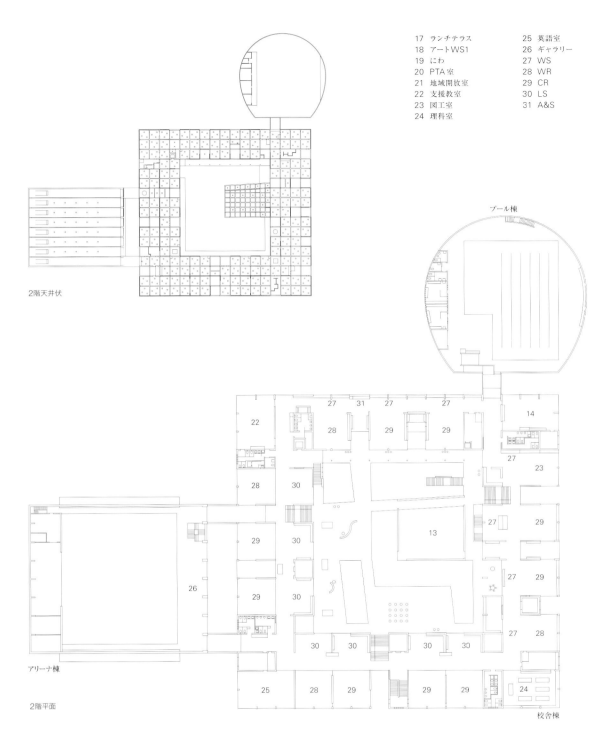

2階北隅のデッキより中庭を見る

南東中央に配された昇降階段より2階デッキを見る

中庭。左はプレイルーム，奥は図書館

2階デッキ上に設けられた，S字ベンチと小テーブル

2階理科室前のワークスペースより，襞状に連なる教室群や吹抜けを見る

1階。校務センター前の廊下

校舎棟の南東中央に配された階段室

2階。図工室，ワークスペース，準備室の関係

1階ランチルームとFLA

美術室や生物室など，四つの特別教室に囲まれた1階のアートワーク・スペース

△▽プレイルーム

アリーナ

プール。右奥は箕面森町

幕張インターナショナルスクール

千葉県千葉市, 2009年

幕張インターナショナルスクールは，日本に駐在する外国人の児童や，帰国児童を対象としたインターナショナルスクールである。日本で初めて，文部科学省の教育指導要領に則した「学校」で，敷地は千葉県幕張新都心に位置する，木造平屋の学校である。

「ハウスとネイバーフッド」という発育段階ごとのまとまりを重視して，幼稚園，小学校低学年(1～3年生)，高学年(4～6年生)という独立性の高い三つの校舎と管理棟で構成している。

この学校の特徴は大きく二つある。一つは運動場のあり方である。運動会のような催しがないので，小さな子どもたちが安心して遊んだり，高学年の子どもたちがのびのびスポーツできる複数のプレイコートや中庭の集合を運動場と捉えることで了承された。

もう一つの特徴は，床座の場所を加えたゆとりのある普通教室と，メディアセンター，メディアコーナー(図書，コンピュータが置かれた多目的スペース)を近接させた空間構成である。この空間構成が，子どもたちの移動時間が少ない学習環境を確保している。

また，昇降口はあるが上下足の履き替えがないので気軽に内外の行き来ができる。縁側のような回路や，複数の外部空間をオープンスペースと読み替えたような新しいオープンプラン型の学校の提案である。敷地全体が学習，生活の場となり，子どもたちや先生方が，自由にさまざまな場所の使い方を発見，創造していけるような楽しい学校である。

東より見る全景。背後は幕張新都心

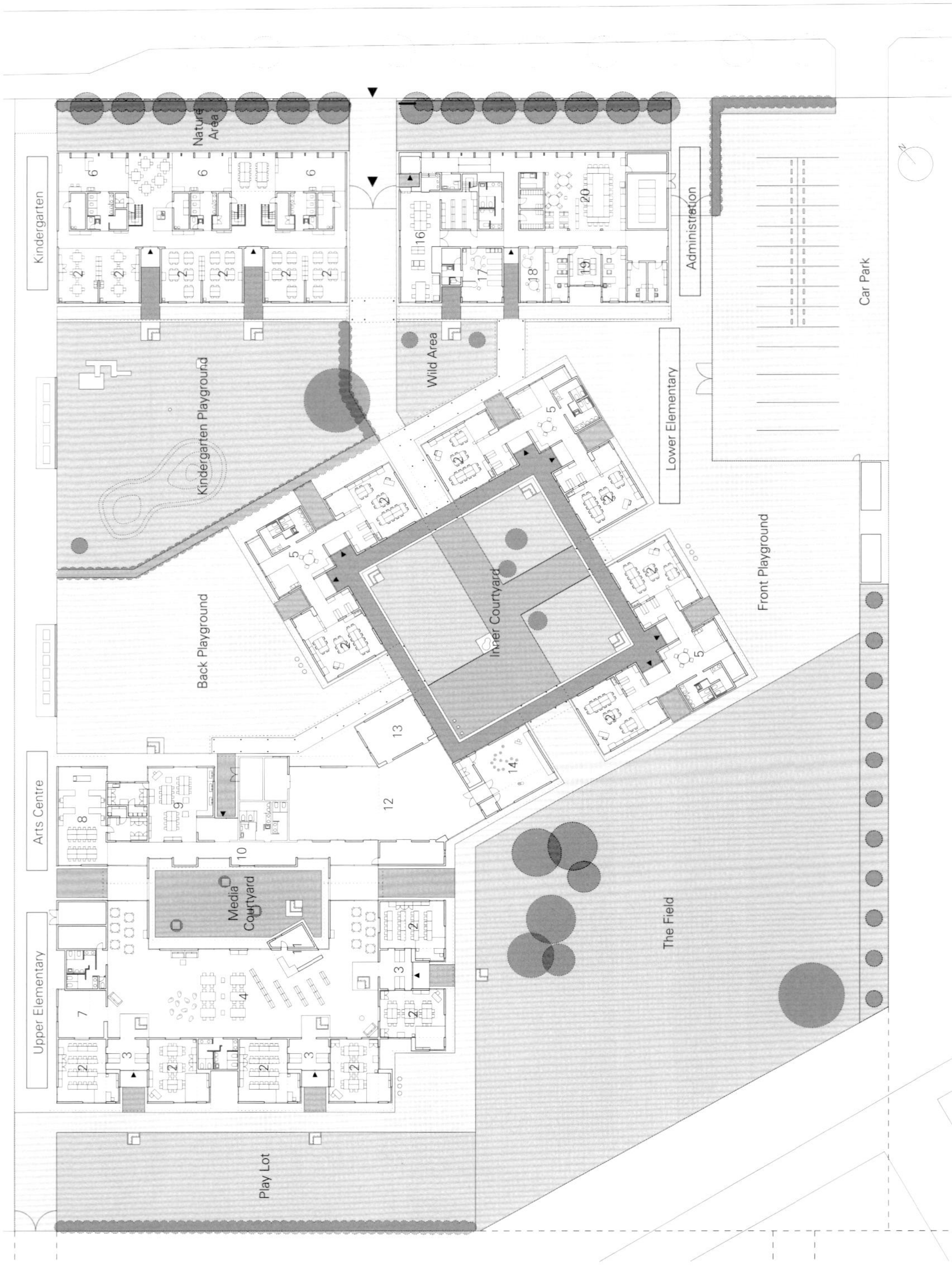

平面 S=1:800

1 Entrance (▲)
2 Classroom
3 Class Base
4 Media Centre
5 Media Corner
6 Activity Area
7 Presentation Room
8 Science Room
9 Art Room
10 Gallery
11 Librarian's Office
12 Multi-Purpose Hall
13 Cooking Room
14 Music Room
15 Kitchen
16 Administration Office
17 Medical Room
18 Meeting Room
19 Executive Room
20 Staff Room
21 Power Office
22 Storage
23 Terrace
24 Loft
25 Locker
26 WC

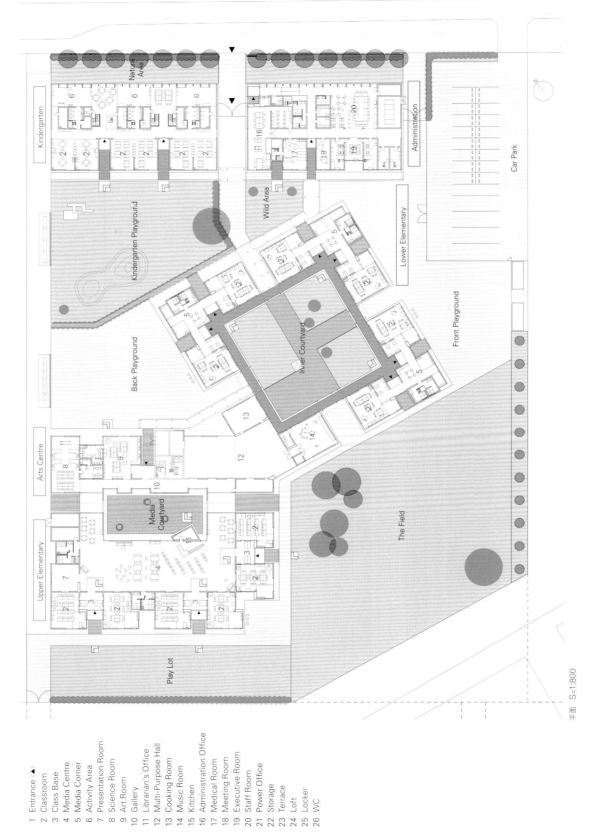

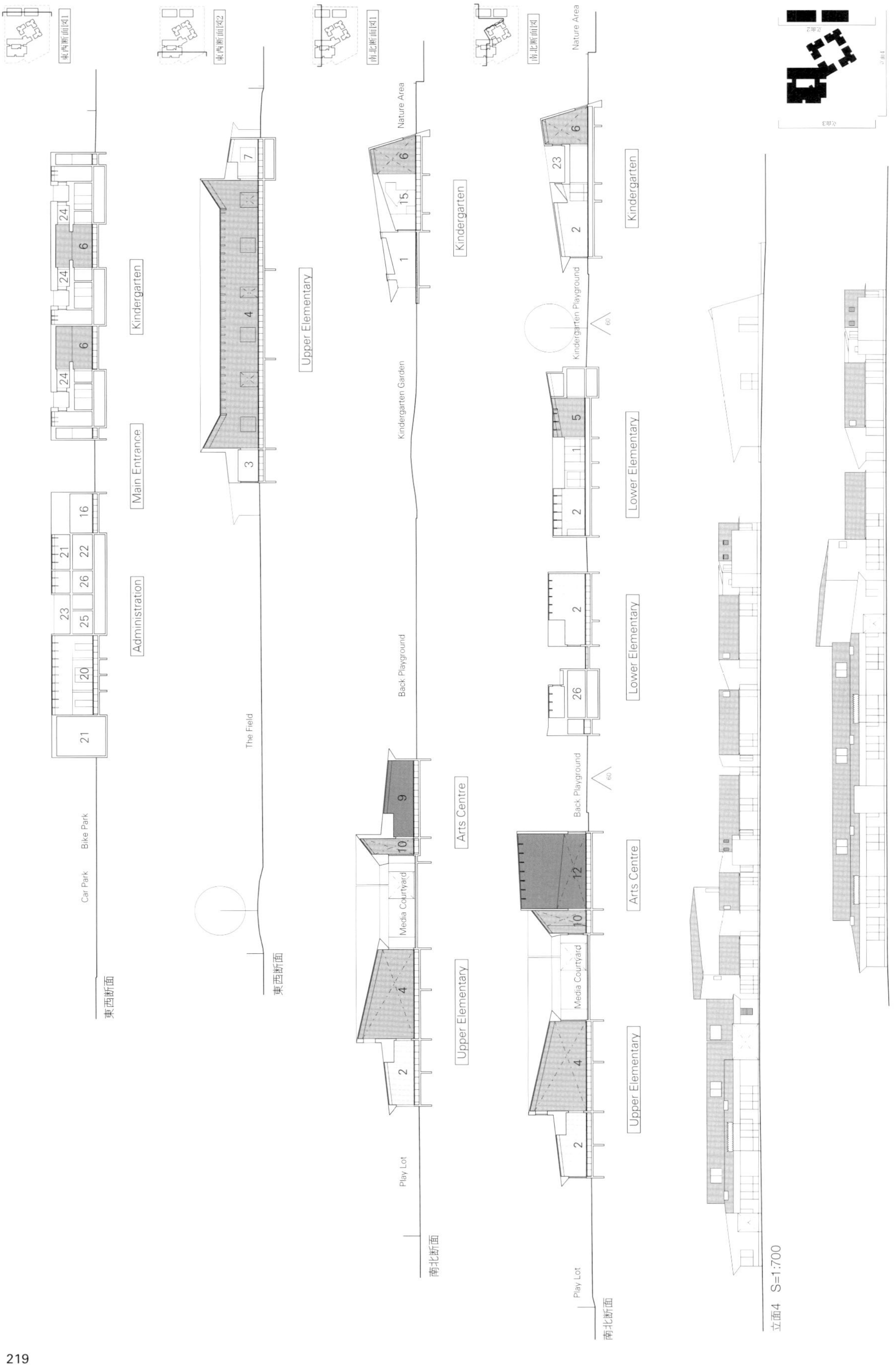
東西断面図1
東西断面図2
南北断面図1
南北断面図
Kindergarten
Main Entrance
Administration
Car Park
Bike Park
東西断面
Upper Elementary
The Field
東西断面
Nature Area
Kindergarten Garden
Back Playground
Kindergarten
Media Courtyard
Arts Centre
Upper Elementary
Play Lot
南北断面
Nature Area
Kindergarten
Kindergarten Playground
Lower Elementary
Lower Elementary
Back Playground
Arts Centre
Media Courtyard
Upper Elementary
Play Lot
南北断面
立面4　S=1:700
立面3

アーツ・センターと低学年棟を結ぶ外回廊

低学年棟メディア・コーナーより畳スペースを見る

高学年棟メディア·センター

アーツ·センター：科学室

多目的ホール

低学年棟：中庭

幼稚園棟：アクティビティ・エリア

MOOM

千葉県野田市，2011年

東京理科大学の野田キャンパスに建てられた「MOOM」全景。北東側より眺める

「MOOM」は，新しい膜構造の可能性を求めて研究室の学生たちとトライアンドエラーを繰り返して実現できた仮設の実験的な空間である。「離散的に配置された圧縮材」と「メンブレインの引張材」の組み合わせによるテンセグリティを用いた世界初の膜構造だ。膜構造には，これまで二つのタイプしかなかった。一つは，フレームが自立し，そのフレームに引張をかけながら膜を張るタイプ。もう一つは，空気膜構造(空気圧を利用して膜に張力をかけるもの)。「MOOM」は，膜がないと圧縮材である棒は地面に散らばってしまう。空気圧も使っていない。圧縮材を離散的に膜に固定し，端部の棒を支持してアーチ状にすると，膜に引張力が生じて自立する(これは模型で簡単に再現できる)。その結果として獲得された空間の内部に足を踏み入れると，直径25mmのアルミパイプは，落下してくるのではなく，逆に膜に引っ張られて上昇していくように感じられる。重力場ではなく浮力場が支配しているかのようにシェルターが現れることで，未知の空間体験が得られる。

「MOOM」には特徴が幾つもある。まず超軽量であること。棒を入れる袋状の部分を含めて縫製してある膜材と棒，それに地面に定着するためのパイプとロープを用意すれば，サイトでアマチュアでも組み立てて大きな空間を獲得できること。柔らかい構造(変形しやすい)だが，棒の角度の調整などで空間を維持できること。撤収したあとに何も残さないこと等だ。今回は70人を超える学生たちで立ち上げたが，40人くらいでも可能だ。「MOOM」が立ち上がっていくプロセスには，建築が本来的に持っている祝祭性がある。

模型を持つ小嶋氏。膜に棒材を突き立てるのでなく沿わせることで，膜が引張材になり，圧縮材となる棒材同士が触れ合わないテンセグリティ構造を生み出す

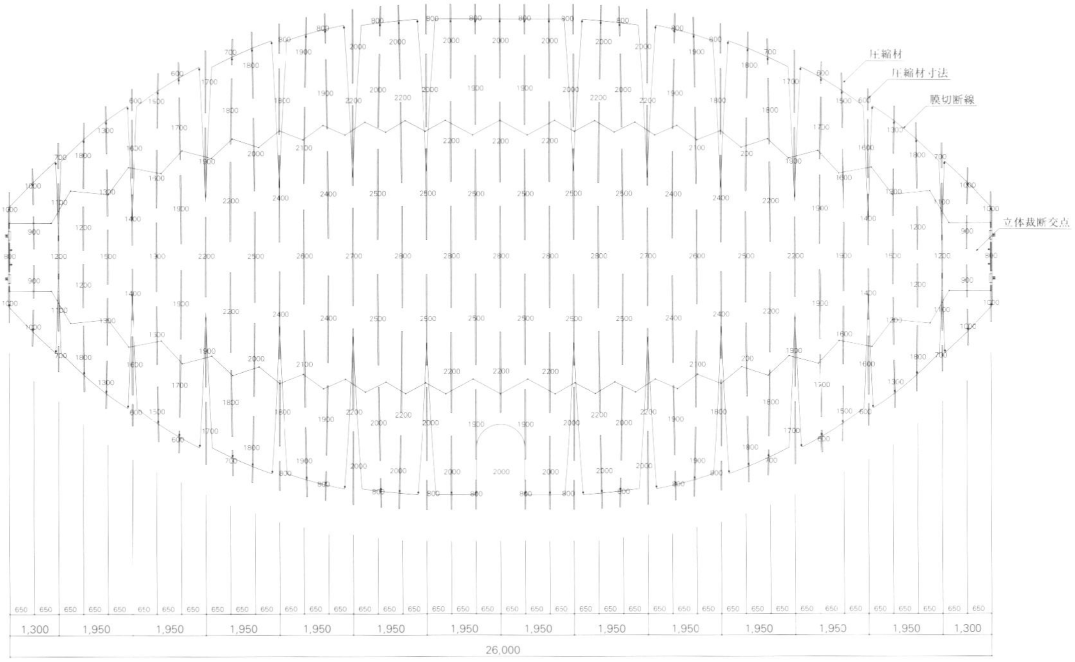

展開 S=1:200

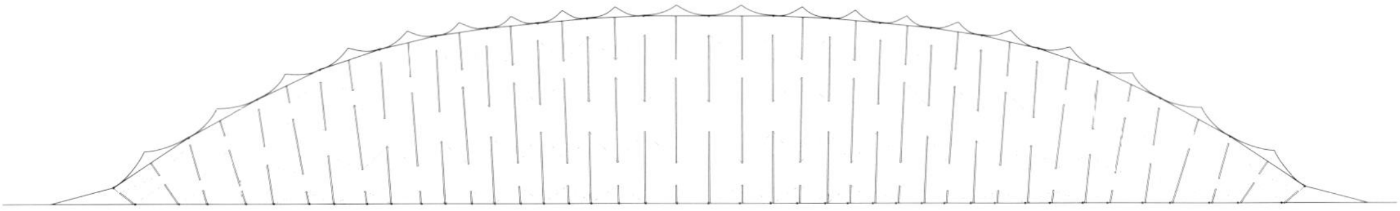

断面

内部

伊東豊雄が語る宇土

聞き手＝杉田義一、山口真

伊東豊雄　いとう・とよお
1941年京城生まれ。東京大学工学部建築学科卒業。菊竹清訓建築設計事務所を経て、71年URBOT設立。79年伊東豊雄建築設計事務所に改称。

エネルギーと忍耐力、誠実さ

——『GA JAPAN』では、「宇土市立宇土小学校」（二〇一一年）の設計プロセスについて、コンペティション直後から取材させてもらいました。コンペの審査委員長だった伊東さんを中心に、当選者の小嶋さんだけでなく、最後まで争ったヨコミゾマコトさんのチームも交えて、座談会を行なったことも鮮明に覚えています。

伊東　そんなこともありましたね。

——今回の特集では、その「宇土小」について伊東さんに分析していただきたいと考えています。そもそも、小嶋さんと最初に出会ったのは、いつ頃ですか？

伊東　シーラカンス結成前、原広司さんの研究室に所属したばかり

宇土市立宇土小学校の全体模型

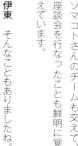

の頃だったと記憶しています。確か「影のロボット」(一九八六年)の準備をしていた頃に、原さんから「ぼくの研究室に、とても優秀な学生がいる」と聞いていたのですが、その人こそ小嶋さんでした。実際に会ってみると、想像とは違って朴訥な青年だった。あまり喋らないし、口を開いたとしてもボソボソとした感じ。つまり、「原さんから聞いていた印象とは、だいぶ違うな」というのが、第一印象でした(笑)。

――その後も、顔を合わせる機会があったのですか?

伊東　特に、ぼくの事務所で働いていた城戸崎和佐さんと結婚してからは、会う機会も増えましたね。

――小嶋さんは学生時代からシーラカンスを結成し、「大阪国際平和センター」(一九九一年)のコンペに当選するなど派手なスタートを切っていたわけですが……。当時の彼の動きを、どのように見ていましたか?

伊東　六人のパートナーと建築家集団を結成したことに、とても関心していました。同じくらいの力量を持った人たちが一緒に設計活動するなんて、ぼくには考えられないことですから。「モノをつくるという行為は、最終的には一人」と思っているので、それをグループでやるのは、エネルギーと忍耐力だけでなく、誠実さも必要だろうと。そういう意味で、「小嶋さんあってのシーラカンス」だったとも言えるでしょう。彼との付き合いが深まるほど、それら三つの能力を兼ね備えた稀有な人物だということが分かってきましたから。

――パートナーシップを採ることで、彼らはどういう建築をつくりたかったと考えますか?

伊東　「宇土小」を作品紹介している『GA JAPAN 113』に、小嶋さんのデビュー作「氷室アパートメント」(一九八七年)について自ら語っているインタヴュー記事が載っていますよね。それを読んでみると、「戸建住宅には興味がなく、都市的なプロジェクトのようなモノに関心があった」とコメントしていました。と言うことは、単体として建築を磨き上げるより、色々なものが組み合わされて一つの建築になっていくようなモノに、当時から興味があったことが伺えます。だから、パートナーたちとの活動を選んだのかもしれませんね。

　自分たちなりに都市から読み取ったエレメントを、ひたすら組み立てていく。その方法が、学校建築として結実していく様を端から見ていると、小嶋さんが当初から描いていたヴィジョンが一つの道を得たように感じていました。

　ただ、ぼくの事務所出身の曽我部昌史さんも加わっている「みかんぐみ」のようなグループとは、一線を画していることも確かです。少なくとも「みかんぐみ」は、「作品

性や作家性を消したい」という意図があるので、グループを組んでいる理由が判り易いのですが……。シーラカンスの場合は、パートナーひとり一人が作家でもあるようなポジションを取っていたので、その後、バラバラになるのは必然的な成り行きだった気もします。

伸び伸びとした建築

——確か先述の座談会では、「宇土小」のコンペ後に初めて、「千葉市立打瀬小学校」（一九九五年）や「千葉市立美浜打瀬小学校」（二〇〇六年）をご覧になったとコメントされていました。

伊東　実は、それまで小嶋さんの建築を、殆ど見ていなかったんです。ただ、「宇土小」以降はできるだけ足を運ぶようにしていて、「流山市立おおたかの森小・中学校」（二〇一五年）も見学させてもらいました。

——「釜石市立鵜住居小学校・釜石東中学校」（二〇一七年）の見学会にも参加したのですか？

伊東　残念ながら参加できなかったのですが……。現場が佳境を迎えている時に、乾久美子さんが設計された「釜石市立唐丹小学校・中学校」（二〇一六年）と共に見ることができました。

　そうやって、小嶋さんが手がけた最近の学校建築を幾つか見せてもらったけれど、個人的には「宇土小」の印象が最も強い。

——コンペ直後の座談会では、審査委員長として小嶋案の選定理由をコメントしていただきました。実際に開校した状態を体験してみて、改めて「宇土小」のどんな所が評価できますか？

伊東　「打瀬小」の窮屈さと比べると、「宇土小」の方が「伸び伸びとした建築」になっていると思う。それは、敷地の問題だけでなく、明らかに開放的な空間になっている。コンペ時にも「風が通り抜けるような学校」と言っていましたが……。実際に体験してみると、「物理的に風が抜けていく」だけでなく「建築全体のつくられ方」も風が抜けていくような爽やかさがある。

　それと同時に、「宇土小」の空間で圧倒的な意味を持っている「L壁」にも感心しました。一貫して「厚い壁」に小嶋さんは拘っていましたが、「宇土小」の「L壁」にも厚みを感じましたし、そのことが建築に対する信頼感を生んでいると感じました。あれだけ開放的につくっているのに、「L壁」さえあれば子供たちが守られる。未だに、あの「L壁」の体験は、強い印象として残っています。

　くまもとアートポリスのコミッション・ワークを通じて、「熊本の風土に都会的な洗練は合わない」と常々感じていたので……。コンペの最終審査でヨコミゾ案と比べた際にも、「L壁」の強さがポイントとなりました。「想定外の災害や事件が発生した時に、子供たちだけでなく住民も守ってくれる」という印象が、小嶋案の方が強かった。もちろん、「ヨコミゾ案のような綺麗な学校を実現してみたい」という気持ちもあったけれど、「何か起こった時に、頼りになるのか？」という疑問が払拭できませんでした。

——座談会をした時には、震度七の地震が熊本を襲うなんて想像もしていませんでした。

伊東　本当に。ぼくも台風災害についてはイメージできていたけれど、熊本地震は想定外でしたね。今、当時を振り返ってみると、坂本一成さんが当選した「宇土市立網津小学校」（二〇一一年）のコンペと共に、かなり悩まされた審査でもありました。

里山につくった集落のような雰囲気

——初期の小嶋さんは一貫して「都市」に関心があったので、学校建築を提案する際も「都市化」を基本にしていたと感じます。それまでの小嶋建築と「宇土小」の違いを上げるとすれば、その「都市化」という意識が希薄になっていることも挙げられます。

伊東　やはり、熊本独特の風土が、小嶋さんをそうさせたのだと思います。今でも熊本へ行くと、震災後にもかかわらず精神の緊張がほぐれてホッとするところがあるんです。「八代市立博物館」（一九九一年）以来、二〇年以上通っているので色々な人と交流があるから、「熊本の大らかさ」に触れられるのかもしれませんが……。東南アジアにも通じるような大らかさが「宇土小」のような建築を生み、小嶋さんたちも新たな自信を得たところがあったと思います。

　その証拠に、「流山」でもより成熟した形で「L壁」を捌いていたし、規模が大きくなっても「宇土小」のような「廊下とは感じさせない共有空間」が実現されていましたから。その結果、首都圏の学校にも拘らず「都市化」という雰囲気が薄くて、まるで里山につくった「集落」のようにも感じられた。ただ、「宇土小」の方が明快でした。

——「流山」では、小嶋建築には珍しく、曲線が多用されています。

伊東　個人的に曲線を良く使うから、気になってしょうがなかった。珍しく曖昧な処理をしている気がして、フワフワしている印象が否めませんでした。小嶋さんは、そういう所に行かないで欲しかったナ（笑）。

　ともかく、前後の世代を含めても小嶋さんは、都会的な人間に感じられない珍しいタイプの建築家でした。最後までYOHJI YAMAMOTOの服を着て格好をつけていたけれど、「オートバイに跨った田舎のニイちゃん」という佇まいは消えなかったからね（笑）。何にしろ、「決して洗練には向かわない！」という意思を貫き通していたから、「宇土小」のような地方のプロジェクトでも上手く立ち回れたのでしょう。

　彼がつくる建築にも、壁の厚さに象徴されるように「洗練された美しさ」は感じられません。もちろん、成熟はしているけれど……。使われ始めると、どうしても雑多なもので溢れる学校というプログラムには、その「美しくない」ところがフィットしているのかもしれません。

人工と自然の混ざり合った統合体

――「都市化」は薄まっているとはいえ、「宇土小」や「流山」は「L壁」という共通言語で空間を規定しているし、「L壁」自体もグリッドに載っています。最近、ご覧になった「鵜住居」は、そんなシステムすら薄らいでいる印象がありました。

伊東　ぼくも同感です。斜面を切土した場所に学校をつくらなければならなかったので、今までのような「平たい建築を実現するシステム」が使えなかったんじゃないかな。

　そもそも、実現できたこと自体が奇跡だったと思います。なぜなら、コンペ直後から建設費が急騰していて、平田晃久さんが設計していた「釜石市災害復興住宅（東部地区天神町）」をはじめ、実現しなかったプロジェクトばかりだったから。そんな状況でも、ゼネコンとタッグを組みながら実現してしまう小嶋さんの腕力には、とても感心させられました。

　もう一つのポイントは、津波で更地になってしまった町の高台に姿を現わす学校だということ。復興に手が付いたばかりの町から見上げたり、その風景を学校から見下ろした時に、「何かあったら、学校へ行けば大丈夫と思われる建築をつくりたい」という意識が、小嶋さんの中に過剰にあった気がします。例えば、町側を全面ガラスにした体育館。機能的には解決すべき問題が増えたと思うのですが、「町で暮らす人たちに、体育館の灯火を常に感じていて欲しい」という小嶋さんの特別な思いが、色濃く反映されていると感じました。そういう意味で、今までの小嶋建築には見られなかった「シンボリックな建築」になっている。

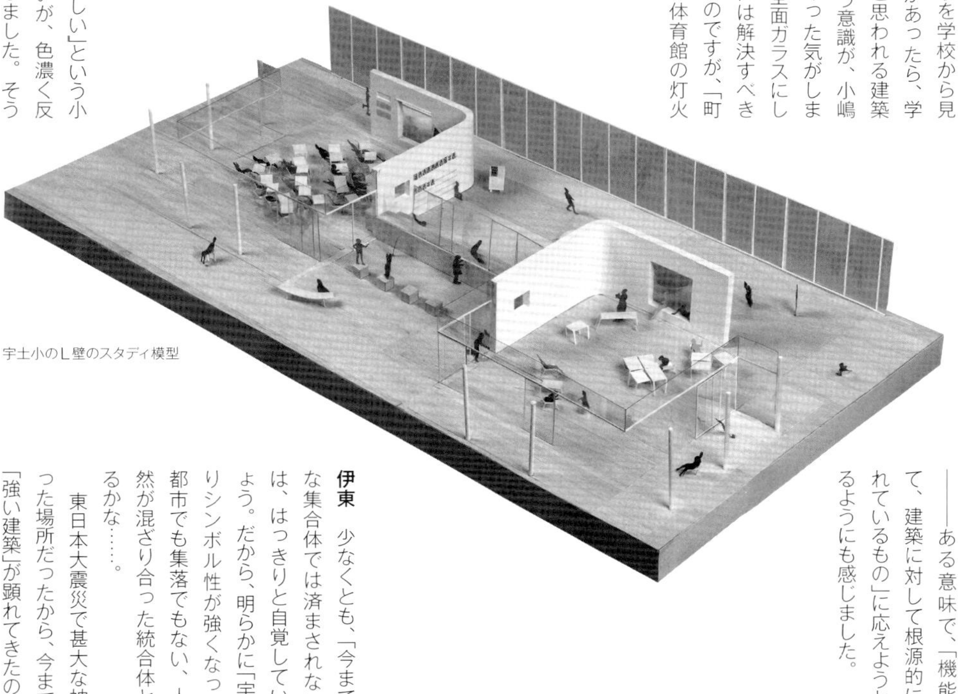

宇土小のL壁のスタディ模型

――ある意味で、「機能を越えて、建築に対して根源的に求められているもの」に応えようとしているようにも感じました。

伊東　少なくとも、「今までのような集合体では済まされない」ことは、はっきりと自覚していたでしょう。だから、明らかに「宇土小」よりシンボル性が強くなっている。都市でも集落でもない、人工と自然が混ざり合った統合体とも言えるかな……。

　東日本大震災で甚大な被害を被った場所だったから、今までにない「強い建築」が顕れてきたのか。もしくは、特殊な条件でなくても、新たな方向性を模索していたのか。「鵜住居」の後にできたであろう小嶋建築を、もう少し見たかったですね。

――風土にフィットさせた「宇土小」と、被災地につくられた強いシンボルとしての「鵜住居」。この二つの手法は、融合可能だと思いますか？

伊東　それは、つくるプロセスによって左右されると思います。「宇土小」と同じような設計プロセスを「鵜住居」では望めなかったと思うので、少なくともプログラムの問題には深くタッチできなかった筈です。ましてや住民参加のワークショップを行い「一緒に新しい学校をつくろう」なんて雰囲気は、とてもつくれなかったと思う。そうやって、疲労困憊している役所の人間にも頼れない状況で完成させた「鵜住居」と、同じ設計プロセスを辿るのは現実的ではないかもしれない。

――一方で「宇土小」は、小嶋さんなりの体感が色濃く反映されていた。

伊東　そういう意味で、小嶋さんがいなくなった日本の建築界をとても危惧しています。「居心地の良さ」なんて意識的に判断できるものではないですから、その逸材を亡くした穴は小さくないと思います。

宇土市立宇土小学校

熊本県宇土市，2011年

室の領域はワークスペースと一体化した子供たちの多様なアクティビティを許容する内部空間であり，それとセットになった中庭はあくまでインテリア化された外部の活動空間として機能していたように思う。

また，我々が以前より言っているリバーシブルなスペースとは，例えば建具の開閉などによって冬や雨の日には内，夏や天候の良い日には外，となるような場所のことであるが，最近，リバーシブル＝反転する空間がどこかで同値化するような可能性を感じている。

今回の計画では，大小様々な中庭と外周部のひだ状に織り込まれた外部空間に挟まれた，その両側に領域を持つL型壁が磁石のように子供たちのアクティビティをひきつけながら，徹底的に外に向かって開かれている。

リバーシブルな「内」と「外」が溶け合い，L型壁や軒や平面的な深度が木々の広がりや葉っぱの密度のように現れながらグラデーショナルな移り変りを持つ，全体がまるで外のような空間が立ち現れることを目指している。

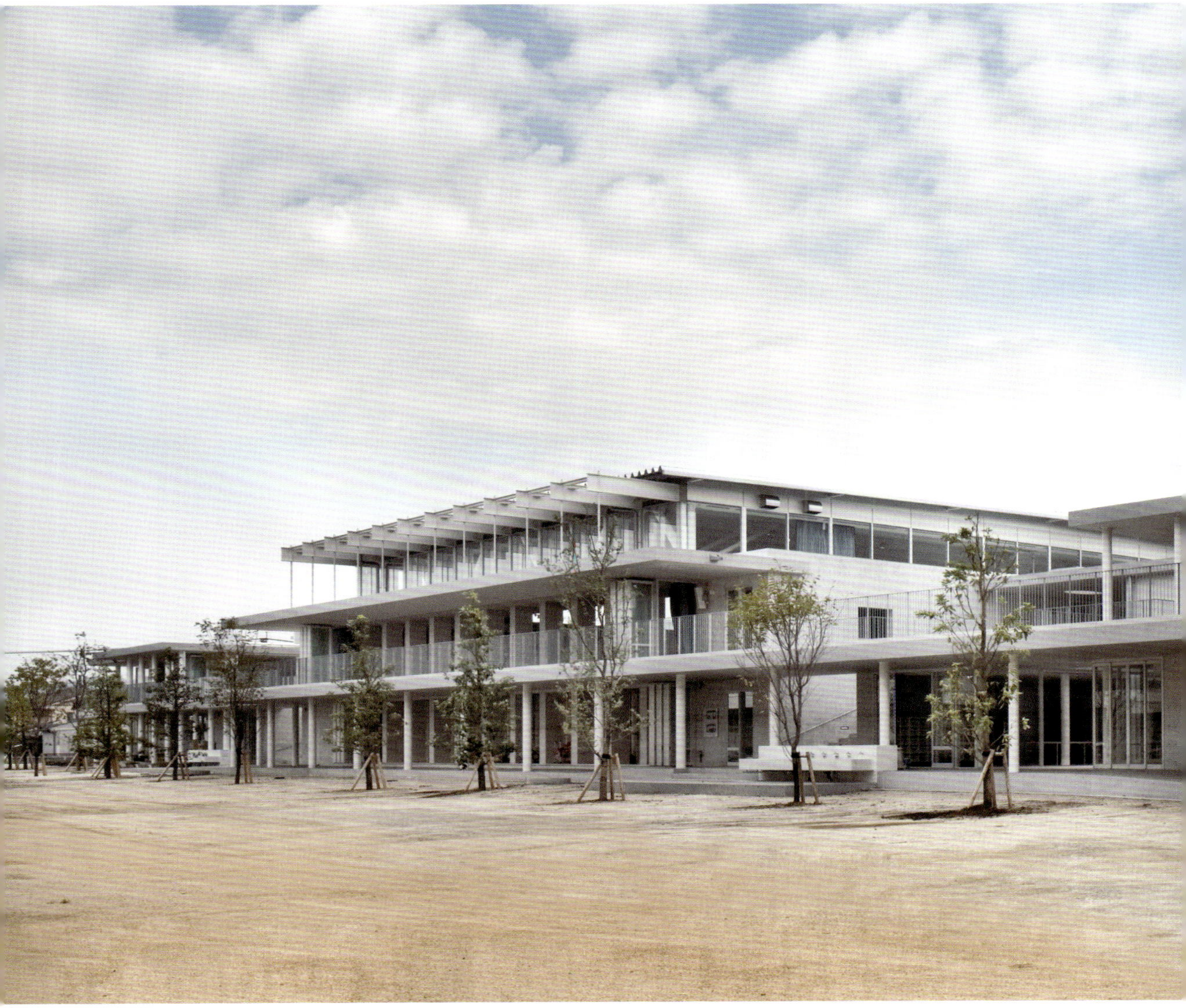

南西より見る全景

敷地は熊本県の中央西部，天草方面につながる半島の根元部分に位置する。熊本アートポリスの一環として実施されたオープンプロポーザルで最優秀に選ばれた，1,000人近い児童数を抱える大規模校の改築計画である。

既存の校内には東京とは植生の違う樹木が濃く茂り，インテリアの廊下がほとんどない建物の内外で大勢の子供たちが活動しているのが非常に印象的だった。

学校建築の新しい形式を提示し，それを建築の問題へと昇華させること。それがこのコンペに参加した第一の目的であり，要綱で求められた面積配分からは我々が従来携わってきたオープンスクール形式の学校としては設計が難しいと感じたこと，また既存の校舎が持つ突き抜けた明るさや地域性がその一助になったことは確かである。

提案は，大小様々な中庭と角の丸いL型の壁が，「内」と「外」，「教室」と「廊下/ワークスペース」を緩やかにアーティキュレートしながら反転し，繋いでいくというもの。

これまで我々が設計した小学校では，教

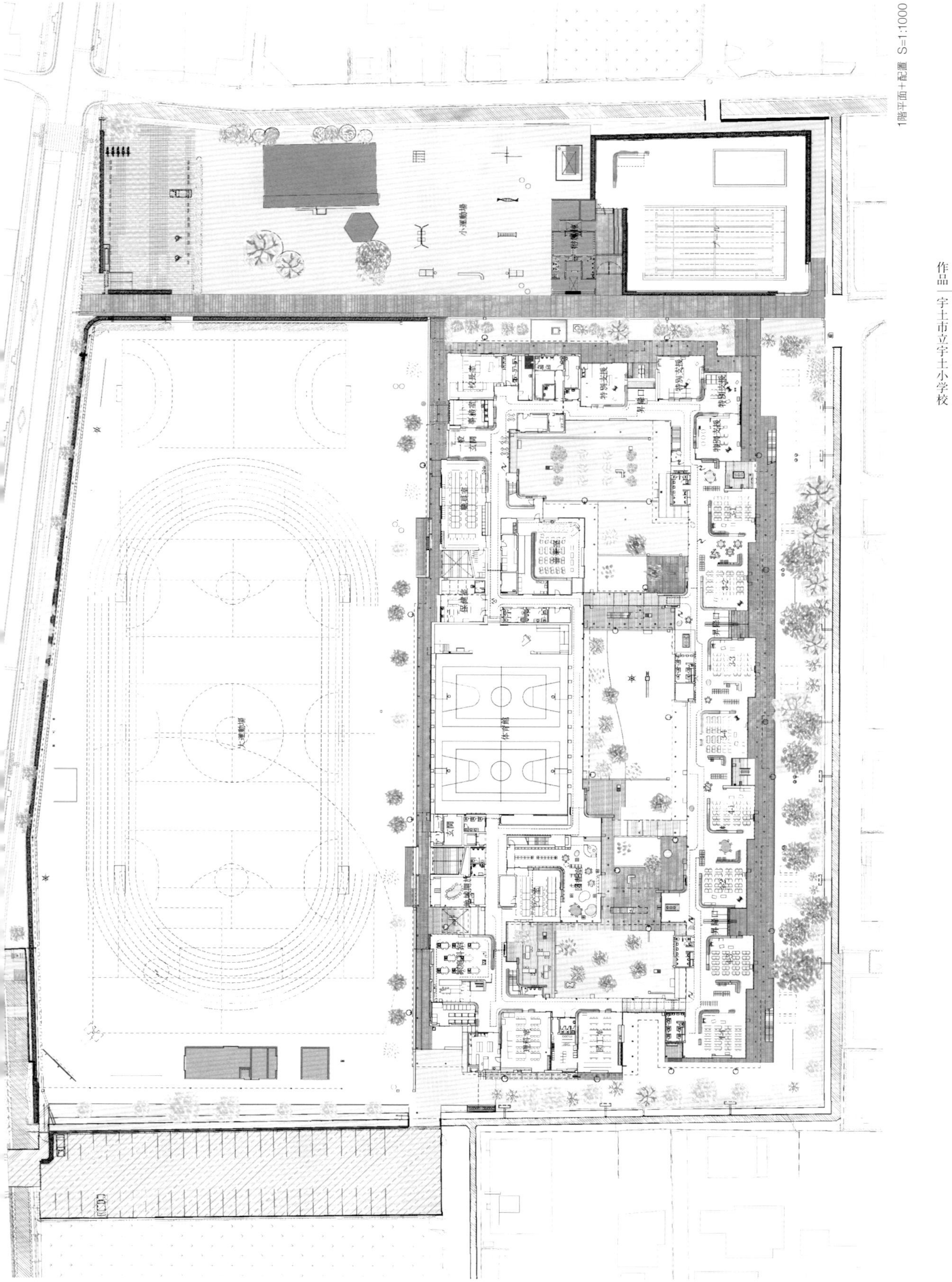

1階平面＋配置 S=1:1000

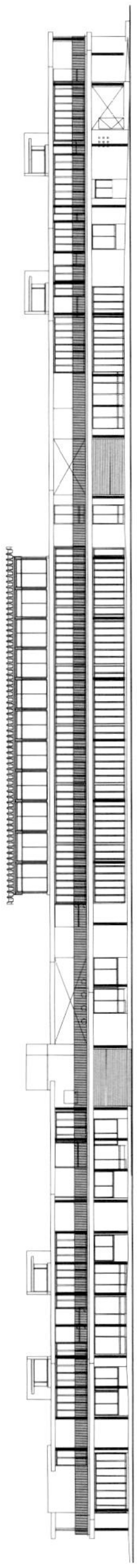

北立面

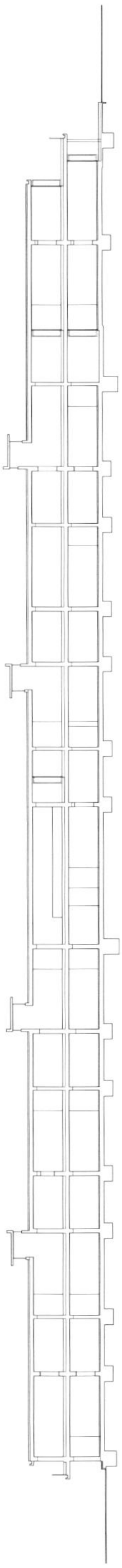

長手断面 S=1:800

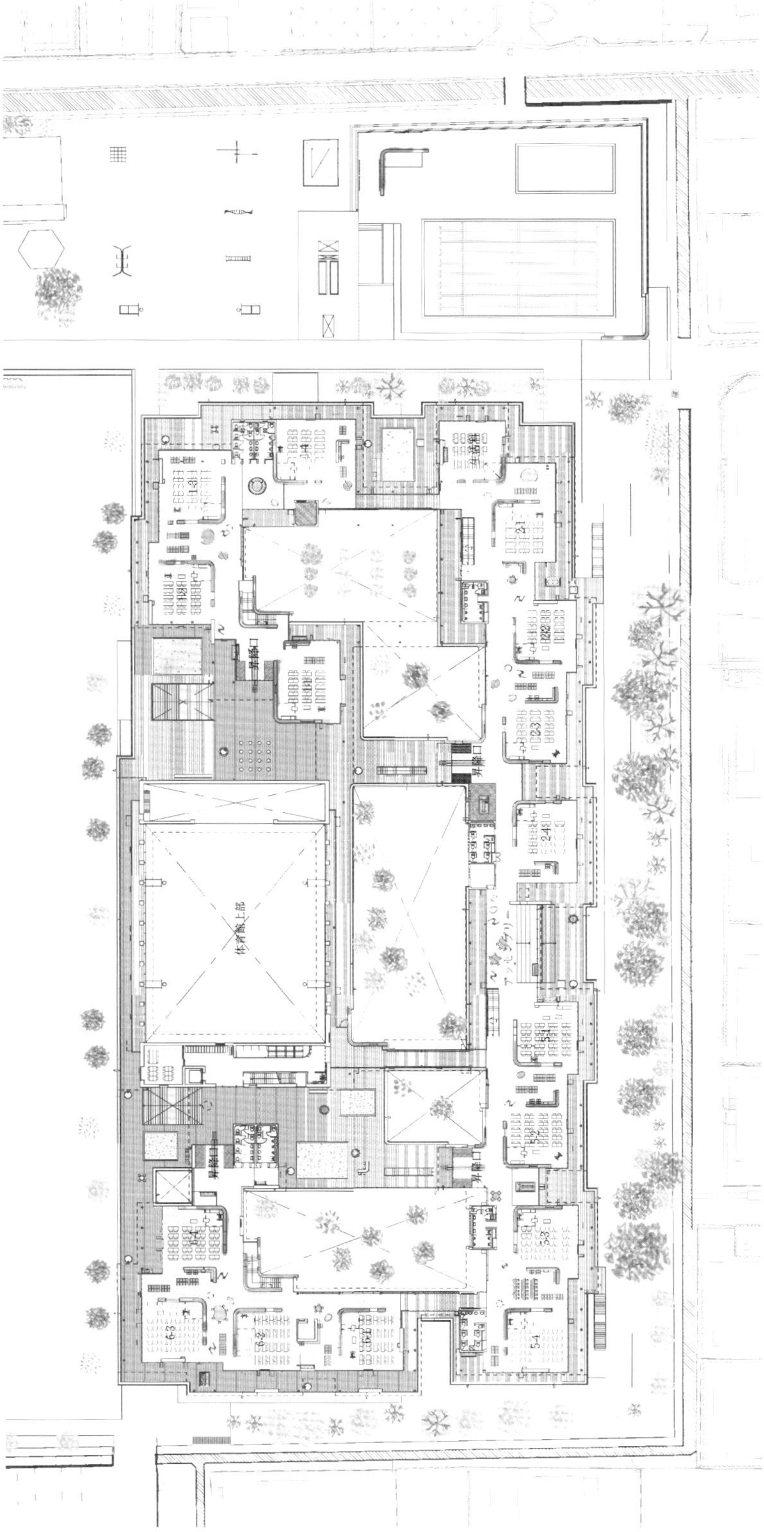

2階平面

手前よりコウサクの庭、メディアの庭、アソビの庭が連なる。
左下に図書館のリーディング・スペースが見える

2階南東隅部のオープンスペース

2階教室。L型壁の角に設けられたトップライトより，柔らかい自然光が差し込む

1階トイレブース脇の手洗い場

ミドリの庭よりランチの庭方向を見る

2階。教室を領域づけるL型壁に穿たれた開口部より，教室内部を覗く

体育館

体育館の大屋根を支えるH型鋼大梁の連なり

アソビの庭の南西隅部にある，2層分立ち上がったL型壁

プロセスを開き いかに個人の主体性を見つけるか

山本理顕

多様な人と共に建築をつくっていく時に
どのように美しい建築をつくりあげるか

写真＝CAt(p.243)
聞き手＝山口真

山本理顕　やまもと・りけん
1945年中国北京市生まれ。日本大学理工学部建築学科卒業、東京藝術大学大学院修了。東京大学原研究室研究生を経て、73年山本理顕設計工場設立。

建築の中と外

――小嶋さんの建築を考えると、アクティビティの複雑な関係や複数性みたいなものを、計画学や空間システムによって組み立てようとした側面があると思います。その思考を、同門の先輩であり、アプローチとしてもシステムズ・ストラクチュアと言われていた山本さんはどのように考えられますか。

山本　小嶋さんの方法は、ぼくにとって考え方が近くて理解しやすいと思っています。似ているという意味ではなく、小嶋さんが考えていること、建築をつくる時の原則的なところで、非常に親近感があるのです。それは何か、Y-GSAの「建築空間論」という連続公開レクチャーで話しているうちに、よくわかるようになってきました。

――具体的には？

山本　「建築空間論」というのは単純に言うと、「建築は、建築それ自体であると同時に、周辺との関係である」という話です。つまり、一つの建築とその外側との関係はあらかじめ決まっているわけではなく、建築ができるたびに新たにつくられる。それは計画する側の責任においてつくられなくてはならない関係です。

学校や庁舎といった公共建築でも、戸建て住宅でも同じです。建築は、ある敷地の中に、プライベートな空間としてつくられる。公共建築であったとしても、それを運営する行政機関の中の担当部局の管轄施設としてつくられる。公共建築であったとしても官僚機構によるそれはプライベートな建築です。その時に、外側の空間とプライベートな空間の関係をつくるのは、当の建築そのものなわけです。ということは、何がパブリックか、何がプライベートかの定義を含めて、その都度関係がつくられると。

――マッシブな壁を立てることも、その関係をつくるスタンスの一つだと。小嶋さんが「ネイバーフッド」という概念で、内部の構成と外部との関係を同時につくろうとしていたことに関係があるかもしれません。

山本　そうですね。敷地で区切られているとしても、それがそのままパブリック／プライベートの境界ではない。そこをどう考えればいいのか。プライベートなものとしてつくられる建築が、パブリックを再定義する。小嶋さんは言語化してはいないけれど、このことをよくわかっていたのではないか。彼の言葉は一方で感覚的だったと思うけれど、「なぜそれがプライベートと言えるか／パブリックと言えるか」、それを毎回考えようとしていたと思います。だからこそ、多くの人間がそこで生活し、地域の中で小さな社会圏としてつくられる（＝社会化される）。学校の仕事が多かったのは、そういう小嶋さんの考え方が影響していると思います。小嶋さんは、このような建築の空間的特性を最もよくわかっていた建築家だと、最近になって気付きました。

——山本さんも、初期の住宅以来、プライベートとパブリックの関係づけを一貫して考えてこられたと思います。「内外を開いて、公共性に寄与する」という言葉は、多くの建築家も語っているように思います。

山本　しかし、敷地を与えられて、プライベートな建築をつくれと命令されて建築をつくるわけですから、なかなか意識しにくいことだと思います。どうしてもプライベートな空間の最大効率が追求され、その効率は内側の論理でしかないので実際には外との関係では、あまり考慮されないことも多いわけです。

ぼくが公共建築の提案で反対されることが多いのはそのためです(笑)。役所や劇場、それぞれで閉じた思考の中で効率性が追求されるからです。首長や担当の役人、使用する団体などが、自分のものだと捉えてしまうのです。多くの市民が利用するかもしれないけれど、けして「市民のもの」ではない。そこで、建築と外との関係を考え直すなどということを言うと、いろいろな問題が起こります。小嶋さんも同じような問題に取り組んでいたと思う。設計プロセスを見ていると、根本的なところで小嶋さんとはとても近いと感じていました。

——具体的な建築のデザインでも、その問題は現れますか？

山本　デザイン的に上手くいかないことは誰でも当然あります。例えば、外部に面する壁をどういう素材にすればいいか、わからなくなることがある。ガラスで透明にすれば、内外が関係づけられるなんて言えない。一体、どうしたら関係づけられるのか。外から見た時のデザインがどうかという問題とは別に、混乱することがあります。

「現代建築を考える○と×」の座談会で、「宮城県迫桜高等学校」を見た時に、そのことを感じたんです。全体の構成は非常に明快で上手くいっている。でも、外壁のつくり方については、困っているように見えました。エクスパンド・メタルやFRPのガラリ、コンクリートの壁面など、それぞれの面で表現が違っているけれど……。関係の取り方としては、形式化されているというか、どこかで既視感がある。考えてみれば、ぼくにもそういうことがある。それで、その形式化のことを「日本的な共同体意識」と言ったんです。小嶋さんは、内部のプランニングを再構成して、外との関係を新たにつくろうとしているので、それとデザインを一致させることはより難しかったと思う。校門と塀をつくっておけばいいわけではなく、常に新しい外に開く手法が必要だった。そこは常に困難な課題だったと思います。

複数性を包含すること

山本　「建築をつくるプロセスをどう開くか」。小嶋さんたちの面白いところは、それを徹底してやってきたことだと思います。彼らにとっては、具体的なデザインそのものより、そちらの方が重要だと思えるくらいにプロセスに力を注いでいたと思う。

スタートの時から、自分一人の決断でなく、シーラカンスという「チームの決断とは何か」を考えて設計を始めたわけです。その時に当然、チームの外側の人たちも一緒に建築をつくることが意識されていたと思う。他者を含めて一緒に建築をつくっていく。そういうスタートの時からの覚悟みたいなものは、非常に明快だったと思います。

宮城県迫桜高等学校にて，山本氏を案内する小嶋氏。
見学後，「現代建築を検証する　○と×」(GA JAPAN 50)で座談会を行った

——複数形で決めていくということは、自分と相容れない人も含めてつくっていくわけですよね。

山本　そうです。誰に対しても非常に丁寧に説明しようとする。その時に、「こっちの方が格好良い」で通じる場合もあるし、「環境に優しい」とか「経済的である」とか説明の言語を総動員していく。そういう言葉をできるだけ共有しながらやっていこうという小嶋さんたちの姿勢は充分に共感できるものでした。たぶん、ずっとそうやってきたと思います。

印象に残っているのは、ぼくも審査員をした「流山市立おおたかの森小・中学校」。非常に大規模な学校だったので大変だったと思います。関係者も多く、横暴なことを言う人もいたのですが、相手に合わせて説得の仕方を変えてちゃんと説明していました。会話が成り立っている時は建築も上手くいくけれど、そこで解消できないことがあるといろいろなことが起こる。建築に関わる人たちも入れ替わっていくから、会話の密度が落ちて、問題が起こることもあったでしょう。

——他者を包含する視点は、空間を考える時にもあったと思います。「矢印の群れ」というように、人の動きも空気の動きも一緒に考えていました。それは、システム的な群衆の扱いのように、極論すれば都市も小学校も同じ考え方なのかもしれませんが。

山本　ただ、小嶋さんが普通と違うのは、初めに建築があるからではないでしょうか。つまり、いくら行動パターンを研究しても、具体的な空間になるわけではない。教育や駅といった、それぞれに異なる建築であったとしても小嶋さんの内側には固有の空間のイメージがあって、それを前提として、そこでのアクティビティをシミュレーションする。もっと言えば、どういう具体的な空間であるかによって、アクティビティは変わる。そこを小嶋さんはよくわかっていて、研究していたと思うんです。

具体的な建築としても、自由で開かれたプロセスをどうつくるかは、ずっと考えていたと思います。その意味では、初期の段ボールを使ったラフな模型も、「みんなでつくるということはどういうことか」を考えた結果だったのかもしれない。誰でもすぐにでも参加できそうな開放性があったし、不思議な迫力があった。

——空間自体の開放性や流動性と、精緻に構築されたプログラムは矛盾しないと思いますか。

山本　建築空間そのものを流れるようなものにしたいというより、まさに小嶋さんにとっては、そこで活動する人であり、その動きが重要だと思います。

そのことを本当に実感したのは、熊本の「宇土市立宇土小学校」に行った時でした。「宇土小」の教室はL字型の壁で様々な向きに囲われていて、とてもオープンですよね。ちょうど授業が終わって子どもたちが出てきて下校してくる頃だったのですが、向こうでは先生が子どもたちを集めて話をしている、一方では女の子が段差のあるところに座ってリコーダーを吹いている。同じ空間の中にきれいな音がフワーッと流れていて、様々な活動が同時に成り立っている。これが小嶋さんがやりたかったことだと瞬間的によくわかったし、素晴らしい空間だと思いました。

それは、小嶋さんが思う以上に、そこを使う先生や生徒たちが空間に刺激されて、だからこそ実現した空間だと思うのです。あらかじめこうであろうと思ってつくるだけでなく、つくられた建築を

宇土市立宇土小学校。L壁のモックアップ

宇土市立宇土小学校。現場事務所で製作された50分の1の全体模型。
家具配置や折戸, 床仕上げの切り替えなど詳細に表現されている

見て、使う側が自由に使っていいという気持ちになっていく建築になった。それを小嶋さんの建築は刺激するんです。小嶋さんのやりたいことが現実にそこにある。凄いと思いました。

——小嶋さんは使う人たちの動き方や、光や空気、音の動きを、建築としてつくるために、様々なエンジニアや専門家と協働していました。「迫桜」の座談会では、PCを含めた構造システムの曖昧さが指摘されていましたが、その後の展開をどうご覧になっていましたか？

山本　やはり、「宇土小」でのL型の壁の発見が大きかったと思います。L型壁で軸力も水平力も両方持たせることができ、かつ、それぞれの要素相互の関係の変化をつくることもできる。学校にとってかなり有効な構造システムを発明したわけですね。その結果、構造システムと最終的な空間の現れが、自分の中でも上手く整合したのではないでしょうか。「流山」でも「宇土」と同じシステムを展開したことが、それを示しています。実際に、「同じシステムを使うことに抵抗はないか」と本人に尋ねたことがありますが、「上手くいったから抵抗ない」と答えていました。それはその通りだと思います。

先ほど、「迫桜」で外壁のつくり方で困っていると思ったと言いました。ぼくもよく思いますが、建築を開くという時、中の機能と外の関係に整合性がないと開けないんです。でも、「宇土」はL壁による教育のシステムへの提案と一緒に折れ戸の外壁ができたことが、外部との関係をつくるデザインと

流山市立おおたかの森小・中学校。現場事務所で製作された50分の1の全体模型。
適宜、分解しながら施工時の検討項目を打ち合わせることができるようになっている

して優れていると思います。そこは、これまで経験を積み重ねられた小嶋さんの能力が発揮されている部分だと思います。

新しい美学

――「迫桜」でプロポ案と実施案がまったく変わっていることについて、小嶋さんは最初からシステムを考えたわけではなく、生徒の動きから個々のスペースを考え始めたと言われていました。具体的な物理的組み立ては後から整理していったと。CAtの学校は集積回路とも評されるわけですが、それは型を適用したのでない。コンデンサーとかICでなく新しいパーツが発明されているかもしれませんが、「宇土」や「流山」でも精緻な回路の組み立ては一貫していたかもしれない。そのシステム観は、山本さんと違う点もあったのではないですか？

山本　ぼくにとっては、「埼玉県立大学」がシステムについて考え始めたきっかけでした。PCを使い、あらかじめ全体が一つの系に載ることを前提として会話をしていくと、そのシステムを参加者全員に共有してもらったことで、非常にスムーズにコミュニケーションできることが、一つの発見だったんです。プロセスに様々な人たちも加わることができ、いろいろなアイディアを包含していくことができた。大規模な複合体の全体をできるだけ整合させるために、システムの整合性がそのまま建築の美学として成り立つつくり方があるのではないか

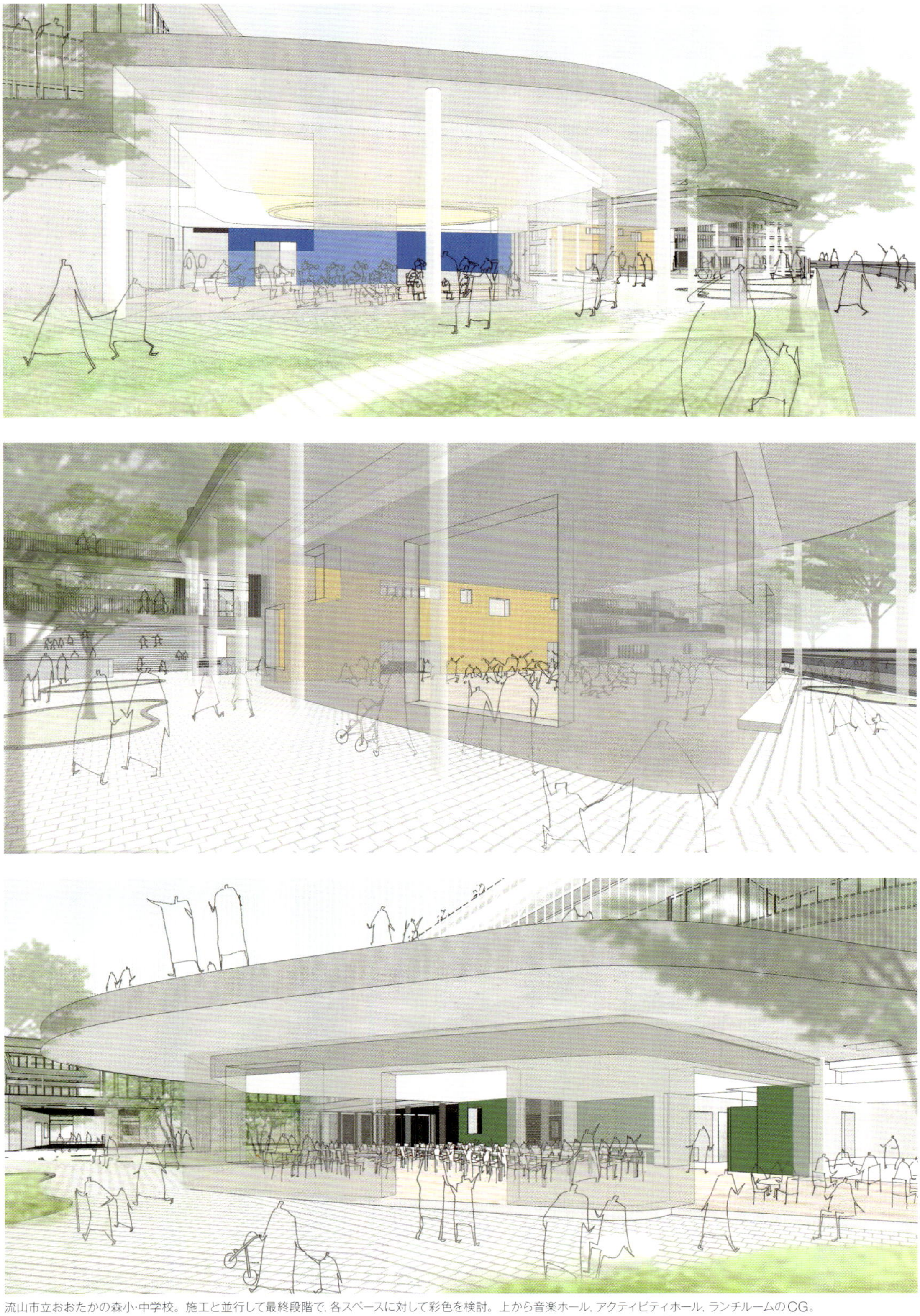

流山市立おおたかの森小・中学校。施工と並行して最終段階で，各スペースに対して彩色を検討。上から音楽ホール，アクティビティホール，ランチルームのCG。
南側の道路沿いに配置される三つのスペースは市民利用も想定されており，アイレベルでの室内の見え方を，背後の壁面に施したゾーンカラーによって特徴づけた

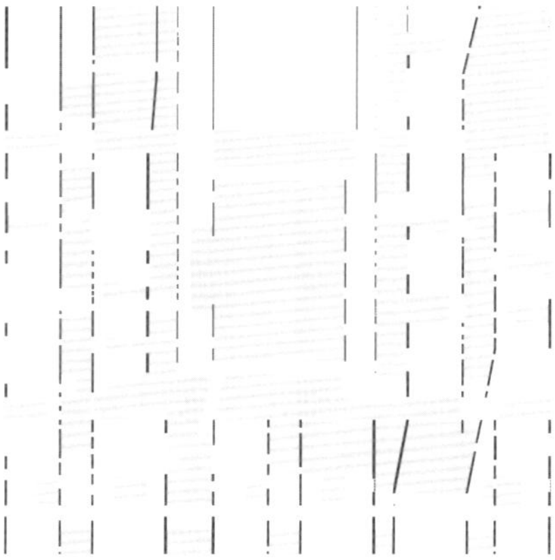

1階壁/ヴォイド

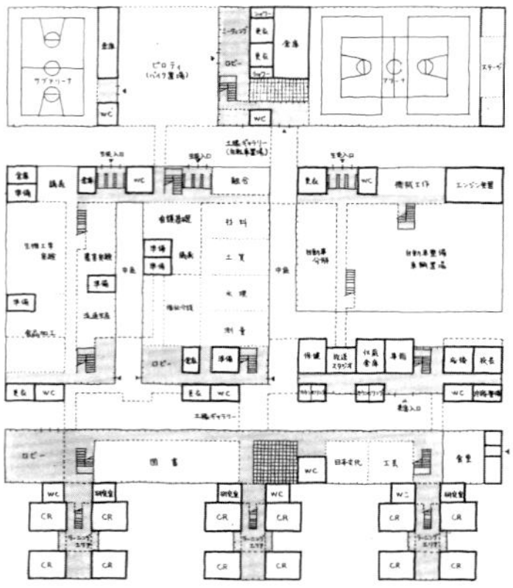

宮城県迫桜高等学校，1階プロポーザルの原案

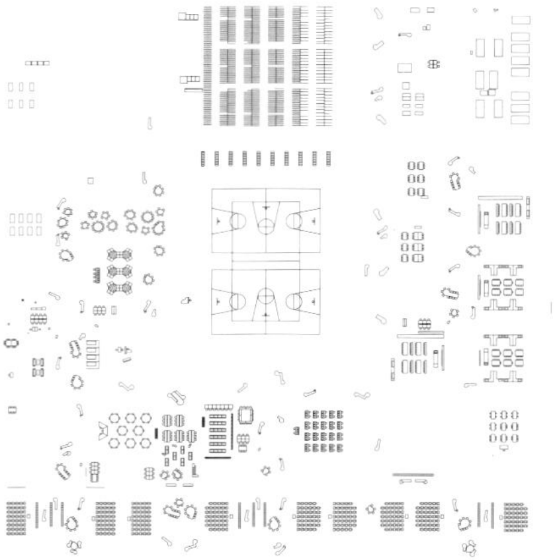

1階家具

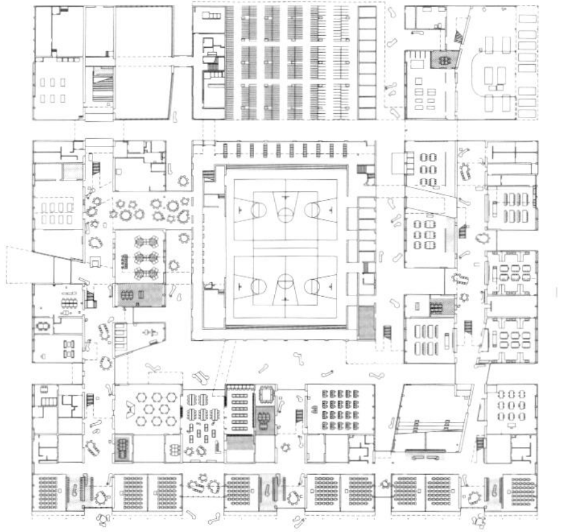

1階拠点

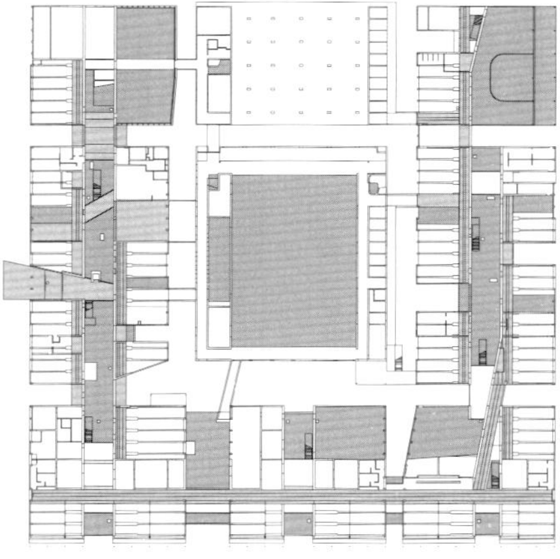

1階天井伏

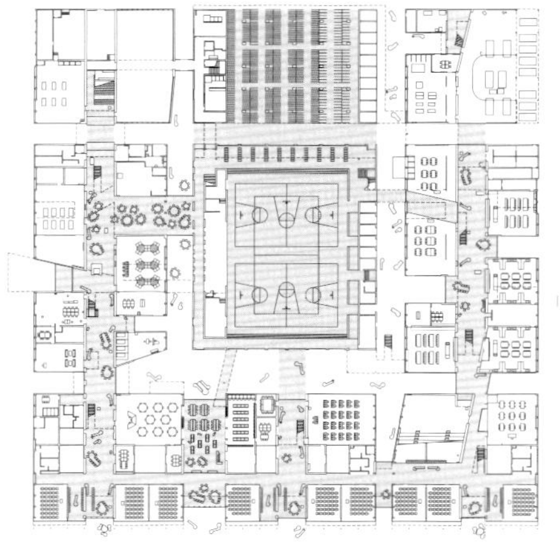

1階経路

と考えました。

　システムが美学になることは、黎明期の近代建築では一つのテーマでしたが、その後はポジティブな評価でなく、むしろ主体的にデザインしたい建築家にとっては不自由さとして考えられていたと思います。それに対して、使う人と一緒に使い方を考えていけるシステムがあると思ったわけです。

　小嶋さんの「迫桜」ができた時は、ちょうどぼく自身がそういう建築を考えていた時期だったので、対談でも話したと思う。その時ははっきり聞けなかったけど、いろいろな人と共にみんなでつくっていく時に、最後、美しい建築としてどうつくるのか。その美しさは、あくまで個人的な意識が最初にあると思うのですが、それをどのように他の人たちと共有していくのか。全ての建築家にとって大問題で、小嶋さん一人が抱えている問題ではありません。その美学をどう考えているか、一回、ちゃんと話したかったですね。

——個人の考える美しさを打ち出しているだけではない？

山本　小嶋さんにも、「自分がこうしたい」という強烈な美学はあったと思うのです。もしかしたら、小嶋はあまりデザインしようとしていないという目線で見ている人が多かったかもしれない。でも、そんなことはないと思う。集団でやっていたことで、建築家として、個人の美学を実現することが困難になったわけではないはずです。集団の中でどう個人と他者とを調停して、そこに自分の美学を実現していくか。そのプロセスで変化していったとしても、会話の中でもう一度自らの主体性を見つけていこうとしていたと思うのです。そこで自分なりの美学をどうやって実践していくか、けして放棄したわけでなく、必ず最後にはそこに戻り、毎回、相当悩んで決断していたと思います。

　新しい方法で建築をつくる強い意志を感じて、いつも気になっていました。設計のプロセスを自分の内側だけでつくるのでなく開いていく、誰かに問いかけながらつくっていくことを考えていた。たぶん、そこにもきちんと自分の美学を実現できるという自負があったんだと思うんです。

　ぼくが原広司さんから学んだことの一つは、「大事だと思うことはどんなに恥ずかしくても、今、言え」ということです。そこまで直接的に言わなかったけど、今、言わなかったら二度と言うチャンスはないよと。だから、原さんは歯が浮くようなことも平気で言う（笑）。でも、小嶋さんは照れくさいから、自分の方法や美学についてあまり言わなかったと思います。小嶋さんとは沢山語り合ったけど、まだちゃんと聞けていないことも沢山あった。もう少し話をしたかったですね。

流山市立おおたかの森小・中学校，こども図書館，センター

千葉県流山市，2011年

敷地は，つくばエクスプレス「流山おおたかの森駅」の駅名の由来になった大鷹の営巣する「市野谷の森」と，街との間に位置する。2011年のオープンプロポーザルで選ばれて始まった，最大約1,800人の子どもたちが通う小，中学校併設校と地域交流センター，こども図書館，学童保育所が集う，約22,000 m^2の大規模な複合施設である。

西棟2階の「遊びのにわ」

豊かな森と新しく開発される街との間に溶け込み，コミュニティの形成を誘導することが求められた。

卓越風と太陽の向きを考慮し，道路から60度傾けた軸が，風，光を最大限に取り込み，街と森を繋ぐという計画である。森的密度で現れるL壁が空間や環境，人々を緩やかにつなぎ，アーティキュレートすることで，建築的な構築の方法を都市的な規模まで昇華させ，新しい建築をつくれるのではないかと考えた。

地域との接点になる「アクティビティホール」，「音楽ホール」，「ランチルーム」を街に面して配置し，活動を表出させる。「こども図書館」は建物の中央に配置し，小学生と中学生，地域の人々の動線の結節点として交流の場になることを意図した。動線のスパインである「風のみち」を街と森を繋ぐように通す。積層された「体育館」，森を切り取ったような「森の庭」，「遊びの庭」など，スケールや様相の違う空間が，面的に拡がるL壁の教室群の中に現れて，大規模な建築に深度を与える。

南東より見る鳥瞰全景

西棟の西端に配されたプール。「遊びのにわ」方向を見る

2階レベルの「風のみち」。東棟の「こども図書館」方向を見る

「学校図書館」より「こども図書館」方向を見る

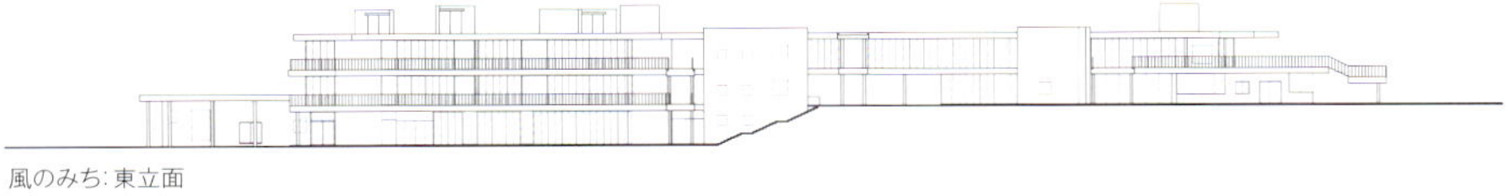

風のみち:東立面

風のみち:西立面

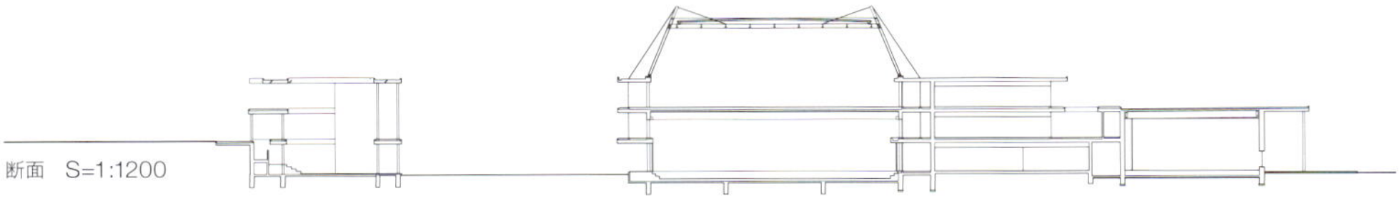

断面　S=1:1200

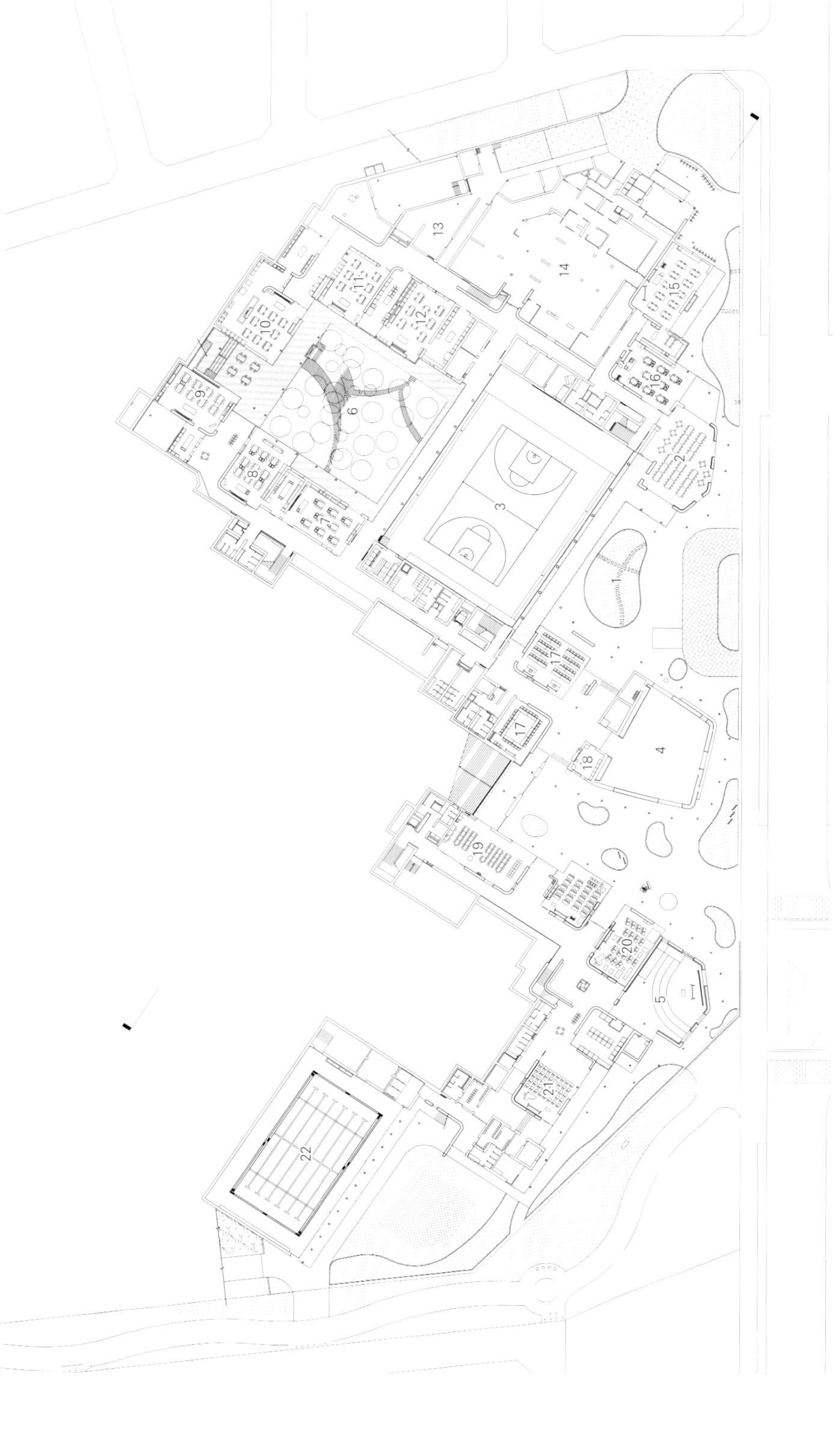

1階平面　S=1:1200

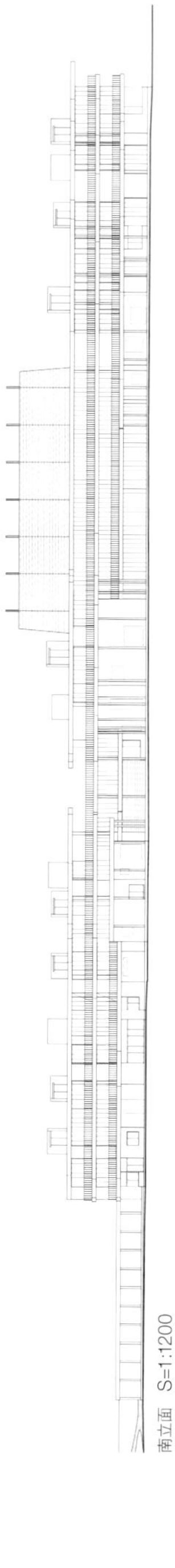

南立面　S=1:1200

2階平面

東棟2階の東端に配されたテラス。軒の出が大きな部分でも，そこに穿たれた大きな孔から自然光が差す

西棟2階南西端に配された学年クラスター。吹抜けを介して，2層分を貫くL壁を見る

「森のにわ」。北東を見る

西棟3階南東端の学年クラスター。オープンスペースより児童生徒会室方向を見る

配置　S=1:4000

1 森のひろば
2 ランチルーム
3 第一体育館
4 ホール
5 音楽ホール
6 森のにわ
7 生物室
8 化学室
9 理科室
10 技術室
11 図工室
12 美術室
13 防災備蓄倉庫
14 給食調理室
15 被服室
16 調理室
17 会議室
18 地域事務室
19 学童クラブ
20 小学校音楽室
21 中学校音楽室
22 プール
23 昇降口
24 特別支援事務室
25 特別支援プレイルーム
26 特別支援学級
27 屋外体育倉庫
28 教室
29 みどりのテラス
30 多目的教室
31 空のにわ
32 英語教室
33 図書室
34 おおたかの森こども図書館
35 生活科室
36 遊びのにわ
37 保健室(中学校)
38 スクールカウンセラー室
39 校長室(中学校)
40 職員室
41 校長室(小学校)
42 職員玄関
43 第二体育館
44 パソコンルーム
45 児童会室

3階平面　S=1:1200

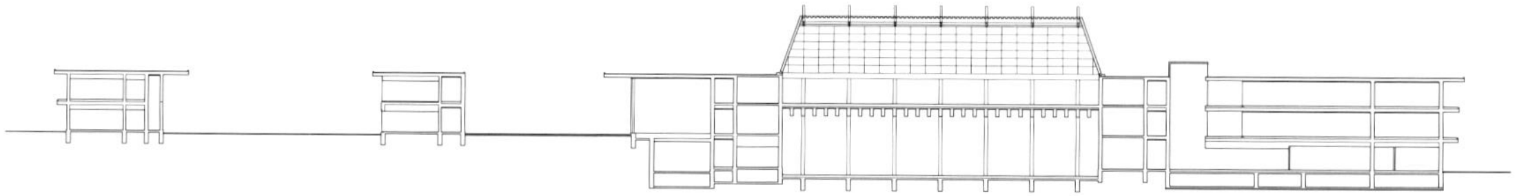

断面　S=1:1200

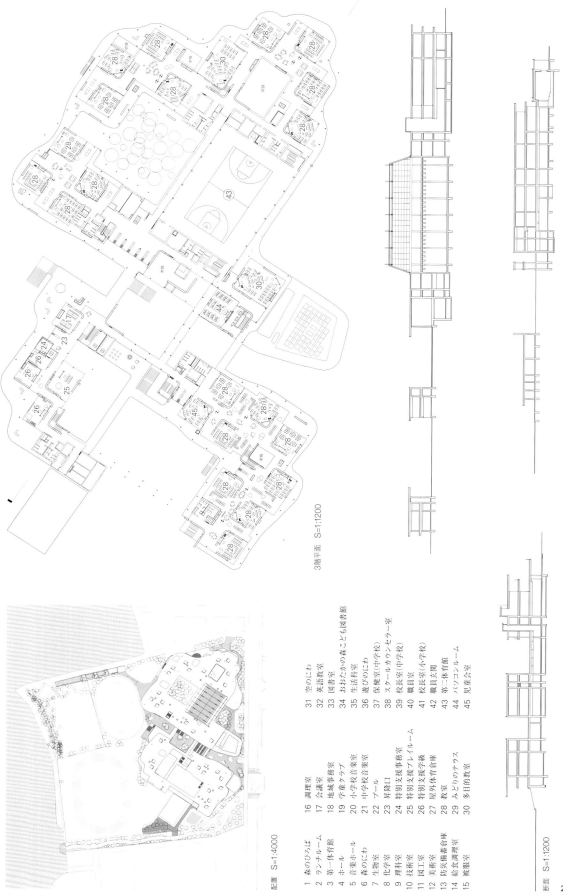

「森のにわ」の北東端にあるテラス。右は技術室

二つの体育館が上下に重ねられた体育館棟。夕景

3階の第二体育館

音楽ホール

ホール

1階の第一体育館

避難器具 取付金具
緩降機
避難器
295 NYS
295 NYS

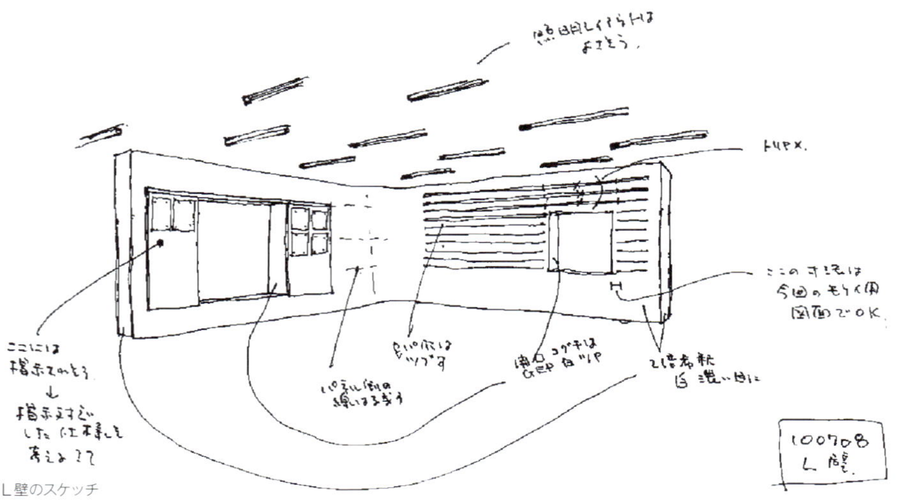

L壁のスケッチ
「宇土市立宇土小学校」のL壁が脱型した状態を見ながら，仕上げの検討をしたスケッチ。例外を除いて，セパ孔や型枠痕は消去し，開口小口にツヤ塗装を施すことが指示されている。L壁全体の仕上の色を検討するコメントが書き込まれている。

■新しい宇土タイプ

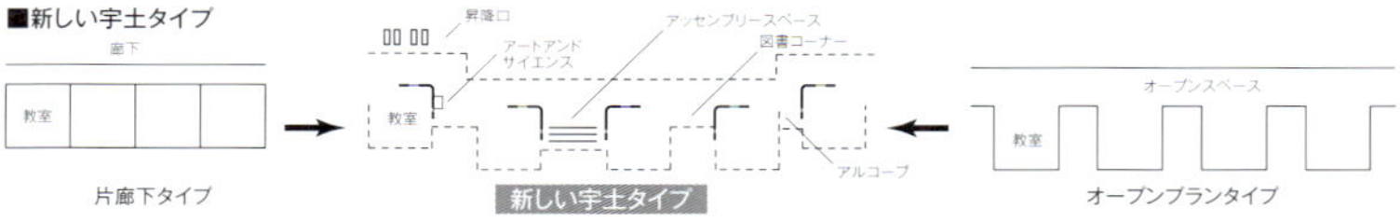

■リバーシブルな教室

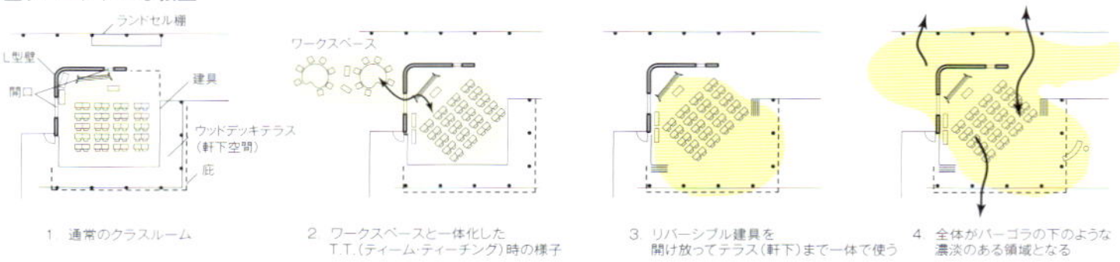

L壁

周囲にアクティビティを生む，コーナーがラウンドしたL型の耐力壁で，「宇土市立宇土小学校」（2011年）の設計時に発案された。可能な限り開放的（外部に近い状態）にしたスラブの上に，必要な教室数だけL壁を散在させることで，小学校が成立するイメージ。

L壁の凹面が教室領域をつくり，凸面が廊下と一体化させたワークスペースになる。L壁の向きは様々で，配置も適度に散らばり，多様な学習活動が展開可能になる。L壁は領域を隔てることを目的にしていなく，周囲に様々なアクティビティを生むための濃淡の発生を重視している。

「宇土」ではL壁を離散的に配置することで，従来の学校建築によくある片廊下型とシーラカンスが今まで展開してきたオープンスクール型を融合させている。片廊下型に近い面積配分でもワークスペースを確保でき，L壁によって視線や音にも配慮しながら，緩やかに空間を連続させていく新たなプランニングである。

後の「流山市立おおたかの森小・中学校，こども図書館，センター」（2015年）では更に展開し，L壁がキャラ立ちする。「宇土」では，L壁はアンタッチャブルなエレメントとして什器や建具は組み込まれず，あくまで自立したL壁の離散的な配置で全体の空間をつくっている。一方，「流山」では，「周囲が教室」という状態を誘発する「場をつくるL壁」（小学校ゾーン）と，ホワイトボードや黒板が実装して家具化された「壁の内側が教室」という「装置としてのL壁」（中学校ゾーン）が使い分けられている。

ちなみに，「流山」の半年前に竣工した「立川市立第一小学校・柴崎図書館/学童保育所/学習館」（2014年）では，自衛隊の基地に近いため防音サッシュを用いて完全空調にする必要があったこと，3階建校舎，地域複合施設という条件から，外部化した上で緩く内部をつくっていくL壁による空間構成ではなく，風車型の壁柱を採用している。L壁以上に自在に離散集合できるプランニングは空間同士を緩く繋げ，伸びやかな空間を獲得できる。

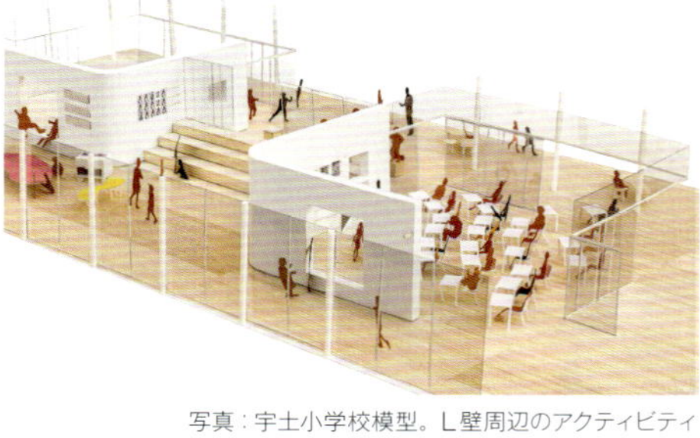

写真：宇土小学校模型。L壁周辺のアクティビティ

リバーシブルスペース

オープンカーのように全開，全閉を切り替え可能な空間。「宇土市立宇土小学校」（2011年）では，L壁と教室の外周部（テラス）に配した折れ戸建具によってリバーシブルスペースは実現する。季節や天候に応じて折れ戸を開閉でき，教室領域がL壁周囲のワークスペースからテラスにまで拡張できる（写真参照）。それまでのシーラカンスのオープンスクールでは教室を開こうとしていたのは廊下＝インテリアに終始していたが，「宇土」で初めてエクステリアにまで展開したと言える。内外の比率を1:1にした「スペースブロック・ハノイモデル」（2003年）でつくりだした屋外環境の快適さに触れ，内外を反転するリバーシブルな空間の仕組みを考え始めたという。

宇土市立宇土小学校のリバーシブルスペース

図：「宇土」における白の濃淡。上から，午前，お昼，午後のアクティビティの分布。

白の濃淡

白の空間内での小さな矢印に呼応したアクティビティの変動を指した言葉。小嶋たちが近年完成させた「宇土市立宇土小学校」（2011年）は黒と白の定義だけでは空間の本質を伝えきれない。L壁の離散的配置によって全体がひとつながりにプランニングされているため，ほとんどの空間が白で占められている。その白の中にあるL壁は周囲に様々なアクティビティを生み，凸側と凹側で場が異なる。各々の場によって，風や音などの様々な環境要素の変化＝小さな矢印の流れに伴い，場に発生するアクティビティにも変化が生じる。小嶋は，L壁をはじめとする建築的設えを地形，アクティビティに変化を与える環境要素を天気と例えた。刻々と変化するアクティビティの分布は，天気図の気圧分布のようにその都度，偏りが生じる。この偏りを白の濃淡と呼んだ。目的的な黒の空間とフレキシブルな使い方が可能な白の空間の間にあるグレーを指している訳ではないので注意。

ネイバーフッド

建物単体に留まらず，その建物によって敷地周辺の空間や環境もアップグレードさせ，近隣との新たな関係性をつくる設計思考。例えば，市街地の混み入った敷地にある「立川市立第一小学校・柴崎図書館／学童保育所／学習館」(2014年)では，敷地境界線よりセットバックさせることで狭かった通学路を広げたり，図書館棟の外壁には生徒だけでなく近隣住民も利用できるベンチを設けている。また，図書館棟の床レベルを歩道より下げることで，隣道から図書館全体やその奥の中庭にまで視線を抜けさせ，歩行者が体感できる道空間を拡張させている(写真参照)。周囲の環境をリソースとして捉えて，活かすだけでなく還元する都市的な設計思考と言える。

写真：ハノイ・36通り地区の1km×1km模型

都市の部分 1km×1km

都市を分析する際のサンプリング方法のひとつであり，都市的に建築を設計する際の思考のレンジ。小嶋は1km×1kmの範囲(インタヴューによっては800m×800mの場合もある)を人間が歩き回れる広さの上限であり，建築の方法論や思考が通用するスケールの上限でもあると定めた。1km×1kmの範囲で建築を捉えることで，敷地内に矮小化した思考のレンジを再拡張させる。

「団地ではなく街をつくる」というフレーズの元，84ha(1km×1kmより一回り小さい)に8,600戸，28,000人の計画人口の住宅地をつくる幕張新都心住宅地構想(1990年)へ参加した経験から，都市的スケールでもアクティビティが設計の鍵であるとわかり，この思考は生まれたという。近年，ドバイ郊外の82haの敷地に新しい街をつくるAl Ghurair Bawadi Development(2008年，SANAA，アトリエ・ワン，石上純也との協働)でも同規模の計画に携わることになるが，リーマンショックの影響で頓挫してしまう。

写真：宇土市立宇土小学校

雑木林的

雑木林は環境的，気象学的，アクティビティ的に小さな矢印に満たされた場所として捉えることができる。森林と異なり，人間の手が加え続けているため，迷う心配もなく，安心してさまよい歩くことができる空間である（「さまよい歩く」は，小嶋の師匠である原広司の「◇-traversing（floating）」の定義に由来している）。ただし，公園と異なり，散策を目的化していないため，自分自身でその都度，経路を選ばなくていけない。

「吉備高原小学校」（1998年）や「柿畑のサンクン・ハウス」（2010年）では，本物の雑木林の中に建築を溶け込ませる（すべりこむ）ようにして，雑木林的空間を実現しようとした。近年は，リアルな樹木群に依存せず，建築的な構成要素だけでつくる，フィクショナルな雑木林的空間の可能性を考えていた。このキーワードが顕著に明言されたのが，「雑木林の中に教室群がすべりこむ，限りなく外のような学校」と掲げた「宇土市立宇土小学校」（2011年）のプロポーザル案である。

滑り込む

快適で魅力的な既存の自然環境に建築を入れ込む際に使われる。例えば，「雑木林の中にすべりこむ」など。直喩的に，都市化に苛まされたエリアに僅かに残された，緑豊かなコンテクストへ建築をすべり込ませたプロジェクトとして「吉備高原小学校」（1998年）や「中里村図書館ファーストステージ」（2000年），柿畑の「サンクン・ハウス」（2010年）などが挙げられる。ただし，単に自然に建築を入れ込めばいいわけでなく，風や光，音，生態系まで含めた自然環境を壊したり妨げることなくすべりこませる必要がある。アクティビティと重ね合わさることで既存の自然環境が持つ小さな矢印を活性化させる設計思考はCultivateやネイバーフッドにも通ずる。

写真：吉備高原小学校

立川市立第一小学校・柴崎図書館／学童保育所／学習館

東京都立川市，2015年

な建築的要素でありながらも，子どもや先生たちの活動に連動して動かされることによって様々なアクティビティの中に吸収され，空間を規定しながらも，柔らかさのようなものにつながっている。学習館棟では，小学校講堂と多目的ホール，大きな気積を持つ二つのスペースをスタックし，児童は3階ブリッジを渡り，ロビー吹抜け上部に浮くイエロー階段を下り講堂へアクセスする。

複合化された多様な環境において，子どもや大人の様々な活動が促される地域の拠点となることを願っている。

公道に直接面する校舎棟の南東隅部

西側の校庭より校舎棟を見る。全景

敷地は東京都立川市の南部，閑静な住宅街に位置する。2009年，小学校の耐震建替に伴うマスタープラン策定支援業務プロポーザルで選定され，小学校・市立図書館分室・学童保育所を複合化することを求められた。

小学校の設計では，主に市の教育委員会，施設課，学校関係者（教職員，保護者）や近隣住民などとの協議が行われるが，加えて，学習館関係者（職員，利用団体），図書館関係者，学童保育所関係者など多岐にわたる協議，調整が必要となった。特に学校側と学習館利用者側はセキュリティの問題や利用時の制約など，複合化に対する不安意見も多く見受けられたが，これからの少子高齢化社会の中で，子どもからお年寄りまで幅広い世代の人たちにとって重要な地域の拠点施設となることなどを丁寧に説明し，納得していただくプロセスを経た。もちろん計画としても，空間的，視覚的なつながりを持たせつつ，あらゆることを想定したセキュリティラインを確保し，将来にわたって建築が制約になることなく，さまざまな使い方が可能となるよう，細かなところまで配慮し設計を進めた。

全体計画としては，敷地東側に校舎棟（小学校・図書館・学童保育所），そして道路を挟んで東側の飛び地に学習館棟（柴崎学習館と学校の講堂兼体育館）を配置し，道路上を3階ブリッジでつなぐ構成である。

校舎棟は，風車状に離散配置した壁とそれらをつなぐ梁の反復による構成，様々なファクターに対応したマテリアルを用いてデザイン・レイアウトされた可動壁により，自在に離合集散できるモードチェンジ可能な都市型小学校を目指した。可動壁が物理的

1 昇降口
2 ランチルーム
3 学童保育室
4 家庭科室
5 給食調理室
6 図書室
7 コンピュータ室
8 会議室
9 外国語活動室
10 職員室
11 校長室
12 応接室
13 保健室
14 教育相談 特別支援教室
15 中庭
16 ロビー
17 スタジオ
18 事務室
19 子育て支援ルーム
20 特別支援職員室
21 特別支援学習室
22 特別支援学級
23 生活科室
24 理科室
25 教室
26 講堂兼屋内運動場
27 実習室
28 音楽室
29 図工室
30 機械室
31 ミニギャラリー
32 多目的ホール

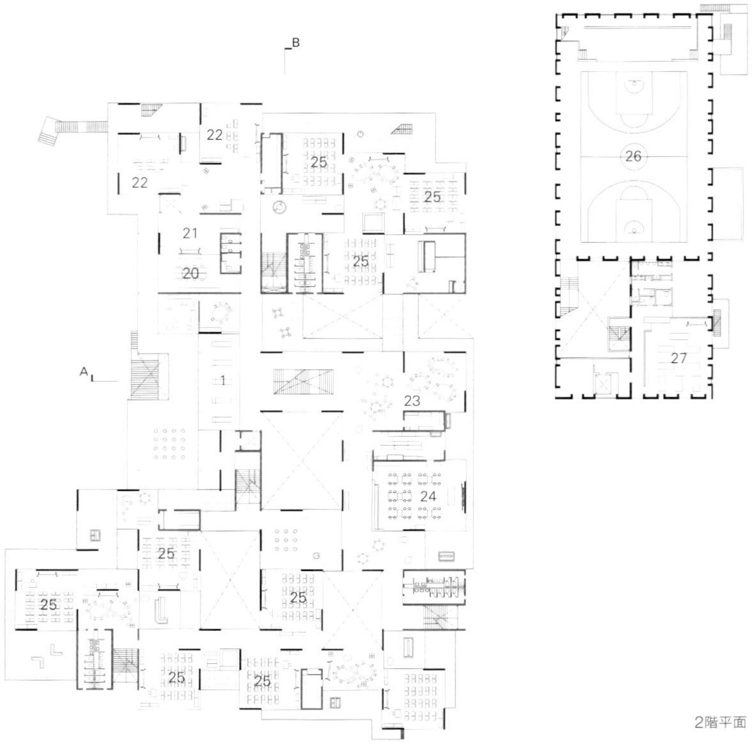

2階平面

N

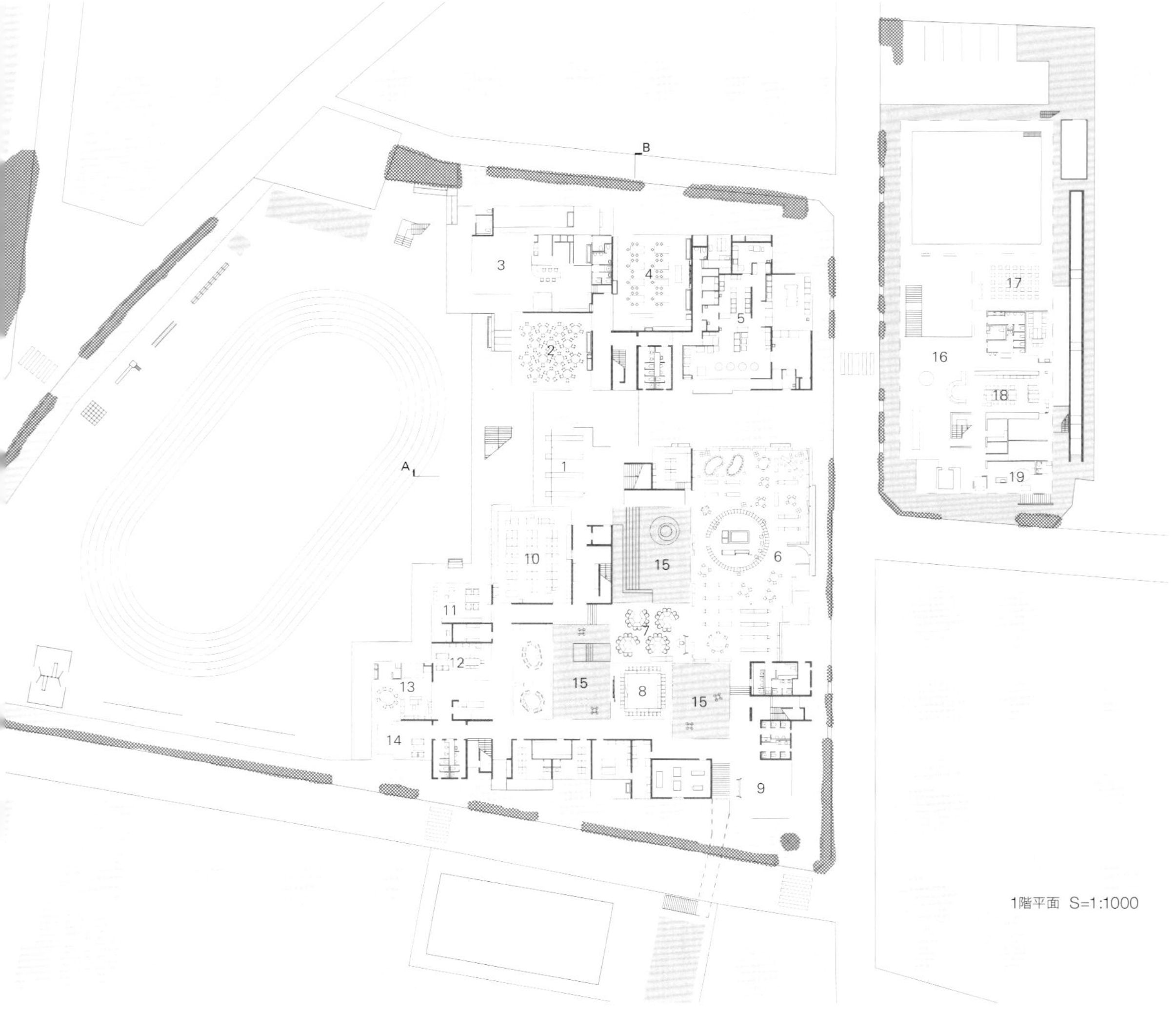

1階平面 S=1:1000

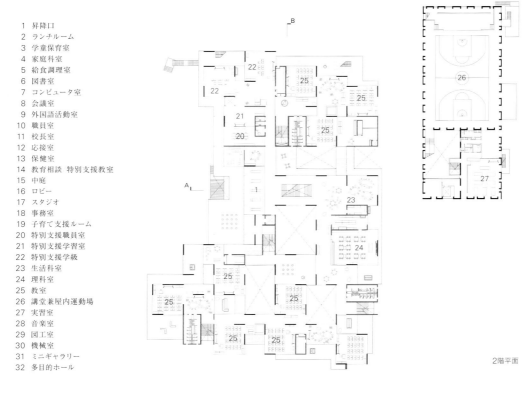

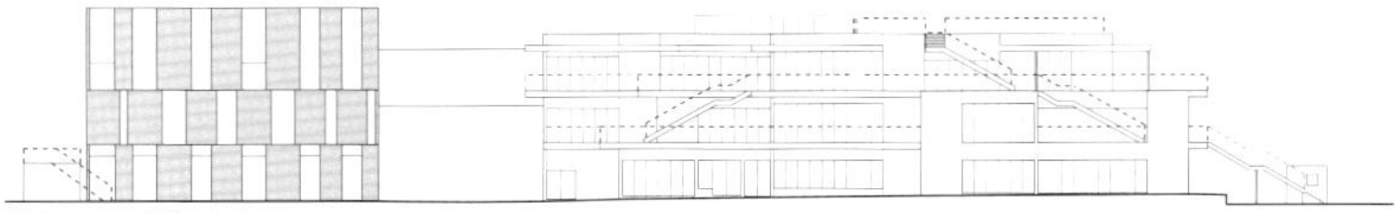

校舎棟＋学習館：北立面

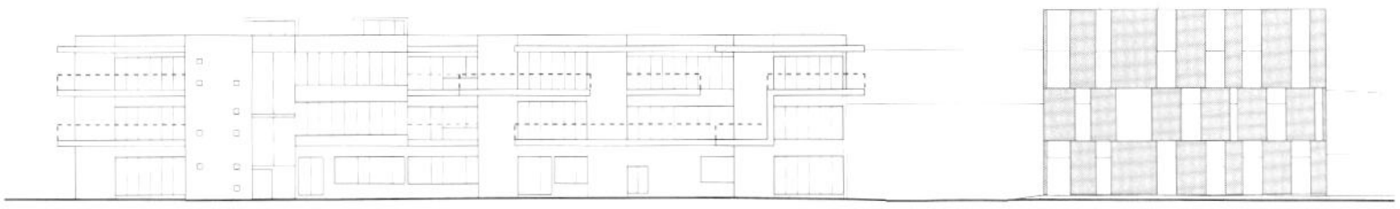

校舎棟＋学習館：南立面

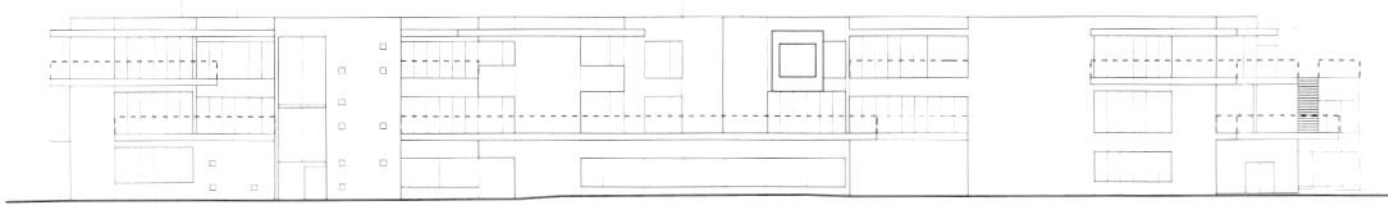

校舎棟：東立面

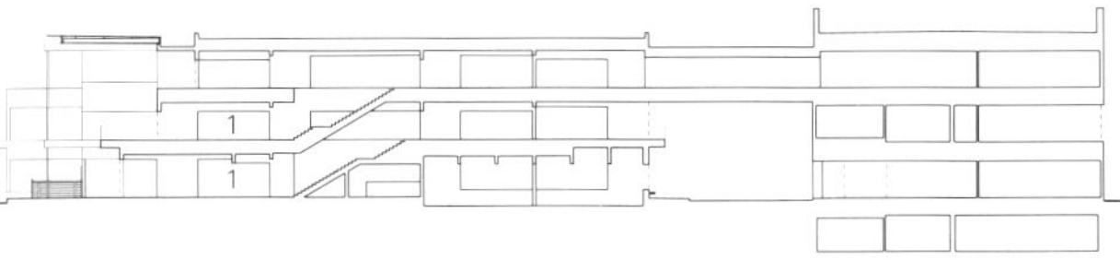

A断面

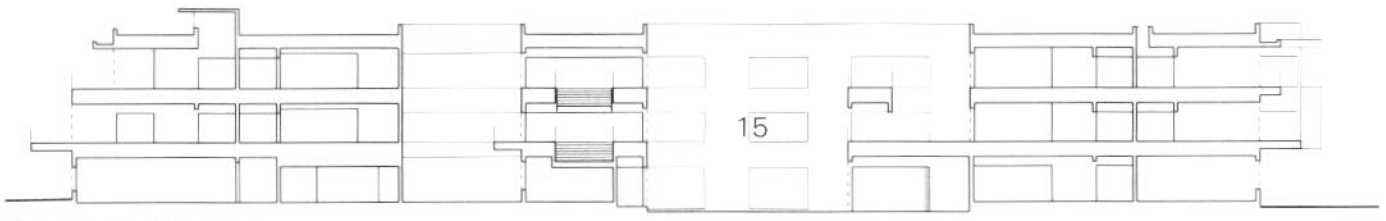

B断面　S=1:1000

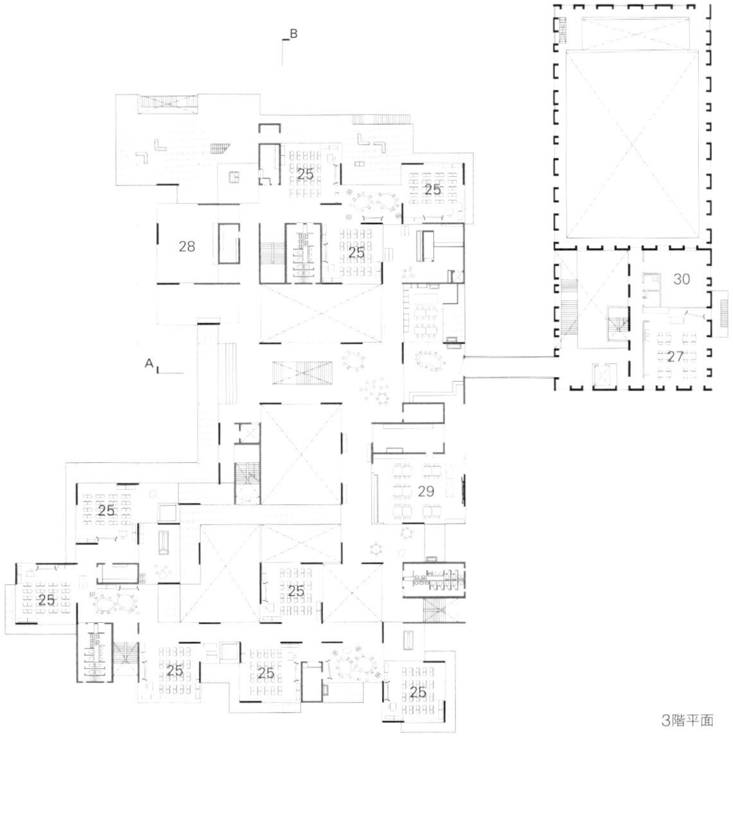

3階平面

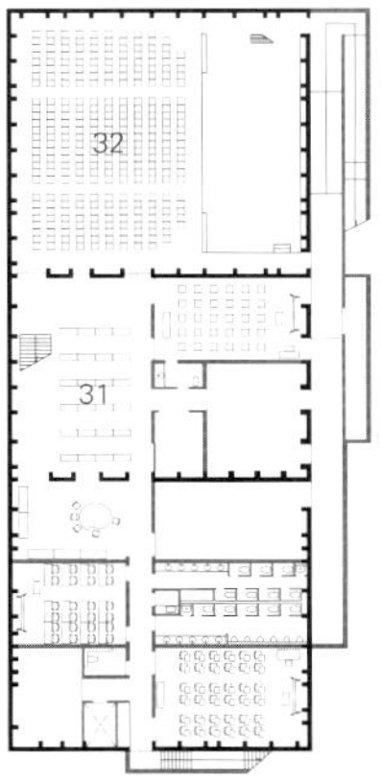

地階平面

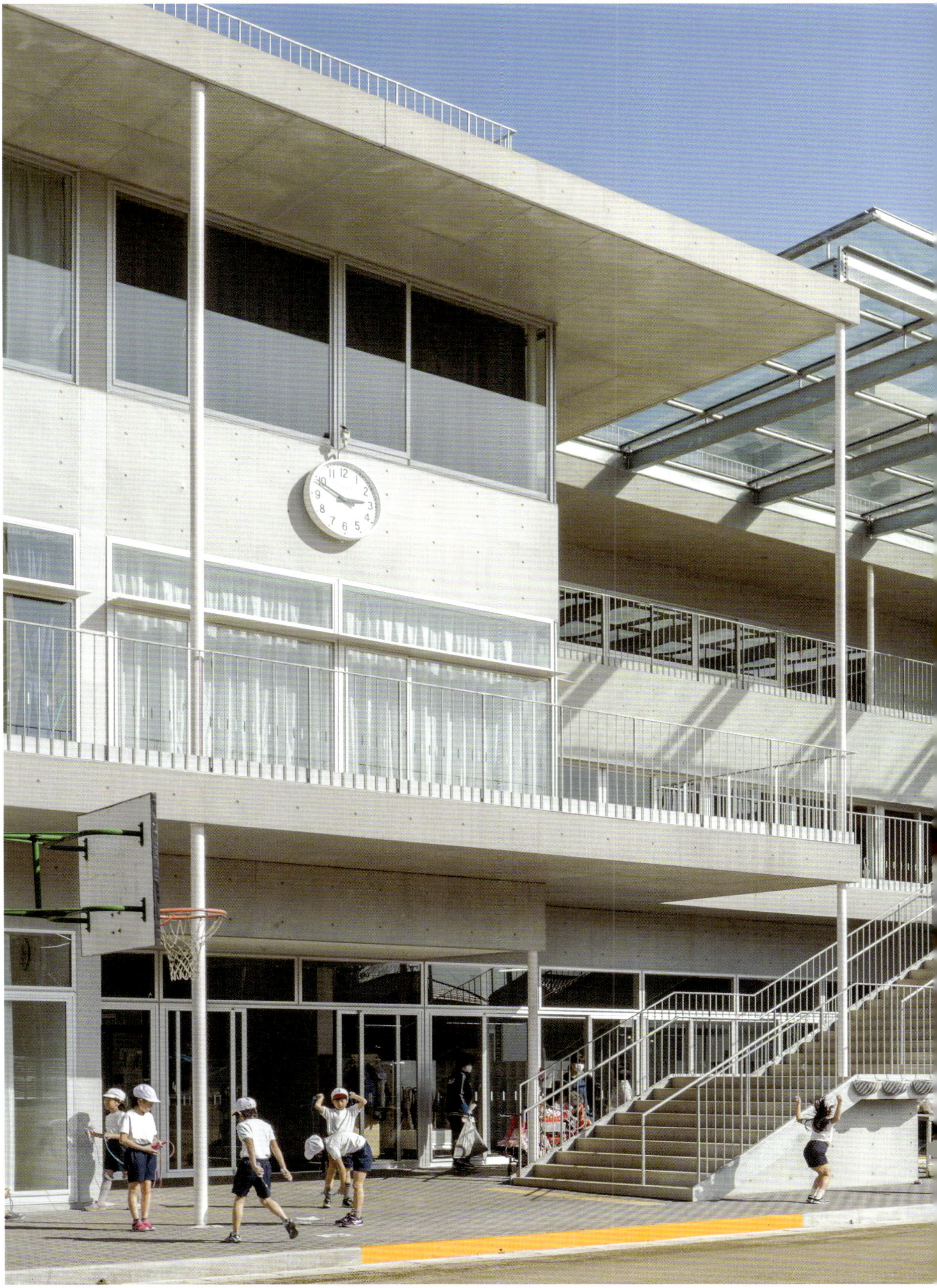

西側の校庭より，1階の低学年用昇降口や2階の高学年用昇降口へ導く大階段を見る

屋上より2階テラスを見下ろす。ブリッジを渡りながら，三つの中庭も見下ろすことができる

ブリッジ下の2階テラス。右は北側中庭の上部

普通教室に囲まれた西側の中庭。北側昇降口方向を見る▷

2階南西隅の学年クラスター。
オープンスペースより離散的に配置された壁柱を見る

3階北側の学年クラスター。
二つの教室に挟まれた隙間より，オープンスペース方向を見る

2階北側に配された学年クラスターのオープンスペース

柴崎学習館のロビー

講堂兼屋内運動場

多目的ホール

校舎棟1階に配された柴崎図書館

1階昇降口前の外部パスより，公道を挟んで柴崎学習館を見る

立川市立第一小学校のコンセプト・スケッチ

ABC

髙間三郎　小嶋一浩と風

聞き手＝山口真

髙間三郎　たかま・さぶろう
1941年東京都生まれ。早稲田大学理工学部建築学科卒業，同大学大学院修了。大高建築設計事務所を経て，71年科学応用冷暖研究所設立。

風が好き

――髙間さんは、多くのシーラカンスやその後の彼らの建築で協働されています。小嶋さんとのプロジェクトで印象的なのは、その空間のイメージに対して、よくあるパッケージを適用するのでなく、柔軟に道具立てがされていること。例えば、寒い場所だった「ヒムロハウス」(二〇〇二年)では、大きなリビングに対して、聞いたことのないような機器を使いながら、緩やかなオンドルのようなものをつくられたり。協働プロセスで感じておられた、小嶋さんの環境的な感覚についてうかがいたいと思います。

髙間　ぼくが最初に本格的に協働した「ビッグハート出雲」(一九九九年)から、環境に対するこだわりは強く出ていました。外気に接する面積が大きいラジエーター型のプランで、風の流れを採り入れた建築にしたい。形態と風の流し方が建築のテーマになって、エアロダイナミクスのようになっていきました。ストーリーとしては、気密性能を持たせたダブル・ジャロジーを状況に合わせてプログラムで自動制御して開閉させています。そのディテールは、当時のパートナーだった小泉雅生さんがずいぶん頑張っていました。

振り返ってみると、最初から風が好きでした。「風との建築」みたいな形が多いんじゃないかな。例えば、アドバイスだけした最初だった「House TM」(一九九四年)。コンクリート壁構造の家で、二階の床で床暖房をしているのですが、その床で一階も暖められないかと。それで二階の床に穴を開けて、気流で全体の空気を動かせるように考えました。暖房時に上に行った暖かい空気をどのように降ろすかが問題になります。ちょうど、逆回転させて両方向に風を送れるカウンターアローファンがあるから、それを使えばいいと。たぶん、コンクリートだけど閉ざされた箱でなく、つながっているものにしたかったのだと思います。そのようなコンセプトは、当時からありました。

――環境エンジニアリングは、近年の花形ジャンルですが、小嶋さんには以前からその意識があった。小嶋さんが考えられていた空気の状態みたいなものは、どのように達成されていたと思いますか?

髙間　空気の動き方で大きな空間構成を理解できるような空間をつくりたいといった気持ちを、「この案だったら、どうなるかな?」という感じで投げかけてくれたので、それに対応する形でした。

その意味で、一番ストレートに現れているのは、「吉備高原小学校」(一九九八年)でしょうか。寒冷地で、透過度の高い平屋の建築で、そこら中開閉するガラス戸だらけ。断熱性能なんてほとんどない。今時の考えではとんでもないと言われるかもしれません。

そんな建築に対応するには、輻射暖房で逃げるしかないと思った。そこで、農業用温室器具を組み合わせて床暖房をしたんです。開放的なオープンスクールだけど、教室だけを暖房するコストで全体を暖めたい。その建築の形態から決まったストーリーなわけです。これはよく効いて快適だったようで、感謝状ももらいました(笑)。

――建築で展開されるアクティビティも空気も、同じように流動するように考えられていたと思います。建築的には「宇土市立宇土小学校」(二〇一一年)はこれまでにないくらい開放されていて、小嶋さんも自然の風が抜けるようにと言われていました。

髙間　「宇土」は付ける設備がなかったので、何もしていないんです。あの辺りでは学校に暖房がないのですが、やはり冬は寒い。小嶋さんも付けようとしたようですが、必要ないということでした。

「ビッグハート出雲」のダブル・ジャロジー

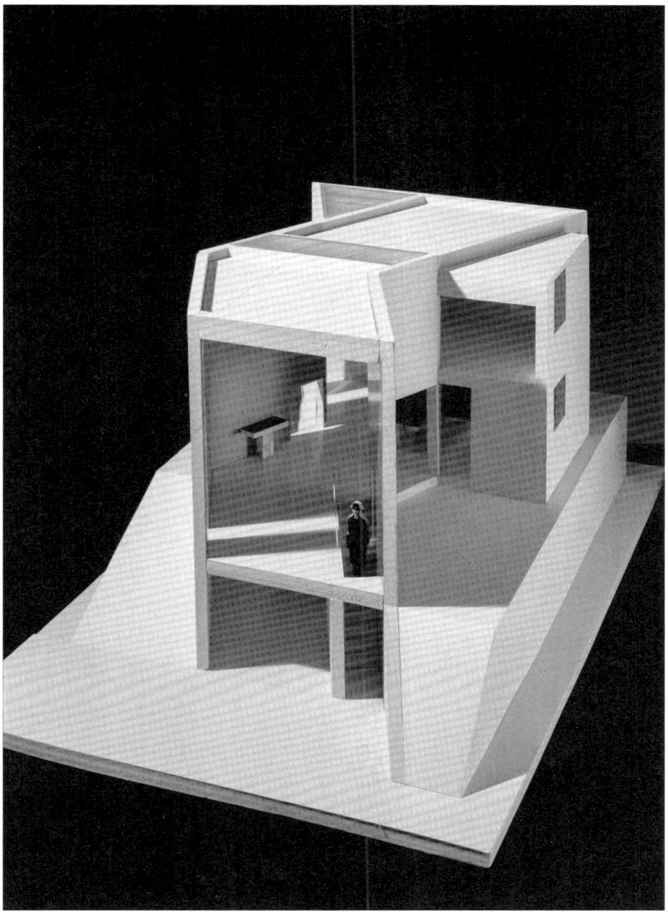

HOUSE TM

――いわゆる設備的なものでなくても、アドバイスはしているのではないですか？

高間　その意味では、流れが重要だと言っていて、L壁の構造壁の配置を見ながら、これで気流はどうなるだろうと話していたくらい。それと平面でデプスのあるところに気流搬送ファンを付けて、方向を決めて空気を動かそうとしています。

流体の設計

――夏に風速二メートルくらいの風しかないので、それをちゃんと建築全体に行き渡らせる必要があると小嶋さんは書かれていました。それは、現代的な環境エンジニアリングのアプローチだと思うのですが、あまり説明されていないですよね。

高間　その通りなのですが、気流をシミュレーションなどを用いてデザインしていくアプローチではなく、経験的なノウハウで対応したようなものなので、わざわざプレゼンテーションしていないのだと思います。完成したプロジェクトに対して、論理的な裏付けなく感覚的に空気の流れを矢印で説明するようなことはしないのでしょう。

ただ、コンペティションなどは別です。シミュレーションで解析する時間はないですから、おおよそのイメージでプレゼンすることもある。

その意味で、「スペースブロックハノイモデル」（二〇〇三年）ではCFDによる気流解析を用いて、建築の構成を決めていきました（p.130参照）。ぼくは純粋なエンジニアとしての参加で、解析は東京大学の先生だった村上周三さんが担当されていましたが。

当時は、まだ二次元的な断面のシミュレーションでした。今であれば、「FlowDesigner」といった熱流体シミュレーション・ツールが3D CADと組み合わせられるようになってきているので、小嶋さんもそのうち三次元モデルでやるようになっていたと思います。建築は構造で形がつくられることが多かったけれど、光や風を拠り所に建築の形がつくれるようになってきている。小嶋さんは興味あったでしょうね。

――小嶋さんとのプロジェクトでは、まだそこまで試みれていなかった？

高間　「流山市立おおたかの森小・中学校」（二〇一五年）では、最初の頃に少しやりかけたのですが……。特に公共の仕事では、環境シミュレーションの解析まで予算が回らないことがほとんどです。ソフトも非常に高価で、使える人もまだ少ない。逆に言うと、今だから使うこと自体にバリューがある。いずれ本質的な意味で創造的にその技術を使うことが重要になるでしょうが。

「流山」で最初に声を掛けられたのはコンペの時で、オオタカがテーマだと言っていました。ぼくは野鳥の会の施設もやっていたので、野鳥の専門家の意見も聞いて、小嶋さんと話していきました。例えば、森の木がどれくらいだったらタカの目が認識するかは、かなり密にしないとわからないとか。建築が建ってオオタカが喜ぶかどうかといった話もしていましたね。できたものは建築がかなり目立っていたけれど、コンペの時には、植栽や中庭がつながって森が町の方まで伸びてくるとか、気流のことを考えていました。そういう意味では、一番、風のことを考えて建築の形をつくったプロジェクトは、実現しなかった「ホーチミンシティ建築大学」だと思います。リング状のエアロダイナミクスの構成だった。

優しさと論理性

――小嶋さんの環境に対する感

覚のベースについて、どう思われますか。

高間　考えてみると、小嶋さんは真面目な人だけど、いつも優しさと論理性の組み合わせが根本にあって、面白い人でした。人や周りのいろいろなものに対して、非常に気づかいを感じる。ぼくの知っている「自分が」という建築家像と違い、普通の人という感じがします。その優しさのベースは、自分の身体性や感覚に対して繊細だったこともあるだろうし、少し耳が悪かったこともあるかもしれません。空気が動いていることがわかったり、自分の身体感覚を建築にまで持っていける人だったと思います。

　小嶋さん、寒いのが嫌いなんです(笑)。実家は大阪と奈良の境で、地名の「氷室」でわかるように都に氷を送っていた。そんな寒い所で育っているのに、東大の原研究室のプロジェクトでオーストリアのグラーツに行った時に、寒さで体を壊したと言っていました。石造りの町の冷え込みと日本の寒さは違うかもしれないけれど、そんな繊細な身体感覚は、彼の設計する建築に入っていると思います。

――もう一つ挙げられた論理性については?

高間　その人がどういう考え方で育ってきたか。言葉が達者な人は沢山いますが、それをどれだけ信じていいかよくわからない。でも、小嶋さんには率直に話してもらっていたと感じます。ご両親の影響でしょうね。頭脳が数理的に非常に明晰なのは、エンジニアリングに関わっていたお父さんの影響だと思いました。

　建築家としては珍しいと思うけれど、ロジックがあまりに先行して、設計を見るとギャップが多い人もいるけれど、小嶋さんは論理的なんだけど、自分の感覚がベースにちゃんとあるというか。凄く頭の良い人で、よく考えているのですが、出てくる言語の表現は不明快なところがあった(笑)。でも、つくられた建築は非常にはっきりしていてよくわかるんです。その時差が良い。プレゼンテーションをしていても、言葉は少しおどおどしながら出てくる。やっていることの精密さとのギャップが大きい。頭脳が二回転するくらいの間に、言葉が一言ポロッと出てくる感じかな。そこで彼の人間性が伝わってインパクトを感じると思います。

　これは言い方が難しいのですが、形に対する感受性が非常に鋭い人だったと思います。機能的な建築をやる人は沢山いるけれど、出てきた結果としての形が良いんです。例えば「宇土」では、平らな建築で床が重要だから、別に角が直角でもいいと思うんです。でも、コーナーが丸かったり、中の壁も曲がっている。そういった部分は、他の人ではわからない、彼の建築家としての形の現れ方だと思います。非常に明快な論理を組み立てられる人でしたが、それが良い形として現れるんですね。優しさの一つなのかもしれませんが、良いところだと思っていました。

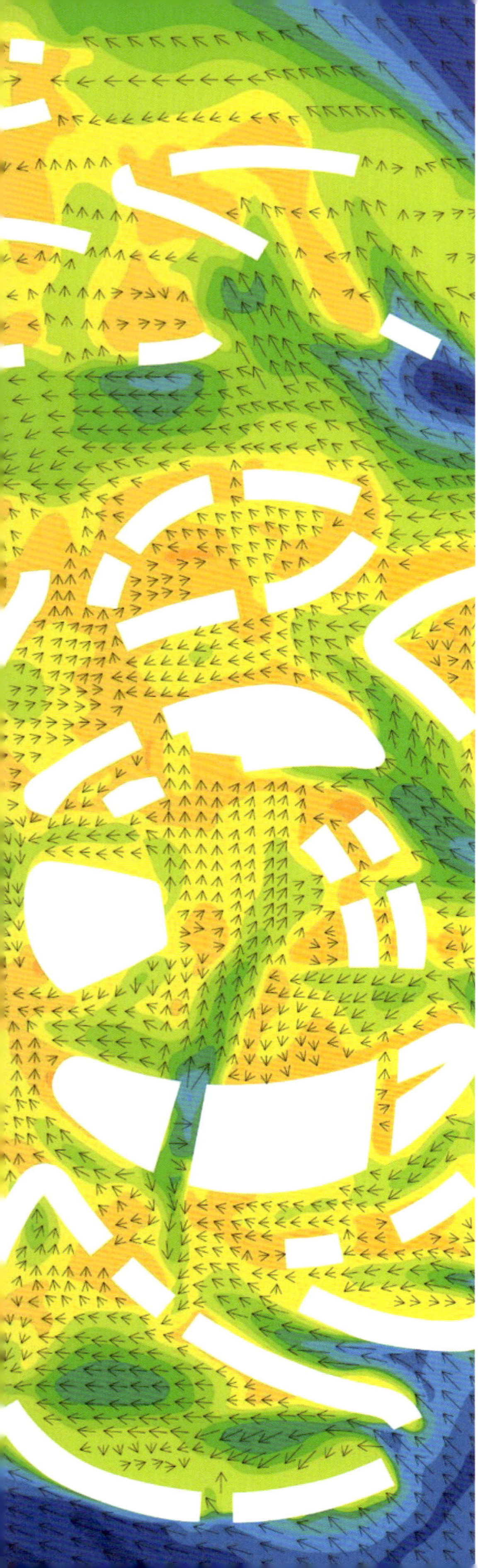

ホーチミンシティ建築大学。CFDによる風の流れの解析

上野淳　学校建築の展開

上野淳　うえの・じゅん
1948年岐阜県生まれ。東京都立大学建築学科卒業，同大学大学院博士課程修了。首都大学東京教授を経て，現在，首都大学東京学長。

図版提供＝*CAt*：*p.287*
聞き手＝山口真

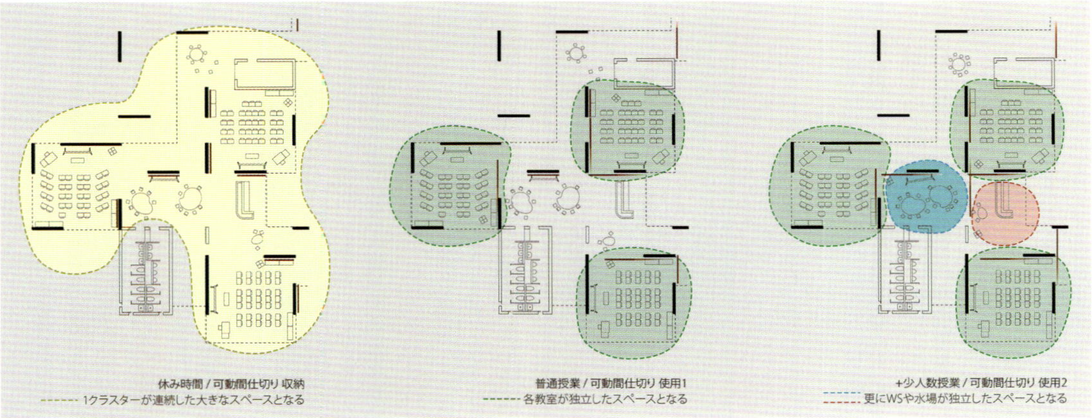

立川市立第一小学校：風車型の壁柱の構造を用いた，可動式のパーテーション

計画学を超えている

——計画学者の上野さんはシーラカンスが手掛けた初めての学校建築「千葉市立打瀬小学校」（一九九五年）で協力し，その後，調査もされています。近年は上野さんの弟子である倉斗綾子さんが小嶋さんたちの建築を研究されている。上野さんご自身が提唱してきた知見が実現し，そのフィードバックから見えてくる小嶋さんたちの学校建築の変遷についてお聞かせください。

上野　近年の小嶋さんたちの学校建築で私が見ているのは「宇土市立宇土小学校」（二〇一一年）と「立川市立第一小学校」（二〇一四年）で，特に印象が強かったのが「立川」です。

とても上手いと思いました。風車型の壁柱の構造を用いて，可動式のパーティションの開閉によって空間を流動的に緩くつなげている。子供たちがどんなまとまりで離合集散するかを考え，アクティビティの連続を空間に上手く置き換えているのです。

「打瀬」で初めてシーラカンスと協働した時，ミーティングでアメリカやイギリス，日本などの学校建築の事例を紹介したスライドレクチャーをしたことを思い出しました。その中で，イギリスのギルモント小

右：大きな中庭を囲むプランでなく，坪庭のような小さい外部を教室やワークスペースと同じように並べる。低学年の教室を3階に上げることも検討していた。
左：実施案に近い離散的な壁の配置を検討。外部まで含めた空間の反転は引き続き模索している。

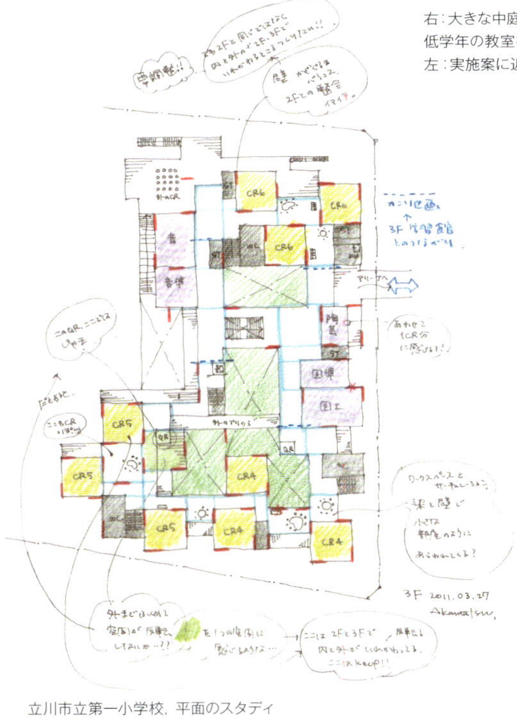

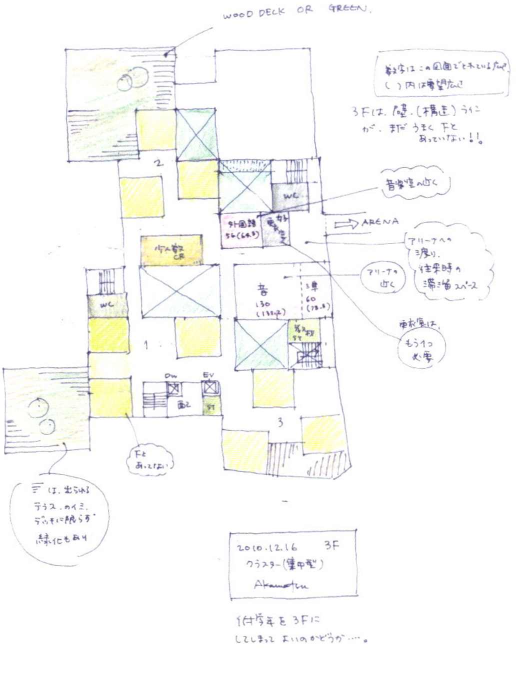

立川市立第一小学校，平面のスタディ

学校の、クラス・ミーティングで六人くらいのグループをつくり、二〇～三〇分で離合集散を繰り返す授業形態を紹介したのです。「立川」はまさにギルモント小学校を彷彿とさせる空間の繋がり方でした。建築計画学とは、学校建築のプログラムや諸室構成を考えることですが、その領域をはるかに超えている。当時を思い出し「この人たちは遂にここまで来たのか」と感動しました。

――計画学の関係性やダイアグラムを満たした上で、発展的に空間構成が与えられている？

上野　小嶋さんたちと協働し始めた当時から思っていたことですが、建築計画という学問領域からのモデル提示に疑問を抱いていました(笑)。建築計画の教科書に「学校建築とはこうあるべき、教室はこうあるべき、教室同士をつなぐ方法は……」など書いていましたが、今思えばかなり二〇世紀的な考えですよね。勿論、二〇世紀的な意味で建築計画学は意義があったと思うけれど、小嶋さんたちが「打瀬」をつくり上げた頃から、あまり意味を為さないのかもと疑問を抱いていました(笑)。

赤松　「打瀬」の設計中は勿論、対役所の打ち合わせの時も、上野先生には当時の日本の教育制度や方針と照らし合わせ、実現可能性について検討していただきました。ビルディングタイプとしての解法ではなく、学校建築の本質について教えていただけたのは、学校での子供や先生の活動を熟知された上野先生だからこそだと思います。計画論的に言われても、小嶋をはじめ、当時のパートナーたちは言うことを聞かなかったと思います(笑)。

上野　「打瀬」も初めに彼らがつくっていた模型は割と建築計画的でした。その次のミーティングで訪れた時、一：五〇の巨大な模型をつくってガラッと変わったのです。アドバイザーとして事務所を訪れる度に、建築計画のセオリーから外れた様々なアイディアを積極的にぶつけながらブラッシュアップさせていく様を見ていました。その時に「計画学的にこうあるべき」と教えることをやめようと思ったのです。

「標準」への挑戦

――「宇土」では風の流れも含め、環境的に見ても開放的につくられています。音の問題も「打瀬」以降、小嶋さんたちが取り組まれているテーマです。

上野　音環境で言えば、上野佳奈子さんとのコラボレーションが大きいと思うな。

赤松　「打瀬」の設計当初も天井で吸音したり、部分的にタイルカーペッ

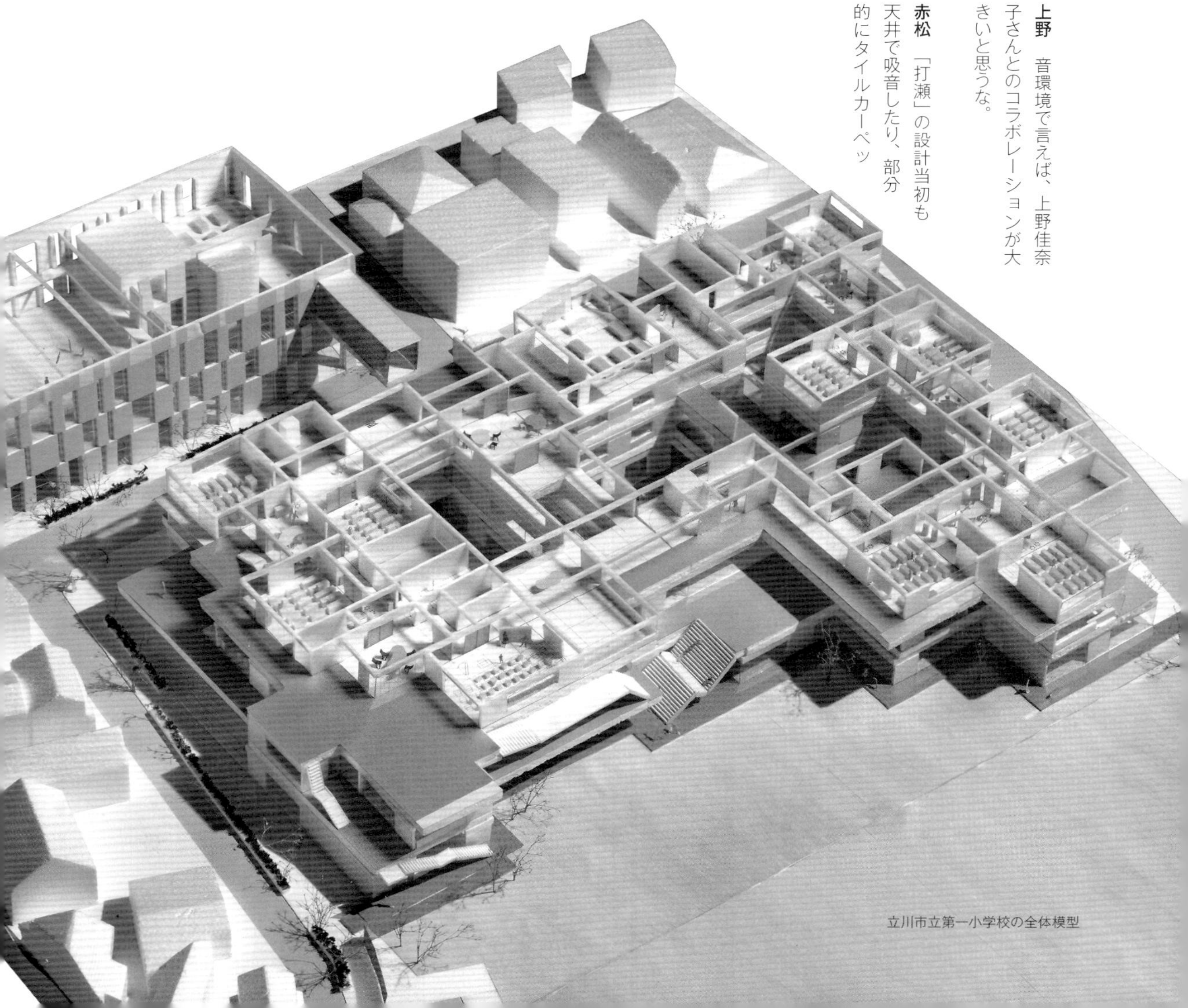

立川市立第一小学校の全体模型

トにして発生音を防いだりと、音環境には配慮したつもりでした。しかし、私たちが設計で想定していたキャパを上回るくらい子供の数が増え、結果的に打放しの学校では反響音が強くなってしまったのです。

そんな中、建築音響の専門家である上野佳奈子さんが「打瀬」の音環境を分析され、小嶋と一緒にアドバイスを聞きに行ったことがあります。それを期に協働していただくようになり、「打瀬小学校増築棟」(二〇〇五年)や「千葉市立美浜打瀬小学校」(二〇〇六年)で音響設計してもらいました。音響シミュレーションから、プランニングも考えています。

上野　学校の設計において、二〇世紀末までは温熱環境の意識はありましたが、音環境に関しては、まだ建築計画学側があまり意識していなかったと反省しています。二一世紀になって、発達障害の子供数が顕著に増え始めたこともあり(または数は変わらず、数が顕在化し始めただけかもしれないが)音環境についても相当考えて設計する必要がある認識に変わりました。

上野佳奈子さんとの協働も重ねて、「宇土」の頃には環境設計的にも自信をもって開きにいったんじゃないかな。

――「宇土」はL壁による構成に加え、音環境も含め、次のフェイズに入ったわけですね。

赤松　「宇土」では、施工の関係で天井吸音の性能が想定値ほど出ず、少し足りないところもあります。窓を開ければほとんど問題ありませんが、閉めている状態では、ガラスにそって直達音が抜けてしまう部分もあり、「流山市立おおたかの森小・中学校」(二〇一四年)ではその反省も踏まえて、直達音がくる部分には建具を入れています。

――原広司さんは一昔前の計画学に対して、二〇世紀的な「標準」の概念が強かったと述べていました。シーラカンスの学校建築はその「標準」に対する挑戦であり、「標準」から脱して空間の豊かさや多様性を追求してきたように思います。「打瀬」から新作「釜石市立鵜住居小学校・釜石東中学校」(二〇一七年)までを振り返れば、小嶋さんたちが計画学や環境学など、あらゆる領域とコラボレーションしながら「標準」を超えていく二〇年だったのかもしれませんね。

上野　上野佳奈子さんには私も触発されました。学校建築のプロジェクトに音環境の面から積極的にアプローチしているし、考え方も柔軟です。上野さんの的確なアドバイスによって、環境デザインもかなりグレードアップしていると思う。小嶋さんたちのような、アクティビティが連続して空間が繋がっていくような学校を設計する建築家にとって、エンジニアや環境デザイナーとのコラボレーションは重要な方法論だと思います。

ネイバーフッド

――「宇土」を契機に、小嶋さんたちの建築は新たなフェイズに移ったように思います。最近の小嶋さんたちの学校建築は、上野さんも提唱している、学校が学校の枠を越えていく「total institution」という考えの下、空間のロジックを社会に組み込みながら、如何に自由度を追求できるかが考えられているように思います。

上野　例えば「立川」では、子供たちの離合集散をデザインしているほかに、地域に対する寄与について感心しました。「立川」は市街地の中で近隣との距離が相当近い学校プロジェクトですが、周囲環境の引き込み方や染み出し方は建築計画の知識にはない考えです。

――小嶋さん風に言えば「ネイバーフッド」の概念ですね。社会的に見ても、学校が地域拠点になってどう社会と接続するか、地域の人々に来てもらえる仕組みをどうつくるかが国の政策として考え始められていた頃だったと思います。

上野　地域コミュニティ施設を複合化するプロジェクトはこの二〇年でかなり増えてきています。その中で文科省が議論しているのは、複合化して地域社会に溶け込むことは良いとして、防犯や安全という問題をどうするか。図書館や高齢者施設などの別のプログラムと複合化するにしても、学校がディスターブされないためにはどうするか。プログラム同士の接続、または切断が課題になり、これはいわば建築計画学的問題です。

でも、小嶋さんたちは少し違う。初めての学校建築であった「打瀬」でさえ、門も塀も隣接する公園とのバリアもありませんでした。如何に地域の人たちを引き込めるかを考えていた。乳児の手を引いたお母さんがフラフラと学校に入っていくシーンを何度も見たことがあります。当時から「立川」に至るまでの片鱗があったと言える。「打瀬」も「美浜」もいわゆる住宅団地の中にある学校ですが、そこでも周囲への染み出し方を上手くデザインしていました。

――「立川」で、考えられていた周囲環境との関係性の構築がさらに深度を増しているとすれば、どのような背景があると思いますか?

上野　建築家は社会の状況を嗅ぎ分けながら仕事している職業ですから、少なからずその影響があると思いますが……。

現代において学校建築は聖域化され、複合化させるにしても、できる限り問題が起こらないようにつくる必要があります。そんな社会からの要求が先行する中でも、小嶋さんたちは学校建築をもっと開き、地域社会との関係を築こうと考えていた。それは先鋭であり、正しい考えだと思っています。

後世に伝えるべき建築家の足跡

米田明

「身体」の建築家による感覚的な見極め

写真及び図版提供＝*CAt*
聞き手＝杉田義一

米田明　よねだ・あきら
1959年兵庫県生まれ。東京大学工学部建築学科卒業，同大学大学院修了。91年アーキテクトン設立。現在，京都工芸繊維大学教授。

原研究室と設計活動の二刀流

――小嶋さんとの出会いは？

米田　東京大学の大学院で、駒場に移って図学研究室に所属することになった時です。当時、多くの学外出身者が在籍していたので、生産研究所の原広司研究室に、面白がってチョクチョク顔を出していました。そこに、京都大学から進学して来たのが、小嶋さんだった。

――当時の原研には、どんな人が出入りしていましたか？

米田　原研へ学外から進学して来たのは、小嶋さんと京都工芸繊維大学出身の山家京子さん。さらに、東京藝術大学出身の吉松秀樹さんや日本女子大学出身の東利恵さんも東大大学院で一緒に学んでいました。

――小嶋さんとは、学生時代にグランドツアーをしたと伺いました。

米田　その仲間たちと示し合わせて、世界の建築を見に行くことにしたんです。特に、集落調査を行ってきた原研に入った小嶋さんは、その足跡を自分の目で確かめたがっていたので……。ぼくたち二人は先行して旅立ち、アルジェリアのムザブ谷にある都市「ガルダイア」などを見て回りました。

その後、イタリアのコモ湖畔にある「カサ・デル・ファッショ」(一九三六年、設計：ジュゼッペ・テラーニ)で、他の仲間と合流したんじゃなかったかな……。東さんのお父さんがマリオ・ボッタと親しかったので、スイスにある彼の初期の住宅を皆で見て回った記憶もあります。

――グランドツアーをしながら、様々な建築談義をしたと思います。どんな話をしましたか？

米田　シーラカンスでの設計活動を見ればわかるように、当時から「ヨーロッパ中心主義(＝最先端のモダン)」だけに注目していたわけではありませんでした。原広司さんからの強い影響もあって、「ガルダイア」とボッタの住宅「リヴァ・サン・ヴィターレ」(一九七二年)を同列に評価していた。

――帰国後、小嶋さんはどんな活動をしていたのですか？

米田　大学院修了後に就職してからも、博士課程に残った小嶋さんを訪ねて、六本木の生産研究所へ夜間出入りしていました。当時の原研は、グラーツで行われる展覧会の準備で忙しそうにしていたんです。

――小嶋さんはチーフとして、その指揮を取っていました。

米田　当時から、多くの人間を上手くマネージメントすることが得意だったので、まさに適任だったんじゃないでしょうか。

彼の実家で計画された「氷室アパートメント」(一九八五年)の設計を始めたのも、同時期だったと思います。ダンボールの端材を使ったような模型が所狭しと置かれた研究室で、彼がエスキースを繰り返している姿を何度も見かけました。その独特なスタディは、単純なチューブをつくりたいと言うよりは、「チューニングされたバナキュラー」を目指しているようだった。

実際、住戸棟の谷間に設けられた外階段などは、バーナード・ルドフスキーによる『建築家なしの建築』を彷彿とさせる所がありますよね。それが格好

ガルダイアの風景

良いかどうか判らなかったけれど、ニューヨーク5[5]などが展開していたポスト・コルビュジエの動きとは一線を画していることは明らかでした。今思えば、「ゲーリー自邸」（一九七八年）のようなDIY住宅も発表され始めた時期に、「モダニズムの先鋭化」ではない動きを彼がしていたことは特筆すべきでしょう。後に、「アクティビティ」や「小さな矢印の群れ」などと表現される、「建築が、人間の身体にどんな影響を及ぼすのか？」を指し示す「建築言語の刷新」の予兆が、あのダンボール模型たちにあったのかもしれません。

――その指摘も、原さんの影響を色濃く感じます。

米田　原さんも「建築を語る言葉」を強く意識しながら活動されていますが、哲学用語や数学用語を駆使されるので、かなり難解な場合が多いですよね。その反動もあって、小嶋さんをはじめとするシーラカンスのメンバーは、「平明な日常言語」で建築を語る努力をしていたと感じます。

　昨今では、そんな語り口が当たり前になったけれど……。当時、上の世代の建築家は、彼らの言葉をかなり特異に感じていたと思います。もちろん、下の世代には「建築へのアプローチに対する間口が広がった！」と認識されたから、シーラカンス設立後も優秀な若者が集まって来たのでしょう。

つくり方の荒さと小嶋的身体

――米田さん自身の設計活動は、必ずしもシーラカンスの動きに同調していなかったですよね。

米田　はい。どちらかと言えば「モダニズムの先鋭化と日本化」に関心があったので、当初は「よく判らない」という認識が支配的でした。もちろん、「形や仕上げそのものが目的ではない」ことは理解できるし、後に洗練されていくわけですが……。特に初期のアパートなどは、「つくり方の即物感」が気になってしょうがなかった。

――米田さんが感じた「即物感」を、直接、小嶋さんに伝えたことはありますか？

米田　実は、面と向かって建築論を戦わせた記憶が無いんです。何故なら、「建築的志向」が違うことをお互いに認識していたから。大学院修了後、ぼくはゼネコン設計部に在籍していたので、本格的に設計活動を開始したのは九〇年代に入ってからだったことも大きいと思います。その頃の小嶋さんは、既に小学校やホールなど複数の公共建築を完成させていたので、ぼくが設計している小住宅を同じ俎上に乗せながらコメントするのも難しかった。

――独立後、小嶋さんの建築を見る機会はありましたか？

米田　見学会のお知らせをいただいた時には、できるだけ伺うようにしていました。

――印象に残っている建築はありますか？

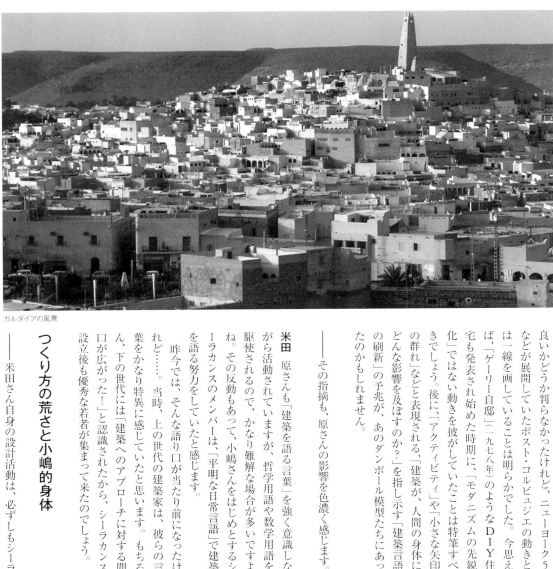

米田　まず、「スペースブロック上新庄」(一九九八年)。比較的モダニズム寄りのヴォキャブラリーで制御された建築だったし、各住戸のスケールも自分の設計対象に近かったので、好感が持てました。「HOUSE TM」(一九九四年)も、ヴォリュームの囲い方や豊かなスケール感、突き当たる道路傾斜を上手くいなしているような揺らぐ形態に関心しました。実際に見ていないですが、後の「ヒムロハウス」(二〇〇二年)に繋がる建築的な所作が、そこかしこに感じられる住宅だと言えるでしょう。

一方で、戸建住宅や集合住宅よりスケールが上がってしまうと、何とも反応し難いところがあります(笑)。

——小嶋さんの真骨頂である、学校建築を見ていないんですか?

米田　最初の「千葉市立打瀬小学校」(一九九五年)をはじめ、幾つか見ていますよ。

——「打瀬小」の印象は?

米田　オープンスクールなどのプログラムについては、評価する術を持っていませんが……。校内を巡りながら各空間を体感する際に、「部分同士の接合」は納得できたのですが、「学校の全体像」の論理が見えにくかった。

そもそも小嶋さんは、「身体」の建築家だと思うんです。学生時代から感性の修練を怠らなかったし、独立後も「感覚的な見極め」のヴァリエーションをできるだけ豊富化しようとしていた。それを実行するためのロジックを探求するのが彼の特徴なのに、「打瀬小」での体験を思い出してみると「学校全体を統一的に感覚させるロジック」が希薄だったんです。

——小嶋さんの著作は、読んでいましたか?

米田　はい。特に近著『小さな矢印の群れ』は、「小嶋さんという人間そのものが、建築になっている状態」を理想としていたのだと感じられました。特に晩年の建築は、プロポーションも含めて「小嶋的身体」が直接反映されていたとも言える。だから、彼が体感していたことを言語化する行為と建築をつくる行為が、それほどズレなかったんじゃないかな。相変わらず、個人的に「ココは、もう少し改善した方が良い」と思える部分もありましたが……。そういう部分こそ、逆に「小嶋的身体」が建築全体に一貫して反映されていることの証になっていたくらい。

「庇護と解放」や「統一と多義」、「静止と運動」、等々……。それらが同時存在する自己撞着性は、建築をつくる上でどうしても避けられない問題です。与条件としての敷地に物質として固定するけれど、それと人間が関わることで、あらゆる動きが生み出される。

——シーラカンスを結成した頃は、「そんな自己撞着性を維持するにはチームを組む必要がある」と考えていた節がありますよね。ただし、多元化した感覚を一つの建築に同時存在させるのは、とても難しい。

米田　少なくとも晩年の小嶋さんは、その問題を改めて網羅的に抽出し、ひとつ一つ丁寧に潰していた印象があります。例えば、南麻布の集合住宅「12 STUDIOLO」(二〇〇九年)。とてもタイトな敷地にも拘らず二つに分棟した上で、「小嶋的身体」を損なわずに、リクエスト通り各棟六戸づつ割り当てていた見事さには、とても関心しました。

二〇一七年に竣工した「恵比寿ＳＡビル」のファサードも、駒沢通りを車で走っている時に目に止まりました。緻密にスケールを刻んだ上で、この場所だけ「街との関係」を違った形で定義づける。特に、車のスピードで通り掛かると、ここだけ肌理がアフォードする感じが違っている。

——最近の学校建築で、気になったものはありますか?

米田　公道を挟んだ飛び地に体育館があったり、図書館や学童保育所も併設された「立川市立第一小学校」(二〇一四年)も興味深かったです。厳しい与件にも拘らず立体化した中庭を組み込みながら、「空間の流動化と分節化」の次元が一つ上がった状態で「小嶋的身体」が高度に微分化していた。周囲の街並みとの関係も含めて、「ここまで到達していたんだ」と思わずにはいられませんでした。

ただ、「立川小」は立体的な組み合わせの次元を上げ過ぎている感じも否めなくて……。ピラネージ的な迷路性が強くなり過ぎていて、空間の面白さを手放しで楽しめない「複雑さ」があったのも事実です。

――「立川小」の立体的な中庭は、スペースブロックとしてサンプリングされた「ガルダイア」のような趣もありました。

米田　確かに、「立川小」で感じた部分と全体は、「ガルダイア」で小嶋さんと体験したものを彷彿とさせますね。その感覚を客観化するエンジニアリングによって、より新しい体験として強化していく期待もあったと思います。

「建築の歴史化」の危機

――彼の建築は、子供を含めた一般市民に受け入れられ易いことも特徴です。

米田　親密さ、すなわち「近さ」において受容されることには、憂慮すべき問題も孕んでいて……。建築家の言説が日常言語化し、近接関係のエピソードばかりが紡ぎ出されるようになったが故に、「建築の歴史化」が難しくなってしまったと感じます。その結果、「時代を貫くような建築言語」が、日本では失われつつある。

　ある意味で、江戸時代のような島国化も進行しているので、「世界史水準の歴史」に参加する必然性もどんどん希薄になっているのではないでしょうか。建築的な出来事は常に起こり続けているけれど、「時の経過に耐えられる言語化」が後退している気がしてしょうがない。それは、建築の価値が未確定のままに留まることです。

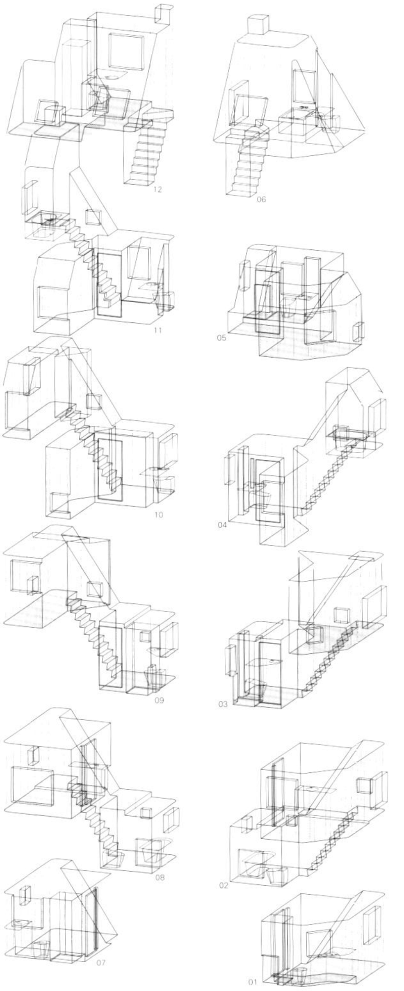

12 STUDIOLOのダイアグラム

――二〇一七年一月に京都工芸繊維大学で行われた「小嶋一浩の課題を語る会」に、米田さんも参加したと伺いました。

米田　率直に、「小嶋さんの足跡を後世に伝える作業は難しい」と思いました。世界的にも稀なほど、日本ではたくさんの現代建築がつくられているので、小嶋さんの建築に限らず「モノのレベル」では刷新が起こっている筈なんです。にも拘らず、日本のモダニズム草創期を支えた巨匠たちの仕事でさえ、歴史化されていないのが現実です。彼らの作品集は出版されているけれど、その歴史的な意味や価値を客観的に語るまでには至っていないので、忘却に歯止めが掛からなくなっている。

　竣工当時は、その目的が理解されていた筈なんだけれど、今となっては、その存在の意味が分からなくなったものも多いですよね。モノとしての美醜の判断はできるけれど、建築として成立したロジックや因果関係、感覚などがどんどん失われている。

　小嶋さんたちの努力によって、現代建築の一般化が促進したまでは良いのですが、彼の足跡を「どうやって歴史化するのか？」という課題を突きつけられた気がしました。小嶋さんが設計した学校建築を巣立った子供たちや直接教育を受けた教え子たちが、それを担ってくれれば理想的だけど……。「日本の社会は建築の歴史化を要請しないのか？」という問題は、避けられないでしょう。

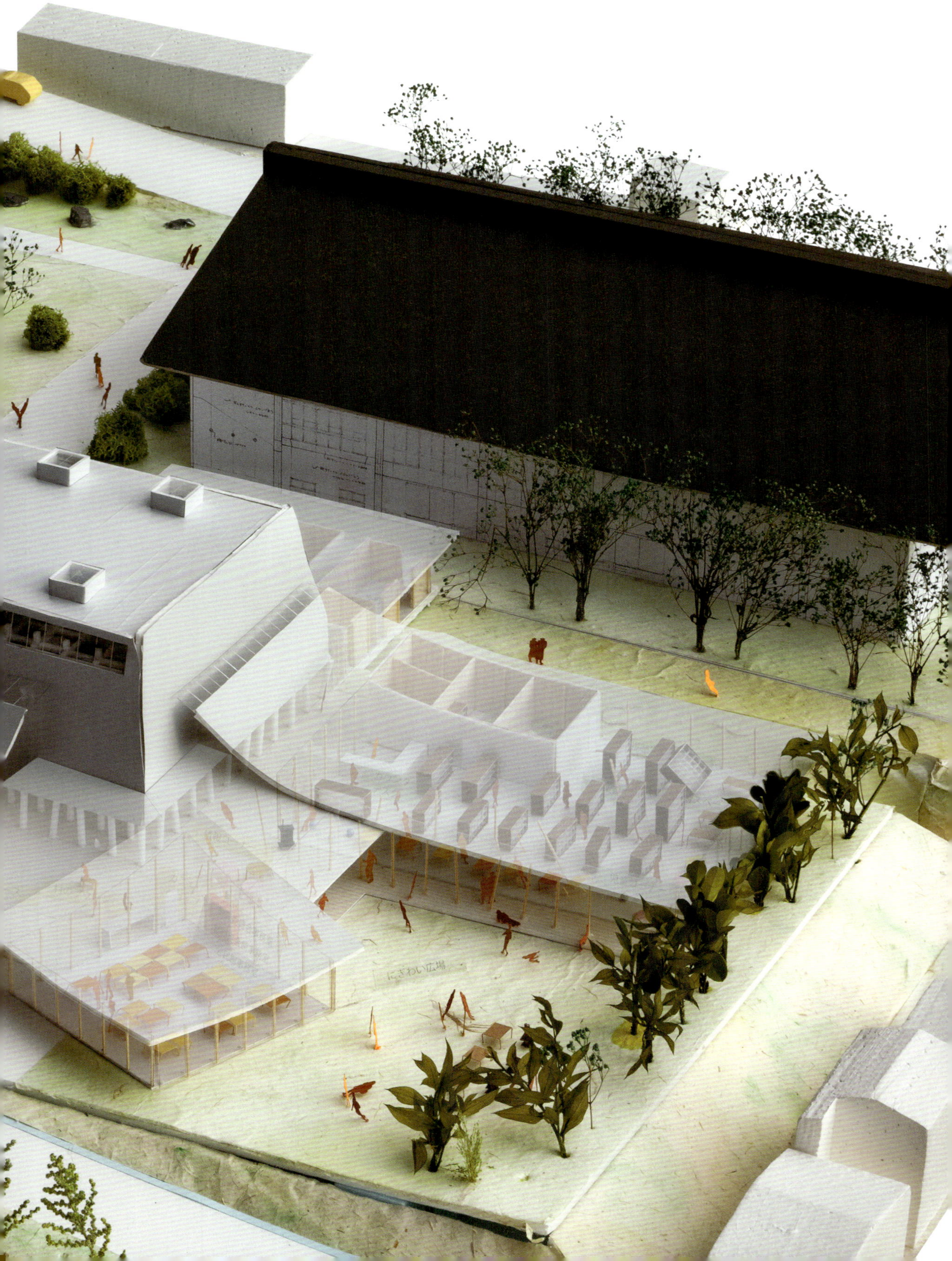
にぎわい広場

K Village Centerの模型

アストラムライン新白島駅

広島県広島市, 2015年

JR山陽本線の高架越しに見る。二股に分かれた国道の中州に円筒シェルが掛かった駅舎があることがよく分かる

プラットホームの中央部にあたる円筒シェルの南端開口部。夕景

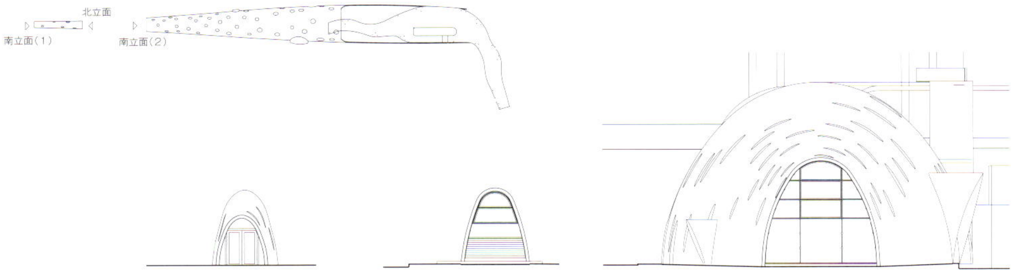

立面　S=1:400

広島市の中心部と，西北部の安佐南区の住宅地とを結ぶ案内軌条式鉄道，アストラムラインは，太田川が分岐する三角州の北辺で，JR山陽本線と山陽新幹線の高架と交差する。アストラムラインはこの交差部より北側は高架を走るが，高架の南側から地下へと潜り込む。交差する二つの路線の待望の乗換駅，新白島駅は2003年より検討が始められ，2015年3月に開業した。

敷地は国道54号の中洲にある。高架と片側3車線の幹線道路という土木的スケールの構造物の網目の中に位置し，駅は円筒状のシェルによって両側の激しい自動車交通から囲い取られている。円筒シェルは，中州の道路線形に沿ったフットプリントと，地上から地下への旅客の流動に合わせた断面から決定された，厚さ9mmのリブ付き鋼板の3次元曲面からなる。

地下1階に位置するプラットホームは床下に駅務設備の配線を通し，軌道のボックスカルバートの土圧をU形の新設土木躯体によって受けることで，地上とシームレスに一体化した空間となっている。運行中の軌道構造物に躯体を増し打ちし，ホームドアのための開口を開ける土木工事，土木躯体にそのまま室内の仕上げとなる鋼製シェルを建てる建築工事ともに，難易度の高い工事となった。

シェルには大小の円形の開口が開けられることで，自然光が降り注ぐ地下駅が実現された。シェルの内壁面は円形に切り取られた太陽光を受けて，時間と天気，季節により異なる表情を見せる。

設計変更が行われた連絡通路は150×75mmの溝形鋼を2本組み合わせた軽量な格子梁と，点在する無垢の柱材が形づくる屋根からなり，2階レベルのJR新駅とアストラムライン新駅を折線状に結んでいる。2階から大部分が見下ろされる屋根はツル性植物により緑化される。

開業以来，既に多くの方に通勤や通学のため利用されている。交通という日常生活の一部に，この駅が憩いをもたらすことができればと思っている。

ラチ外コンコース

JR 新白島駅と繋ぐ連絡通路

プラットホームより改札方向を見る

1 連絡通路
2 ラチ外コンコース
3 自動改札口
4 ラチ内コンコース
5 塵芥室
6 倉庫
7 休憩室
8 駅務室
9 自動精算機室
10 電気室
11 信号通信機器室
12 消化ポンプ室
13 トンネル排煙機械室
14 汚水ポンプ室
15 プラットホーム

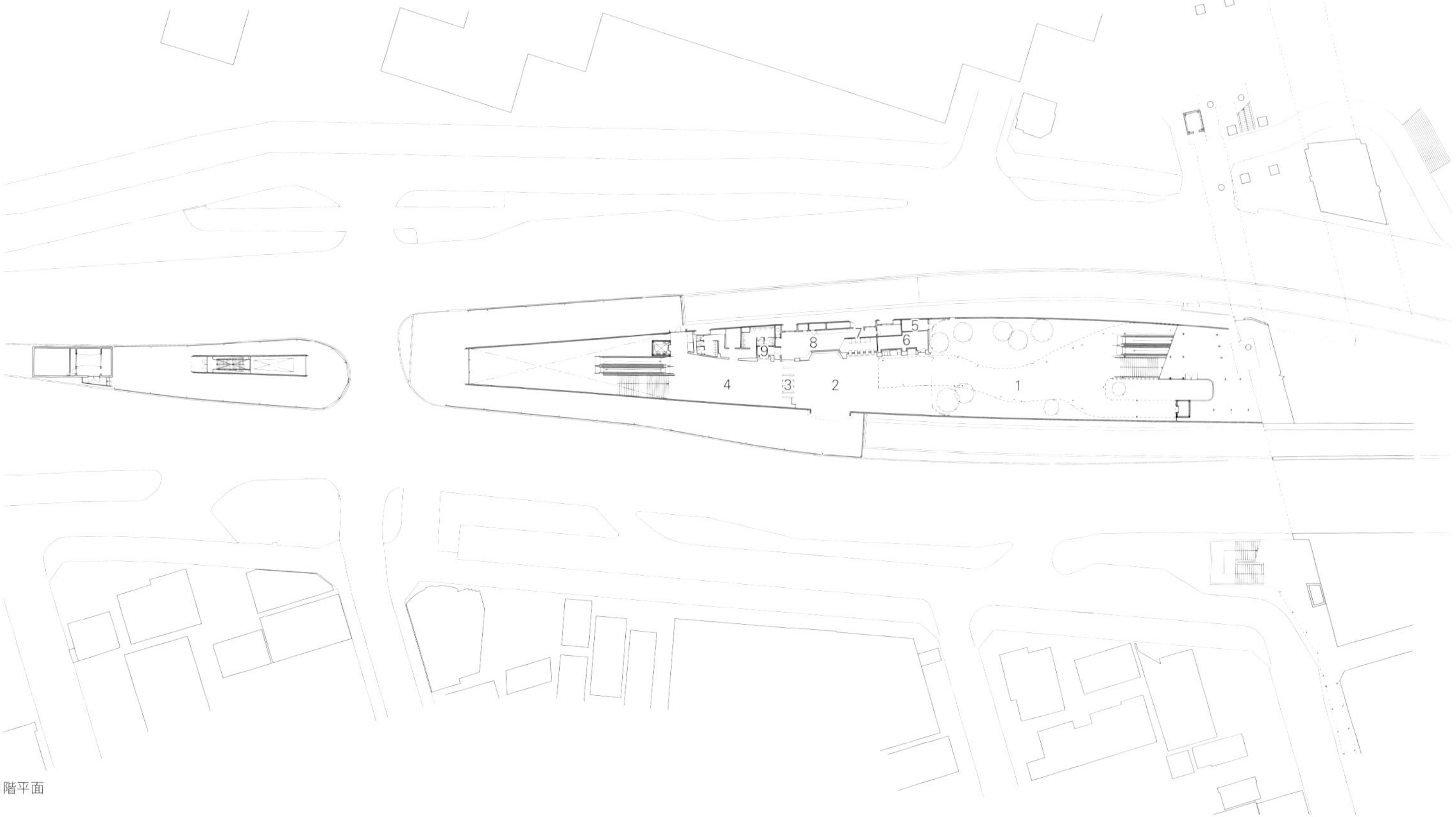

1階平面

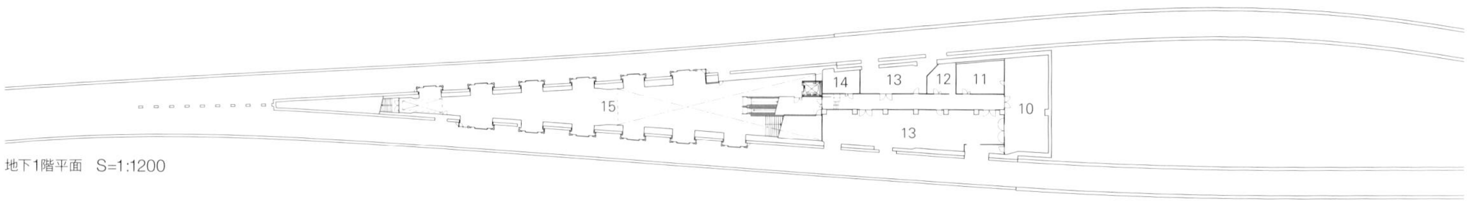

地下1階平面　S=1:1200

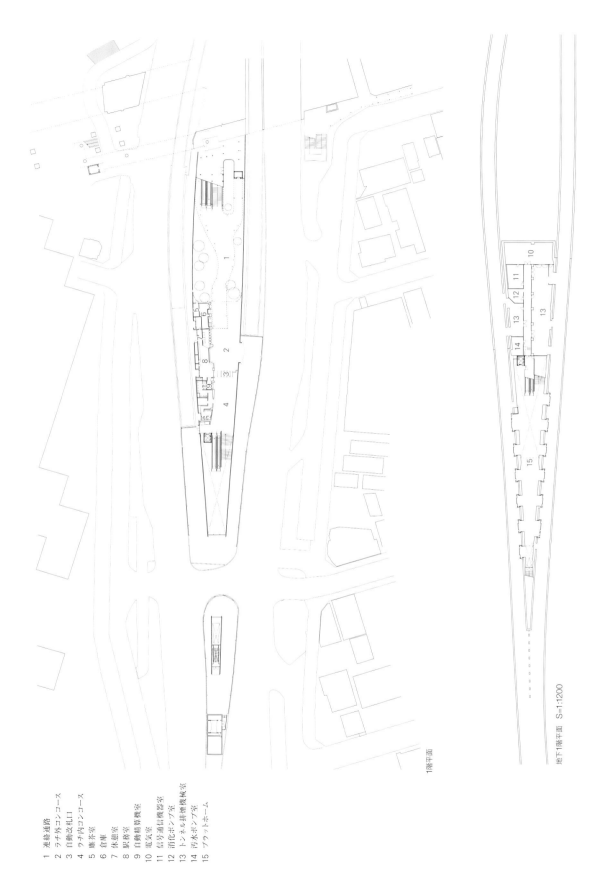

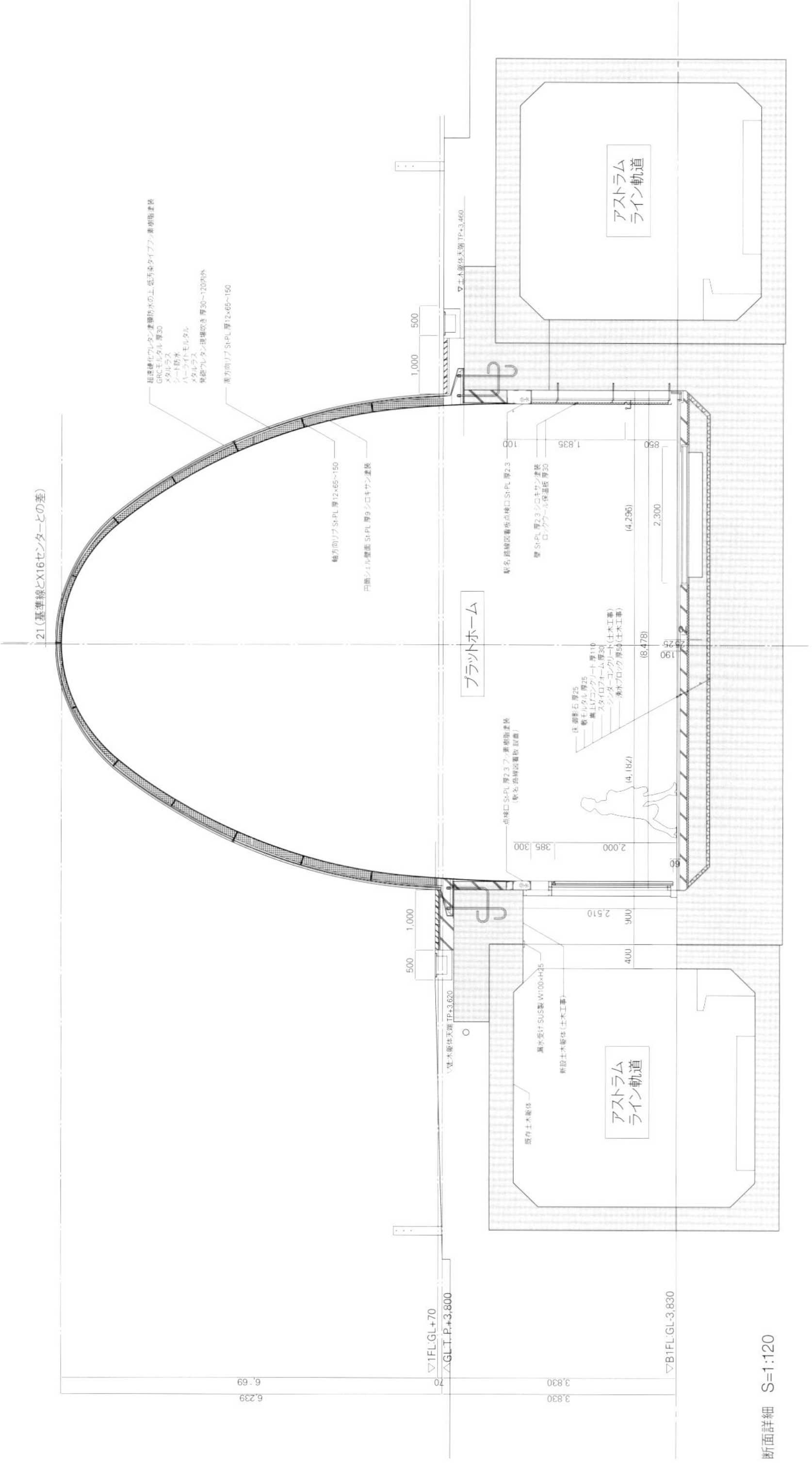

断面詳細 S=1:120

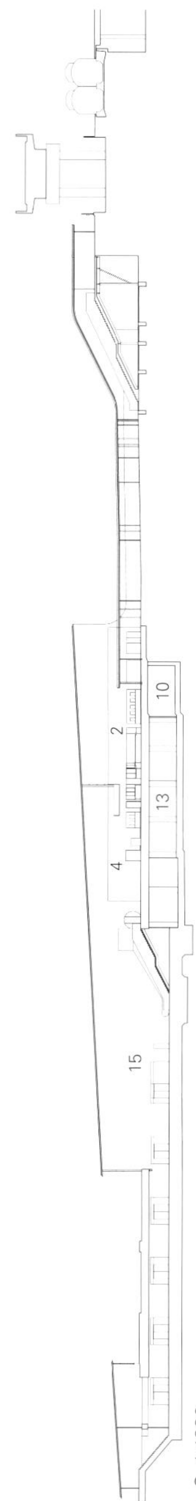

断面 S=1:1200

釜石市立鵜住居小学校，釜石東中学校，
鵜住居児童館，鵜住居幼稚園

岩手県釜石市，2017年

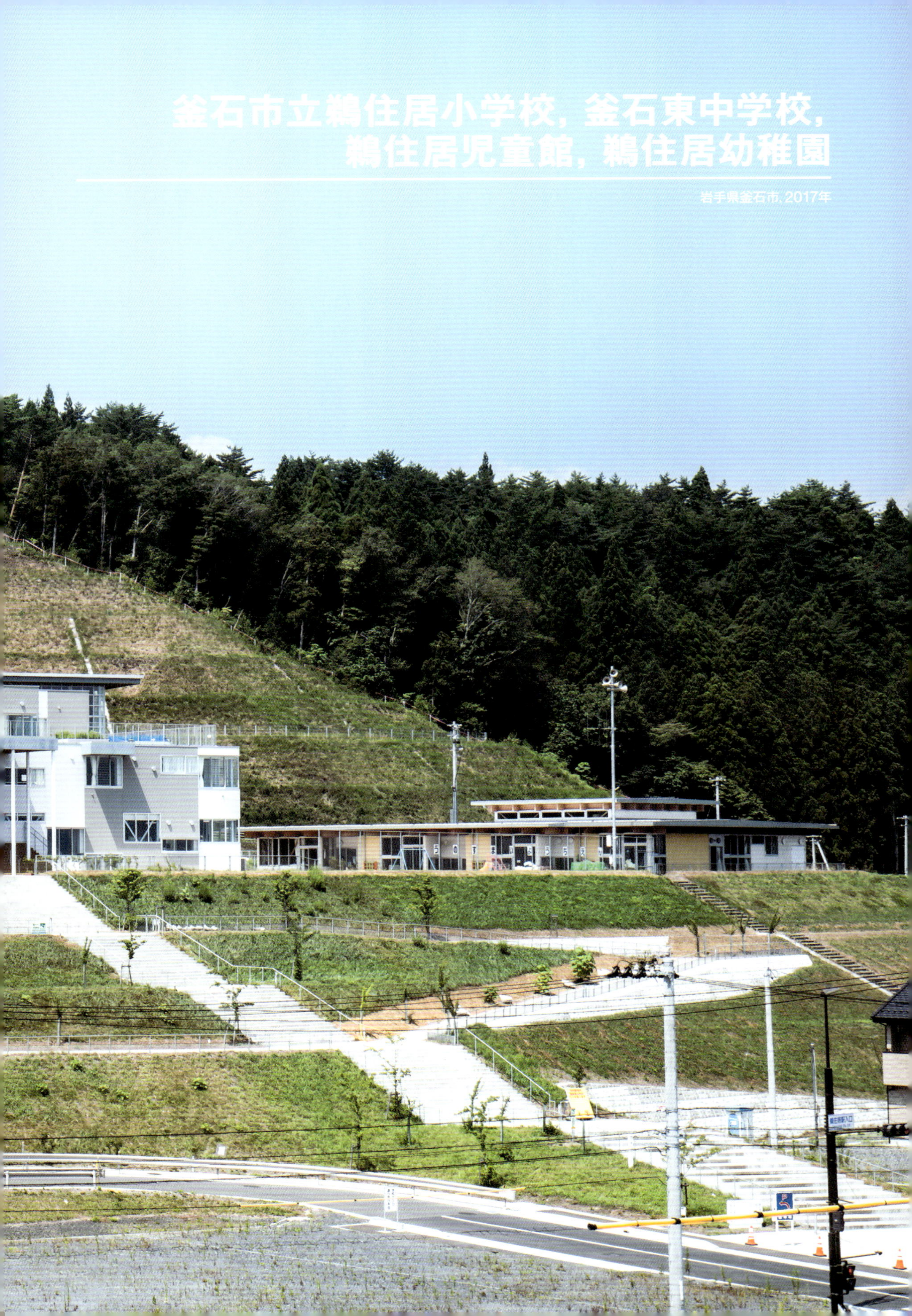

釜石市立
鵜住居小学校

り拓いた安全な高台。当初は，この山を約50万m^3掘削し敷地とする予定であった。しかし，土木と建築の一体的な提案を望むという，日本のプロポーザルでは稀な設定に対し我々は谷筋を残し掘削量を13.6万m^3にまで減らす提案をした。(それによって，土木に要するコストと工期を大幅に削減できる。)

グラウンドを海抜15m，小学校校舎敷地を18m，沢をまたぐ中学校校舎敷地を26mとし，校舎全体を大階段が繋ぐ構成とした。175段の大階段は，メインストリートを経て駅へとつながるまちの軸となる。

被災地の建設物価高騰から，鉄骨造以外の選択肢はなかった。仕上げに於いては，すべてを仕上げで包んでしまうのではなく，柱，梁，ブレースなどの要素を徹底的に整理，合理化し，建築の構成が空間としてそのまま現れるようにした。明快な骨格に対し仕上げ面は使われ方に合わせて様々な表情を持った要素として付加される。小学校(階段棟)ではセミオープンプランの中に，壁や大型建具として，掲示やホワイトボード，吸音壁など子どもたちの多様な学習の場を形成するための設えとなる。中学校棟(ブリッジ棟)では，最上階の天井高さ4mを確保し，梁の耐火被覆をなくした空間に，トップライトや開口部からの光を受ける面として，木毛版，ポリカ波板，OSBやラーチ合板，

カラー鋼板など場所に応じて多様な表情を与えることで，プラン上は中廊下的な空間に生徒たちのアクティビティを誘発する動きや変化を与えた。

学校としての多様な学習の場を許容するために建築としての強さを持つこと。
今後もまちの拠点となる場所として，多くの人々の活動を受け止められること。
そして，夜間真っ暗になる鵜住居の暗がりのなかに希望の光を灯すこと。

震災直後からアーキエイドの活動などを通して被災地に通い続け，真正面から多くの問題に向き合ってきた小嶋一浩は，土木と一体的な計画だからこそ成立し得たこの学校の計画に新しい可能性があると考え，土木と建築とがかみ合わない復興計画に対する一つの問題提起として切り込んでいった。その志半ば，現場の途中で急逝した小嶋の思いが，鵜住居を始め，東北の震災復興の，そして今後の建築の在り方に対するひとつの答えとなり，灯りとなることを願っている。

東より見る全景

北東から校舎全体をつなぐ大階段を見る

被災地の復興はまだまだ道半ばという事実を，鵜住居の現場に行くたびに感じ，私を含めた被災していない人々の日常生活とのギャップを実感する日々であった。津波によって街のほとんどが流されてしまった土地に於いて，建築に何が可能なのか。

新たなまちをつくるための道路の付け替えや土地の嵩上げなどを含めた区画整備事業，そして復旧される予定のJR山田線の鵜住居駅と学校を結ぶ約200mのメインストリートなど，おぼろげながら骨格が見え始めている中で，私たちはその新しいまちと向き合うように子どもたちの居場所を設定した。
学校は，海からもっと離れた山の方にするべきだとの声もあったと聞く。「住民が戻らないと学校が成り立たない。学校が戻らないとまちに人が戻らない。」というジレンマ。最終的には，まちの復興には，中心部であるここに学校を再建するしかない，と地域住民との議論を経て決まったという。そのような場所で，私たちはここに通う子どもたちのアクティビティそのものが，新しい鵜住居のシンボルになると考えた。高台にある校舎からは，復興するまち全体を見渡すことができ，まちからは高台の校舎で生活する子どもたちの成長を見守ることができる。

敷地は鵜住神社，白山神社を擁する山を切

24
23
22
21
21
21
20
19
18
17
16
15
14
13
12
11
10
9
8
7
6
5
4
3
2
1
1
1
1
1
屋外体育倉庫

1階平面 S=1:800

2階平面

1 教室	10 機械室	19 保健室	28 特別支援教室	37 屋内運動場1
2 児童会室	11 音楽室	20 預かり保育室	29 生活科室	38 理科室
3 保健室	12 図工室	21 保育室	30 放送室	39 パソコン室
4 相談室1	13 炊事室	22 絵本室	31 多目的室	40 屋内運動場2
5 相談室2	14 図書静養室	23 遊戯室	32 ギャラリー	41 図書室
6 ポンプ室	15 創作活動室	24 ステージ	33 技術室	42 印刷室
7 発電機室	16 遊戯室	25 校長室	34 防災備蓄倉庫	43 生徒会室
8 配膳室	17 事務室	26 会議室	35 更衣室	44 少人数教室
9 電気室	18 職員室	27 ことばの教室	36 家庭科室	45 美術室

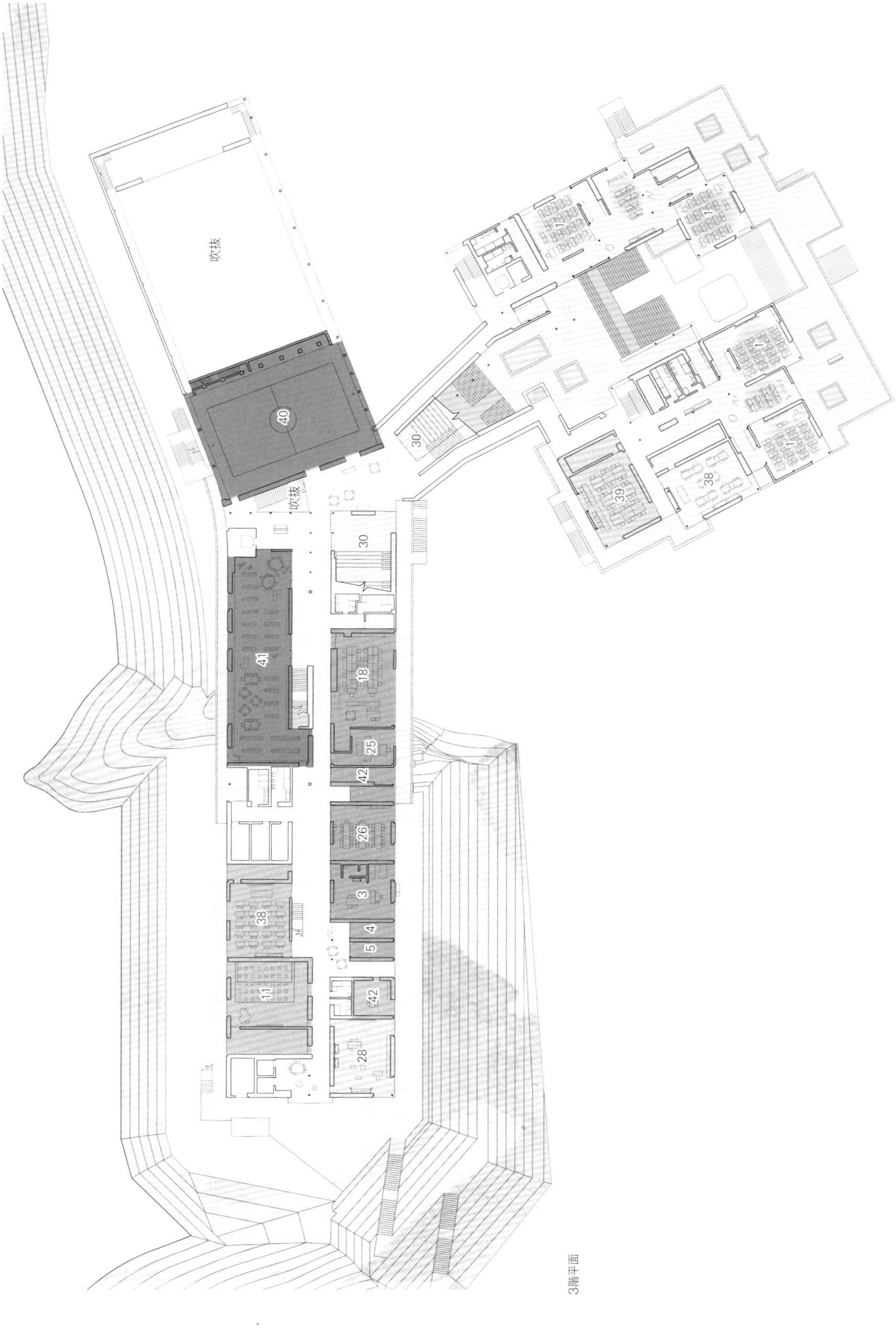

3階平面

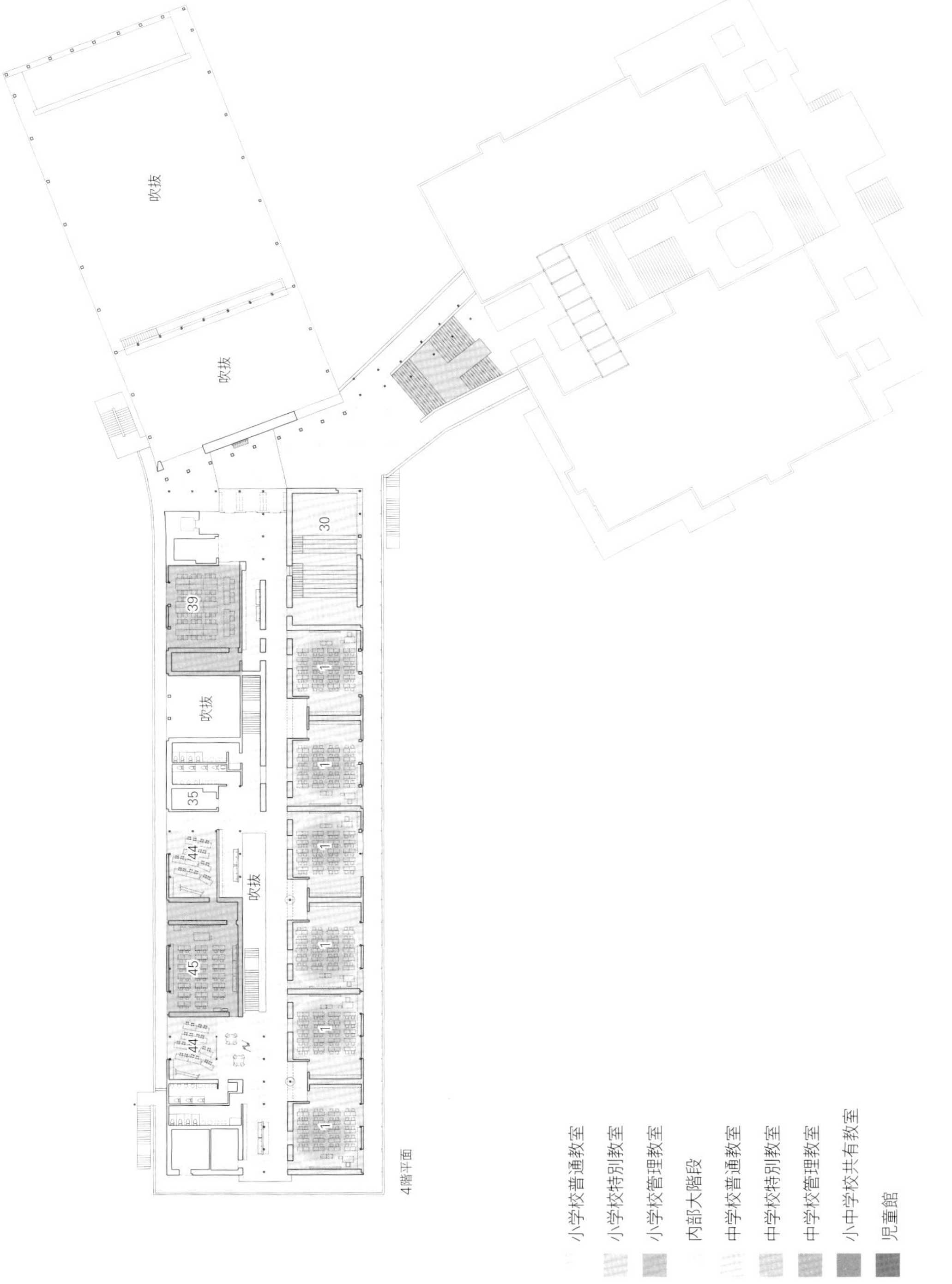
吹抜
吹抜
30
39
1
吹抜
1
35
44
1
吹抜
45
1
44
1
1
小学校普通教室
小学校特別教室
小学校管理教室
内部大階段
中学校普通教室
中学校特別教室
中学校管理教室
小中学校共有教室
児童館

4階平面

階段棟3階より海側を見る

階段棟2階。昇降口前のオープンスペース

階段棟2階。オープンスペースより南側に配された教室を見る

階段棟2階。奥にブリッジ棟

大階段の上から海の方を見る

階段棟2階。会議室前のオープンスペースよりブリッジ棟へ導く階段状多目的室を見る

階段棟とブリッジ棟をつなぐ階段状の多目的室

ブリッジ棟3階の図書室

ブリッジ棟3階。ギャラリーより谷筋を見る

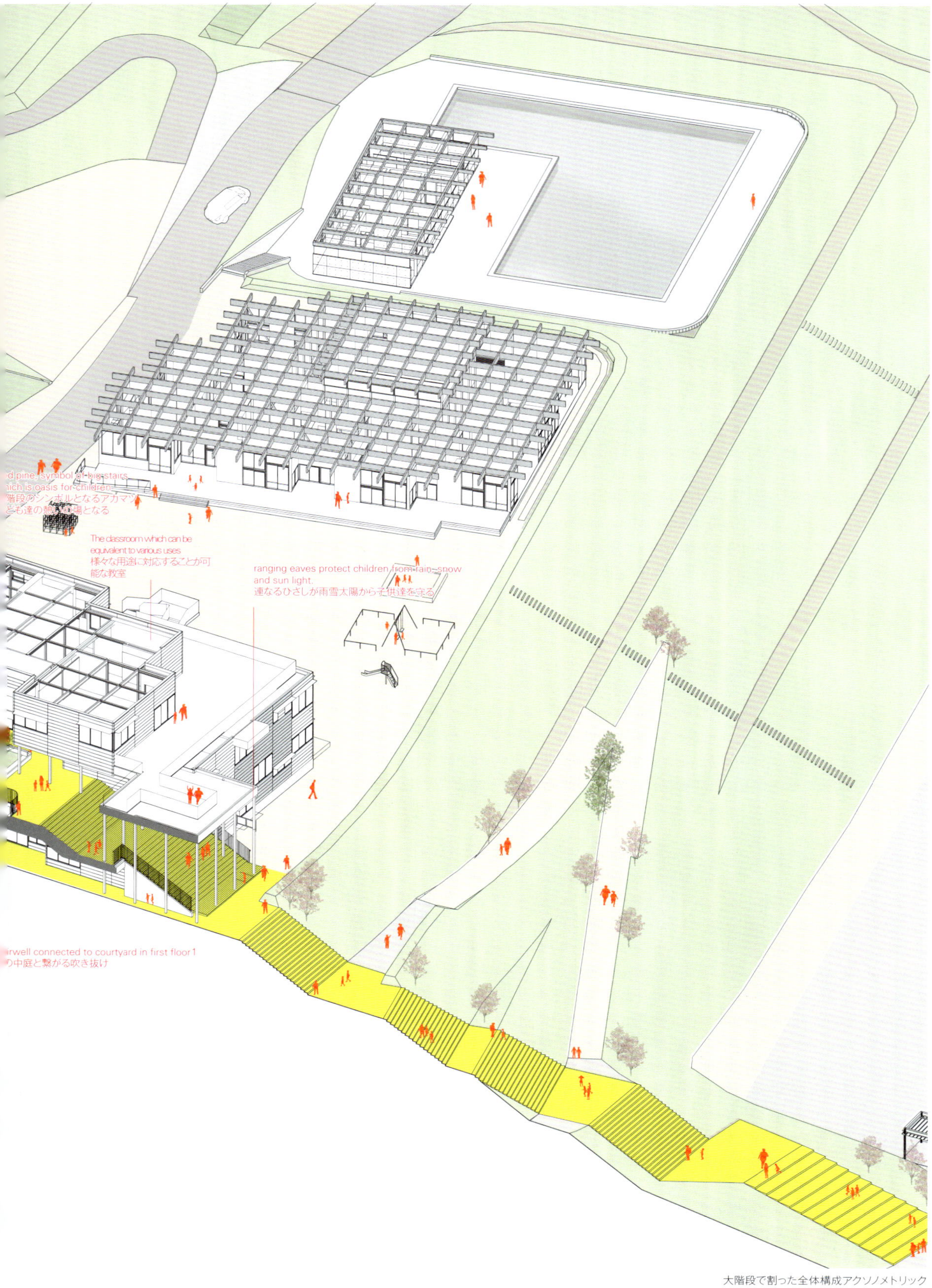

大階段で割った全体構成アクソノメトリック

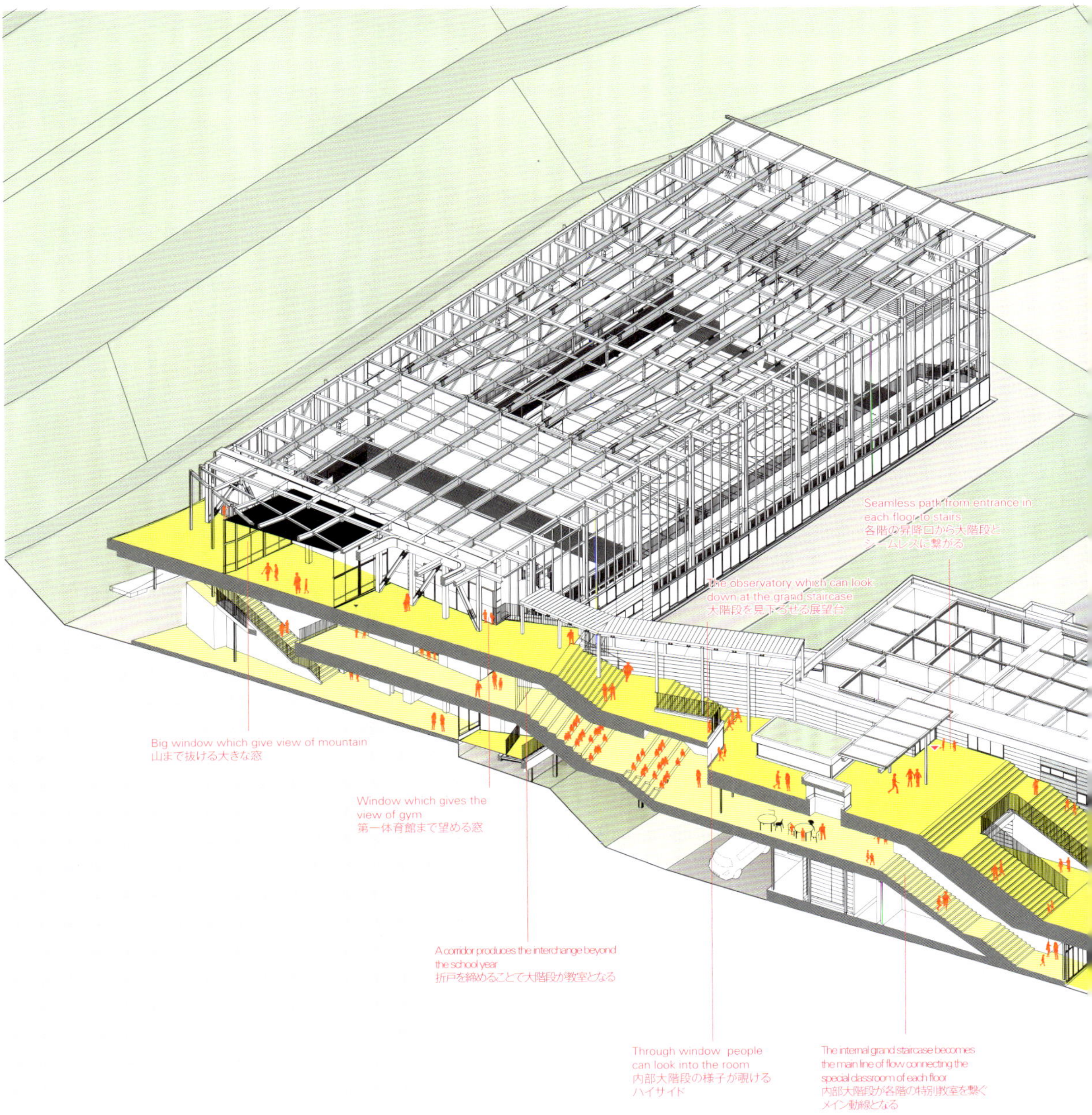
Seamless path from entrance in
each floor to stairs
各階の昇降口から大階段と
シームレスに繋がる
The observatory which can look
down at the grand staircase
大階段を見下ろせる展望台
Big window which give view of mountain
山まで抜ける大きな窓
Window which gives the
view of gym
第一体育館まで望める窓
A corridor produces the interchange beyond
the school year
折戸を締めることで大階段が教室となる
Through window people
can look into the room
内部大階段の様子が覗ける
ハイサイド
The internal grand staircase becomes
the main line of flow connecting the
special classroom of each floor
内部大階段が各階の特別教室を繋ぐ
メイン動線となる

断面　S=1:1200

大階段3階の踊り場より谷筋を跨ぐブリッジ棟を見る

ブリッジ棟4階。
パソコン教室の前室より中廊下を介して教室の入口を見る

ブリッジ棟吹抜け。4階少人数教室前より西端を見る

ブリッジ棟4階の教室

幼稚園の園庭より体育館を見る

体育館

幼稚園の遊戯室

校庭よりブリッジ棟（中学校の教室と小中の特別教室）と階段棟（小学校の教室）を見る

幼稚園の南側ファサード

南東側上空より見る。右に工事中のCAt設計による釜石市民体育館

同時代の建築家や巨匠たちとの対等な勝負

中山英之

学生だけでなく，自分の中でも
未知のことに対する理解が始まった瞬間に立ち会いたい

聞き手＝杉田義一

中山英之　なかやま・ひでゆき
1972年福岡県生まれ。東京藝術大学美術学部建築科卒業，同大学大学院修了。伊東豊雄建築設計事務所を経て，2007年中山英之建築設計事務所設立。現在，東京藝術大学准教授。

ライバル心を率直に表明する言葉

中山　伊東事務所から独立した後、非常勤講師をお引き受けしたり、東京藝大で教職に就くようになってから、「課題を出す側の悩み」を知るようになって……。「あの人ならどんな課題文を出すだろう」と考えた時に思い浮かぶ顔の中に、小嶋さんがいました。

小嶋さんは、ぼくのような若造でも対等に扱ってくれながら、「ライバル心を率直に表明するような言葉」を投げ掛けてくれる人でした。いつだって「若い人の方が新しくて面白いことを自由に考えている筈」というのが前提で、相手を見くびることがない。

——小嶋さんとは、どういう接点があったのですか?

中山　ぼくは直接の教え子ではなかったたし、その後も頻繁にお会いしていたわけでもありませんが……。SDレビューに出展した時の審査員だったことが最初で、その後も何故か、大事な局面になるとスッとぼくの前に現れて、こちらが無意識に求めている何かを言葉にしてくれました。真っ直ぐなエールでもないし、強い批判でもないけれど、いつも対等に扱ってくれるんです。

だから、訃報を聞いて驚いたと同時に、たまらなく寂しくなって、「何かできないものか?」とY-GSAで教鞭を執っている藤原徹平さんに連絡を取りました。

——それが、二〇一七年の一月末に開催された「故小嶋一浩さんの課題について語る会」に繋がるわけですね。

中山　小嶋さんが手掛けた建築やエッセイの多くは出版物として記録が残っているけれど、「大学での教育活動」に関しては正直、あまり知らなかった。行き掛かり上、自分も大学で教職に就くようになったので、「小嶋一浩の課題文集みたいなモノがあったら参考になるんじゃないか?」と藤原さんに投げ掛けたら、直ぐに小嶋さんの教職歴を返信してくれました。

東京大学で助手をされた後、昭和女子大学、早稲田大学、東京理科大学、名古屋工業大学、東京電機大学、東京藝術大学、九州芸術工科大学、京都工芸繊維大学、東北大学、横浜国立大学、香港大学。常勤、非常勤を混ぜると、一〇以上の大学で教えていたことが分かりました。レクチャーに呼んで下さるような学校も多かったので、そんな機会に課題文のコピーを収集すれば良いのではないかと。あわよくば、その日に小嶋さんの課題を受講したことがある人に一言でも話を聞けたら、ちょっとした資料になるかな、と。

最初は、そんな感じで「個人的な作業として、少しずつ手を付ければ良い」という軽い気持ちだったのですが……。同年二月初めに開催された「追悼シンポジウム」で不意にマイクが回ってきてしまい、とっさに大勢の前で話してしまいました(笑)。

——まず最初に手を付けたことは?

中山　母校の藝大では、自分の一級下から小嶋課題が始まったんです。それでまず、その学年だった建築家の山口誠さんに聞き取りをしました。ぼくの記憶にあったのは、建築模型なのか、それともただの模型材料なのか、なんとも判然としない密度の低い大味な箱が、隣の製図室や廊下にゴロゴロと転がっていた光景です。

――何をしていたのですか？

中山　課題の内容は、「藝大他科のアーティストをひとり選んで、その人の作品を展示する空間をつくる」というもので、山口さんは油画科の友人を選んだそうです。架空の家族構成といったよくある課題設定とは違って、学生たちを、そこにいる具体的な対象に向き合わざるを得ない状況に投げ出すわけです。

　もうひとつ特徴があって、それは制作させる模型のサイズです。課題文そのものはまだ見つかっていないのですが、山口さんの記憶では五〇〇〇立方《メートル》程のエアヴォリュームが設定されて、1／30スケールの模型をつくることが求められていた。山口さんの模型も、一辺が一・八《メートル》くらいになってしまったそうです。小嶋さんは、そうすることで施主役になった学生にも設計を体験させようと考えていた。「1／30くらいから、それを実空間として認知できるようになるんだ」と言っていたそうです。

　やりとりはこの模型を使って進められ、講評会には学生たちの選んだアーティストも招かれました。山口さんの友人の「紙の箱が見えます……」という残念なコメントに、小嶋さんが沈黙してしまう場面もあったそうです（笑）。ぼくが見たのは、そうした紙の箱たちだったんですね。最後まで「模型材料」で終わってしまう人もいれば、それが「建築」になる瞬間に出会えた人もいたのだと思います。

六人目の建築家

――先述の「課題を語る会」は、京都工繊大で開催されました。

中山　たまたま出張の機会があったので、声を掛けやすい若手にアクセスしてみたら、そこから城戸崎和佐さんだけでなく、米田明さん、松隈洋さん、岸和郎さんまで参加してくださって、大事になってしまいました。

　まず、京都工繊大の手がかりは、ぼくが設計した「O邸」（二〇〇九年）のカーテンをデザインしてくれた森山茜さんでした。彼女が同大大学院一年の時（二〇〇七年）に、小嶋さんの課題を受けていたんです。彼女が声を掛けてくれた結果、RADの川勝真一さんなども協力してくれて課題文も見つかり、学生たちが残したデータも発見できました。

　着任早々、森山さんたちに出された課題は、「伴山人家 天津ハウジングプロジェクト」（二〇〇四年）。

――山本理顕さんがマスタープランを描き、塚本由晴さん、西沢立衛さん、宇野求さん、小嶋さんを含めた五人の建築家が、約二三《ヘクタール》の塩田跡地に三〇三戸の戸建住宅（延床一五〇～六〇〇平米）を提案していた未完プロジェクトですね。

中山　自分が取り組んだプロジェクトと同じ枠組みで、学生たちに課題を出すのは良くあるパターンですが……。小嶋さんらしいのは、「六人目の建築家として、あなたが呼ばれた」という設定にしているところ。「当然、ぼくたちよりも面白いアイディアを出せるよね」というスタンスで、雑誌で見ているような建築家と対等な立場に学生を引っ張り出すところは、まさに小嶋さんという感じがします。

――学生たちは、小嶋さんの課題をどう思っていたんでしょうか？

中山　課題では、現代中国の社会や文化、ライフスタイルなどを読み解くことが求められていたのですが、それに加えて「欲望を分析せよと指示されたことが印象的だった」と森山さんがコメントしていました。ふつう課題では、社会的な問題や意義のようなものが対象として選ばれがちですが、小嶋さんの課題文には「現代中国における欲望とは、あなたにとってどんなモノなのか？」という問いに応答することを、リアリティのある建築の提案に重ね合わせることが求められている。それが建築をつくらせる大きな要因であることを隠さない。

　スタディ方法も、山口さんに聞いた藝大の様子とよく似ています。しかも、六〇〇平米と床面積が何倍も大きくなっているにもかかわらず、ここでも1／20の模型をつくらせる。藝大では途中まで1／50の模型でエスキスしていたそうなのですが、京都では最初のエスキスからずっと1／20を持って

2011年3月。東京理科大学野田キャンパスで，学生たちによる「MOOM」の設置を指揮する小嶋一浩氏

来させています。すぐに製図室だけでは収まらなくなるし、模型材料代も大変な額です。それでも、毎回模型に頭を入れては、主観をぶつけあいながらその場で模型が切り貼りされていくようなエスキスを、ひたすら繰り返しているんですよね。

——他の課題は出していなかったのですか？

中山　小嶋さんは、二〇〇六年から二〇一〇年まで京都工繊大で教えていたそうなのですが、「伴山人家」の同時進行性が薄れたタイミングで課題を変えています。

最後の年に指導を受けた学生に出されたのは、「世界の名作住宅をひとつ選べ」という課題だったそうです。名作住宅に学び、それを読み解く課題ではありません。同じ敷地で対案を示せと言うんです。同時代の建築家だけでなく、巨匠と呼ばれる建築家のことも、並走者として対等に見ているんですよね。

徹頭徹尾、真剣勝負

——他の大学のエビデンスも集まっているのですか？

中山　ぼくの事務所のスタッフ、松本巨志くんは理科大の小嶋研出身なので、当時の様子を聞くことができました。京都工繊大と同時期の二〇〇七年に、理科大では対象的なタイトルの課題を出していたようです。「マイクロ」というタイトルの英文課題で、今の言葉で言うと、「タクティカル・アーバニズ

ム」的というか。都市計画的な視野からその細部として建築を考えるのではなく、なんらかの具体的な細部を都市に埋め込むことが求められている。
　例えば、「バスに乗って病院に通っている老人が感じているバリア」みたいなものに、ちょっとした変化をもたらすステップのようなものを「マイクロ」と呼んでみる。と言っても、バリアフリーを行き届かせるような「ミニ・アーキテクチャ」を求めているのではなくて、それによって起こる小さな変化の束が、結果として都市というアーキテクチャに構造的な変質をもたらすような何かが「マイクロ」だ、と。
　非常勤として他の大学に乗り込む時は、広大な住宅をプログラムレスで設計させ、巨大模型を使って建築を手づかみさせる一方で、常勤の大学では、小さなウイルスを潜行させて、既存の都市をハッキングするような建築を探ろうとしている。二〇〇〇年初頭の小嶋さんのパースペクティブを、少しだけ覗き見できたような気がしました。

──東大の課題についても、釣果があったと聞きました。

中山　まだ直接課題を受けた方に出会えていないのですが、建築家の成瀬友梨さんが当時聞いた話では、やはり型破りな設定の課題が出されていたようです。
　ちょうど、「スペースブロックハノイモデル」（二〇〇三年）に取り組まれていた時期と重なっていたのだと思いますが、自分自身で東南アジアのどこかにプロジェクトを設定させる課題が出されたようなんです。社会状況や日本とは違う気候や環境についてのリサーチを求めているのですが、つまりは「来週までに現地を見に行ってこい」っていうことなんです。課題で海外に行けと（笑）。

──戸惑う学生も多かったでしょうね。

中山　小嶋さんにしてみれば、「建築を考えるために直ぐに海外へ行けるようなフットワークがなければ、そもそも建築家になんてなれない」し、「いくら東大の大学院生でも、そこで引いてしまうような学生と過ごす時間は無駄だ！」と思っていたのかもしれないですね。
　今まで集まったわずかな情報でも、徹頭徹尾、学生との真剣勝負を楽しんでいる姿が浮かんでくるし、そういう時の小嶋さんは「何かを教えよう」なんて気持ちはコレッぽっちも無かったかもしれません。

──大きな模型をつくらせることも、共通していますね。

中山　模型を覗き込む時も、予め頭の中にある仮説を確認するというよりは、その場で学生と自分が同時に体験していることを、そのまま対象にすることが最優先だったのではないかなと思うんです。
　当の小嶋さんも、とてもロジカルな思考をされる方だった一方で、あらかじめ自分の中に、ある型を用意して事に向き合うことがない建築家という印象があります。実際に小嶋さんの建築を体験すると、愛情を込めて紡ぎあげられた建築というよりも、自分の知らないものを貪欲に理解しようとしている人物によって、その局面を展開する有効打が自在に放たれたフィールドに居合わせたような感じがする。
　きっと、課題に対しても結果を求めていたわけではなく、「学生たちの中で、そしてもしかしたら自分の中で、未知のことに対する理解が始まった瞬間に居合わせたい」という気持ちが強かったのではないかという気がします。

恵比寿SAビル

東京都渋谷区, 2017年

△南側のファサードを見上げる

南側，駒沢通り沿いのファサード。低層部は背後の公園にも面する教会で，上階にオフィスや住居がある▷

平日，休日ともに交通量の多い駒沢通りと，子どもたちの遊ぶ声が響く恵比寿公園に挟まれた敷地に，教会，住居，テナントオフィスからなる10階建ての複合建築を設計した。駒沢通りではテナントビルの建替えが各所で起きており，これからも増えていくのではないかと予想される。その中に布石を打つようにこのビルを建てることで，今後の風景のきっかけづくりになるような建築のあり方を目指した。

駒沢通りから1本道を入った所に恵比寿公園がある。公園との間の道を境に用途地域が変わり，厳しくなる日影規制をクリアするため，大きくえぐられたような形になる。意図せずできたこの大きなヴォイド空間やテナント階のバルコニーは，周囲の建物が背を向けたように建つ中，公園を自分たちの空間の延長としてとらえるきっかけとなる。夜になるとこのビルが煌々としているから尚更である。

一方で駒沢通りの振る舞いは，街区によって閉ざされてしまい通りからは気づきにくい公園の緑を，通り側に運んでくることをイメージした，緑のファサードとした。この緑化は南側の日差しを和らげるとともに，大通りとの間に隙間を持つ「ブリーズソレイユ」の役割を果たしている。両側に緑を携え風通しの良い内部空間は，均質で閉塞的なオフィスとは「空気」が異なることを私たち自身で体感している。

旧救世軍ビルから数えると20年以上の付き合いになるこの場所で，設計した建築とともに変化していく周辺環境や使われ方を身近で考察できる贅沢さを感じながら，この布石による余波が生まれるか見守っていきたい。

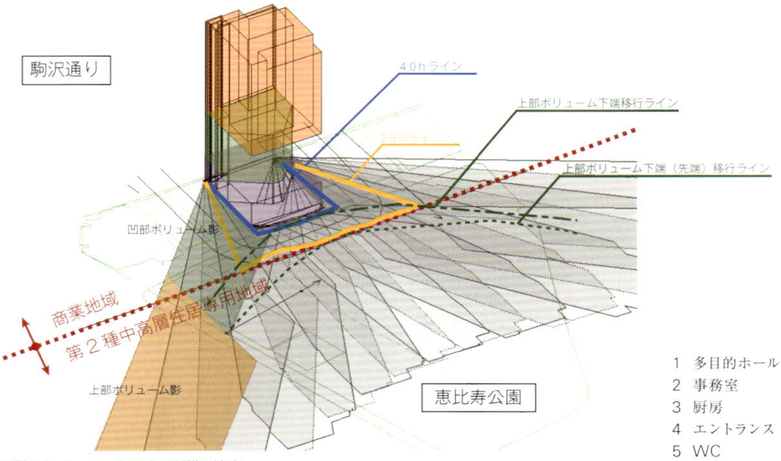

日影シミュレーションによる形態の決定

1 多目的ホール
2 事務室
3 厨房
4 エントランス
5 WC
6 駐車場
7 礼拝堂
8 礼拝堂テラス
9 テナントオフィス
10 給湯室
11 WC（女）
12 WC（男）

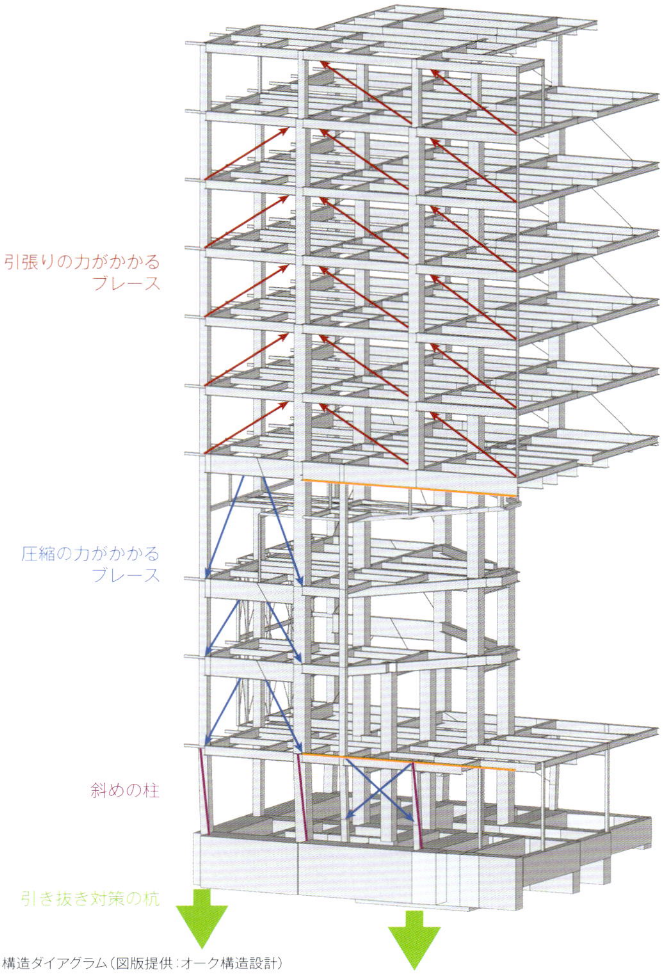

構造ダイアグラム（図版提供：オーク構造設計）

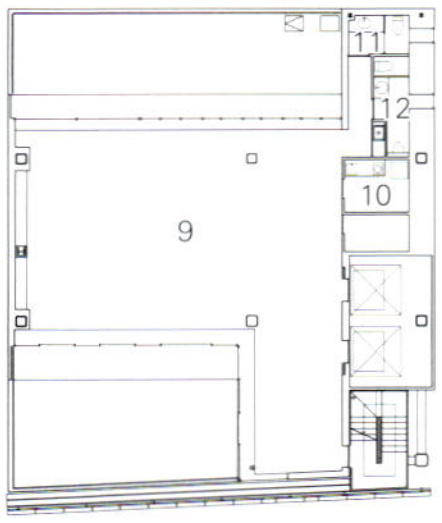

10階平面

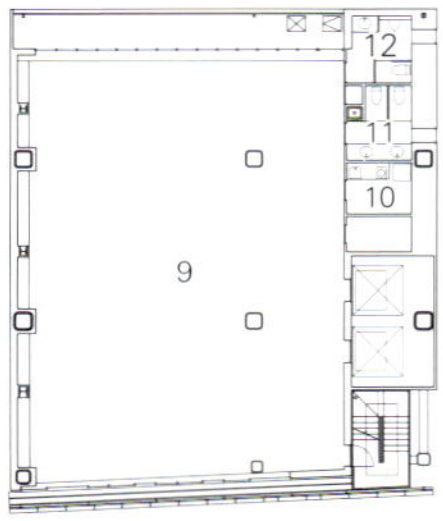

5~9階平面

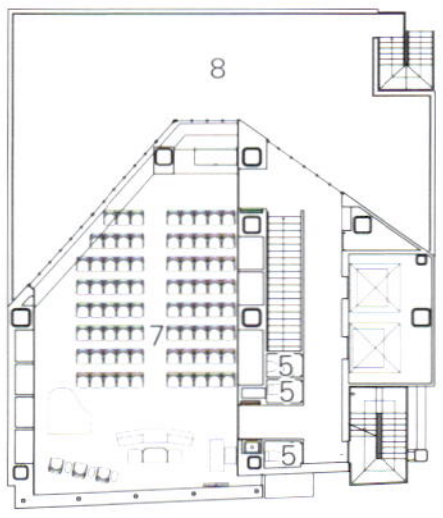

2階平面

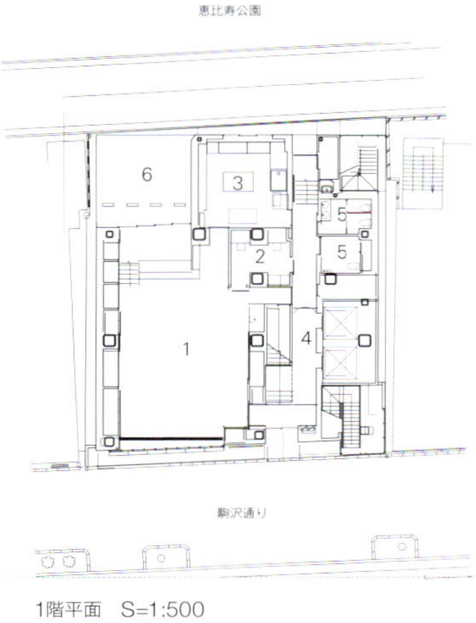

1階平面　S=1:500

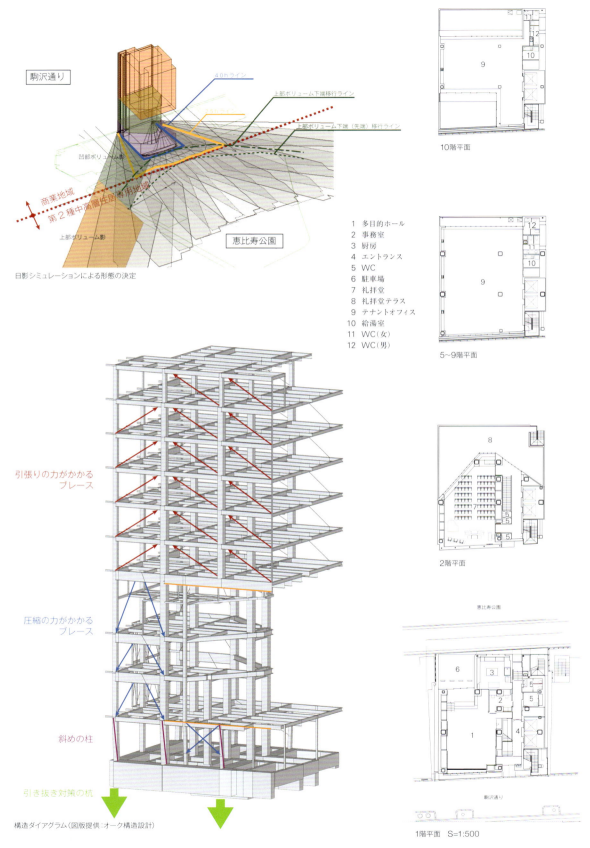

1階多目的ホール

1階エントランス。正面は2階の礼拝堂への階段

北側の恵比寿公園に面して低層部はセットバックし，テラスがある

2階礼拝堂。公園に面して礼拝堂テラスがある

礼拝堂。祭壇側壁面にはトップライト

5階. CAtのオフィス

オフィスのエントランス

北側のテラス

オフィス。東を見る

オフィス。北を見る

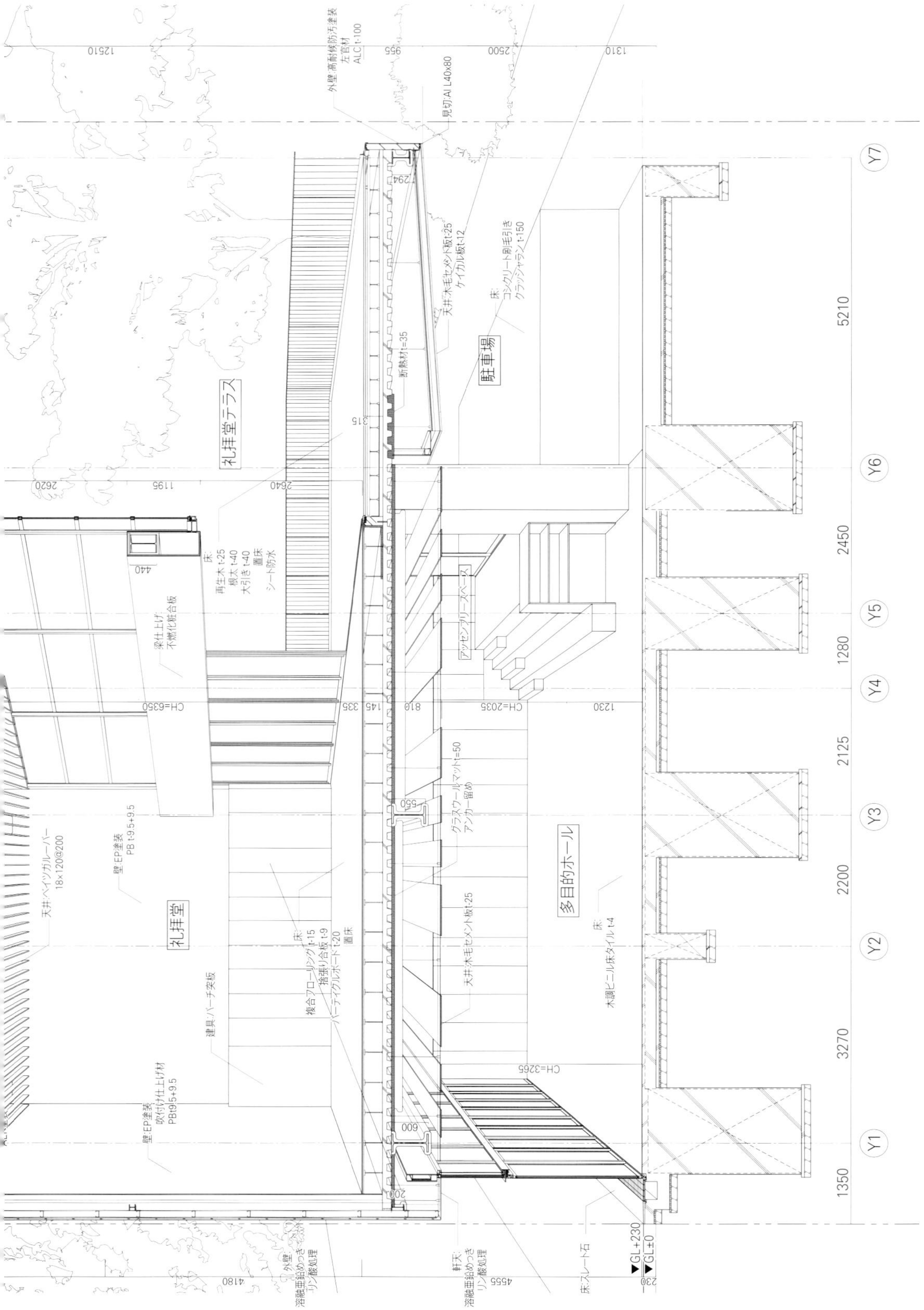

南北断面詳細　S=1:100

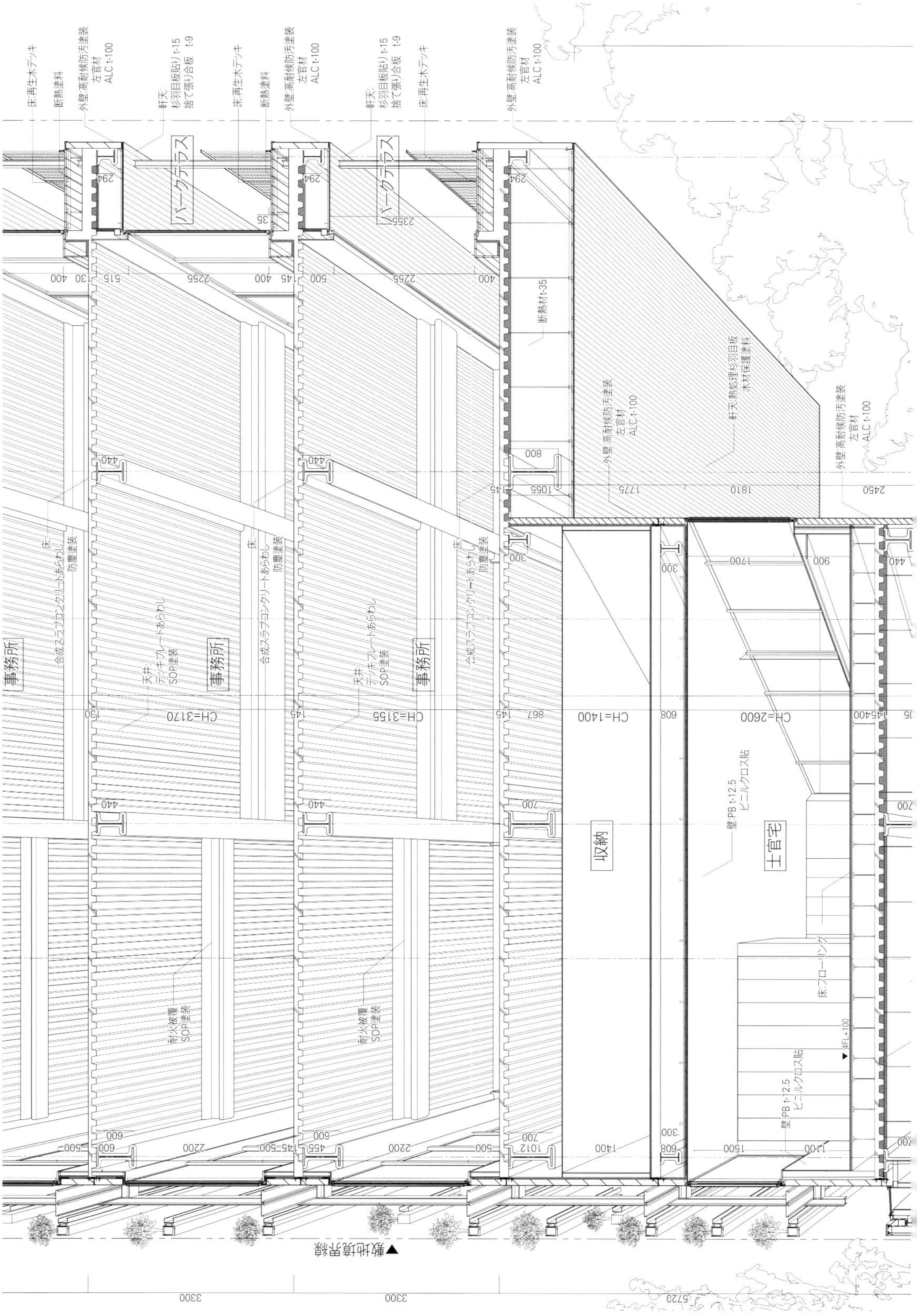
床:再生木デッキ
断熱塗料
外壁:高耐候防汚塗装
左官材
ALC t-100
軒天:
杉羽目板貼り t-15
捨て張り合板 t-9
パークテラス
断熱材t-35
軒天:熱処理杉羽目板
木材保護塗料
床:
合成スラブコンクリートあらわし
防塵塗装
天井:
デッキプレートあらわし
SOP塗装
事務所
CH=3170
CH=3155
CH=1400
CH=2600
収納
壁:PB t-12.5
ビニルクロス貼
床:フローリング
耐火被覆
SOP塗装
4FL+100
敷地境界線

MEMORIES

建築と別の世界で、小嶋一浩はどんな人物だったのか。社会学者、デザイナー、陶芸家、脚本家、アーティスト、ファッション、他分野の友人や知人たちのエピソードから、私たちが知らない建築家の素顔を紹介する。

古平正義 こだいら・まさよし
アートディレクター グラフィックデザイナー
1970年大阪府生まれ。アキタ・デザイン・カンを経て，97年よりフリーランス，2001年FLAME設立。

1999年，当時シーラカンスで広報を担当していた知人の紹介でロゴをデザインすることになり，恵比寿のオフィスに行ったのが出会いだったと記憶しています。

小嶋さんのユーモアに富んだ人柄や在学中に結成したというバックグラウンド，救世軍ビルのオフィスの佇まい，そして，ぼくが独立して間もない20代だったことも手伝って，一推しでプレゼンテーションしたのは，コア/キューブ/ブロック/ポーラスといったシーラカンスの建築に特徴的な要素を反映させた，過剰に意欲的(?)なものでした。「我ながら良くできてるなぁ。こっちで決定でしょ」と思いつつも，念のためにと，その真逆に位置する，シンプルでグラフィックの王道的なものも持って行ったのです。

二つを見せた時の小嶋さんのコメントは，その後のぼくのデザインへ向かう姿勢に大きく影響していて，今も事あるごとに思い返すものでした。
「たしかにこっち(一推し案)は面白くてすごく良くできてるし，今現在のぼくたちの建築やイメージにぴったりなんだけど……，これからは，こっち(王道案)が似合う様になりたいんだよねぇ」

表面的には尖ったものをつくっているつもりが，「こういう対象だからそれに合ったデザインを」と，狭い範囲の枠を設定していたんですね。デザインってもっと大きなもの，先へ向かう為のものなんだ，とあらためて気づかされました。

それから10年後，小嶋さんから「今もとても気に入っているので」と連絡をいただいて，元のC+Aを残したまま，東京と名古屋，二つの拠点がある現在の事務所の形態を反映したロゴにアップデートすることになるのですが，もうひとつの案になっていたら，そういう展開はなかったかもしれません。

このロゴは，紛れもなく師匠である秋田寛さんの影響下にあるものですが，後に同い歳の小嶋さんと秋田さんはいくつか仕事を共にし，親しい友人関係でもありました。

秋田さんは2012年に亡くなっており，三人で深くデザインの話をすることは叶いませんでしたが，二人の根底に共通して流れているものがあり，その恩恵にあずかったような気がしています。

2010年に古平氏によってアップデートされたロゴ

馬岡智子 うまおか・とみこ
陶芸家
1964年大阪府生まれ。大阪芸術大学芸術学部工芸学科陶芸専攻卒業，同大学芸術専攻科工芸専攻修了。92年に東大阪市に工房「ちちんぷい」を設立。制作活動をはじめる。

35年前，小嶋さんが京都大学の3回生の時，私とひとつ上の姉との姉妹で，2年間，週2回，勉強をみてもらっていました。小嶋さん自身の経験からどの教科でも試験に出る箇所がわかるようで「コレとコレはやっとくように」「コレは要らん」と教えてもらう度，すごいなぁと感心していました。私が美術系の大学に進学すると決めた時も，「デッサンを見せて」と時々言われ，それにもアドバイスしてくれるので，なんでこんなこともわかるねんやろと思っていました。

小嶋さんは「やらなくてもいいこと」を「はしょる」とよく言っていました。試験勉強には「はしょれる」ところが沢山あって，一人で勉強しているといつまでも終わらない気がして滅入ってしまいます。でも，小嶋さんに教えてもらった後は勉強するところを「はしょれて」，なんだか気楽になれました。

よく夕飯を食べてから教えてもらっていました。京都で下宿暮らしをされていた小嶋さんは，私の母がつくる大雑把な料理を「とても美味しい」と食べてくれました。だから，小嶋さんが来る日は母がはりきります。定番の田舎料理からつくったことのない料理にまでチャレンジするので当たり外れがありましたが，小嶋さんはどんな時も喜んで沢山食べてくれました。母にとってはそれが今もずっと良い思い出になっているようです。

小嶋さんが東京大学の大学院に進学されたのでお会いする機会もなくなると思っていたら，その後も小嶋さんのご実家の「氷室アパートメント」のことで，建設会社をやっていた父に役所とのやりとりなどのアドバイスを聞きに来られていました。私が大学から帰宅すると，父を訪ねて来た小嶋さんと会う機会が何度かあったように記憶しています。

建設業界の常識的な枠を外して建築を考える斬新な小嶋さんに，父も刺激を受けることが沢山あったようです。二人で身を乗り出して「それならこんな方法があるかも」と東京へ帰るギリギリの時間まで熱く話し込み，新幹線から電話で話の続きをしていたこともあったそうです。小嶋さんはその当時の父とのやりとりを，その後もずっと大切に思ってくれていたようでした。父を東京での小嶋さんの結婚式に招待していただいたり，9年前の父の葬儀には大阪まで駆けつけてくれました。

私は大阪芸術大学で陶芸を専攻し，小嶋さん繋がりで，「スペースブロック上新庄」で夫と陶芸教室をするご縁もありました(今は移転しましたが)。ご活躍が続いてどんどん雲の上の人になっていく姿を家族全員で，頼もしく，嬉しく見上げていました。

羽田野直子 はたの・なおこ
脚本家/映画製作
1959年大分県生まれ。東京女子大学文理学部哲学科卒業。(一般社団法人)日本放送作家協会理事。

小嶋さんとは槇文彦研究室で一時期ご一緒した。彼はシーラカンスで活動を始めたばかりの大切な時期だったので「大学の高級小遣いさん」になってはいけないから，こっそりそうならないコツを伝授した。そのことを随分感謝してくださり，私の方が年下なのに頼りにもしてくださった。それは私が畑違いだったせいもあったのだろう。

建築の世界では皆さんに兄貴のように慕われている彼は，別の分野だと真摯な若者のようだった。私がプロデュースした文化系イベントに出演してくれた音楽家のオーチャードでの公演にお誘いして，建築家だから会場のバックヤードを見た方が良いねと楽屋見舞いにお連れしたら「こういう世界に慣れてるんだなぁ」としきりに感心していた。

映画にも何本かお誘いした。ヴェンダースの『パレルモシューティング』の爆音上映にはとても感動して「ぼくもヴェンダースのロケに使われるような建築つくらなくちゃ」と言っていた。いつかきっとそういう時が来ると思ったのに……。

原游 はら・ゆう
アーティスト
1976年東京都生まれ。東京造形大学造形学部美術科一類卒業，東京藝術大学大学院美術学部美術科油画専攻修了。

歩いている小嶋さんと時々すれ違いました。小嶋さんの家の近くが多かったですが，美術館やパーティの道でも。

1人の小嶋さんはだいたい不機嫌で怒ってる感じで歩いていて，「小嶋さん」と声をかけると最初は私がわからない。

「誰だよ」という顔。そのあとで気付いて，「久しぶり」と優しく声をかけてくれます。いつもその同じ手順で，それになぜかとても安心してました。

小嶋さんの歩く姿をみると，いつも1枚の写真を思い出しました。小嶋さんが若い頃，三宅島旅行で撮った写真です。父(原広司)が研究室の学生たちと三宅島に行って泳ぐのが夏の恒例行事で，子どもだった兄と私も参加していました。

最近はいつもお洒落な小嶋さんですが，その中では，たしかぶかぶかのエスニックのような柄物の上下を着て，不良のように1人で歩いていました。

それがとてもかっこよかったのです。私の頭の中にその写真のイメージがずっと残っているので，歩いている小嶋さんと重なったときに安心していたのかもしれません。

YOHJI YAMAMOTO Inc.

堀江俊明 ほりえ・としあき
ヨウジヤマモト ストアマネージャー
1999年（株）ヨウジヤマモト販売部に入社。
現在，西武渋谷店ヨウジヤマモト ストアマネージャー。

小嶋さんが亡くなられて10ヶ月が経ちます。2000年から氏の服選びをお手伝いさせていただいた私にとってGA編集部からの今回の依頼は，この17年間の一瞬一瞬を噛みしめる機会となりました。

小嶋さんのクローゼットはほぼ全て「ヨウジヤマモト」。パリのランウェイを飾る服は，世間一般の衣食住の衣に収まらないメッセージ性の高さから，時として着易さよりも，挑戦的なカッティングを用いることがあります。

小嶋さんは，私が提案する難易度のある服をご試着されると，鏡の前で破顔一笑「さっきの服よりこっちの方が，楽しいよね。どうせ買うなら，これだね」と，強い意匠をお選びくださるのが常でした。セレモニーでお召しになるジャケット以外は，袖丈をお詰めした記憶もなく「軽く捲し上げるからいいよ」と，実に粋でした。

この服を選ぶと人生が楽しくなる，手強い服に好んで挑戦し，手なずけてゆく。私は小嶋さんとご一緒した服選びを通して，ヨウジヤマモトの源流である挑む姿勢を，また時代を駆けるリーダーの眼差しについてお教えいただいたのだと憶っております。

吉見俊哉 よしみ・しゅんや
社会学者
1957年東京都生まれ。東京大学大学教養学部教養学科卒業。同大学院社会学研究科博士課程単位取得退学。社会学・文化研究・メディア研究専攻。東大新聞研究所助教授，同社会情報研究所教授を経て，現在，東京大学大学院情報学環教授。

小嶋一浩と私，何人かの建築家の卵たちが80年代にバリ島を訪れたのは，何よりも集落調査をめぐる原広司先生の託宣のような言葉に触発されてのことだった。島内で数日を過ごしてから，小嶋と私はボロブドゥール遺跡を一目見ようと夜行バス往復の強行軍で遺跡に向かった。途中の村々，市場，遺跡と忘れ難い情景が目に焼き付いているが，前後の脈絡は思い出せない。しかし衝撃はウミガメの肉だった。まだ若く，気も大きくなっていた私たちは，露店でウミガメ肉の串焼きをほおばった。旨い。思わず試食どころかしっかり食べてしまったのが大失敗。翌日から2人は数日間，猛烈な下痢でトイレの友となり，バリを楽しむどころではなかった。小嶋とは，他にもずいぶん小劇場の芝居を観た思い出がある。当時，演劇の世界にまだこだわり続けていた私にとって，自分の知らない建築的な物の見方を教えてくれるだけでなく，一緒に芝居を観に行ってくれる友はありがたかった。沖縄の芝居を観たときか，なぜか最後に我々は舞台で踊る破目に陥りもした。小嶋はいつもソフトで明るかった。学校や地域へのこだわり，土地に溶け込むことから明日の建築を考えていこうとする姿勢は生来のものだったと私には思える。90年代以降は会う機会は多くはなかったが，原広司的ともいえる世界の中で私たちは共振していたと確信している。

MKG

京都外国語大学新4号館

京都府京都市，2017年

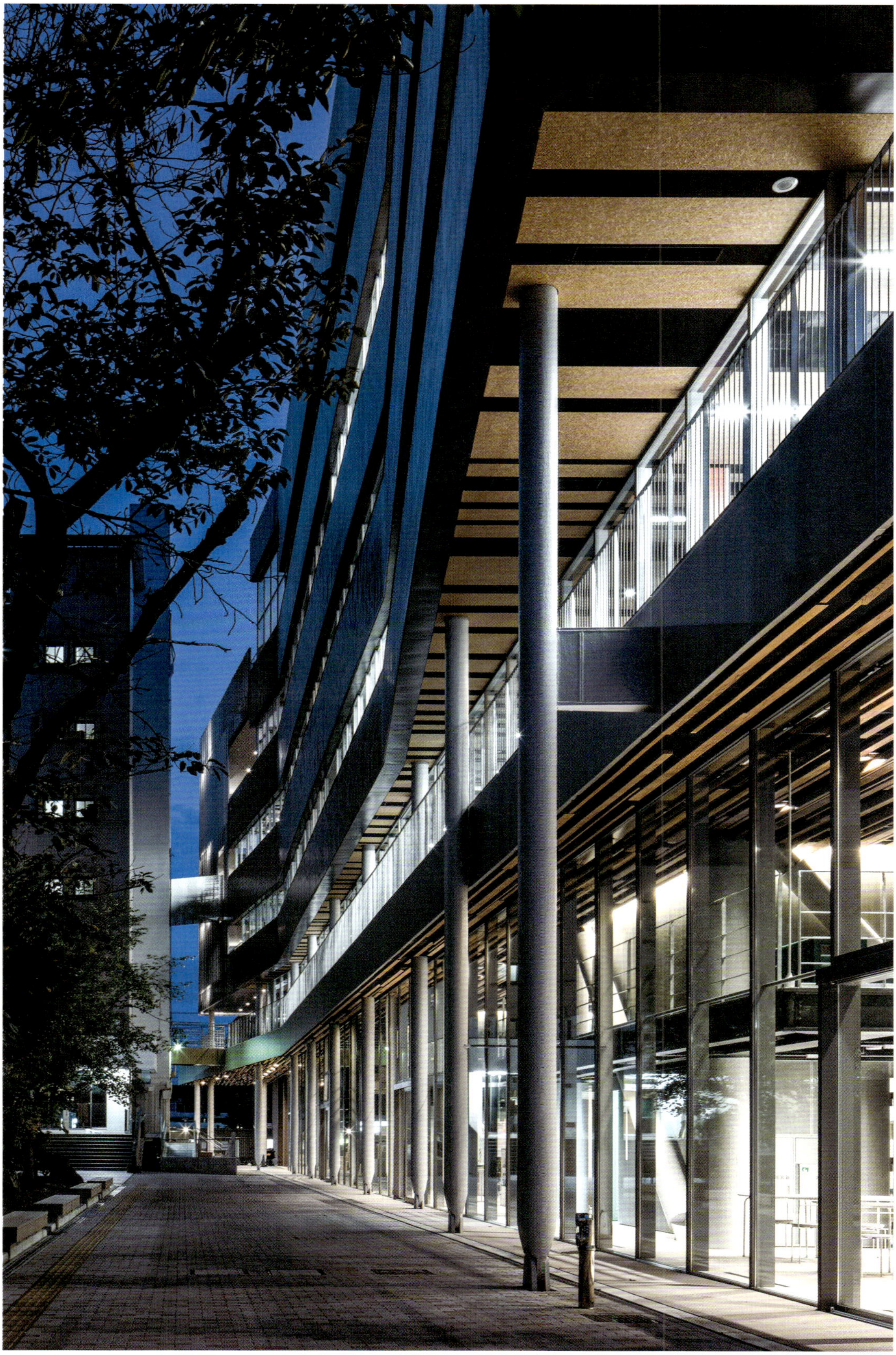

夕景。「静かの庭」より見る

京都外大西高等学校の体育研究室より北立面を見る▷

1 グループワークエリア
2 NINJA外国語自律学習支援室
3 ラーニングエリア
4 プレゼンテーションエリア
5 学習エリア
6 休憩エリア
7 留学情報スペース
8 国際部
9 キャリアセンター
10 資料閲覧スペース
11 打合せ室
12 オフィス
13 ジャンクション
14 ミーティングルーム
15 S教室
16 M教室
17 L教室
18 テラス
19 LL教室
20 レセプションスペース
21 国際会議スペース
22 展望デッキ

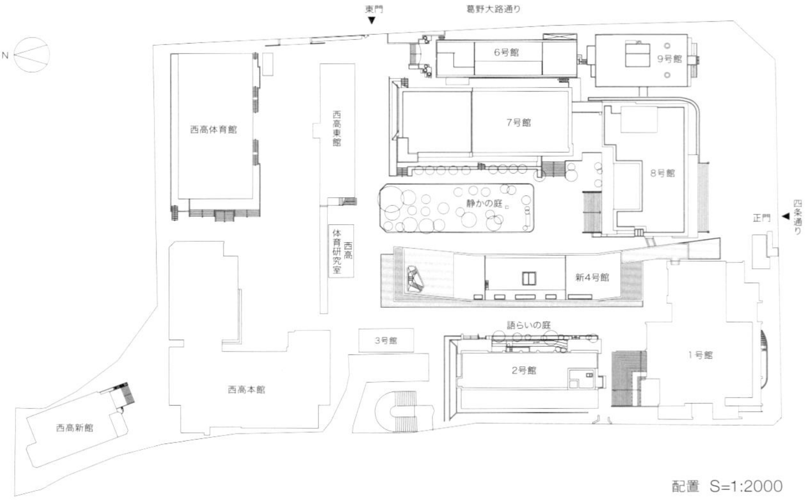

配置 S=1:2000

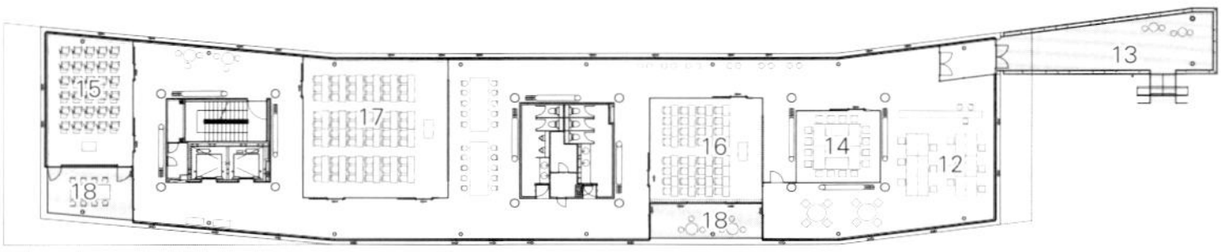
3階平面

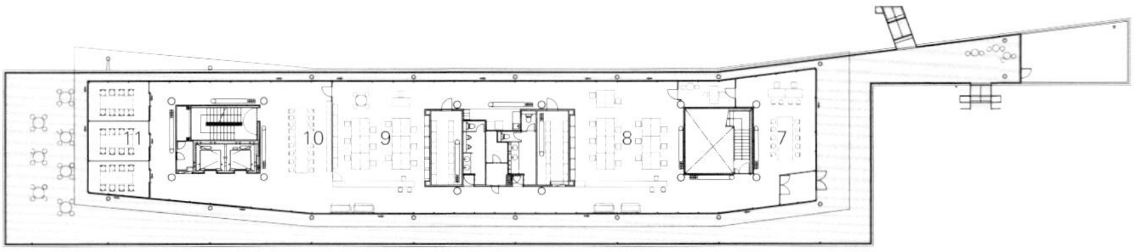
2階平面

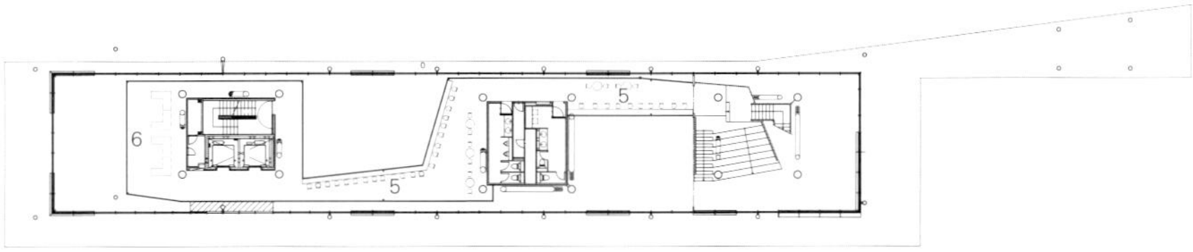
中2階平面

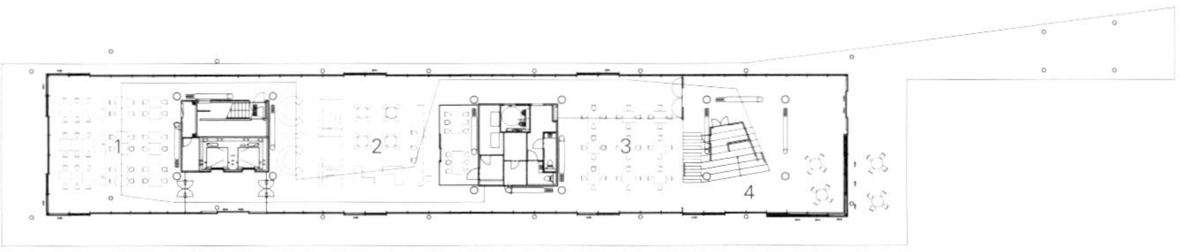
1階平面 S=1:500

1号館（左）と8号館（右）に挟まれた南端。手前は四条通り

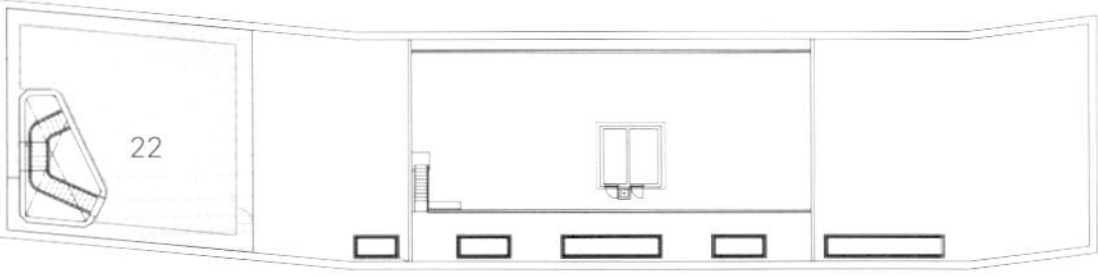

屋上

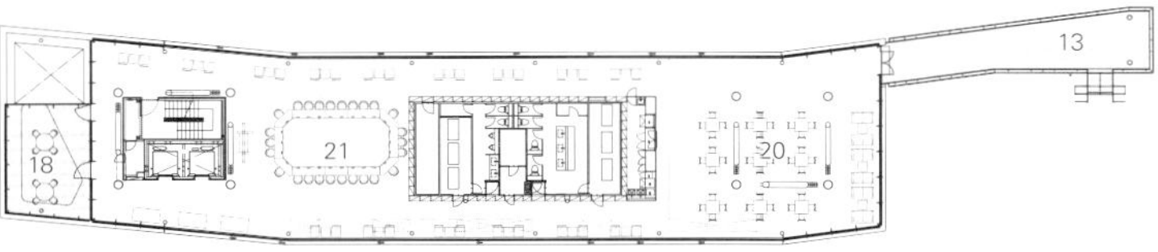

6階平面

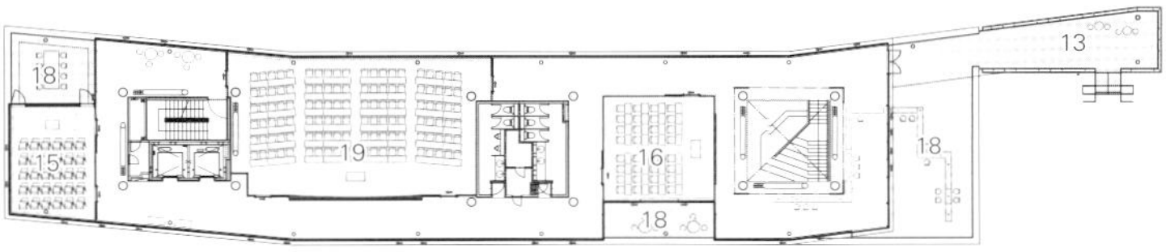

5階平面

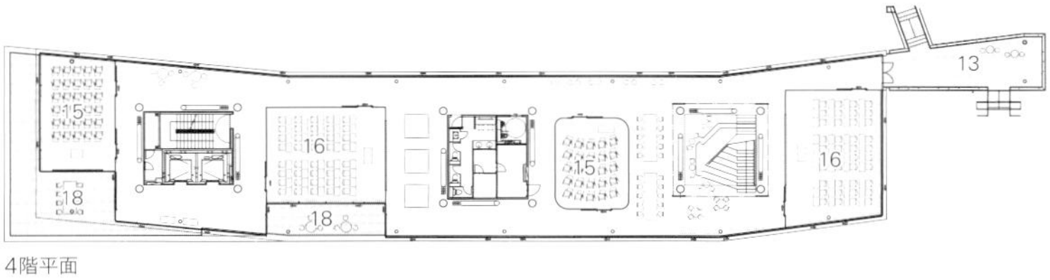

4階平面

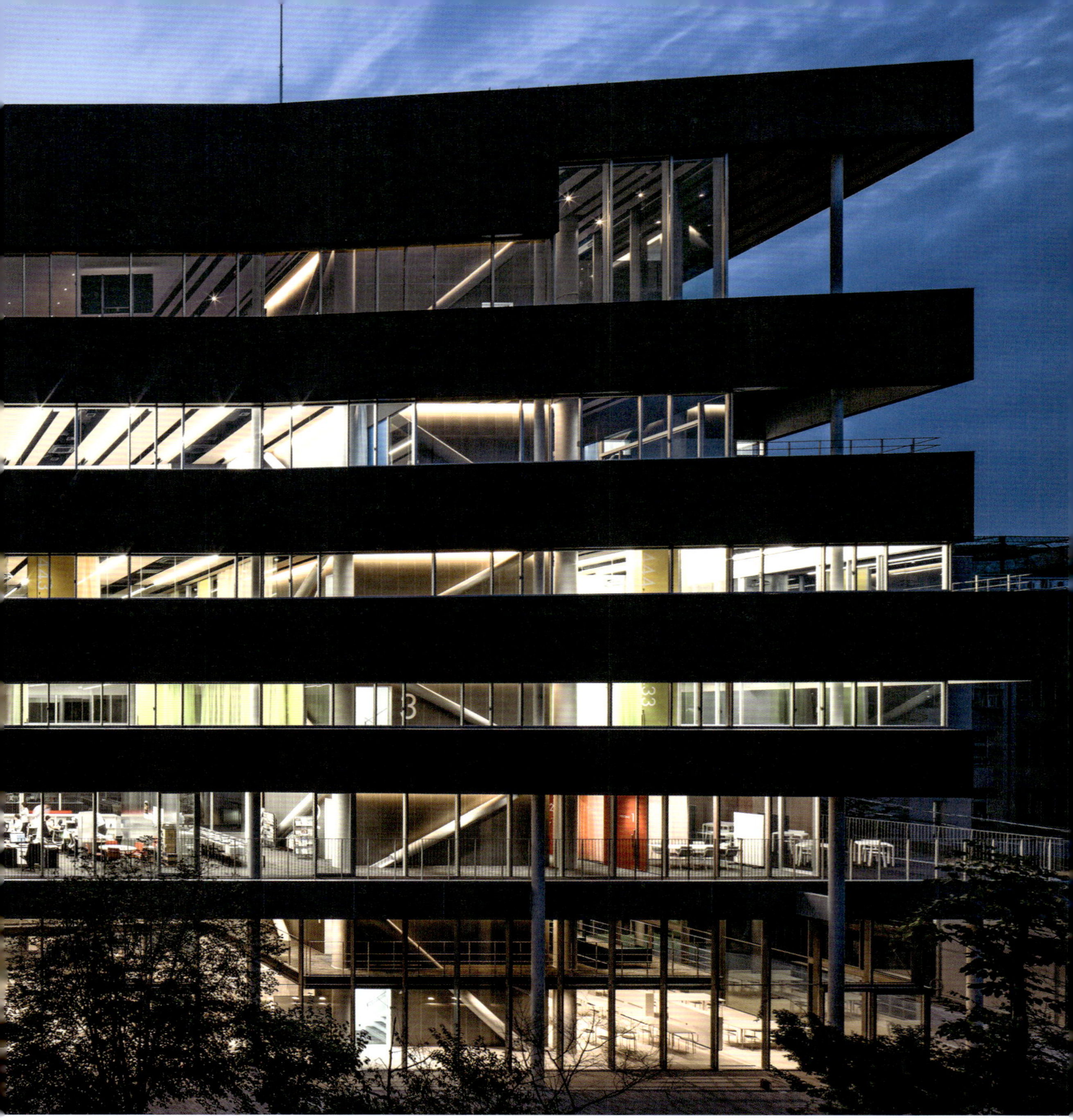

シブルラーニングエリア)による学生たちのアクティビティが浮遊する。できあがってみると，ガラス張りの教室はカーテンを閉めずに講義が行われ，廊下にはあちらこちらで小さな学習グループが溜まり，大階段も活発に使われている。そして，建築全体に広がったアクティビティは外周の横連窓で作られた透明な立面によって徹底的に可視化されている。

今まで私たちが携わってきたオープンスクールや複合施設では，一つの建築として，ある平面的な広がりの中で都市との関係性を含めて展開する，開かれた場の可能性を追求してきた。それに対し，今回は平面的にも断面的にも展開し，開かれていく可能性を持つ場を，キャンパスの将来的な展望という時間軸を組み込みながら思考してきた。

一つの建築の場がスタートとなり，次に現れるであろう新たな場に，どう繋がれ，どう開いていくことができるのか。その可能性を思考することは予測不可能なことをも含めて，よりダイナミックで流動的な場を生み出すエネルギーとなる。

この一連の思考が，私たちのこれからの設計プロセスそのものを，より多くの可能性に開かれたものへと展開するきっかけになればと思っている。

夕景。7号館より見る東側ファサード

新京都外国語大学旧4号館の建て替え計画である。

学園創立70周年に合わせて指名プロポーザルが行われた。キャンパス全体の継続的な更新が予測される中，これから数十年を見据えたマスタープランのヴィジョンを共有し，その中心に学生のアクティビティ・ハブを創る私たちの提案が選ばれた。

旧校舎によって分断されていた両側の庭をつなぐ様に床を高く持ち上げ，そこにできたピロティ状の空間をラーニングコモンズとした。隣棟との接続性から2階には事務機能を集約し，3～5階に講義室群，最上階に眺望を生かしたレセプションスペースを配置する明快な断面構成としている。極端に細長いプロポーションの平面をトリプルコアと外周部のピン柱によって軽快に支える構造とし，その床面上に多種多様な学生の居場所をちりばめている。

横連窓を通して隣棟の授業風景，ひいては京都の山々まで視界が伸び，要所で設けられたテラスと合わせて，外と繋がることで境界のない床をつくろうとした。そして流れや活動を促す様に，サッシュ，外壁，天井仕上げの割付をランダムとし，建築の振る舞いそのもので動的な全体を現わしている。

コアを集約することで構造の制約から放たれた自由な平面に，外部テラスと入り混じった講義室と，その合間を縫うように大階段やホワイトボード壁を設けたFLA(フレキ

5階：大階段のある吹抜け

5階：南端のFLAとテラスの関係

6階：北端のテラス

5階：ジャンクションより新4号館南端を見る

中2階の学習エリア

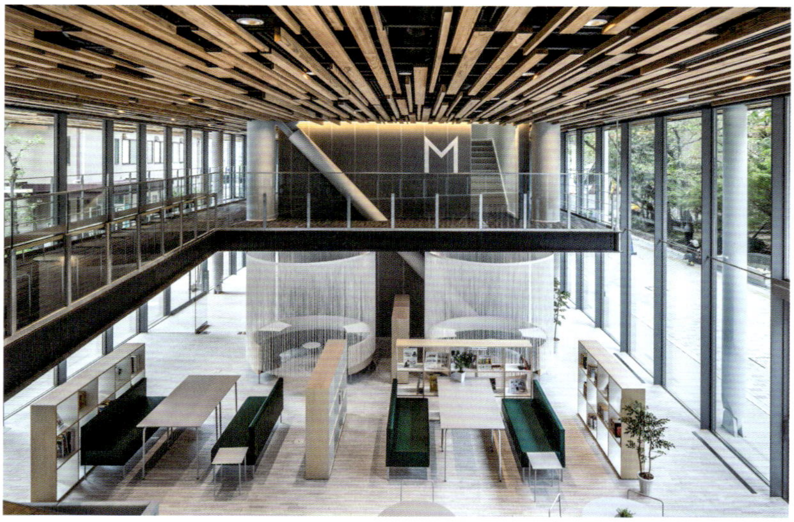

中2階学習エリアより大階段を見下ろす

1階グループワークエリア。ガラス越しに「静かの庭」を見る

1階南端のプレゼンテーションエリア

4階：ガラスで囲われた25人教室

501

京都外国語大学新4号館のスタディ模型

渋谷ストリーム

東京都渋谷区，2018年

旧東急東横線の線形を踏襲した2階の貫通通路「ストリーム·ライン」。
ストリームイエローに着色されたエスカレータが，縦動線を可視化している

北東より見る全景▷

渋谷ストリーム ホール

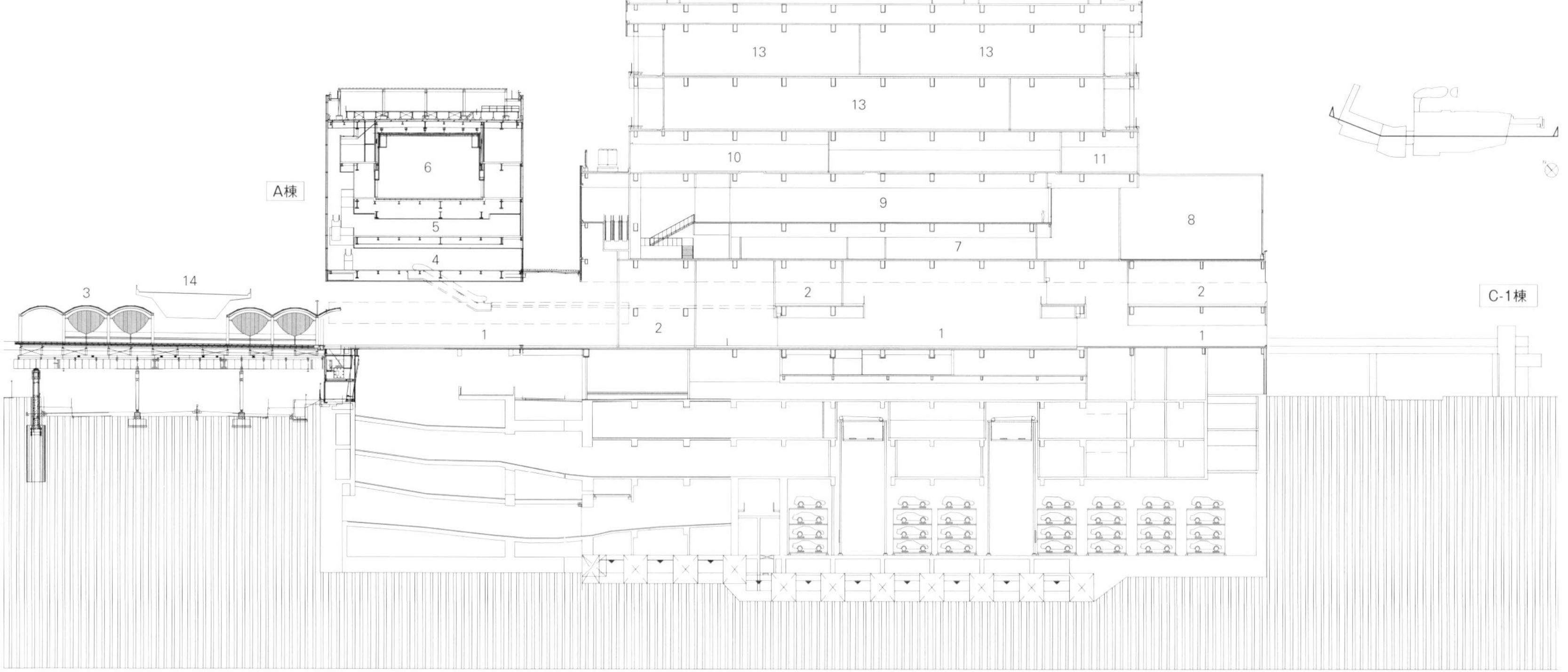

1 貫通通路「ストリーム・ライン」
2 店舗
3 246横断デッキ
4 ホールエントランスロビー
5 ホールホワイエ
6 ホール
7 ホテルロビー
8 アクティビティコート
9 オフィスロビー
10 オフィス
11 会議室
12 ホテル客室
13 機械室
14 首都高速道路

長手断面 S=1:1000

図面作成：東急設計コンサルタント

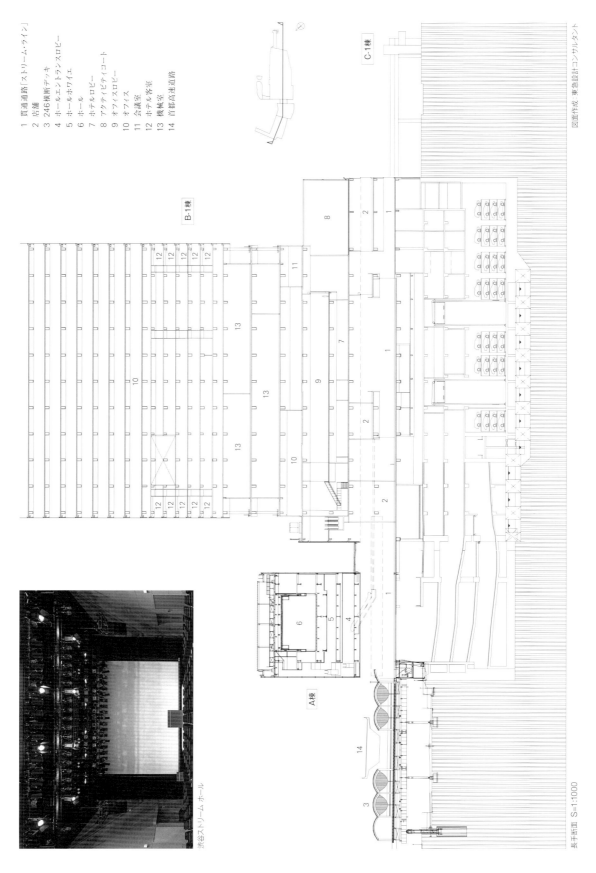

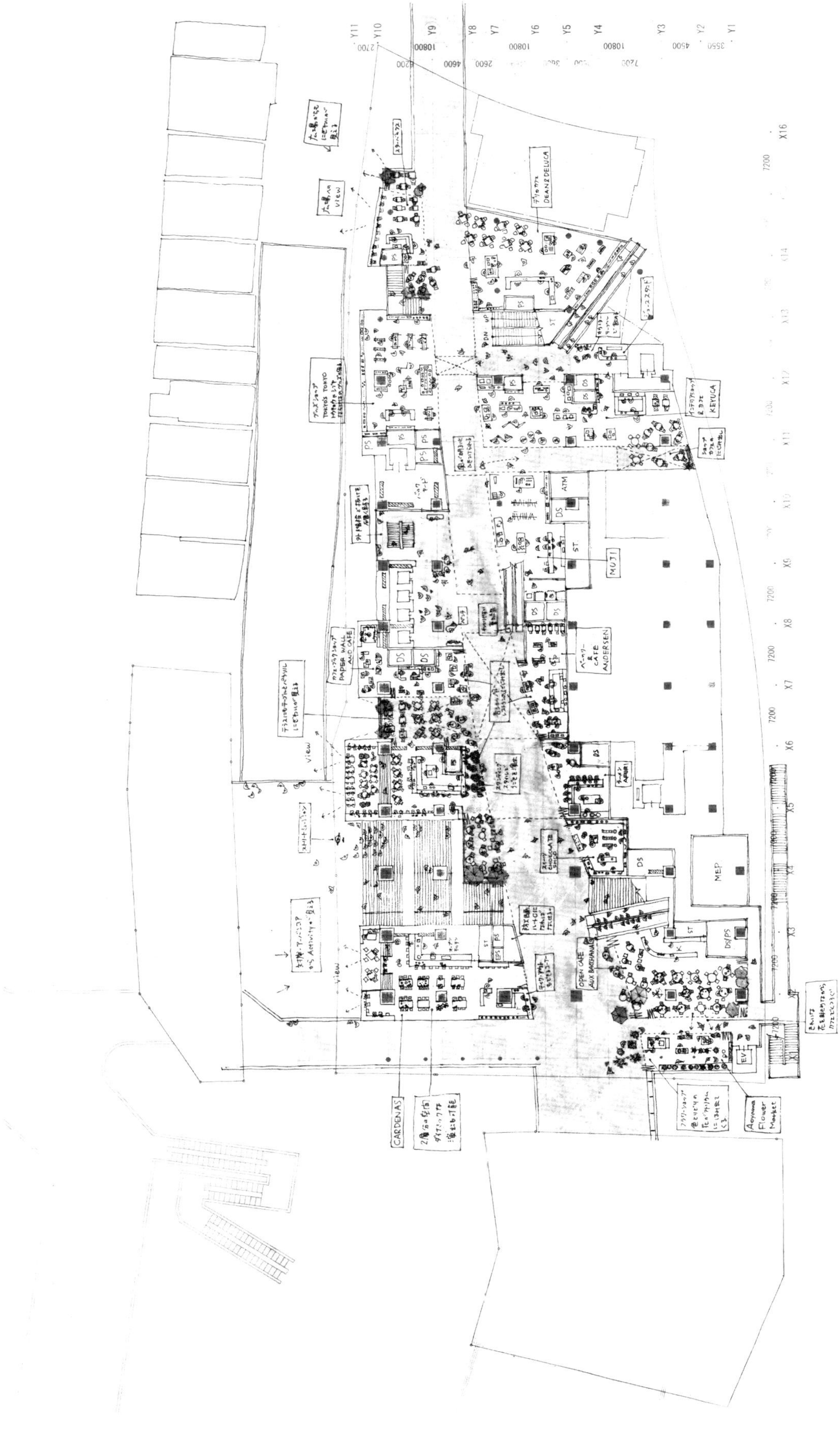

2階「ストリーム・ライン」のスタディ・スケッチ

東急東横線渋谷駅跡地。東横線の始発，終着駅であった場所であり，美しいカーブを描く軌道とホーム，そして，かまぼこ屋根の大らかな風景が多くの人々の記憶に刻まれている。日常的に慣れ親しんできた記憶を継承し，この場所が持つポテンシャルを未来へつなげること。渋谷の持つ界隈性やストリートの魅力を増幅すること。自転車とスニーカーでやってくるであろうオフィスワーカーに馴染む場所になること。谷地形に対して首都高，明治通り，渋谷川，JR，歩道橋など，様々なアクティビティ，多様なスピード感が交錯する真っただ中にいるダイナミズムと，ここに流れる風そのものを感じること。

国道246号上部を渡る旧高架橋の一部をそのまま再利用しながら旧東横線の線路線形を踏襲したポーラスな半外部の貫通通路「ストリーム・ライン」。渋谷のスケールにブレイクダウンした路面店のような店舗ボリュームは，吹き抜ける風や光の移ろい，街の喧噪や渋谷川の流れを感じる路地のような抜けとテラスを生み出し，渋谷から代官山へと新たな人々の流れをつくり出す。明治通りのアーバン・コア側からは，アイコンとなる大階段がストリーム・ラインを経由して，将来的には桜丘町に抜けるルートにもなる。そして，インダストリアルで即物的な素材感の仕上げの中に，ストリームイエローのエスカレーターを配置し，都市スケールで現れる立体的な経路を可視化した。渋谷ストリームは，人々が滞留できる居心地のよい場所であると同時に，街のあらゆる方向に向かって人々の流れをつくり出すハブとしても機能している。

大都市におけるダイナミックな流動性を持つ新たな公共空間を，設計者，民間企業，行政の枠組み，そして建築と土木，都市計画の領域を横断してつくり出すこと。このプロジェクトが再開発の新しい可能性を示す一つのきっかけとなることを願っている。

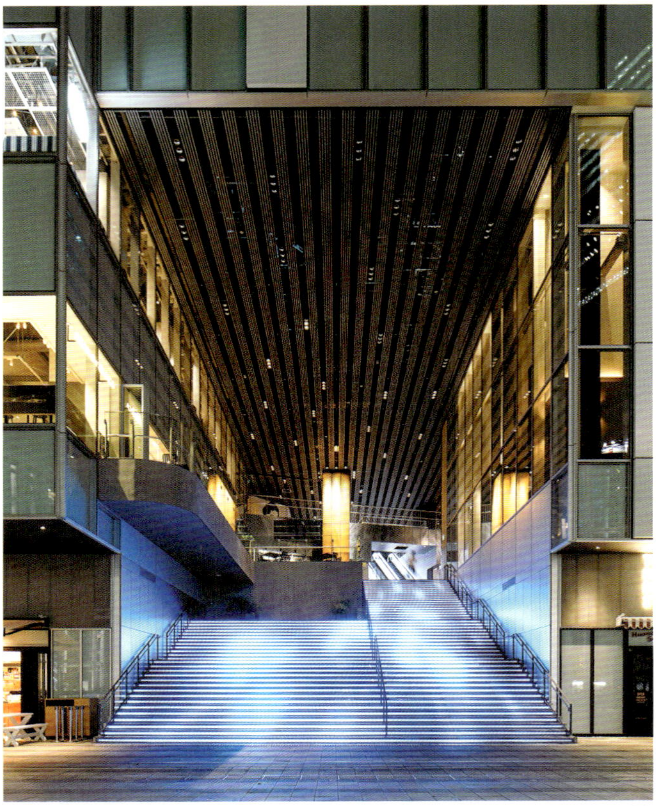

2階の貫通通路「ストリーム・ライン」へ導く大階段の夕景。手前は稲荷橋広場

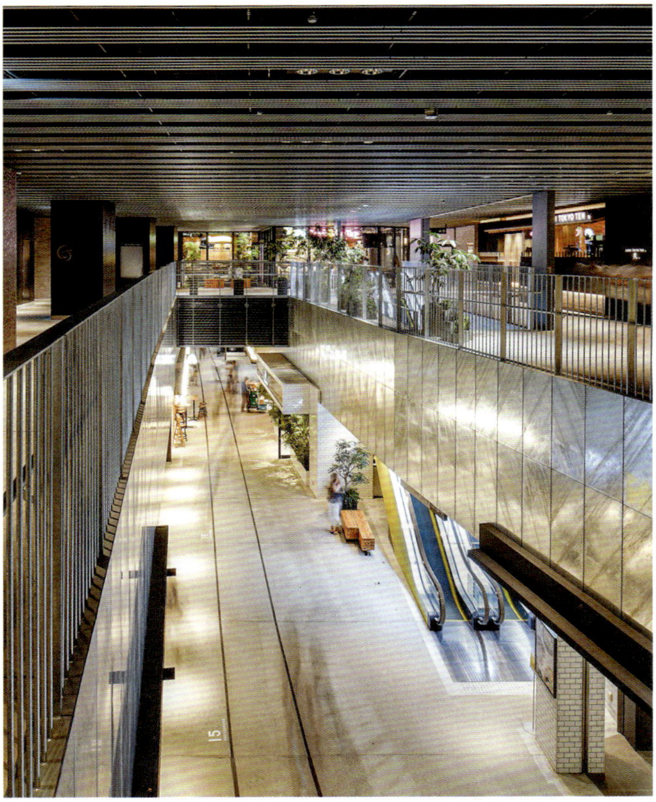

3階より2階の「ストリーム・ライン」を見下ろす

地下鉄に直結するアーバン・コア

ホール棟。4階エントランスロビーから，
5階ホワイエまで導くエスカレータ

ホール棟4階のエントランスロビーを貫く，ストリームイエローの縦動線

ASKUL
たのめーる
BISCUITS
3M
スプレー

山元町役場

宮城県亘理郡山元町, 2019年

北東から見る鳥瞰

1 正面入口
2 風除室
3 ロビー
4 町民スペース
5 大会議室
6 会議室
7 相談室
8 執務スペース
9 書庫
10 印刷室
11 更衣室
12 警備員室
13 北側入口(夜間窓口)
14 東側入口
15 副町長室
16 待合スペース

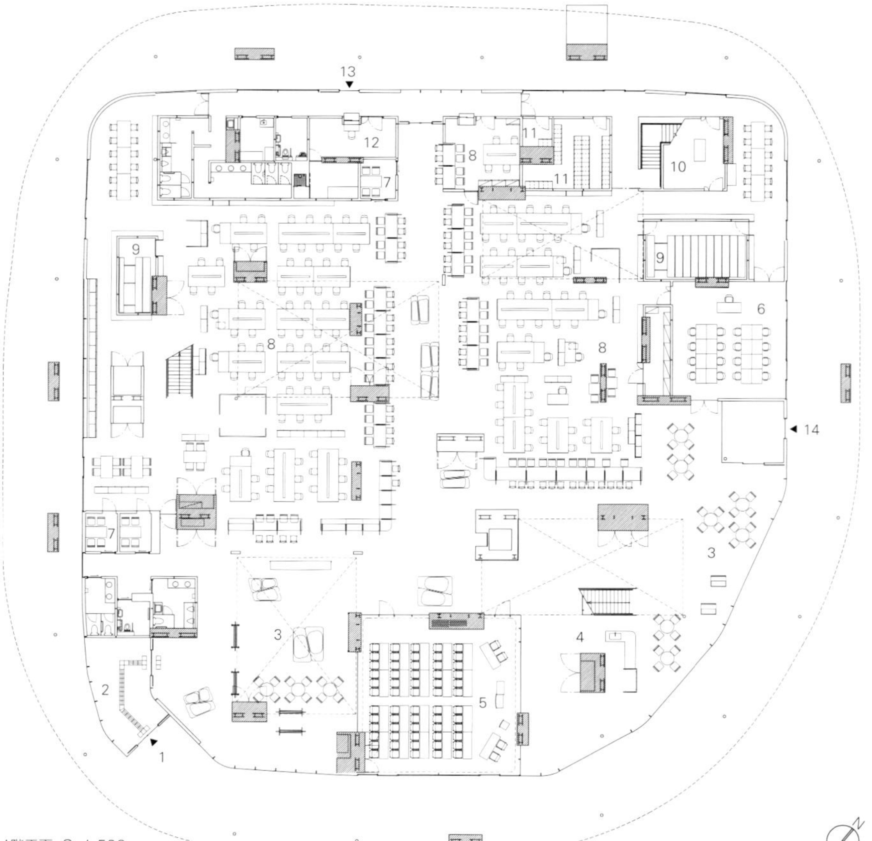

1階平面 S=1:500

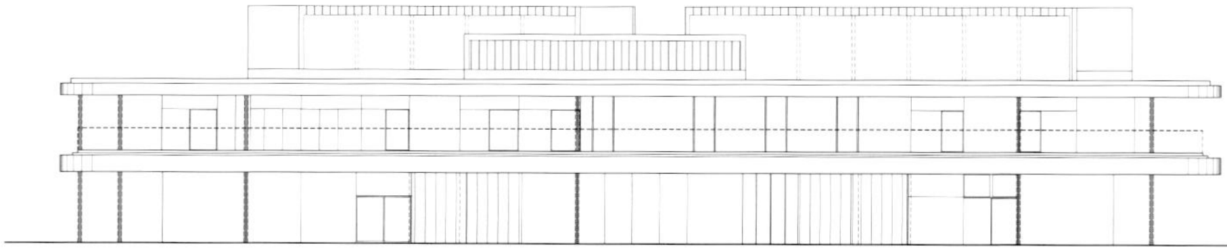

北西立面

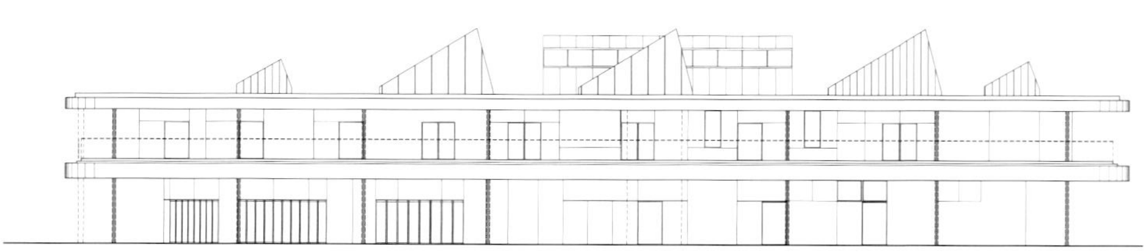

北東立面

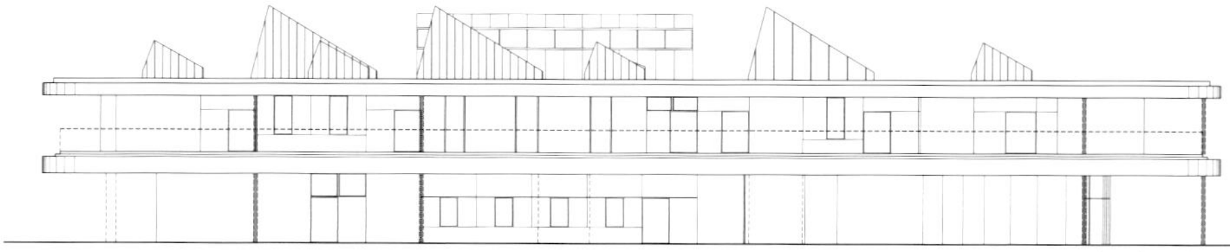

南西立面 S=1:500

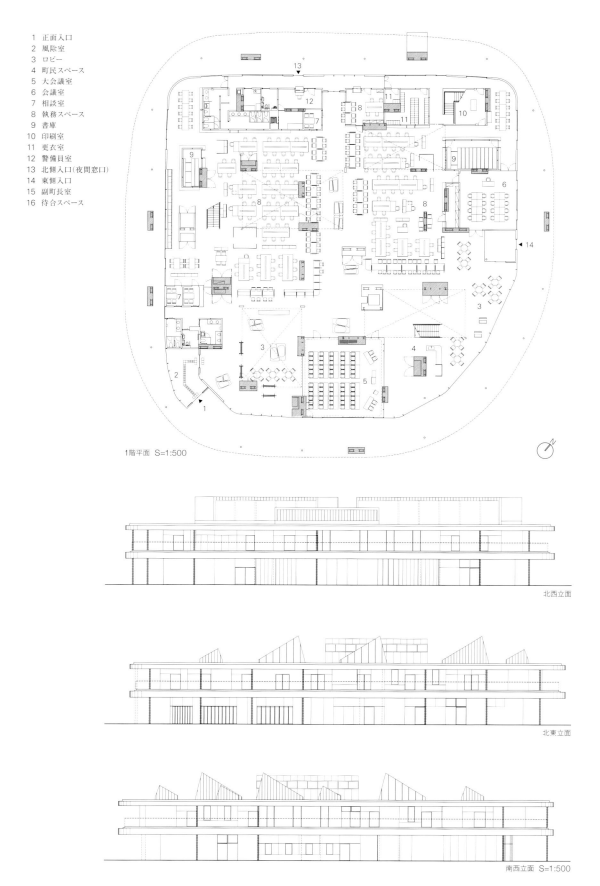

17 町長室
18 応接室兼
防災対策本部
19 防災無線室
20 テラス
21 議会事務局
22 正副議長室
23 監査委員室
24 傍聴室
25 議場
26 倉庫
27 委員会室
28 厚生スペース
29 厚生室
30 サーバー室
31 議員控室
(全員協議会室)

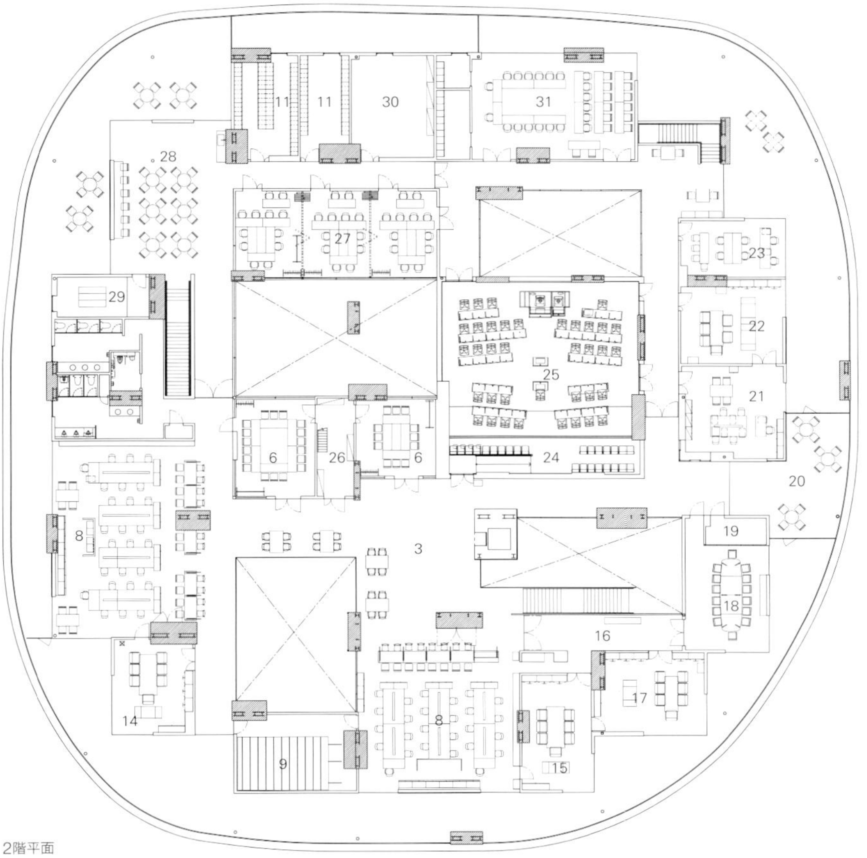

2階平面

断面 S=1:500

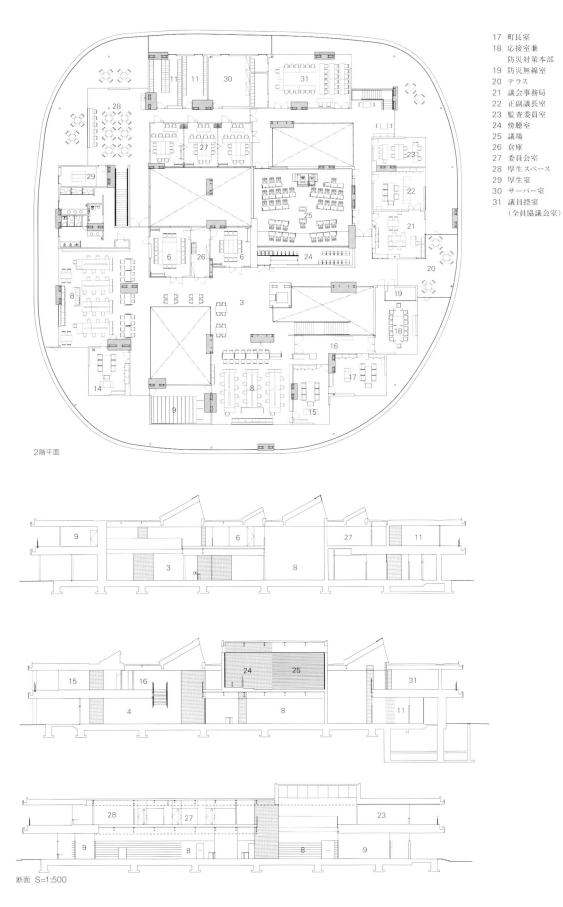

自然条件に応答しながら，全方位的に周辺の町とつながる，裏のない建築を目指した。執務スペースは，職員の方々とワーキンググループをつくり，新しいワークプレイスの議論を重ね，課を超えた横のつながりを生み出し，町民スペースとも一体となるワンルームとした。北面のハイサイドライトから光を取り込み，大きな四つの吹抜けを通して光が1階まで届く明るい屋内広場のような場所である。離散的に配置されたスモール・コアによって，多様な場をつくり出している。

このプロジェクトは，東北大学の小野田泰明教授を始め，職員，議員，町民の皆さんと新しい庁舎のことだけでなく，これからのまちづくりまで，数多くのワークショップや打ち合わせなど，様々な議論を重ねてきた。甚大な被害を受けたこの町のこれからの未来について官民越えて話し合う風景こそが，新しい復興庁舎としてのあり方そのものである。

この新しい庁舎が，人と人をつなぎ新しいふるさとの風景をみんなで育てていく場となることを願っている。

北より見る全景

東日本大震災で甚大な被害を受けた山元町役場庁舎の新築復旧のプロジェクトである。

敷地は宮城県の東南端にあり，2015年のプロポーザルで設計者に選定された。

山元町は，太平洋に面し，水田の広がる低地(東)と，山側(西)に大きく分かれている。庁舎は，ほぼそれらの中心に建ち，中央公民館，歴史民俗資料館，ふるさと伝承館，などの公共施設が集まる場所である。東日本大震災により町の約3割が浸水し，人口減少，少子高齢化という課題に加え，震災復興としての新しいまちづくりの一端を担う庁舎のあり方が問われていた。そこで，「海と山をつなぎ，人と人をつなぐ要としてのタウンホール」というコンセプトをかかげ，求心的な要，復興のシンボルとして，人々が寄り添い，まちの復興，まちの未来をみんなでつくりあげていく，新しい庁舎を提案した。

敷地の中央に建つ鉄骨2階建ての庁舎は，杉の羽目板張りの大きな庇をもち，その庇下空間に展開される活動の風景がこの場所の顔となり人々を迎え入れる。冬の山から吹き下ろす冷たい風や太陽の光など，

東側入口ロビーより町民スペースを見る

軒下と東側入口ロビー

正面入口

ガラス越しに大会議室（左）や町民スペース（右）を見る。夕景

正面入口のロビー。大会議室方向を見る

2階厚生スペース付近より，1階執務スペースを見下ろす

東側入口ロビーより大階段を見る。階段の左側は町民スペース

2階議場

2階厚生スペース前のテラス

山元町役場のスタディ模型

MEMORIES

その人となりや振る舞いに建築観や建築家像が顕れてくる。協働者やスタッフ、近しい建築家たちの寄稿文によって、建築家を形づくる断片を集めてみた。

伊藤恭行 いとう・やすゆき
1959年神奈川県生まれ。東京大学工学部建築学科卒業，同大学大学院修了。86年シーラカンス設立。2005年CAn(C+Aナゴヤ) に改組。現在，名古屋市立大学芸術工学部教授。

卵《たまご》

小嶋一浩は卵が好きだった。芙蓉蟹とかチーズオムレツなどの卵料理が好きだったというのとはちょっと違う。本質的に卵そのものが好きだったのだ。一緒に事務所を立ち上げてから30年になるが，若い頃は数え切れないほど仕事で事務所に泊り込んだ。そんな時にはコンビニのサンドイッチや惣菜パンなどで空腹を満たすことになったが，小嶋は必ず卵の入ったものを選んだ。後年，彼はワインを好むようになり，自らスパイスを調合して本格的なカレー料理をつくるようになる。世界中を旅して様々な料理について語るようにもなるのだが，ぼくにとっては小嶋一浩の食と言えば卵なのだ。一緒に仕事をしていた親しい仲間たちは彼の卵に対する偏愛を知っていたので，例えコンビニのエッグサンドであっても一人分しかない時には必ず彼に譲った。そんな時の小嶋の嬉しそうな，そして少し恥ずかしそうで照れたような表情が懐かしい。

惑星《わくせい》

小嶋一浩とは東大大学院の原·藤井研究室で初めて出会った。小嶋が博士課程1年でぼくは修士1年だった。当時の研究室は，師の原広司が太陽だとすれば，ぼくら大学院生たちはその太陽の周囲を公転する惑星のようなものだった。それぞれの惑星にはいろいろな個性があるわけだが，まず巨大な師である原広司の引力に抗う必要があることは皆が感じていたのではないかと思う。師原広司の後を追うことは，自分自身が極めて程度の低い劣化版コピーになってしまう危険を感じさせた。少なくともぼくはそうだった。

太陽を周る惑星の中でも，最も巨大な惑星が小嶋一浩だった。ぼくらはこの時在籍していた研究室のメンバーを中心にシーラカンスという事務所をつくったので，この惑星系はその後もかなりの長期に渡って形を変えながら維持されることになった。それぞれの惑星は，それぞれの軌道を描きながら周っているわけだが，小嶋という巨大惑星と軌道が交錯することは原広司の引力に引き込まれることと同じくらいの危険を感じさせた。あまりの重量にこちらの軌道に変調を来たすのだ。この巨大惑星から距離を置くために，惑星系を離れる者もあった。ぼくは惑星系内で別の公転軸へ軌道を変更した。

創設期のシーラカンスのメンバーや後から参加したパートナーたちは，今では建築界の中でそれぞれの立ち位置を築いている。全員が賛同するかはわからないが，ぼく自身は小嶋一浩という巨大惑星が存在する惑星系に属していたことで建築家になれたと思っている。20歳代の後半から30歳代にかけては彼の才能に圧倒されると共に，多くのものを学んだ。彼は，しばしば強情になり，時として付き合いやすい「よい人」ではなかったが，建築を見る眼と思考する頭は常に冷静で正確だった。40歳を超えてぼくは自分の軌道上で設計を展開するようになったが，小嶋からの批評は本当に楽しみだった。彼は嘘がつけない人間なので，体裁の良いほめ言葉などとは縁がない。彼の眼から見た良い点も悪い点も包み隠さず伝えてくれた。なかなかできることではない。外部の方々に対しては，やはり気を遣った発言をしていたのかもしれないが，事務所内部では極めて率直な批評をしてくれた。自分の作品やコンペ案に対しての彼の批評を聞けるのは，協働で事務所を運営している人間の特権だったと思う。

小嶋一浩を失って，あの直截な批評を聞くことができないのが本当に残念だ。

堀場弘 ほりば・ひろし
1960年東京都生まれ。武蔵工業大学工学部建築学科卒業，東京大学大学院修了。86年シーラカンス共同設立。98年シーラカンスK&Hに改組，パートナーである工藤和美と活動中。現在，東京都市大学教授。主な著作に『図書館をつくる』（共著，彰国社）等。

ワーゲン
わーげん

原研究室で，オーストリア，グラーツで開かれたアートイベントに招かれ，その準備で小嶋さんと3カ月近く寝食をともにした。小嶋さんは大学院の博士で，私は修士1年だった。確かフランクフルトで中古のフォルクスワーゲンのバン（丸っこいかたちで緑色）を購入し，グラーツに向った。グラーツではケーブの中で日本から送った縁日を設置する大工仕事をした。肉体労働なので規則的な毎日で，世話役の方のお宅での下宿から毎日通った。休みには車で旅行に行って楽しんだ。ある時，当時の東欧チェコ，ハンガリー，ルーマニア，ユーゴなどに車で旅行に出かけた。いつも午前中小嶋さんが運転して，午後から夜にかけて私が運転するのが定番だった。トラックみたいな車なので車内はとてもうるさくてあまり話はできない。いつも，朝のにおいの中，小嶋さんの運転に身を任せ，初めての風景を楽しんだ。緑のワーゲンは，フランスのナンシーで小嶋さんが運転しているときに突然クランクシャフトが折れて，走れなくなった。小嶋さんとワインをかけて見送った。

青木淳 あおき・じゅん
1956年神奈川県生まれ。東京大学工学部建築学科卒業，同大学大学院修了。磯崎新アトリエを経て，91年青木淳建築計画事務所設立。主な著作に『原っぱと遊園地―建築にとってその場の質とは何か』（王国社）等。

分身
ぶんしん

小嶋さんに，手作りのおいしいカレーをご馳走になったことがあって，どうしてこんなおいしいものがつくれるのか聞いたら，実はこの本に出てくる基本パターンなんだ，と『森枝卓士の「カレー三昧」』を教えてくれた。以来，この本はカレーについてのバイブルになった。

彼は歳で言えば2歳下になる。しかし，彼が仕事を始めたのがぼくより4年ほど早かったので，先輩というふうにも感じていた。ときに「小嶋さん」と呼び，ときに「小嶋くん」と呼んでいたのは，そんな理由からだ。気兼ねのない，同世代の建築家だった。

大げさな理論を嫌い，目の前の出来事から思考をはじめようとしたこと，建築を見たときの感想など，近いところがずいぶんあった。と同時に，だからこそ，たぶん体質と言ったようなものの違いから，考えの結論はかなり違ったし，その建築としての現われもずいぶん違った。小嶋さんには，同じ源から発して，しかしぼくとは違う，なんと言ったらいいか，「分身」を感じていた。

安東陽子 あんどう・ようこ
1968年東京生まれ 武蔵野美術大学短期大学部グラフィックデザイン科卒業後，株式会社布（NUNO）に入社，クリエイティブスタッフとして勤務。2011年安東陽子デザインを設立。

ランタン
らんたん

小嶋さんとの最初のお仕事は国際交流基金情報センター「JFCライブラリー」のランタンで，整ったライブラリーという空間にインパクトを与えるためのテキスタイルという，建築空間とは異質なものとしての扱いでした。毎回一緒に仕事を進めていく中で，小嶋さんは明快な空間のコンセプトを提示しながらもテキスタイルについては『ここからはお任せしよう』とこちらが提案するテキスタイルを楽しみにしてくれていました。自分の着る服を人に選んでもらう感じでしょうか。近しい人であれば誰でも知っている通り，彼の服装の好みには独特の色彩感が強く反映されていて，個性的なちょっと奇抜な服装も小嶋さんは堂々と着こなしてしまう迫力がありました。最後の仕事は南方熊楠記念館で，エントランスに設置するランタンをつくりました。南方熊楠の筆跡をモチーフに制作した生地で，素材自体は強い個性を主張するものでした。そのテキスタイルはまわりの自然と溶け込み，その空間に不可欠に存在する，小嶋さん自身のような気がしました。

宇野享 うの・すすむ
1963年岐阜県生まれ。東京電機大学工学部建築学科卒業。阿久井喜孝計画研究室を経て，89年からシーラカンス勤務。95年よりパートナー。98年シーラカンスアンドアソシエイツ（C+A），2005年CAn（C+Aナゴヤ）に改組。現在，大同大学教授。

スケッチ
すけっち

KOJの描くスケッチが好きだった。打ち合わせをしながらササっと描き，少しだけ色付けする。彼が目指す空間で何が大切なのか，面白いと思っているのかを話しながら手を動かし続ける。スケッチは大きく2種類あった。白紙に書き始めるものと，図面に上書きするもの。上書きする線は，図面になかった曲線や斜めの線が多かったように思う。晩年に描いたスケッチを私に見せながら，「今までは2色ぐらいに塗り分けてきたけど，最近は黄色を塗るだけで空間のエッセンスを伝えられないかと考えてるんだ」と楽しそうに話してくれた。

ウイスキー
ういすきー

建築に限らず，KOJは自分が面白いと感じたことを惜しげもなく与えてくれた。だから，彼が読んでいる本はいつも気になった。私が知る限り，彼が最後に読んでいたのは，村上春樹の『もし僕らのことばがウイスキーであったなら』という紀行だった。何度も私に見せてウイスキーの話をしてくれた。それは，彼らしい遠回しのやさしさだったのではないかと思う。もし，俺がいなくなっても建築は残る。これまで建築で語り合ってきたのだから，いつでも語り合えるよというメッセージだったような気がする。

岸和郎 きし・わろう
1950年神奈川県生まれ。京都大学工学部電気学科卒業，建築学科卒業，同大学大学院修了。81年岸和郎建築設計事務所設立，93年K.ASSOCIATES/Architectsに改称。京都工芸繊維大学教授，京都大学教授を経て，現在，京都造形芸術大学教授。主な著作に『デッドエンド・モダニズム』（LIXIL出版），『逡巡する思考』（共立出版）等。
Photo by 市川靖史

京都《きょうと》

同じ京都大学の出身なのだが，大学時代に出会う機会はなかった。出会ったのは1990年代だと思う。大学院は東大であるものの学部の後輩という気軽さと彼のオープンな性格もあり，2004年には当時私が勤務していた京都工芸繊維大学に特任教授で来てもらった。先日その時代の卒業生たちが主催して小嶋くんの追悼シンポジウムが開催されたが，卒業生たちが彼の些細な言葉まで記憶していることにも驚愕し，自分も反省するとともに彼が京都工芸繊維大学に残した足跡の大きさに改めて気が付いた。

自分が京都大学出身であることなど，これまで意識することは無かった。しかし私自身が歴史の研究室に行くことで意識的に距離を置いていた京都大学の先達の建築家たち，武田五一，藤井厚二，森田慶一，増田友也といった人たちのことが最近は気になってしょうがない。

小嶋くんはあの忙しさの中でなぜ京都工芸繊維大学の特任を引き受け，週一回京都に通い続けたのかを考えると，我々にとっての「京都」とはなんだったのか，という会話を彼とあの頃にしなかったことが悔やまれてならない。京都大学と同じく，京都工芸繊維大学もその武田五一が創設に関わった大学なのだから。

小野田泰明 おのだ・やすあき
1963年石川県生まれ。東北大学工学部建築学科卒業。東北大学キャンパス設計室，カリフォルニア大学建築都市デザイン科客員研究員等を経て，現在，東北大学大学院都市・建築学専攻教授。

復興現場《ふっこうげんば》

東日本大震災の発災以降，重要な局面で小嶋さんをいつも頼りにしていた。それは建築家による復興支援ネットワーク「アーキエイド」に繋がっていったし，100人以上の学生が牡鹿半島に展開して住民と復興計画を練り上げた7月の「半島に出よ」の駆動力でもあった。いてくれると安心できたのは，皆，同じだったんじゃないかなと思う。

Y-GSAの学生を連れて被災地に降り立った小嶋さんは，電気の復旧もまだの中，被災調査，被災者への聞き取り，案の取りまとめと，精力的に動かれたが，ごくたまに，一人で椅子に座って，近寄りがたいオーラを出していることもあった。通常は紛れて目立たない所作であったのだろうか，何もない被災直後の風景の中で，くっきりと浮き立って見えた。頼りにされる人の孤独が垣間見れた貴重な瞬間だったのかもしれない。

被災直後の半島で風呂は大変な貴重品だったのだが，だんだん薄汚れた風体となっていくのを心配して，学生たちが遠くの風呂に小嶋さんを連れて行ってくれた。クリーニングに出された後のぬいぐるみのように，こざっぱりして帰ってきた小嶋さんは，「申し訳ないけど，浴槽に浸からないと再生しないんだよ」と言っていたが，学生はその秘密をすでに知っていたようだ。朝がゆっくり目の小嶋さんのために，ポップをつけた可愛い朝食を学生たちが別立てで用意していたことも鮮明に思い出される。学生に愛されるのが，不思議にサマになる人だった。

佐貫大輔 さぬき・だいすけ
1975年富山県生まれ。東京理科大学博士課程単位取得退学。同大学小嶋研究室助教を経て，2009年よりVTNパートナー。11年ベトナムにて設計事務所S+Na設立。15年Sanuki Daisuke architectに改称。

ファッション《ふぁっしょん》

最初から強烈だった。当時大学に入りたてだった小嶋さんはエメラルドグリーンのど派手なジャケットを身にまとい，講評会で学生の案を完膚無きに叩きのめして颯爽と去って行った。以後15年もの間大学で小嶋さんとご一緒させて頂いたが，彼のファッションに関する並々ならぬこだわりは，多くの学生たちにとって刺激になったように思う。ヨウジヤマモトやコムデギャルソンを愛し，どんな場所でも常にイカれた（イカした）格好をしていた。よく学生の服装に対しても指摘していて，あるときには服装に興味が無い学生に「来週俺が来るときに，自分が良いと思う服を着て来て，コンセプトをプレゼンしろ」と言ったこともある。凡庸を嫌い，特殊さを好んだ。度々言っていた言葉が印象的だ。「建築家（とそのスタッフ）は葬式みたいな黒い服ばっかり着ていてつまらない」と。小嶋さんはファッションを本当に自然に楽しんでいたが，一方で自己表現の一部として積極的に捉えていたように思う。

トレーニング《とれーにんぐ》

理科大での小嶋さんの授業はどれも実践的且つ画期的なものだった。とりわけ自分の中で未だに印象的なのが「スライドスケッチ」という授業で，1枚のスライドを3分間映写してその間に学生がスケッチを行うものだ。小嶋さんが若い頃，夜な夜な呑みながら撮りためたスライドをゆっくり廻し（インターバル3分！）眼を鍛えたという経験からできた課題だが，これがなかなか面白い。長時間同じ写真を見ることで，解像度が上がり飛ばしてみていた情報が眼に焼き付いてくる。以前小嶋さんがこんなことを言ってくれた。「おまえらは建築写真を見るときにパラパラと読み飛ばすけど，気になる写真はじっくりと時間をかけて見る方が良い。設計者は元より写真家や編集の意図も見えるし，情報量が増えてその場の持つ空気感が把握しやすくなる」と。未だに写真をじっくり見る習慣は続いているが，写真の奥に潜む見えない膨大な情報をイメージするトレーニングであったのだと思う。

阿久根佐和子 あくね・さわこ
鹿児島市生まれ。東京大学文学部卒業。黒川紀章建築都市設計事務所，CAtでプレスを務めた後，ライターに。現在GINGRICH共同主宰として諸媒体で執筆・翻訳を手がける。2017年春鹿児島にaview Cafe & Flowersをオープン。
Photo by 大森克己

建築以外
けんちくいがい

小嶋さんほどに，建築以外の話が面白い建築家はいなかったよなあと，今もよく思い出します。お誘いをいただき，十年以上前に当時のC＋Aのプレスをお手伝いするようになって以来，本当にたくさんの，“建築ではない”話をしました。映画，本，写真，アート，車，音楽といったカルチャーのこと。政治，現代らしい男性／女性のありようといった社会のこと……。「建築のことばかり考えているヤツに，いい建築がつくれるわけがない」というのが口癖で，文化や社会を知り，ひとつでも多くを体験することに貪欲な人だったと思います。どんなトピックでも，柔軟に受けとめ，深く思索し，大胆な結論を導き出す。全方面へ興味を張りめぐらせるその様子を見るにつけ，その手から生まれるものに，理解が深まるような気がしていました。

仕事をする女性は，やりたいことに正直で，軽快であった方がいい。初めてライターの仕事が来たときに，小嶋さんがそう言って背中を押してくださったから，そしてその後も折につけ様子を気にしてくださったから，今の自分はあるのだと思います。どんなに忙しいときにも，コーヒーやお酒を片手にずるずるダラダラと，建築以外のおしゃべりをする時間を持とうとしたことにこそ，建築家としての小嶋さんの魅力があったような気がしてなりません。

藤原徹平 ふじわら・てっぺい
1975年神奈川県生まれ。横浜国立大学工学部建設学科卒業，同大学大学院修了。隈研吾建築都市設計事務所を経て，2009年フジワラテッペイアーキテクツラボ設立。現在，横浜国立大学大学院／Y-GSA准教授。

16時間
じゅうろくじかん

私が小嶋さんに初めて会ったのは大学院に入ってすぐのことだった。建築家のグループ展へ首都圏の数大学から水をテーマにした卒業設計のゲスト出展枠があり，私は幸運にもこの枠に紛れ込んでいた。小嶋さんはその展覧会の企画チームに関わっておられた。打ち上げの席で，すっかり酔っ払った小嶋さんは，私を含めた初対面の学生出展者たちに「君たちは一日何時間建築をやっているのか」と問うてきた。私たちは何と答えていいかどぎまぎしていると，小嶋さんは「１６時間」と呟き，「オレは毎日１６時間建築をやっている。毎日すごい差がつくぞ」とすさまじく直接的に挑発してきた。学生だろうがなんだろうが建築に関わる人間すべてがライバルだと言わんばかりの小嶋さんの闘争心に触れ，忘れられない夜になった。後年ふと思い立ってこの夜の話をしたら，小嶋さんはニヤリと笑って「で，今は何時間やってるの？」と聞いてくるのだった。

大村真也 おおむら・しんや
1981年宮城県生まれ。法政大学工学部建築学科卒業，同大学大学院修了。2007年C＋A入所。シニアアソシエイトを経て，2014年より取締役／ディレクター。

足音と息遣い
あしおとといきづかい

事務所内での自分との距離感が図れるほどの，靴底を床に擦るような足音，体調や気分によって変化する息遣い。一挙手一投足で事務所内に緊張感が走る。

スタッフの席順やモニターの角度は，小嶋さんのプロジェクトへの興味・注意喚起の現れ。私は小嶋さんが部屋に戻る入り口付近に陣取ることが多かった。徹夜続きでウトウトしていると肩を揉まれ，ビクッと振り返ると「こってるな」とニコッとした笑顔。単純に人に優しい人であっただけでなく，人心掌握に長けた人だった。人それぞれにちゃんと向き合った態度を見せ，いつの時代の若者像もしっかりと捉えていた。私だけでなくみんないつの間にか実力が引き出され，無尽蔵の体力を手に入れたかと錯覚するくらいアドレナリンが出てくる。今も目前に壁が現れると，すっすっと擦り寄る足音・息遣いと共に「やってみろ，越えてみろ」と発破をかけられている気がしてならない。そしてできる気になってしまうのだ……。

藤本壮介 ふじもと・そうすけ
1971年北海道生まれ。東京大学工学部建築学科卒業。2000年藤本壮介建築設計事務所設立。

対等
たいとう

ぼくにとっての小嶋さんは，いつも緊張感と深い優しさを併せ持った方だった。東京理科大学の非常勤講師として初めて「教える」という経験をさせてくれたのが小嶋さんだった。その講評会で，まだ何者でもない，どちらかというと学生たちに近い年齢のぼくを「対等な建築家」として議論を向けてくれたときには，緊張感の塊を投げつけられたかのような，正直恐ろしいという感覚が先走ったが，ぼくのどんな拙いコメントをも受け止めて議論を返してくれた小嶋さんの目にはいつも優しさが宿っていた。「人と対等に接する」というのは，小嶋さんの人としての根底にある美学のようなものだったのではないかと思い出される。その優しさに裏付けられた緊張感によって，ぼくは建築家として鍛えられ，育てられた。

小嶋一浩賞がしようとしていること

西沢立衛

等身大の小嶋一浩を知る人間が議論していくことでその可能性を拡げられるのではないか

聞き手＝二川由夫

――『GA JAPAN 148』(二〇一七年)で特集した「小嶋一浩の手がかり」を単行本化するにあたって、二〇一八年の一〇月に発表された小嶋一浩賞について経緯と趣旨をうかがいたいと思いました。賞のファウンダーである城戸崎和佐さんにも相談して、西沢立衛さんにお話しいただこうとお願いしたわけです。このような賞ができるのは珍しいと思いますが、「審査の理念」などを読んでも、どなたか個人の考えが強く出ているわけではないと思いました。

西沢 小嶋さんの友人である有志十九人で集まって理事会というものをつくって、みなで議論しながらやっています。組織構成は、まずファウンダーが城戸崎和佐さんで、理事会は青木淳さん、赤松佳珠子さん、安東陽子さん、伊藤恭行さん、今井公太郎さん、宇野享さん、小野田泰明さん、坂下加代子さん、佐藤光彦さん、妹島和世さん、千葉学さん、塚本由晴さん、長田直之さん、西沢大良さん、西牧厚子さん、平田晃久さん、藤原徹平さん、安原幹さんとぼくです。そしてアドバイザリーボードとして原広司さん、山本理顕さん、北山恒さんにお願いしました。またデザインに橋本祐治さん、プレスに山本絵理香さんです。こういうメンバーが集まってひとつのことをやろうというのは、なかなかないことだと思います。

ぼくが小嶋賞に関わることになったのは、二〇一六年、妹島さんの還暦のお祝いの会があり、その三次会の席で城戸崎さんに小嶋賞のアイディアを相談された時からです。ぼくは小嶋賞と聞いて反射的に、面白いと思いました。小嶋さんが亡くなって一ヶ月も経たない頃でした。

最初、ぼくはことの大きさについて自覚が足らず、「いいね、よしやろう」という感じでしたが、小嶋さんくらいの人になると、思いを持っている人が非常に多くて、そんな簡単に勝手に小嶋さんの名前を使えないことが、すぐに分かりました。これは個人のことではなくて、公共のことなんだと遅まきながら悟り、みんなが納得する形を模索しはじめました。結果的に、二〇一八年の賞のスタート宣言まで、議論に二年掛かりました。でもそれは、小嶋さんという存在がいかに大きかったかを証し立てていると思います。

――対象は「若い創作者」ということですが、どのような賞だと考えられたのでしょうか。

西沢 最初は、小嶋賞は「勇気ある人間への賞」というアイディアから始まり、最終的には、「具体的な空間創出によって、社会を変革しようとする個人の試みに与えられるもの」となりました。作品賞ではなく、人間の活動と思想に与えられる賞です。受賞対象は建築家、研究者、編集者、批評家、まちづくり、デベロッパー、施工者……建築のフィールドで頑張っているほぼすべての人です。そういうことをみんなで議論して趣旨文をつくっていきました。そこで、この賞は「建築家としてまた教育者として、社会に問題を提示し、人が主役となる建築を目指した氏の勇気ある意思を継承するものである」としました。そして、「若い創作者の将来を称揚するものとし、建築に関わる全ての活動と思想を対象として顕彰する」と。

ぼくは、選定はきわめてシンプルに、小嶋さんが「オモシロそう」と言いそうな人に賞をあげるイメージですが、それは十九人の理事の中でいろいろ考えが違うと思います。

「若い」と書いていますが、具体的に線引きするのは無理なことなので、年齢制限は設けていません。あくまでも人間の精神的なありようを問うもので、別に九〇歳だってOKです。生に向かうパワー、バイタリティがあれば、何歳だっていいと思います。若くないとダメという意味ではなく、老若は問わない、という意味です。無名でないとダメということもなく、名があるかないかは問わないということで、有名人も可です。要するに肩書きや社会的地位ではなく、人間そのものが勝負、ということです。

日本国内に限らないというのも、我々は重要と思っています。小嶋さんはグローバルな視点があり、一九八〇年代のデビュー時からすでにアジアや世界に目を向けて、香港やベトナムへ活動を拡げていました。面白いと思った人間であれば二〇代でも実績がなくても、大学に呼んで非常勤講師をさせたりした。権威や実績にとらわれない人でした。面白いと思えば背伸びをさせる。たいへんな場を与える。それで世に出た人が沢山いるわけですね。

——賞の評価は、どういう基準に依るのですか。何か投票や採点のような手続きが定められているのでしょうか。

西沢　点数も投票もなく、議論して決めるのがよいと考えています。審査会を結成して、議論して決めます。ひとつ重要なのは、審査規定でどういう人を選ぶかというガイドラインのようなものを定めています。これも理事会で議論してまとめたのですが、最終的に五原則という形になりました。この五つ全てかどれかに合致することが、ある目安です。五つ全てに合致するのは、小嶋さんくらいじゃないかと冗談を言っていますが、ともかくこの五つの理念は、審査の基準です。

1　建築空間に対する強固な信頼
2　具体的な空間を介した論理的アプローチ
3　権威や常識に拘束されない「自由な心」
4　「他者に対する」好奇心
5　熟慮と寛容に基づいたリーダーシップ

一番目に、建築空間への信頼を挙げました。小嶋さんの関心は、建築を超える活動に拡がっていったけれど、必ずその中心には建築への強い信頼がありました。小嶋賞は政治家だって取れる賞ですが、政治家の中にはもちろん建築なんか重要じゃないと考える人もたくさんいる。しかし、我々はやはり、建築への信頼というものを、まず受賞資格の第一に挙げたいと考えました。

審査について、もうひとつ大事なことがあって、それは選考対象となるにあたって、他薦、自薦を問わないということです。ノーベル賞のように、いきなり「あなたにあげる」という感じです。既に名が知られた有名人に授与するノーベル賞と違い、無名の若手を対象にこれをやるのは大変だと思います。ただ、ぼくたちが勝手に「お前はいいと思う」と言うのが、ストレートだと考えたのです。応募制にして、その中から選ぶよりも、ぼくら自身ももっと外に目を向けて良い人を探し出す貪欲さが必要、とも考えました。リサーチが重要になるので、小嶋賞授与は二年に一回として、ただし毎年一〇月一三日にシンポジウムをやろうと考えています。

——今年二〇一九年が、第一回の受賞者の発表です。実際に初めての審査を行ってみて、そのプロセスはどうだったでしょうか。

西沢　第一回の審査は、審査委員長に山本理顕さん、審査員に初見学さんと赤松佳珠子さんにお願いしました。お三方とも小嶋さんとはたいへん近しい関係ですし、小嶋賞の趣旨を十分に理解してくださっている方々です。といっても、いきなり誰でもいいから選んでくださいというのは、あまりに無謀なので、審査にあたって理事会推薦枠と、審査員推薦枠、あと誰でも応募できる自薦枠の三枠を設けて、それを対象に審査をすることにしました。理事会推薦枠の候補リストは理事会の十九人でつくりましたが、賞の趣旨からして、地球上の人間全てから選ぶという勢いですし、理事も多いので最初のリストはかなりカオスなものになりました(笑)。それを理事会で議論してショートリストに絞り込み、理事会推薦枠として審査会で提示し、審査員推薦枠、自薦枠と合体しました。

——審査委員はいるけれど、理事会の人たちが議論しながら、ある程度の枠組みをつくっているわけですね。

西沢 そうです。選定はもちろん審査員に委託していますが、みんなで賞に値する人を見つけてこようという気持ちは残したいと思っています。

そういうこともあって審査の時には、理事のみんなにはオブザーバーとして立ち会ってもらいたいと考えました。まったく無名のひとが理事の誰かによって推薦された場合、推薦者による補足説明が必要な場合もある。なによりも、小嶋賞を運営していく我々みんなが審査をナマで目撃することは、これからの活動につながると思ったんです。

第一回審査を経て、いろいろと課題も出てきました。やはり作品賞でなくなった途端に、審査が非常に難しくなるということは、今回よくわかりました。次回の審査については、審査員側で候補者についてもう少し長く勉強する期間を設けた方がいいという意見も出ました。審査の仕方はこれからも続けて検討していくことになるでしょう。

——ショートリストは公開されるのですか？

西沢 そこも議論の的になったのですが、今は公開しない方針です。今年のショートリストは、次回の候補になる可能性があるし、今後のデータベースになる可能性が高いと思うのです。

賞の正賞は盾で、副賞として、受賞者は自身の著作を出版できます。無名の若者が小嶋賞を取った場合、建築家であればデビュー作品集みたいなものになる。写真家なら写真集、研究者なら研究論文などで、冒頭には審査員長の推薦文がつきます。受賞者が自身の思想を世に問うよいきっかけになると考えたのです。

——シンポジウムは、賞の内容がテーマになるのですか。

西沢 小嶋賞が、若手建築家を応援するというだけでなく、みんなが集まって議論する場になればいいなと考えていて、これから建築にどのような可能性があるかとか、もしくは時代や社会を超えた建築の普遍的価値は何かといった、みんなが素朴に感じている問題を話した方がよいと考えています。いろいろな意見があると思いますが、同じ時代に建築をやっていて、みんなそれなりに共通する問題に向かっていると思うので、みんなでたまに集まって議論するのは、よいことではないかと思うのです。二〇一九年は賞の授与もあるので、シンポジウムの第一部は受賞者の記念講演と審査講評で、第二部ではより広く建築に関する議論ができたらと考えています。

小嶋賞の活動は永遠に続けられるものではありません。現時点では、一年に一度の賞を五回、計一〇年が一区切りだと考えています。この一〇年は、小嶋さんを等身大で知っている人間が議論していける期間で、小嶋さんの考え方はこうだ的な議論は、必ず毎年出ると思います。今すでに、そういう話は打ち合わせ中も出ています。冷静に考えると、小嶋さんにはそうとう迷惑な話かもしれません（笑）。ぼくらは、小嶋さんならこう言うはずだとか、小嶋さんがやりたかったことはこういう方向だとかと言って議論するんですが、そんなの本人しか分からないわけですよね。

むかし、柄谷行人が「マルクスその可能性の中心」を書いたときに、「可能性の中心」とは何か？について、自分はマルクスについて書くが、マルクスが言ったことについて書くのではなく、マルクスが言わなかったことについて書くんだ、というようなことを言いましたが、それをぼくは今も覚えています。それに倣えば、小嶋賞は小嶋さんがやったことの再現に与える賞ではなくて、小嶋さんがやらなかったことをやったひとに与える賞で、それによって逆に小嶋さんの可能性みたいなものを広げていきたいという賞だとも言えると思う。たぶん小嶋賞は、小嶋さんがやってきたこととは違う形になる。けど、小嶋賞は小嶋さんのまさに可能性の中心であるといいなと、ぼくは思います。

柿畑のサンクン・ハウス
設計:CAt　小嶋一浩, 赤松佳珠子
用途:個人住宅
構造:木造
規模:地上2階
敷地面積:270.67m^2
建築面積:86.50m^2
延床面積:91.42m^2

PARTY PARTY
CAt　小嶋一浩. 赤松佳珠子
協働:諏訪綾子(food creation)
　　岡安泉(岡安泉照明設計事務所)
グラフィックデザイン:秋田寛(アキタ・デザイン・カン)
展示期間:2010.7.21～8.6
展示会場:オカムラガーデンコートショールーム

ヌーヴェル赤羽台5号棟・集会所
設計:市浦+CAt設計共同体　小嶋一浩. 赤松佳珠子
用途:共同住宅. 付属集会室
構造:RC造
ヌーヴェル赤羽台5号棟/規模:地上12階
敷地面積:5,243.21m^2　建築面積:1,364.71m^2
延床面積:12,392.64m^2
集会所4(コミュニティ棟)/規模:地上2階
敷地面積:340.08m^2　建築面積:250.92m^2
延床面積:167.53m^2
集会所5(多目的室)/規模:地上1階
敷地面積:45.50m^2　建築面積:31.35m^2
延床面積:20.35m^2
集会所6(音楽室)/規模:地上1階
敷地面積:49.00m^2　建築面積:31.35m^2
延床面積:20.35m^2
集会所7(自治会室)/規模:地上1階
敷地面積:102.00m^2　建築面積:84.75m^2
延床面積:60.70m^2
集会所8(リサイクル室)/規模:地上1階
敷地面積:45.50m^2　建築面積:31.20m^2
延床面積:20.20m^2

12のストゥッディオーロ
設計:CAt　小嶋一浩. 赤松佳珠子
用途:集合住宅
構造:RC造(耐震壁付ラーメン構造)
規模:地上4階. 地下1階
敷地面積:A棟/28.2m^2　B棟/32.8m^2
建築面積:A棟/19.7m^2　B棟/19.7m^2
延床面積:A棟/73.5m^2　B棟/77.9m^2

幕張インターナショナルスクール
設計:CAn+CAt　宇野享, 赤松佳珠子, 小嶋一浩,
　　伊藤恭行
所在地:千葉県千葉市
用途:小学校. 幼稚園
構造:木造一部S造
規模:地上1階一部2階
敷地面積:14,312.11m^2
建築面積:3,905.51m^2
延床面積:3,644.48m^2

掲載号:GAJ99

JFIC 国際交流基金インフォメーションセンターライブラリー
設計:CAt　小嶋一浩, 赤松佳珠子
用途:情報センター(ライブラリー)
規模:地上2階
延床面積:660m^2

箕面市立止々呂美小学校・中学校
設計:CAt　小嶋一浩. 赤松佳珠子
　　アルパック地域計画建築研究所
用途:小学校. 中学校
構造:RC造一部SRC造.S造
規模:地上3階
敷地面積:35,947.00m^2
建築面積:6,342.86m^2
延床面積:9,582.85m^2
掲載号:GAJ94

グレインズ・シモメグロ
設計:CAt　小嶋一浩. 赤松佳珠子
用途:共同住宅
構造:RC造
規模:地上3階. 地下1階
敷地面積:224.05m^2
建築面積:123.27m^2
延床面積:436.47m^2
専有面積:98.04m^2～116.70m^2

JETTY CABIN
設計:CAt　小嶋一浩
用途:個人住宅
構造:RC+木造
規模:地上2階. 地下1階
敷地面積:121.48m^2
建築面積:43.58m^2
延床面積:87.20m^2

美浜打瀬小学校子どもルーム
設計:CAt　小嶋一浩. 赤松佳珠子
用途:学童保育施設
構造:S造
規模:地上1階
敷地面積:1,300m^2
建築面積:224m^2
延床面積:148m^2

千葉市立美浜打瀬小学校
設計:CAt　小嶋一浩, 赤松佳珠子
用途:小学校
構造:RC造+S造
規模:地上2階
敷地面積:17,498.03m^2
建築面積:7,028.42m^2
延床面積:9,205.35m^2
掲載号:GAJ80

スペースブロック・ノザワ
設計:CAt　小嶋一浩. 赤松佳珠子
用途:集合住宅
構造:壁式RC造
規模:地上4階
敷地面積:584.48m^2
建築面積:204.34m^2
延床面積:693.85m^2

ぐんま国際アカデミー
設計:CAn+CAt　小嶋一浩, 宇野享, 赤松佳珠子
用途:小学校, 中学校
構造:校舎　RC一部木造
　　アリーナ　RC+S造
規模:地上2階
敷地面積:22,902.19m^2
建築面積:8,510.66m^2
延床面積:7,935.20m^2
掲載号:GAJ75

打瀬小学校増築棟
設計:千葉市都市整備公社
　　+CAt　小嶋一浩, 赤松佳珠子
用途:小学校
構造:RC造一部S造
規模:地下1階. 地上2階
敷地面積:16,500.08m^2
建築面積:792.15m^2(増築棟)
延床面積:1,380.23m^2(増築棟)

Ota House Museum
設計:C+A　小嶋一浩
用途:美術館. 個人住宅
構造:RC+S造
規模:地上3階
敷地面積:490.4m^2
建築面積:152.5m^2
延床面積:219.0m^2
掲載号:GAH83

汐留インフィルプロジェクト
設計:CAt　小嶋一浩. 赤松佳珠子
　　+都市基盤整備公団+都新居住委員会
用途:集合住宅
構造:RC造
規模:地上56階. 地下2階
敷地面積:11,607m^2(地区全体)
建築面積:6,127.23m^2
延床面積:4,416.64m^2(インフィル部分)

リベラル・アーツ&サイエンス・カレッジ
設計:C+A　小嶋一浩, 赤松佳珠子
用途:大学
構造:RC+S造
規模:地上2階, 地下1階
敷地面積:408,030.00m^2
建築面積:14,460.50m^2
延床面積:36,363.10m^2
掲載号:GAJ68, CA05

作品リスト

山元町役場
設計：CAt　小嶋一浩，赤松佳珠子，大村真也
用途：庁舎
構造：S造
規模：地上2階
敷地面積：11,221.06m^2
建築面積：2,711.90m^2
延床面積：4,226.08m^2
掲載号：GAJ159

渋谷ストリーム
デザインアーキテクト：CAt　小嶋一浩，赤松佳珠子
用途：A棟／ホール，飲食店舗，駐車場
　　　B-1棟／事務所，ホテル，飲食店舗，
　　　物販店舗，駐車場
　　　C-1棟／昇降機
　　　D棟／通路等
構造：A棟／S造一部RC造
　　　B-1棟／S造一部RC造，SRC造
　　　C-1棟／S造
　　　D棟／S一部RC造
規模：A棟／地下4階，地上7階，塔屋1階
　　　B-1棟／地下4階，地上36階，塔屋3階
　　　C-1棟／地上2階
　　　D棟／地上2階，地下2階
延床面積：A棟／7,214.18m^2
　　　B-1棟／108,376.68m^2
　　　C-1棟／21.42m^2
　　　D棟／375.93m^2

京都外国語大学新4号館
設計：CAt　小嶋一浩，赤松佳珠子
用途：大学
構造：S造
規模：地上6階
敷地面積：18,484m^2（キャンパス全体）
建築面積：1,035m^2
延床面積：4,661m^2
掲載号：GAJ149

釜石市立鵜住居小学校・釜石東中学校
鵜住居児童館・鵜住居幼稚園
設計：CAt　小嶋一浩，赤松佳珠子
用途：中学校，小学校，幼稚園，児童館
構造：中学校，小学校，児童館／S造
　　　幼稚園／木造
規模：中学校，小学校，児童館／地上4階
　　　幼稚園／地上1階
敷地面積：中学校，小学校，児童館／77,003.29m^2
　　　幼稚園／5,158.41m^2
建築面積：中学校，小学校，児童館／6,309.04m^2
　　　幼稚園／706.81m^2
延床面積：中学校，小学校，児童館／11,142.66m^2
　　　幼稚園／585.53m^2
掲載号：GAJ148

恵比寿SAビル
設計：CAt　小嶋一浩，赤松佳珠子
用途：オフィス，教会
構造：S造
規模：地上10階
敷地面積：295.74m^2
建築面積：256.52m^2
延床面積：1,950.90m^2
掲載号：GAJ151

南方熊楠記念館新館
設計：CAt　小嶋一浩，赤松佳珠子
用途：博物館
構造：RC造
規模：地上2階
敷地面積：8,580.16m^2
建築面積：374.98m^2
延床面積：555.48m^2

ISAK KAMIYAMA
Academic Center + Residence 4
設計：CAt　小嶋一浩，赤松佳珠子
用途：学校（KAC），学生寮（R4）
構造：SE構法（木造軸組構法）
規模：KAC／地上1階　R4／地上2階
敷地面積：KAC／4,015.42m^2　R4／4,926.08m^2
建築面積：KAC／791.92m^2　R4／489.00m^2
延床面積：KAC／791.92m^2　R4／976.51m^2

アストラムライン新白島駅
設計：CAt　小嶋一浩，赤松佳珠子
用途：駅舎，連絡通路
構造：S造
規模：地上1階，地下1階
敷地面積：3,913.13m^2
建築面積：1,723.38m^2
延床面積：1,742.22m^2
掲載号：GAJ138

流山市立おおたかの森小・中学校，
こども図書館，センター
設計：CAt　小嶋一浩，赤松佳珠子
用途：小中併設校，地域交流センター，
　　　こども図書館，学童保育所
構造：RC一部PCaPC，S造
規模：地上3階
敷地面積：34,026.56m^2
建築面積：10,969.10m^2
延床面積：22,051.99m^2
掲載号：GAJ134

LONG HAT
設計：CAt　小嶋一浩
用途：個人住宅
構造：木造
規模：地上1階
敷地面積：844.92m^2
建築面積：65.712m^2
延床面積：65.712m^2

立川市立第一小学校・柴崎図書館／
学童保育所／学習館
設計：CAt　小嶋一浩，赤松佳珠子
用途：校舎棟／小学校，学童保育所，図書館
　　　学習館棟／学習館，小学校講堂
構造：RC造一部S造
規模：校舎棟／地上3階，地下1階
　　　学習館棟／地上3階，地下1階
敷地面積：校舎棟／9,659.06m^2
　　　学習館棟／2,006.17m^2
建築面積：校舎棟／3,561.57m^2
　　　学習館棟／1,227.26m^2
延床面積：校舎棟／8,711.49m^2
　　　学習館棟／3,228.46m^2
掲載号：GAJ134

BWTあすとぴあ工場
設計：CAt　小嶋一浩，赤松佳珠子
用途：工場
構造：S造
規模：地上2階，塔屋1階
敷地面積：8,993.4m^2
建築面積：3,702.0m^2
延床面積：3,730.2m^2

宇土市立宇土小学校
設計：CAt　小嶋一浩，赤松佳珠子
用途：小学校
構造：RC造一部S造
規模：地上2階
敷地面積：25,650m^2
建築面積：6,160m^2
延床面積：8,570m^2
掲載号：GAJ113

沖縄アミークスインターナショナル
設計：CAn＋CAt　宇野享，赤松佳珠子，小嶋一浩
用途：幼稚園，小学校，中学校
構造：RC造
規模：地上2階，地下1階
敷地面積：42,245.43m^2
建築面積：5,054.93m^2
延床面積：7,624.13m^2

MOOM
設計：東京理科大学小嶋一浩研究室＋
　　　佐藤淳構造設計事務所＋太陽工業
構造：膜構造
延床面積：146m^2
掲載号：GAJ110

下北沢Apartments/Blocks
設計：CAt　小嶋一浩，赤松佳珠子
用途：共同住宅
構造：RC造
規模：地上3階，地下1階
敷地面積：a／284.64m^2　b／239.84m^2
建築面積：a／121.79m^2　b／116.14m^2
延床面積：a／484.16m^2　b／446.80m^2

北京建外SOHO SOHO別荘
設計:C+A　小嶋一浩, 小泉雅生, 赤松佳珠子
用途:集合住宅
構造:RC一部S造
規模:地上3階, 地下1階
敷地面積:122,755.36m^2(全体計画)
建築面積:549.88m^2
延床面積:2,191.70m^2

ツダ・ジュウイカ
設計:C+A　小嶋一浩
用途:動物診療所
構造:S造
規模:地上1階
敷地面積:420.0m^2
建築面積:112.9m^2
延床面積:104.38m^2
掲載号:GAJ64

スペースブロックハノイモデル
設計:小嶋一浩+東京理科大学　小嶋研究室
　　+東京大学生産技術研究所　曲渕研究室
用途:実験集合住宅
構造:RC造
規模:地上4階
敷地面積:271.27m^2
建築面積:271.27m^2
延床面積:466.71m^2
掲載号:GAH76

東京大学先端科学技術研究センター 3号館
設計:C+A　小嶋一浩, 赤松佳珠子
用途:大学, 研究施設
構造:RC造
規模:地上7階, 地下1階
敷地面積:92,731.27m^2
建築面積:1,300.53m^2
延床面積:7,049.68m^2
掲載号:GAJ62

ヒムロハウス
設計:C+A　小嶋一浩
用途:個人住宅
構造:木造一部RC造
規模:地上2階
敷地面積:2,028.92m^2
建築面積:187.86m^2
延床面積:192.35m^2
掲載号:GAH73

クリニックハウスN
設計:C+A　小嶋一浩
用途:診療所, 個人住宅
構造:RC造
規模:地上2階
敷地面積:403.9m^2
建築面積:184.46m^2
延床面積:280.71m^2
掲載号:GAJ56

宮城県迫桜高等学校
設計:C+A　小嶋一浩, 赤松佳珠子
用途:高等学校
構造:RC造
規模:地上2階
敷地面積:56,300m^2
建築面積:12,405m^2
延床面積:18,119m^2
掲載号:GAJ50, CA06

ビッグハート出雲
設計:C+A　小嶋一浩, 小泉雅生
用途:文化複合施設(劇場, ギャラリー, スタジオ, レストラン)
構造:S+RC造
規模:地上2階, 地下1階
敷地面積:5,531.84m^2
建築面積:2,863.41m^2
延床面積:4,875.03m^2
掲載号:GAJ43, CA04

吉備高原小学校
設計:C+A　小嶋一浩, 小泉雅生, 赤松佳珠子
用途:小学校
構造:RC+木造一部S造
規模:地上1階
敷地面積:19,337.01m^2
建築面積:4,871.84m^2
延床面積:4,583.58m^2
掲載号:GAJ33

スペースブロック上新庄
設計:C+A　小嶋一浩, 赤松佳珠子
用途:集合住宅
構造:RC造
規模:地上5階
敷地面積:364.93m^2
建築面積:218.07m^2
延床面積:723.93m^2
掲載号:GAJ33, CA13

千葉市立打瀬小学校
設計:シーラカンス　小嶋一浩, 工藤和美, 小泉雅生,
　　堀場弘, 安井雅裕, 宇野享, 赤松佳珠子
用途:小学校
構造:RC造一部SRC造
規模:地上2階一部3階
敷地面積:16,500.00m^2
建築面積:5,010.65m^2
延床面積:7,584.86m^2
掲載号:GAJ15, CA06

HOUSE TM
設計:シーラカンス　小嶋一浩, 赤松佳珠子
用途:個人住宅
構造:RC(薄肉床壁構造)一部木造
規模:地上2階+RF, 地下1階
敷地面積:129m^2
建築面積:52m^2
延床面積:85m^2
掲載号:GAJ10, GAJ47

小松フォークリフト神戸工場
設計:シーラカンス　小嶋一浩, 小泉雅生,
　　工藤和美, 加藤峰雄
用途:工場
構造:S造
規模:地上2階
敷地面積:66,000m^2
建築面積:11,043m^2
延床面積:11,587m^2

大阪国際平和センター (ピースおおさか)
設計:大阪市都市整備局営繕部
　　+シーラカンス　伊藤恭行, 工藤和美,
　　小泉雅生, 小嶋一浩, 堀場弘
用途:ホール, 資料館, 会議室
構造:RC造, S造
規模:地下1階, 地上3階
建築面積:1,783.98m^2
延床面積:3,483.78m^2

氷室アパートメント
設計:シーラカンス　小嶋一浩
用途:集合住宅
構造:RC造
規模:地上4階
敷地面積:184.79m^2
建築面積:119.53m^2
延床面積:460.90m^2

掲載号略称
GAJ:GA JAPAN
GAH:GA HOUSES
CA:CONTEMPORARY ARCHITECTURE

1958	大阪府生まれ
1982	京都大学工学部建築学科卒業
1984	東京大学工学研究科建築学専攻修士課程修了
1986	同大学博士課程在籍中にシーラカンス一級建築士事務所（のちC+A、CAt）を共同設立
1988-91	東京大学建築学科助手
1994-	東京理科大学助教授
2005-11	東京理科大学教授
2011-16	横浜国立大学建築都市スクール“Y-GSA”教授
2016.10	逝去

［図版］
特記なき図面，CG提供：CAt

［写真］
二川幸夫：p.68上，pp.72-73，pp.92-105，pp.148-149，
二川由夫：pp.126-135，pp.154-163，pp.304-327，pp.332-338，pp.346-355，pp.366-377
猪花茉衣：p.339
杉田義一：p.7，p.11，p.50，p.74中，p.86上，p.241
山口真：p.22，p.284上，p.287左上，p.345
ゆかい：p.391
その他，特記なき写真はGA photographers

［テキスト］
pp.6-11，pp.16-21，pp.22-25，pp.46-49,pp.50-53，pp.74-77，pp.86-89，
pp.106-109，pp.186-189，pp.226-229，pp.240-247，pp.284-286，
pp.287-289，pp.290-295，pp.328-331，pp.342-344，pp.380-383：GA JAPAN 148，2017年9-10月号初出
各作品解説文提供：CAt
–
単行本化にあたり，インタヴューや図版等の増補を含め，再編集した。

小嶋一浩の手がかり
2019年9月25日発行

企画：二川由夫
編集：杉田義一
　　　山口真
撮影：二川幸夫
　　　二川由夫
　　　GA photographers
印刷・製本：シナノ印刷株式会社
制作・発行：エーディーエー・エディタ・トーキョー
151-0051 東京都渋谷区千駄ヶ谷3-12-14
TEL.(03)3403-1581(代)

ISBN 978-4-87140-692-5 C1052